D1753705

Hansjörg Küster
Heimaten

Kulturlandschaft Schaumburg
Herausgegeben von der Schaumburger Landschaft
Band 27

Hansjörg Küster

Heimaten

Von Natur, Kultur und Ideen
geprägte Landschaften

WALLSTEIN VERLAG

Gedruckt mit freundlicher Unterstützung der VGH Stiftung,
des Freundeskreises des Niedersächsischen Heimatbunds e. V. (NHB)
und der NHB-Stiftung Heimat Niedersachsen

Bibliografische Information der Deutschen Nationalbibliothek

Die Deutsche Nationalbibliothek verzeichnet diese Publikation
in der Deutschen Nationalbibliografie; detaillierte bibliografische Daten sind im
Internet über http://dnb.d-nb.de abrufbar.

© Wallstein Verlag, Göttingen 2023
www.wallstein-verlag.de
Vom Verlag gesetzt aus der Stempel Garamond
Umschlaggestaltung: Susanne Gerhards, Düsseldorf
Umschlagbild: Die Weser bei Rinteln (Foto: Hansjörg Küster)
Redaktion: Lu Seegers, Doreen Bade
Lektorat: Jan Philipp Bothe
Druck und Verarbeitung: Hubert & Co, Göttingen
ISBN 978-3-8353-5349-7

Inhalt

Vorwort
Sigmund Graf Adelmann 9

Hansjörg Küster als Wissenschaftler, Hochschullehrer und Autor
Ansgar Hoppe 13

Heimat – Heimaten. August 1969 im Wendland 17

Kulturelle Perspektiven für die Landschaft.
Landschaft ist stets kulturell bestimmt 29

Tomaten auf dem langen Marsch zur nationalen Identität.
Die unverwechselbare Eigenart einer Landschaft: In Holland hat man
zu ihrer Erhaltung neue Wege eingeschlagen. 45

Niedersachsen: Natur und Landschaft eines vielgestaltigen Landes . . . 49

Die Landschaft um die Schaumburg.
Mitteleuropa im Kleinen 65

Die Heide – von der verrufenen Wüste
zum Inbegriff der Natur 77

»Zum Sehen geboren, zum Schauen bestellt«.
Eine Darstellung der Niederelblandschaft als Vorlage
für Goethes »Faust II« 91

Nachhaltigkeit: naturwissenschaftliche Illusion und
kultureller Auftrag 105

Le Grand Jardin de la Leine.
Der Herrenhäuser Barockpark von Hannover 113

Arkadien als halboffene Weidelandschaft 121

Die Kirche als ein Mittelpunkt von Heimat 129

Kloster Wöltingerode – Elemente und Bestandteile
klösterlicher Kulturlandschaft 133

Stadtansichten als Quellen zur Landschaftsgeschichte 147

Hamburg, Elbe und Ewer.
Die Versorgung einer Großstadt auf Wasserwegen 165

Naturgeschichte des Ostseeraums.
Junges Meer, wichtiger Handelsraum. 175

Italienische Gärten 185

Klage der in der Flut ertrunkenen Fische. Ob man ein Ungewitter
vorhersagen könne: Johann Jakob Scheuchzer, der Mann, der
Fragen stellte 201

Justus Möser als Betrachter der Landschaft 205

Das Gartenreich Dessau-Wörlitz. Eine von Natur, Gestaltung und
Ideen geprägte Landschaft. 215

Landschaft mit Kühen? 227

Landschaftsträume von 1829 229

Das Kulturgut Landschaft im Spiegel
von Landschaftsmalerei und Naturschutz 235

Der Wandel des Umweltbewusstseins
in der Zeit um 1900 251

Der Staat als Herr über die Natur
und ihre Erforscher. 261

Stadt, Land, Fluss. 273

Wer hat Angst vor Rot, Grün und Gelb? Kaiser Wilhelm, Herzogin
Elsa und Josephine von Mecheln: Waren das Tage, als der Adel noch
an den Obstbäumen hing 289

Der blonde Weizen der Ukraine 293

Rede des Präsidenten des Niedersächsischen Heimatbundes,
Prof. Dr. Hansjörg Küster, auf dem 101. Niedersachsentag
in Lüneburg am 21. Mai 2022 297

Drucknachweise 307

Hansjörg Küster, 2020 (Foto: Nora Kraack)

Vorwort

Vor mehr als 20 Jahren sah ich in Madrid im Thyssen-Museum einen Besucher, der intensiv ein Gemälde betrachtete. Es war Hansjörg Küster. Ich wunderte mich zunächst darüber, denn ich kannte ihn damals nur als Naturwissenschaftler. Heute fände ich eine solche zufällige Begegnung in einem Kunstmuseum gar nicht mehr erstaunlich, denn Hansjörg Küster ist ein Weltbürger, der sich durch eine enorme Vielseitigkeit und Offenheit für alle möglichen Themen und Fachbereiche auszeichnet.

Vielseitig war auch die Prägung durch das Elternhaus, in dem besonders die Musik gepflegt wurde. Hansjörg Küster sang als Bariton in einem Chor. Die Liebe zur Bibliophilie zeigte sich in der schon früh begonnenen Sammlung der Inselbücherei. In den ersten Jahren seines Studiums der Biologie schrieb er drei Wanderführer und arbeitete als archäologischer Grabungshelfer. Diese Arbeiten brachten ihn in Verbindung mit der Kulturlandschaft, ihrem Werden und ihrer ständigen Veränderung, sowie mit der Umweltgeschichte. Diese Themen standen dann auch im Vordergrund seiner Ausbildung bis zur Dissertation und Habilitation.

Seine regionale Verwurzelung ist ihm wichtig. Schwaben, Hannover, Hamburg und Schleswig-Holstein – die Herkünfte seiner Eltern und Großeltern – haben ihn geprägt und ihm einen weiten Horizont eröffnet. So schrieb er schon als Zwölfjähriger einen Text über das Wendland, den er später in den »Uelzener Nachrichten« veröffentlichte. Darin wird seine spätere These erkennbar, dass Menschen durchaus mehrere Heimaten haben können.

Hansjörg Küsters wissenschaftlicher und beruflicher Werdegang, seine Forschungs- und Lehraufträge an mehreren Universitäten und vor allem seine zahlreichen Publikationen sind beeindruckend. 1998 wurde er Professor für Pflanzenökologie am Institut für Geobotanik der Leibniz Universität Hannover. Er betreute Examenskandidaten, Doktoranden und Habilitanden verschiedener Fächer. Zusätzlich hielt er seit 1980 über 1.200 wissenschaftliche Vorträge.

Mit großem Fleiß und viel Energie hat sich Hansjörg Küster ein enormes Fachwissen erarbeitet. Doch nicht dieses Wissen allein erklärt die positive Ausstrahlung seiner Arbeit. Der Romanist Viktor Klemperer wurde in den 1930er Jahren belächelt, weil er gut und verständlich schreiben konnte – das sei unwissenschaftlich! Hansjörg Küster mag es genauso gegangen sein. Die hohen Auflagen seiner Publikationen belegen jedoch, dass er mit seinen Themen nicht nur beim Fachpublikum gut ankommt. »Klassisch schreiben heißt einfach schreiben. Nicht affektiert, also auch nicht zu einfach, denn das ist affektiert. Auch nicht vom Sprachgebrauch seiner Zeit abweichen. Heute etwa ein Goethe-Deutsch schreiben, denn das ist wieder affektiert. Aber auch nicht den Sprachgebrauch der Zeit mit aktueller Sprache verwechseln. Denn alles Aktuelle ist schon morgen veraltet«, schrieb Viktor Klemperer 1938.

Eine weitere bemerkenswerte Eigenschaft von Hansjörg Küster ist die Fähigkeit, nicht nur unterschiedliche Fachbereiche, sondern auch gegensätzliche Positionen in seiner freundlichen, zugewandten und humorvollen Art zusammenzuführen. Das erlebte ich bei seiner Mitarbeit an dem von der Schaumburger Landschaft herausgegebenen Reiseführer »Naturpfad Schaumburg«. Die »Frankfurter Allgemeine Zeitung« schrieb damals, das Außergewöhnliche an diesem Reiseführer sei, dass es gelungen wäre, einen Biologen und Jäger, einen Forstwissenschaftler und einen Ökologen zu einem gemeinsamen Text zu bringen.

Die Schaumburger Landschaft ist Hansjörg Küster sehr dankbar für seine Bereitschaft, an mehreren Publikationen mitzuwirken. Die im Jahr 2000 entstandene »Kleine Landeskunde«, die als Schulbuch Geschichte, Kunst, Geografie, Geologie, Sprache und Zukunft des Schaumburger Landes behandelt, war eines dieser Projekte. Hansjörg Küster, als Autor der naturwissenschaftlichen Teile des Buches, überzeugte mit seinem pragmatischen Ansatz, die Natur weder zu romantisieren noch zu idealisieren, sondern Landschaft immer als vom Menschen bearbeitete und veränderte Natur zur Sicherung der Existenz zu erkennen.

Die Landeskunde richtete sich an Schüler ab der 7. Klasse und versuchte, Lese- und Sehgewohnheiten dieser Altersgruppe aufzunehmen. Ob das gelungen ist, lässt sich nicht nachprüfen, viele erwachsene Leser aber äußerten sich sehr positiv – die Texte hätten ihnen einen neuen Blick auf ihre Heimat eröffnet und auch ein tieferes Verständnis für die Kulturlandschaft Schaumburgs geweckt, die Hansjörg Küster als »Mitteleuropa im Kleinen« charakterisierte. Das Buch war Anstoß für weitere Landeskunden in niedersächsischen Regionen, die von Landschaften und Landschaftsverbänden herausgegeben wurden und bei denen Hansjörg Küster als Autor mitwirkte.

2004 wurde Hansjörg Küster Präsident des Niedersächsischen Heimatbundes, in dem er zuvor schon in verschiedenen Fachgruppen mitgearbeitet hatte. Mit vielen Anstößen und neuen Themen gab er dieser Institution ein neues Gesicht. Sein Ausscheiden aus dem Amt 2022 ist Anlass für diese Festschrift. Anders als üblich enthält sie keine Beiträge anderer Autoren zum Fachbereich des Gewürdigten, sondern ausschließlich Artikel von Hansjörg Küster selbst. Ziel dieser Sammlung von häufig weniger bekannten Veröffentlichungen ist es, die wichtigsten Beiträge, die zum Teil auch in überregionalen

Tageszeitungen erschienen sind, dauerhaft zu erhalten und einem breiteren Publikum bekannt zu machen.

Mit dieser Festschrift danken Landschaften und Landschaftsverbände – an erster Stelle die Schaumburger Landschaft, und der Niedersächsische Heimatbund – für die so fruchtbare Zusammenarbeit in vielen Jahren. Ein besonderer Dank für die finanzielle Unterstützung zur Drucklegung der Schrift gilt der VGH Stiftung und dem Niedersächsischen Heimatbund.

Hansjörg Küster wünsche ich noch viele Jahre fruchtbaren Schreibens. Ich weiß, dass parallel zu dieser Festschrift schon weitere Publikationen in Arbeit sind. Auch dabei wird es wieder, wie er selbst sagt, darauf ankommen, die »Strenge des Wissens in einem ganzheitlichen Rahmen zu sehen«.

Sigmund Graf Adelmann
Präsident der Schaumburger Landschaft

Hansjörg Küster als Wissenschaftler, Hochschullehrer und Autor

Hansjörg Küster studierte seit 1975 Biologie an der Universität Stuttgart-Hohenheim. Der Zufall wollte es, dass sein Großvater aus Nienburg/Weser am gleichen Ort vor dem Ersten Weltkrieg Landwirtschaft studiert hatte. Was ihn dort in den ersten Semestern besonders faszinierte, war ein Seminar von Udelgard Körber-Grohne (seiner späteren Doktormutter) über frühen Ackerbau in verschiedenen Teilen der Welt und eine Vorlesung über die Landschaftsgeschichte der Eiszeit bei Burkhard Frenzel. Diese beiden Veranstaltungen sollten seinen weiteren wissenschaftlichen Werdegang bestimmen. Frau Körber-Grohne vermittelte ihm zur Vorbereitung seiner Diplomarbeit eine Stelle als Grabungshelfer bei einer mehrjährigen Ausgrabung des Fürstengrabes bei Hochdorf nordwestlich von Stuttgart, einem herausragenden Fundplatz der Hallstatt-Zeit. Unter dem Fürstengrab wurde eine ältere neolithische Siedlung mit hervorragend erhaltenen Pflanzenresten entdeckt, mit denen sich Hansjörg Küster befasste. Dabei errichtete er sich ein mobiles Schlämmlabor aus der Grabungsdusche, wo er die Funde aufbereitete und am Rand der Ausgrabungsstelle sortierte, die die Grundlage für seine 1981 erstellte Diplomarbeit »Neolithische Pflanzenreste aus Eberdingen-Hochdorf« wurden. Sie wurde 1985 auch in Buchform publiziert.

Anschließend arbeitete er in einem Projekt der Deutschen Forschungsgemeinschaft (DFG) unter der Leitung von Georg Kossack »Werden und Wandel der Kulturlandschaft im Alpenvorland«. 1985 promovierte er mit dem Thema »Postglaziale Umweltgeschichte am Auerberg in Südbayern – pollenanalytische Untersuchungen« bei Udelgard Körber-Grohne in Stuttgart-Hohenheim. Die Arbeit fand am Auerberg statt, einem isolierten Berg nördlich von Füssen, den drei Moore umgaben. Die Pollenprofile aus diesen Mooren wurden detailliert untersucht und genauestens datiert, um möglichst klar herauszufinden, wie sich die Landschaft entwickelt hat. In der Arbeit konnte bewiesen werden, dass sich das ehemalige römische Kastell auf dem Auerberg in einer zuvor bereits besiedelten Landschaft befand.

Hansjörg Küster baute am Institut für Vor- und Frühgeschichte der Ludwig-Maximilians-Universität in München eine Arbeitsgruppe für Vegetationsgeschichte mit Schlämmlabor, IT-Ausstattung und Vergleichssammlungen für Pollen- und Samenanalyse auf. In Kooperation mit mehreren Denkmalbehörden und mit Unterstützung durch die DFG wurden die Kulturpflanzengeschichte vor allem des südbayerischen Raumes untersucht und die Unterschiede zu Südwestdeutschland herausgearbeitet. Es stellte sich beispielsweise heraus, dass die Gerste in Südbayern bei den frühen Ackerbauern nicht angebaut wurde, aber in Südwestdeutschland. Damit wurde klar, dass die Gerste über das Mittelmeergebiet und nicht über den donauländischen Ausbreitungsweg nach Süddeutschland gekommen war, was über einen Vergleich mit den heutigen Nahrungsgewohnheiten (»schwäbische Spätzle und bayerische Knödel gibt es ja auch nur in Schwaben und Bayern«) eine große Resonanz in der Öffentlichkeit bekam.

1992 wurden die Ergebnisse aus mehreren vegetationsgeschichtlichen Projekten zu einer Habilitationsschrift »Postglaziale Vegetationsgeschichte Südbayerns. Geobotanische Studien zur Prähistorischen Landschaftskunde« zusammengefasst. Damit erhielt Küster auch die Lehrbefähigung für das Fach Geobotanik, das die Zusammenhänge zwischen Vegetation und Standort untersucht. Der Standort wird durch Geologie, Klima und das Wirken des Menschen in Vergangenheit und Gegenwart bestimmt.

Mit Joachim Pötsch leitete er gemeinsam das erste DFG-Projekt der 1991 neugegründeten Universität Potsdam »Gegenwart und Geschichte einer Flusslandschaft im mitteleuropäischen Tiefland: vegetationskundliche und vegetationsgeschichtliche Untersuchungen im Feuchtgebiet Untere Havel«. Dieses und weitere Projekte zur Vegetations- und Ernährungsgeschichte in verschiedenen Regionen Mitteleuropas boten Grundlagen für die Entstehung des Buches »Geschichte der Landschaft in Mitteleuropa«, das als eine Art Hauptwerk von Hansjörg Küster gelten kann. Das erste Exposé zu diesem Buch entstand übrigens im Café auf der Schaumburg. In diesem, in bisher sechs Auflagen im Verlag C.H.Beck in München erschienenen Buch versteht er es wie wenige andere, wissenschaftliche Zusammenhänge der Geobotanik einer interessierten Öffentlichkeit anschaulich darzustellen. Ulrich Raulff urteilte nach Erscheinen des Buches 1995 in der »Frankfurter Allgemeinen Zeitung« (FAZ): »Bestechend klar schildert Küster, wie die Natur zu einem Teil der Menschengeschichte geworden ist.« Aspekte aus diesem Buch wurden in zahlreichen Artikeln wieder aufgegriffen, und diese Form der Landschaftsdarstellung wurde für viele Regionen neu entwickelt.

1998 nahm Hansjörg Küster einen Ruf auf die neu eingerichtete Professur für Pflanzenökologie an der Leibniz Universität Hannover an, wo er bis 2022 forschte und lehrte. Dort wurde Landschaft immer mehr zu seinem Schwerpunkt, wobei er Landschaft als Kombination von objektiven Fakten der Natur und Kultur und subjektiven Ideen verstand. So wurde das Thema auch im europäischen Rahmen diskutiert, unter anderen in einer Tagungsreihe des Zentrums für deutsch-italienischen Kulturaustausch in der Villa Vigoni am Comer See und im EU-Programm PAN, das von Knut Krzywinski von der Universität Bergen koordiniert wurde. In der in Englisch, Deutsch und Norwegisch erschienenen Abschlusspublikation »Cultural landscapes of Europe: fields of Demeter, haunts of Pan«, spielten sowohl das Konzept und die Bedeutung von Landschaft eine Rolle als auch die Möglichkeit, eine Essenz von Landschaft zu bewahren. Zudem entstanden 57 prägnante Porträts von traditionell genutzten Landschaften aus zwölf europäischen Ländern.

Die Arbeit mit diesen Projekten leitete auch zu der Einrichtung des weltweit einzigen Studiengangs Landschaftswissenschaften in Hannover, an dessen Konzeption Hansjörg Küster maßgeblich beteiligt war und der erstmals 2010 akkreditiert wurde. Küster betreute eine Vielzahl von studentischen Abschlussarbeiten und übernahm Vorlesungen mit Praktika und Exkursionen in den Bereichen Ökologie sowie Allgemeiner und Spezieller Botanik. Zu weiteren Schwerpunkten wurde das Meeresbiologische Praktikum auf Helgoland, das er jahrelang mit Armin Blöchl durchführte sowie die Mitwirkung bei zahlreichen Schulbuchprojekten im Fach Biologie, die im Cornelsen-Verlag in Berlin erschienen.

Nach der Publikation des erfolgreichen Buches »Geschichte des Waldes« bot Ulrich Raulff ihm an, für das Feuilleton der FAZ zu schreiben. Auch in den für die Zeitung entstandenen Artikeln stand Landschaft häufig im Mittelpunkt. Damit griff Küster auch sehr aktuelle Aspekte auf, so zuletzt die Probleme, die sich 2022 für die Welternährung nach dem Überfall der Russen auf die Ukraine ergaben.

Ziemlich bald nach dem Wechsel nach Hannover kam Küster in Kontakt mit dem Niedersächsischen Heimatbund e.V. (NHB) und wurde Vorsitzender der Fachgruppe Umwelt- und Naturschutz sowie Gründungsmitglied des Arbeitskreises Kulturlandschaft, der in Zusammenarbeit mit Christian Wiegand das Buch »Spurensuche in Niedersachsen« vorbereitete. Nach der Publikation dieses Buches ergaben sich mehrere andere Projekte zur Erfassung und Vermittlung von Kulturlandschaft, an denen u.a. der Unterzeichnende beteiligt war. 2004 wurde Hansjörg Küster Präsident des NHB. Er prägte über 18 Jahre die Ausrichtung dieser Bürgervertretung. Jährlich wird auf dem Niedersachsentag die Rote Mappe mit konstruktiver Kritik und Anregungen der Heimat- und Bürgervereine der jeweiligen Landesregierung übergeben. Diese antwortet jeweils mit der Weißen Mappe. Wichtig ist Küster, dass »Heimat« keine Grenzen hat, nicht statisch zu sehen ist und mehrere Heimaten möglich sind. Damit kann dieses Konzept auch zu einer Integration von Menschen beitragen.

Aus der Arbeit beim Heimatbund erwuchsen zahlreiche neue Verbindungen innerhalb und außerhalb Niedersachsens, so zum Zentrum für Gartenkunst und Landschaftsarchitektur an der Leibniz Universität Hannover, zu den die regionale Kulturförderung übernehmenden Landschaften und Landschaftsverbänden in Niedersachsen und zum Bund Heimat und Umwelt, dem bundesweit tätigen Dachverband der Heimatbünde.

Ein Auftrag des Kultusministeriums in Sachsen-Anhalt führten Hansjörg Küster und den Verfasser dieser Zeilen in den Jahren 2007 bis 2010 nach Dessau-Wörlitz, wo sie u.a. im Gärtnerhaus im Park am Schloss Luisium eine Monografie des UNESCO-Weltkulturerbes Gartenreich Dessau-Wörlitz schrieben.

Wichtig wurde der intensive Kontakt zur Stiftung Naturschutzgeschichte in Königswinter am Rhein, deren Vorstandsvorsitzender Hansjörg Küster von 2012 bis 2022 war. Im Zentrum der Arbeit stand unter anderem die frühe Geschichte des Naturschutzes, Naturschutz und Nationalsozialismus, die Geschichte der Nationalparke sowie Fragen der Bürgerbeteiligung.

Er schrieb mehrere Gutachten zur Bewahrung und Bewusstmachung besonderer Landschaften, unter anderem zur Umgebung der Stadt Zeven, zur Elbvertiefung bei Otterndorf und zum Steinhuder Meer.

In seiner gesamten wissenschaftlichen Laufbahn beschäftigte er sich mit der Erfassung und Katalogisierung von Pflanzennachweisen. Letztlich führte dies zu der Bewilligung seines aktuellen, seit 2020 laufenden Projektes *Digispecies* mit Wolfgang Nejdl und Sören Auer von der Leibniz Universität bzw. Gottfried Wilhelm Leibniz Bibliothek Hannover, in dem es um die Digitalisierung von Pflanzenartennachweisen in der wissenschaftlichen Literatur geht, um aufzuzeigen, wie sich der Pflanzenartenbestand in Raum und Zeit veränderte. Es geht Hansjörg Küster stets um Landschaft und Heimat. Dazu schrieb er mir:

> In Heimat (oder Heimaten) ist einfach alles enthalten, Pflanzen, Tiere, Landschaften, Ökosysteme, Häuser, Geschichten, Gerüche, die Musik, die man im Kopf hat, das, was man vorher schon gesehen hat und das man mit etwas vergleicht. Ich lerne gerne von anderen, um immer wieder neue Zusammenhänge herstellen zu können. Ich bin in viele verschiedene Gebiete eingedrungen, um Heimaten oder Landschaften zu erklären, die stets aus Elementen von Natur und von (materieller) Kultur bestehen. Hinzu kommen aber immer auch noch Ideen, die wir den Dingen geben oder die wir mit ihnen verknüpfen. Daraus wird nie etwas Endgültiges. Der nächste Artikel, den man liest, das nächste Gespräch, das man führt, kann völlig andere Ideen bringen – und dann sind die Zusammenhänge von einem Moment zum anderen ganz verschieden. Das macht nichts aus, im Gegenteil. Man lernt daran, die Zusammenhänge neu kennen.

Ansgar Hoppe

Heimat – Heimaten

August 1969 im Wendland

Was ist Heimat?

Die Frage »Was ist Heimat?« ist eng verbunden mit der Frage »Was ist meine Heimat?« Denn die Gedanken, die man sich dazu macht, sind stark von der eigenen Biografie geprägt. Jeder Mensch verbindet etwas anderes mit Heimat, und es ist ein interessantes Gesprächsthema, sich gegenseitig zu erläutern, was man als Heimat empfindet. Wenn ich heute auf Persönliches eingehe, so hat das auch damit zu tun, dass der Heimatkundliche Arbeitskreis Lüchow-Dannenberg, der Dannenberger Arbeitskreis für Landeskunde und Heimatpflege und der Rundlingsverein genau vor 50 Jahren gegründet wurden, nämlich im August 1969, und ich als Kind zur genau gleichen Zeit, im August 1969, wunderbare Ferien in Gartow verbrachte. Meine ersten Erinnerungen an das Wendland sind also genauso alt wie die Vereine, deren Jubiläum wir heute begehen.

Schon immer haben sesshafte Menschen eine Heimat, wobei das Wort »eine« betont werden muss: Das ist der Ort, an dem man geboren wurde und seine Kindheit verbrachte, wo man erwachsen wurde, eine Familie gründete, schließlich den Lebensabend verbrachte. Dieser Wohnort blieb für die meisten Menschen immer der gleiche, sie verließen ihn nur selten und kehrten immer wieder zu ihm zurück. Einige wenige Menschen, die ihrem Heimatort doch für längere Zeit den Rücken zukehrten, dachten wie die Mehrheit, die zu Hause blieb: Sie fühlten emotionale Bindungen nur an ihren einen Heimatort.

Von dieser traditionellen Lebenswelt sind wir heute weit entfernt, und in der heutigen Welt musste sich auch der Heimatbegriff wandeln. Eine immer größer werdende Mehrheit von Menschen verbringt ihr Leben nicht ausschließlich an einem Ort, sondern zieht immer wieder von einem Ort zum anderen. Viele Kinder folgen ihren Eltern, wenn diese umziehen, sei es aus beruflichen Gründen oder weil die Eltern ein Haus für sich und ihre Kinder bauen. Nach dem Schulabschluss absolvieren viele Menschen eine Ausbildung oder ein Studium fernab von jenem Ort, an dem sie geboren wurden. Um einen Beruf anzutreten, ziehen sie wieder um. Vielleicht bauen auch sie ein Haus und leben dann erneut an einem anderen Ort. Viele Menschen ziehen aus beruflichen Gründen erneut um. Und es können weitere Umzüge anstehen: an einen Altersruhesitz, in ein Alten- oder ein Pflegeheim.

Diese Menschen haben selbstverständlich auch die Heimat, in der sie geboren wurden oder aufwuchsen. Aber wenn sie nur diese eine einzige Heimat hätten, wären viele von ihnen an allen anderen Orten unglücklich. Heute gibt es immer mehr Menschen, die von sich sagen, dass sie mehrere Heimaten haben – ich gehöre zu ihnen: Ich bin in Frankfurt a. M. geboren, lebte als Kleinkind im schwäbischen Remstal, absolvierte Schule und Studium in Stuttgart, verbrachte viel Zeit meiner Kindheit und Jugend bei meinen Großeltern in Hamburg, lebte viele Jahre in der Nähe von München, wurde dann Professor in Hannover und besitze nun dazu auch noch ein Haus im Schwarzwald. Ich kann nicht sagen, welcher Ort meine einzige Heimat sein soll. Vielmehr bin ich der Meinung, dass ich mehrere Heimaten habe, zu denen auch noch weitere Orte gehören als diejenigen, die ich schon genannt habe. Ich werde darauf zurückkommen.

Mehrere Heimaten

Es ist ein großer Gewinn an Lebensqualität, wenn man im Lauf des Lebens mehrere Heimaten hinzugewinnt; jeder Wohnort wird dann auch zu einem weiteren Heimatort und man hat schließlich mehrere Heimaten. Jede einzelne weitere Heimat ist ein Geschenk. Vielleicht braucht man Hilfe, um dieses Geschenk in Empfang zu nehmen, die Hilfe durch andere Menschen, mit denen man neu in Kontakt kommt, ist ein Teil des Geschenkes, und ein weiterer Teil des Geschenkes ist der Lohn der Mühe, die man zweifelsohne selbst aufwenden muss, um eine weitere neue Heimat zu gewinnen. Nur die eine Heimat besteht von sich aus, nämlich die Heimat an dem Ort, an dem man geboren wurde oder Kleinkind war. Für den Gewinn von allen anderen Heimaten ist persönlicher Einsatz erforderlich; hat man Glück, kommen einem andere Menschen zu Hilfe beim Finden der neuen Heimat.

Glücklicherweise habe ich an jedem neuen Ort Menschen gefunden, die mir halfen, eine neue Heimat zu finden. Diese Hilfe ist notwendig, denn automatisch gibt es keine emotionale Bindung an einen Ort, an dem man neu ist. Man braucht zunächst Kontakte zu anderen Menschen, die schon länger am Ort leben. Man braucht zugleich Gesprächsthemen mit ihnen, die nicht nur Persönliches oder das Wetter betreffen. Sehr gute Gesprächsthemen hängen mit der Vermittlung von Wissen über den Ort zusammen, an dem man neu lebt. Alteingesessene nehmen also Kontakt zu neu Hinzugezogenen auf, indem sie von interessanten Dingen an ihrem Heimatort erzählen. Das können Geschichten von Menschen sein, von Bauwerken, Tieren und Pflanzen. Sie sollten interessant und in einen Zusammenhang gestellt sein, so dass der

Hinzugezogene sich die Einzelheiten merkt, über sie nachdenkt, sie vielleicht sogar bald weitererzählt. Dabei gewinnt man eine emotionale Bindung an seine neue Heimat.

Die Menschen, die neu Hinzugezogene auf diese Weise integrieren, können Nachbarn sein, Arbeitskollegen oder Lehrer, nicht zuletzt die Mitglieder von Heimatvereinen. Die Vermittlung von Wissen über Geschichte, Orte, Vegetation, Landschaft, Märchen und vieles andere ist eine ureigene Aufgabe von Heimatvereinen. Sie können sich nicht immer wieder allein an die Menschen wenden, die am selben Ort leben. Diese Menschen kennen ja die Geschichten schon, sondern die Zielgruppen für die Wissensvermittlung sind immer nachwachsende Generationen und neu Hinzuziehende. Beide Gruppen werden auf diese Weise in eine Gesellschaft integriert, die für Hinzuziehende neu ist, in der sie sich aber so schnell wie möglich integrieren müssen, damit ein gedeihliches Zusammenleben zwischen Alteingesessenen und neu Hinzugezogenen möglich ist. Beide Gruppen sind übrigens an einer Mitgliedschaft in einem Heimatverein interessiert, am Erzählen, am Zuhören, am Zusammensein mit anderen Menschen, die einem bald immer vertrauter werden.

Das nennt man Integration. Man erreicht sie aber nicht nur dadurch, dass Menschen ein Angebot für neu Hinzuziehende schaffen, sondern es setzt auch eine Aufgeschlossenheit und eine Anstrengung des Neulings, um ihn einmal so zu nennen, voraus. Wer neu an einem Ort ist, muss die Bereitschaft aufbringen, Wissen über den Ort in sich aufzunehmen, damit er sich heimisch fühlen kann.

Heimat als Grundlage von Integration

Bei der Integration geht es nicht nur um die Vermittlung von Sprachkenntnissen und die Etablierung einer gemeinsamen Basis von Kommunikation, sondern auch um interessantes Wissen, das vermittelt wird und die Grundlage für eine emotionale Bindung an einen Ort ist. Nur wenn diese Bindung vorhanden ist, hat man die neue, die weitere Heimat gewonnen. Dies ist eine Bereicherung nicht nur für den neu Integrierten, sondern schließlich auch für alle diejenigen, die das Wissen an den Neuling weiter gereicht haben: Ist es nicht ein großes Glück, andere Menschen an seinem eigenen Wissen teilhaben zu lassen?

Zu Heimat gibt es also heute den Plural »Heimaten«; das Fehlererkennungsprogramm des Computerprogramms Word unterkringelt diesen Begriff lustigerweise seit etwa zehn Jahren nicht mehr als Fehler. Davor war der Computer mit diesem modernen Heimatbegriff noch nicht vertraut. Zur modernen Form dieses Begriffs gehört auch, dass Heimat keine Grenzen hat:

Sie erschließt sich zwar von einem Standpunkt des individuellen Menschen her, von diesem Standpunkt blickt man aber in eine unbegrenzte Umwelt, die Landschaft oder die Heimat, die jeden von uns, jedes Individuum umgibt.

Einige Menschen werden mir widersprechen und weiterhin beispielsweise davon überzeugt sein, dass sie nur diejenige Heimat haben, in der sie geboren wurden. Das ist kein Problem. Denn unsere Vorstellungen von Heimat unterscheiden sich genauso, wie sich unsere Lebensläufe unterscheiden. Aber wir haben auf diese Weise ein Gesprächsthema, und jeder kann sich fragen lassen, ob seine Auffassung die richtige ist. Wir müssen über ein solches Thema immer gemeinsam nachdenken.

Wer davon ausgeht, dass er nur einige einzige Heimat hat, muss sich fragen, warum viele Menschen immer wieder am gleichen Ort ihren Urlaub verbringen. Auch dort wollen sie »dabei sein«, integriert werden, über die Ereignisse am Ort informiert werden, sich gemeinsam mit den Einheimischen an Begebenheiten in früheren Urlauben erinnern, im gleichen Gasthof nächtigen, Mahlzeiten im gleichen Lokal einnehmen, an den gleichen Strand fahren, an dem man doch schon einmal so glücklich gewesen war. Da ist zu beobachten: Menschen suchen sich ohne Zwang eine weitere Heimat und sind schließlich davon überzeugt, auch an ihren Ferienort emotionale Bindungen zu gewinnen. Und was sind solche emotionalen Bindungen anderes als ein Heimatgefühl zu immer weiteren Orten?

Wenn immer mehr Menschen von einem Ort in den anderen ziehen und sich wünschen, integriert zu werden, steigt die Bedeutung der Heimatvereine. Sie sind die Bürgergemeinschaften, die sich eine Vermittlung von Heimatgefühl aufs Panier schreiben können. Dabei kommt es nicht darauf an, wie weit die Strecke des Umzuges der zu integrierenden Menschen ist, ob sie dabei vielleicht sogar von einem anderen Land oder gar von einem anderen Kontinent kommen. Und es kommt auch nicht auf die Umstände des »Umzuges« an, ob sie aus freien Stücken zu uns kommen oder vertrieben wurden. Sie alle so rasch wie möglich zu integrieren ist ein Gebot der Menschlichkeit. In Deutschland gab es immer wieder große Migrations- und Integrationswellen, die bewältigt werden mussten: die Umsiedlung großer Bevölkerungsmengen in der Zeit der Industrialisierung vom Land in die Städte, die Umsiedlung von Menschen nach dem Ersten und vor allem nach dem Zweiten Weltkrieg, die Flüchtlingswellen aus der DDR, die Ankunft zahlreicher Menschen aus den Nachfolgestaaten der Sowjetunion, Rumänien und dem Balkan am Ende des 20. Jahrhunderts, die Integration der Bewohner der sogenannten neuen Bundesländer: Alle diese Integrationen fanden nicht immer spontane Begeisterung am Anfang, gelangen aber später, weil es möglich wurde, für die Neuankömmlinge eine neue Heimat zu schaffen.

Und damit ist keineswegs nur das bekannte ehemalige gemeinnützige Wohnungsbauunternehmen gemeint, sondern die Schaffung neuer heimatlicher Bindungen. Der deutsche Staat war in den letzten Jahrzehnten immer dann erfolgreich, wenn er Menschen integriert hat. Der Wohnungsbau nach dem Zweiten Weltkrieg ist eine der Ursachen für das Wirtschaftswunder, und Deutschland war auch in den letzten Jahrzehnten stark, als es gelang, die neuen Bundesländer mit Millionen von Einwohnern in einen modernen Staat mit freiheitlicher Grundordnung zu integrieren. Natürlich haben sich dabei Heimatvorstellungen gewandelt, sehr viele Menschen haben ihre alten Heimaten verlassen, neue Heimaten gefunden, oder sie mussten sehen, wie sich ihre Heimaten sehr stark veränderten. In diesen Prozess sollten sich Heimatvereine unbedingt einbringen, zum Wohl unserer gesamten Gesellschaft. Macht man sich dies alles klar, besteht kein vernünftiger Grund darin, Integration von Menschen, die mit uns leben, nicht zu leisten. Je besser Integration funktioniert, desto besser funktioniert unser Zusammenleben in einem Staat mit freiheitlicher Grundordnung.

Neue Heimat im Wendland

All dieses müsste man eigentlich im Wendland besonders gut wissen, denn sehr viele Menschen, die in dieser Gegend leben, waren einmal auf Integration angewiesen, oder es waren Eltern oder Großeltern, die im Wendland integriert wurden. Sehr viele Menschen fanden in den letzten Jahrzehnten im Wendland eine neue Heimat.

Viele Menschen kamen aus dem Osten an die Elbe. Das könnte damit zusammenhängen, dass das Wendland landschaftlich an weiter östlich gelegene Gebiete erinnert: Die Elbe hat als Tieflandfluss einen ähnlichen Charakter wie Oder, Warthe oder Weichsel. Manchmal sinken ihre Wasserspiegel so stark ab, dass Schiffverkehr nicht möglich ist. Dann wieder schwellen die Wassermengen erheblich an, so dass die Deiche brechen, und anschließend braucht das Wasser Monate zum Abfließen. Auf sandigen, trockenen Böden gibt es ausgedehnte Kiefernwälder mit Rentierflechten am Boden, die an Gehölze im nordöstlichen Mitteleuropa erinnern. Sie bestehen nicht alle von Natur aus, sondern sind aufgeforstet und gepflanzt, aber sie bestimmen den Landschaftscharakter. Genauso wie in Brandenburg, West- und Ostpreußen sowie im Baltikum gibt es im Wendland Waldhochmoore, die von Kiefern bestanden sind und in deren Unterholz der Sumpfporst vorkommt. Im Sommer regnet es oft lange Zeit nicht, so dass der Boden völlig austrocknet und überall der harzige Duft der Kiefern vorherrscht. Immer wieder kann es zu

Waldbränden kommen, denn die Kiefer ist derjenige einheimische Baum, der am ehesten Feuer fangen kann. Wenn dann noch trockene Nadeln, trockene Gräser und ausgetrocknete Flechten am Boden herumliegen und jemand einen Zigarettenstummel fallen lässt, kann der Wald leicht Feuer fangen.

August 1969 im Wendland

Im August 1969, als der Heimatkundliche Arbeitskreis Lüchow-Dannenberg gegründet wurde, hatte das Wendland durchaus auch noch andere seltsame Reize. Von den Anlagen, die die Gegend später berühmt machten, war damals noch nicht die Rede. Das Zwischenlager in Gorleben gab es damals noch nicht. Die Dörfer und kleinen Städtchen waren ausgesprochen ländlich geprägt. Sie wirkten wie Überbleibsel aus vergangener Zeit. An kriegerische Vergangenheiten erinnerten die Schanze auf dem Höhbeck und die Soldatengräber aus den letzten Kriegstagen, unter anderem auf dem damaligen Ehrenhain in Gartow, der heutigen Kriegsgräber- und Gedenkstätte Alter Friedhof. Zur gleichen Zeit, als am Ende des Zweiten Weltkrieges im Wendland noch gekämpft wurde und Soldaten fielen, wurden die Dömitzer Elbbrücken zerstört. Die Eisenbahnbrücke war kurz nach der Gründung des Zweiten Deutschen Kaiserreiches mit Unterstützung der Kriegsbeute aus dem Deutsch-Französischen Krieg von 1870/71 gebaut worden. Sie gehörte zu der damals in unvorstellbar kurzer Zeit neu geschaffenen Eisenbahninfrastruktur des Deutschen Reiches. Die Straßenbrücke kam nur wenige Jahre vor ihrer Zerstörung in den 1930er Jahren dazu, und zwar als damals einzige Straßenbrücke zwischen Wittenberge und Hamburg. 1969, acht Jahre nach dem Bau der Berliner Mauer, war die undurchdringbare Grenze zur DDR zur immerwährenden Bedrückung geworden. Man sah sich ständig mit ihr konfrontiert, hatte den Eindruck, von den Grenztürmen aus kontrolliert zu werden, sah die Patrouillenboote auf der Elbe. Das Wendland war der letzte Zipfel im Osten Niedersachsens, es wirkte wie die östlichste Region der Bundesrepublik, obwohl das nicht zutraf. Mit Unterstützung der Zonengrenzförderung war in Gartow ein modernes Schwimmbad entstanden, und wenig später bekam Hitzacker einen modernen Konzertsaal für seine berühmten Kammermusikfestspiele. Die Gegend war aber vom überregionalen Verkehr abgeschnitten. Doch genau das war es, was viele Menschen im Wendland suchten: Einsamkeit, ein Naturerlebnis, dazu die dörfliche Kultur von Feldsteinkirchen und den geheimnisumwitterten Rundlingen. Für diese Heimat wollten sich viele Menschen einsetzen, und viele Menschen konnten sich vorstellen, im Wendland eine neue oder eine weitere Heimat zu finden.

Der große Zufall will es, dass ich als Zwölfjähriger just im August 1969 meine Ferien mit Eltern und Geschwistern in Gartow verbrachte und ein aus vier Schulheften bestehendes Tagebuch über diese Ferien schrieb. Und dieses Tagebuch hat sich erhalten. Neben vielen belanglosen Dingen sind darin Schilderungen enthalten, die das Wendland von damals charakterisieren und die für unser Heimat-Thema interessant sind. Da sah ich nämlich genau das, was viele Menschen suchten. Über einen der ersten Orientierungsausflüge am 11. August 1969 schrieb ich:

In Restorf und Pevestorf waren wir wie verzaubert. Es waren Märchendörfer! Überall die Storchennester auf den Dächern, die sehr wenigen Autos, das Pflaster, die Häuser, die Tiere und die Landschaft, alles zusammen gab das Märchen. Am Ortsausgang von Pevestorf fuhren wir durch eine Kuhherde mit prallen Eutern. Die Kühe sahen uns mit gemischten Gesichtern an, sie wurden von einem Mädchen mit Fahrrad und Knüppel aus (einem) Haselnußstrauch eingetrieben.

Da war die erwartete ländliche Idylle zu sehen, meine Mutter erinnerte sie an Kindertage auf einem Dorf bei Ratzeburg während des Zweiten Weltkrieges, damals hatte sie genauso die Kühe eingetrieben oder ihre Freunde vom Bauernhof dabei begleitet. Sie war damals etwa genauso alt wie ich in Gartow; diese Verbindungen sah ich immer wieder.

Zwei weitere Schilderungen aus meinem Tagebuch möchte ich hier noch einfügen; interessant ist, dass es um Erlebnisse ging, bei denen Landschaften, Bauwerke, die Geschichte und Menschen eine Rolle spielten, die Wissen über ihre Heimat vermittelten und damit die Möglichkeit gaben, emotionale Bindungen an das Wendland zu gewinnen.

Satemin und Vietze

Am 20. August 1969 fuhren wir nach Satemin, was mir sehr großen Eindruck machte. Ich schrieb auf:

Satemin ist ein wendischer Rundling mit einer Feldsteinkirche, als Wehrturm um 1000 erbaut. Das Dorf brannte um 1850 nieder, auf allen Häusern waren Aufschriften, daß Gott das Dorf von nun an behüten sollte, na, bis jetzt hat er's getan, denn alle Häuser innen im Dorf sind von 1850. Weiter draußen steht dann auch ein Bauernhaus von 1902 und einige moderne Häuser. Als Mittelpunkt dient dem Rundling der Dorfplatz, der früher als Thing- oder Versammlungsstätte diente. Die Kirche ist evangelisch, ehemals war sie natürlich katholisch. Wir parkten nun vor der Kirche, und sahen jemanden darin, der gerade den Steinfußboden bohnerte. Wir fragten ihn, ob wir wohl die Kirche besichtigen könnten. Es war der Küster, ein ganz reizender alter Mann, Mami sagt, er wäre wohl schon über 80 gewesen. ›Ich bin nämlich schwerhörig‹, klärte er uns auf. Dann zeigte er uns die Kirche. Vorne auf dem Altar stehen 7 gotische Schnitzfiguren, die Reinigung (sie wurden auf dem Dachboden gefunden) kostete allein 160.000 DM. Der Wert der Figuren ist daraus zu ersehen. Der Fußboden war tadellos sauber. Die Bänke waren rot gestrichen. Auf der Empore hat der Sateminer Posaunenchor seinen Platz, dahinter steht eine reizende Orgel, die mit einem Dach verziert war, so daß sie wie ein Haus mit Fenstern für die Orgelpfeifen aussah, das Ganze war weiß gestrichen. Als Deckenverzierung und als Lüftung war bloß eine schlichte Lüftungsrosette da. Von der Decke herab hingen 2 mindestens 12armige Messingleuchter mit Kerzen. ›Fragen sie mich nicht, wie ich das saubermache‹, sagte der Küster, ›da bin ich 'n guten Tag damit beschäftigt. Manchen Leuten sag ich, ich gehe da mit der Leiter rauf, aber sehn sie, so – so, und dann hab ik dat!‹«

In dieser Schilderung stimmte natürlich keineswegs jedes Detail, die Kirche von Satemin ist sicher jünger, und den Begriff Thingstätte hatte ich aus den Erläuterungen des Kirchenküsters oder auch meines Vaters aufgeschnappt. Niemand hatte mir gesagt, dass der Dorfbrand am 15. August 1850 stattgefunden hatte, wie sich heute leicht bei Wikipedia nachschlagen lässt. Deswegen formulierte ich vorsichtig, dass das Dorf um 1850 niederbrannte. Heute allerdings erstaunt es mich, dass das Dorf dann in ganz wenigen Monaten wieder aufgebaut wurde, so dass seine Bewohner im folgenden Winter wieder ein Dach über dem Kopf hatten. Woher mag wohl das ganze Holz für den Bau der Fachwerkhäuser gekommen sein? Besonders wichtig ist es aber festzuhalten, dass der alte Mann seine Kirche vorführte und dabei die Augen für die Besonderheiten des Gotteshauses öffnete. Das beeindruckte mich derart, dass ich alle Details aufschrieb und fortan die Dorfkirche von Satemin als eine große Besonderheit ansah. Als ich zwei Jahre später konfirmiert wurde, sollten wir Konfirmanden einige Kirchen porträtieren. Satemin war in meiner Zusammenstellung dabei. Man sieht also: Ein paar wenige sachliche Erläuterungen sind der Nährboden für emotionale Bindungen, die die Grundlage für die Entwicklung eines Heimatgefühles sein können.

Noch ein anderes interessantes Detail notierte ich über die Rückfahrt von Satemin über Lüchow nach Gartow. Uns kam ein Triebwagen der Lüchow-Schmarsauer Eisenbahn entgegen, der zwei Güterwagen schleppte; ich zeichnete diesen Eisenbahnzug. Er ist insofern bemerkenswert, als er einer der letzten oder gar der letzte gewesen sein muss, der die Strecke befuhr. Denn als ich zehn Tage später, am 30. August 1969, nochmals an der Bahnlinie bei Örenburg vorbeikam, hatte man begonnen, die Strecke abzubauen.

Ein anderer Bericht stammt von einem Besuch im Heimatmuseum Vietze am 26. August 1969. Und auch dort waren es kundige Personen, die mir die Augen öffneten und dafür sorgten, dass ich den Besuch in dem kleinen Museum bis heute gut erinnere. Ich schrieb also in mein Tagebuch:

[...] wir mußten uns nämlich noch unbedingt das Heimatmuseum Vietze angucken. Eine Frau Schlawing führte uns. Zuerst sahen wir einen Raum mit Spinn- und Webgeräten, daneben eine mittelalterliche Räucherstube mit Feuereimern. Dann kamen wir in eine Stube mit alten Kleidern und Bildern von Trachten. Auf einer von Fotos gesäumten Holztreppe gingen wir rauf in die Schifferstube. Dort waren Seekarten der Elbe, Fotos und Schiffsmodelle. Daneben waren auch noch andere Dinge, z.B. ein Hammerklavier und ein Schreibtisch mit Puppengeschirr. Dann gingen wir um das Haus herum und sahen einen Mann beim Präparieren von alten Tongefäßen. Das machte mich schon aufgeregt. Im Museum wieder drinnen, sahen wir ein ganzes Zimmer voller Krüge, Geräte aus der Steinzeit, von der Eiszeit mitgeschwemmte Gesteine und Mineralien aus Skandinavien und viele Versteinerungen, alles in der Gegend vom Höhbeck gefunden! Ich dachte nämlich, hier gäbe es keine Steine. Nun sah ich dieses aber doch und war davon begeistert. Wir sahen dann die Wasserburg, das heutige Schloß, zu Gartow, eine Schmetterlingssammlung und verschiedene Tiere, wie Bisamratte, Fischadler u.s.w. Nun waren wir mit der Besichtigung fertig und waren erfüllt von dem, was wir gesehen hatten. Es war ja fast zu viel. Wir verabschiedeten uns von Frau Schlawing und kauften viele Postkarten. Darauf fuhren wir runter zur Elbe. Dort fing ich gleich an, Steine zu sammeln.

Meine Funde habe ich dann auch noch skizziert, »wahrscheinlich Geräte der Steinzeit« schrieb ich darunter, und zwei Versteinerungen hielt ich für einen Seestern und einen Schachtelhalm.

Heute erinnere ich ein liebevoll zusammengestelltes Museum, in dem sowohl volkskundliche Gegenstände und Bilder als auch Gesteinsproben und ausgestopfte Tiere ihren Platz fanden. Ich hatte wohl zum ersten Mal gehört, dass die Geestberge Norddeutschlands aus Gletscherschutt bestanden, der aus Skandinavien stammte. Ich fand nicht ganz das richtige Wort für den Transport der Steine im Gletscher. Natürlich wurden sie nicht »geschwemmt« ...

Ich interessierte mich seit anderen Urlaubsreisen für Steine, andernorts hatte ich bereits zahlreiche Mineralien, Gesteine und Versteinerungen gefunden. Nun erst erfuhr ich davon, dass ich auch im Wendland Entsprechendes sammeln konnte.

Heute kann ich auch ermitteln, dass unsere Museumsführerin wohl die Witwe oder eine andere Verwandte des 1957 in Vietze verstorbenen Malers Adolf Schlawing war, der aus Westpreußen stammte und bereits 1920 nach Vietze gekommen war. Damals war sein Geburtsort Groß Lunau, der im Kreis Kulm an der Weichsel lag, durch die Bestimmungen des Versailler Vertrages an Polen gefallen. Schlawing hatte in Vietze eine neue Heimat gefunden, und seine Bilder wurden und werden im dortigen Heimatmuseum ausgestellt, im Wendland – und dort, nicht etwa an der Weichsel, sondern an der Elbe gehören sie zur Heimat dazu. Leider hatte ich nicht erfahren oder nicht aufgeschrieben, wer der Herr war, der die archäologischen Fundstücke rekonstruierte. Aber er beeindruckte mich auch, ich sehe ihn noch vor mir – in einem grauen, leinenen Arbeitsmantel.

Ein Bild von der Seegebrücke

Menschen hatten mich also auf Besonderheiten ihrer Heimat hingewiesen, und ich hatte mich dafür interessiert, war also gewissermaßen in den Ferien auf den Weg gebracht, eine neue Heimat zu finden. Aber ich setzte mich auch aktiv mit ihr auseinander, indem ich Bilder von der Landschaft malte. Am 16. August 1969 porträtierten meine Eltern und ich jeder für sich eine Brücke über die Seege zwischen Restorf und Laasche.

Die Brücke existiert wohl nicht mehr, weil die Seegeniederung in den letzten Jahrzehnten stark umgestaltet wurde. In den 1970er Jahren wurde etwas weiter oberhalb der Gartower See angelegt; die Seege wurde bei Restorf gestaut. Beim Zeichnen der Brücke ließ sich viel lernen. Ich erinnere noch, wie still das Wasser unter der Brücke stand, so dass sich die in den Boden gerammten Holzpfeiler im Wasser spiegelten. Die Brücke führte hoch über den Fluss, so dass man sie mit kleinen Booten unterqueren konnte. Das Konstruktionsschema dieser Brücke prägte sich bei mir ein; solche einfachen Holzbrücken, die dennoch große Lasten tragen konnten, sind typisch für die Nebenflüsse und Seitenarme der Mittelelbe; später begegneten sie mir an der Havelmündung in Brandenburg.

Zum Abschluss der Ferienreise pflückten wir Heidesträuße und legten sie auf die Gräber der unbekannten Soldaten im Gartower Ehrenhain.

Abb. 1: Zeichnung der Seegebrücke (Hansjörg Küster)

Ein moderner Heimatbegriff

Interessant an den Texten aus meinem Tagebuch ist, dass sich mit ihnen alles zeigen lässt, was nicht nur ich, sondern auch der Niedersächsische Heimatbund für einen modernen Heimatbegriff hält.

Zusätzlich zu der Heimat, die man von Geburt aus hat, kann man im Leben zusätzliche Heimaten gewinnen. Eine Voraussetzung dafür ist, dass Menschen, die mit den Besonderheiten ihrer Heimat vertraut sind, andere, neu hinzukommende auf diese Besonderheiten hinweisen. Diese Hinweise bestehen aus nackten Fakten. Die Reflexion über sie kann beim Neuankömmling zu einer emotionalen Bindung und damit zur Ausbildung eines Heimatgefühls für die neue Heimat führen. Meine Bindung an das Wendland war jedenfalls im August 1969 hergestellt. Ich kam immer wieder in diese Gegend, auf Exkursionen, zu Vorträgen, zu Konzerten der Sommerlichen Musiktage Hitzacker. Seit mehr als 20 Jahren bin ich Mitglied des Heimatkundlichen Arbeitskreises Lüchow-Dannenberg, und dessen heutiger Vorsitzender Wolfgang Jürries war einer meiner allerersten Besucher nach meinem Umzug nach

Hannover; er suchte Fotos als Hintergrundbilder für das Rundlingsmuseum in Lübeln in meiner Diasammlung. Und wenige Jahre später wurde ich zum Präsidenten des Niedersächsischen Heimatbundes gewählt.

Heimaten haben keine Grenzen, die individuellen Vorstellungen zu ihnen sind verschieden. Es kommt nicht darauf an, eine kollektive, abgegrenzte Heimat zu inszenieren. Diese Exklusivität bringt uns nicht weiter, denn sie führt dazu, dass immer wieder die gleichen Menschen sich die gleichen Geschichten erzählen, dabei gewissermaßen im »eigenen Saft braten«. Und auf diese Weise verbreiten sich auch die Geschichten über den Heimatort nicht in alle Welt, und darauf kann es uns ja auch ankommen. Über Heimaten ist ein nicht enden wollendes und sollendes Gespräch möglich – mit Nachbarn genauso wie mit Menschen, die aus der Ferne kommen. Der Blick von außen auf die eigene Heimat bringt neue Erkenntnisse. Diese Gespräche und die dabei entwickelten Emotionen sind sehr wichtige Voraussetzungen dafür, dass Menschen von nah und fern integriert werden. Wir brauchen den modernen Heimatbegriff unbedingt für eine erfolgreiche Integration. Und daher sind Heimatvereine, die Menschen integrieren, heute wichtiger denn je. Ihre Arbeit kann man gar nicht genug loben. Materiell kann man diese Arbeit nicht belohnen, sie muss ehrenamtlich sein. In dieses Ehrenamt können auf freiwilliger Basis Menschen eingeschlossen werden, die ohne feste Arbeitszeiten wertvolle Arbeit leisten und dabei eigenes Glück empfinden. Sie profitieren nämlich ebenso von ihrer Beschäftigung mit Heimat wie alle Menschen, denen sie über geeignete Gesprächsthemen eine emotionale Bindung an eine neue Heimat, an Landschaften, Ortschaften, Sehenswürdigkeiten und ganz alltägliche Stätten, ganz bestimmt aber nicht zuletzt an die Menschen ermöglichen, mit denen sie ins Gespräch kommen. Man kann ja nicht wissen, ob vielleicht auch der zwölfjährige Junge, den man zufällig trifft, diese Begegnung mit Menschen und Heimaten nach Jahrzehnten noch erinnert.

Kulturelle Perspektiven für die Landschaft
Landschaft ist stets kulturell bestimmt

Landschaft braucht immer einen Betrachter, der sich mit ihr auseinandersetzt. Er hat stets Natur vor Augen, wenn er auf Landschaft blickt. Meistens sieht er auch Strukturen, die von Menschen gestaltet wurden, etwa ein Gebäude, ein Feld oder einen gepflanzten Baum. Stets verbindet er das Gesehene mit einer Idee, einem Ideal oder einer Metapher; man hält die eine Landschaft für ein Paradies, eine andere für eine »Schweiz«, oder er nennt eine Landschaft »Natur« (im Sinne einer Idee von Natur). Das Verbinden des Gesehenen mit einer Idee oder einer Metapher ist stets eine kulturelle Leistung. Jede Landschaft besteht daher sowohl aus natürlichen als auch aus kulturellen Elementen; es gibt daher weder eine Natur- noch eine Kulturlandschaft. Denn eine Naturlandschaft würde nicht mit einer Idee verbunden werden, und der Begriff Kulturlandschaft ist ein Pleonasmus; Landschaft ist ja bereits ihrer Definition nach kulturell bestimmt. Allerdings entsprechen – ebenso wie »Natur« – auch die Begriffe »Naturlandschaft« und »Kulturlandschaft« einer Idee oder einer Metapher. Jede Landschaft ähnelt dem, was ein »Landschafter« oder ein Landschaftsmaler auf seiner Leinwand darstellt: das von ihm mit einer Idee versehene Abbild seiner Umwelt.[1]

Eine Landschaft als Beispiel

Wie eine Landschaft als Summe aus Natur sowie Kultur im Sinne von Gestaltung und im Sinne eines Ideals oder einer Metapher zu verstehen ist, soll im Folgenden an einem Beispiel erläutert werden, und zwar an einem Bild eines kleinen Dorfs in der Nähe von Schmölln im Osten Thüringens (Abb. 1).

Auf dem Bild sind Elemente der Natur zu erkennen, Himmel, Bäume, Bach und Gras. Alle Elemente der Natur sind einem Wandel, einer Dynamik unterworfen. Der Himmel bezieht sich, oder die Wolken reißen auf. Im Bach fließt beständig Wasser, einmal mehr, ein anderes Mal weniger.

Durch die Kraft des Wassers schneidet sich der Bach immer tiefer in den Untergrund ein. Bäume und Gras wachsen; die Pflanzen sterben schließlich

---

1 Küster, Hansjörg, Die Entdeckung der Landschaft. Einführung in eine neue Wissenschaft, München 2012.

KULTURELLE PERSPEKTIVEN FÜR DIE LANDSCHAFT

Abb. 1: Ein Dorf in der Nähe von Schmölln, Ostthüringen (Foto: Hansjörg Küster)

ab, es kommen neue, die ungefähr an ihre Stelle treten, aber nicht unbedingt derselben Art angehören müssen.

Menschen setzten sich stets mit dieser Natur auseinander und waren bestrebt, sie so zu nutzen, dass sie ein möglichst stabiles Leben hatten. Alles das, was Menschen in einer Landschaft bauen und anlegen, ist aber, wenn es nicht regelmäßig gepflegt wird, dem natürlichen Verfall, also dem Wandel, ausgeliefert. Die Fassade eines Hauses verwittert, wenn sie nicht regelmäßig gestrichen und ausgebessert wird, der Garten verwildert. Zu den Elementen der Kultur auf dem Landschaftsbild gehören neben den Häusern die Kirche mit Turm und Wetterfahne, die Ackerterrassen oberhalb der Häuser, nach deren Anlage Felder weniger stark geneigt und daher leichter zu bearbeiten waren, der Strommast und die Stromleitung, die geschnittenen Kopfweiden, die wieder ausgetrieben haben und die erneut geschnitten werden müssten, damit sie nicht auseinanderbrechen, der Nadelbaum, der angepflanzt wurde, obwohl er am Ort nicht heimisch ist, der Graben in der Talsenke. Das Gras wächst zwar, aber es ist geschnitten; würde man es nicht schneiden, kämen auch andere Gewächse in die Höhe, und schließlich könnte sich ein Wald entwickeln.

Die richtige Beurteilung etlicher dieser Elemente fällt schwer. Ist der angepflanzte Nadelbaum ein Element der Natur, weil er wächst und schließlich stirbt, oder ist er ein Element der Kultur, weil er angepflanzt wurde? Gibt es im Talgrund einen natürlichen Bach oder einen durch Kultur angelegten Graben? Und sind die Kopfweiden als Natur oder Kultur zu beurteilen? Auch hier zeigt sich, dass man zwischen Natur- und Kulturlandschaft nicht unterscheiden sollte.

Vielen Menschen ist beim Blick auf Landschaft vor allem die Idee, das Ideal oder die Metapher wichtig. Viele meinen, das Dorf und seine Umgebung repräsentierten »schöne Natur«, die man auf seinem Sonntagsspaziergang gerne sieht. Man hält das Dorf für eine Idylle, ein Bild aus der »guten alten Zeit«. Am liebsten würden sicher viele Betrachter der Landschaft das neu gebaute Haus und die Hochspannungsleitung abdecken, weil sie das Bild der Idylle als Fremdkörper stören.

Um die Landschaft zu verstehen, muss man eine Geschichte, eine »Story«, über sie erzählen, eine Geschichte mit einer logischen Reihenfolge. Sie könnte etwa so lauten: In einem Hügelland schnitt ein Bach mit der Kraft seines Wassers ein Tal ins Gestein. Im Eiszeitalter legte sich eine Lössdecke über Hügel und Tal. Sie bestand aus dem feinen Staub, der aus den Gletschervorfeldern herbeigeweht wurde. Im Tal wurde der Löss abgespült, so dass das darunter liegende Gestein wieder zum Vorschein kam. Auf dem höher gelegenen Gelände blieb der Löss aber liegen. Nach der Eiszeit breiteten sich Wälder aus. Später wurden sie gerodet, damit Felder angelegt werden konnten. Aus dem Holz baute man Häuser, auf den Lichtungen wuchsen Kulturpflanzen heran, die die volle Sonnenbestrahlung brauchten, um wachsen und reifen zu können. Möglicherweise wurde die Siedlung vom Tal aus gegründet. Menschen, die auf der Suche nach einer besiedelbaren Fläche waren, bemerkten, dass es in der Talniederung nur Flächen gab, die man nicht beackern konnte; sie waren zu steinig. Wo man auf tiefgründigeren Löss stieß, konnte man den Boden bearbeiten und einen Acker anlegen. An die Grenze zwischen steinigen und tiefgründigen Böden legte man die Siedlung. Dann konnte man von ihr aus sowohl die Äcker als auch die Grünlandflächen bewirtschaften, die unterhalb der Siedlung lagen. Dort weidete das Vieh; es kam an frisches Wasser (im Bach) heran, Dünger konnte man aus den Ställen direkt auf das Grünland leiten, und außerdem ließ sich das Vieh gut von oben beaufsichtigen. So kamen ländliche Siedlungen zu einer sehr typischen Lage, der Ökotopengrenzlage zwischen trockenem, tiefgründigem Ackerland und feuchtem, steinigerem Grünland.

Eine große Bedeutung bekamen Kirchturm und Turmhahn. Der Turm musste so hoch sein, dass die Glocken auf der gesamten Feldmark zu hören waren. Sie riefen nicht nur zum Gebet, sondern sie strukturierten den Tageslauf für eine menschliche Gemeinschaft: Man begann gemeinsam nach dem Morgengebet mit der Arbeit, man machte am Mittag Pause, und die Abendglocke rief zwar auch wieder zum Gebet, aber sie gab auch das Zeichen, dass man nun Feierabend machen sollte. Turmhahn oder Wetterfahne drehten sich in den Wind: Sie zeigten dem Bauern, woher der Wind wehte, und so ermöglichten sie eine Wettervorhersage für die kommenden Stunden. Die Bauern konnten abschätzen, wieviel Zeit noch blieb, bis der Regen begann.

Das Dorf veränderte sich längere Zeit nur wenig. Die Bewirtschaftung von Ackerterrassen oberhalb der Bauernhäuser wurde aufgegeben. Das Beackern der kleinen Flächen lohnte sich wohl nicht mehr. Denn Nahrung lässt sich inzwischen über ein Infrastrukturnetz leicht bereitstellen, man kann sie günstig im Laden kaufen. In moderner Zeit wurde eine Hochspannungsleitung gebaut, die an dem Dorf vorbeiführt. Sie gehört zu einem weiträumig angelegten Netz von Stromleitungen. Und nach langer Zeit wurde wieder einmal ein neues Haus am Rand des Dorfes errichtet, das nicht mehr – wie in früherer Zeit – als Fachwerkbau entstand, sondern offenbar aus Fertigteilen gebaut wurde.

Eine solche Geschichte ergibt sich aus der Betrachtung einer Landschaft. Sie kann beliebig erweitert werden, etwa durch Erkenntnisse aus schriftlichen Urkunden, aus Bodenfunden der Archäologie, der Baugeschichte oder Erzählungen der örtlichen Bevölkerung zu dem Dorf und seiner Umgebung. Aber man darf nicht mit dem Strommast oder der Kirche anfangen, wenn die Entwicklung der Landschaft in logischer Abfolge klargemacht werden soll. Und auch wenn man eingangs davon spricht, dass ein Dorf in einer agrarischen Umgebung liegt, macht man seine Entstehung nicht klar.

Landnutzungssysteme

In der Vergangenheit haben Menschen ihre Umwelt auf verschiedene Weise genutzt. Dies zeigt sich im thüringischen Dorf unter anderem daran, dass Nutzflächen aufgegeben wurden, etwa die Äcker auf den Ackerterrassen oberhalb des Dorfes. Und es entstand auch Neues im Dorf, etwa die Stromleitung und das neu gebaute Haus. Ackerterrassen, Stromleitung und Neubau gehören ebenso wie die alten Häuser, die Kirche und alle anderen Elemente der Landschaft zu aufeinanderfolgenden Systemen der Landnutzung. Alle Elemente, die keine Funktion im aktuell bestehenden Landnutzungssystem haben, sind in ihrer Existenz in Frage gestellt, weil man sie nicht braucht. Man möchte vieles davon gerne erhalten, benötigt aber Ideen und spezielle Taktiken der Umnutzung oder des Schutzes, um diese Elemente tatsächlich bewahren zu können, Ackerterrassen und Kopfweiden genauso wie Kirche und Fachwerkbauten. Dies ist ohne ein klares Eintreten für die Bewahrung dieser Elemente nicht zu erreichen. Bei vorangegangenen Systemwechseln

LANDSCHAFT IST STETS KULTURELL BESTIMMT

Abb. 2: Felsen von Solutré in Burgund (Foto: Hansjörg Küster)

der Landnutzung wurden zahlreiche zuvor bestehende Strukturen aufgegeben, wie sich zeigen lässt, wenn man die Abfolge bisheriger Landnutzungssysteme betrachtet.

Elemente früherer Landnutzungssysteme prägten das Verhalten von Menschen ihrer Umwelt gegenüber. Diese Prägung hält sich über Ideen oder Metaphern, die Menschen auf die sie umgebende Landschaft anwenden, auch über den Zeitraum einer bestimmten Nutzungsstrategie hinaus.

Menschen, die im Eiszeitalter aus Afrika nach Mitteleuropa gekommen waren, nutzten ihre Umwelt zunächst als Jäger und Sammler. Im waldoffenen Grasland, das damals dort vorherrschte, lebten zahlreiche Säugetiere, auf die man Jagd machen konnte, beispielsweise Rentiere und wilde Pferde. Die Jäger hielten sich vor allem dort auf, wo sie mögliche Beutetiere erspähen konnten, beispielsweise an Steilhängen oberhalb von Quellen und Flüssen, an denen sich die Tiere zum Trinken einfanden. In Herden lebende Pferde und andere Tiere trieb man z. B. zum klippenartig aufragenden Felsabbruch von Solutré in Burgund (Abb. 2). Zahlreiche Tiere rasten über den Felsen und stürzten zu Tode. Anschließend holten sich die Jäger nur so viel Fleisch, wie sie gerade brauchten. Die meisten Kadaver überließen sie anderen Fleisch fressenden Tieren, beispielsweise Wölfen. Die Jagdtechnik war also hoch entwickelt, aber ressourcenschonend gingen die Menschen mit ihrer Umwelt nicht um.

Jäger und Sammler fanden nicht mehr täglich genug Nahrung, als sich die Umwelt nach dem Ende der letzten Eiszeit veränderte: Steigende Temperaturen erlaubten die Ausbreitung von Wäldern, in denen die meisten Gras fressenden Tiere, die bisherige Beute der Menschen, nicht leben konnten. In Wäldern der gemäßigten Klimazonen, die sich saisonal entwickeln, steht auch für Menschen nicht das ganze Jahr über ausreichend Nahrung zur Verfügung. Zwar schätzten Menschen weiterhin (und durchaus bis heute!) Aussichtspunkte, von denen man das Land weit überblicken konnte, aber genug Nahrung fanden sie das ganze Jahr über nur noch am Ufer von Gewässern. Dort konnte man regelmäßig kleinere Tiere erbeuten: vor allem Fisch und Wasservögel. Der Ernährungskrise konnten Menschen in Europa erst dann begegnen, als Kulturpflanzen aus dem Nahen Osten zur Verfügung standen.

Um Ackerbau zu betreiben, musste die Umwelt verändert werden: Wald wurde gerodet, das Holz zum Hausbau und zum Heizen genutzt. Erst danach konnte man Felder für den Anbau von Pflanzen anlegen, die zu ihrer Entwicklung vollen Sonnenschein benötigen. Weite Teile Europas eigneten sich für den Ackerbau besonders gut, weil dort viel Löss abgelagert worden war. In den Tälern war der Lössstaub damals schon abgespült; er lag aber noch auf den Höhen zwischen den Tälern. Menschen suchten wohl ausgehend von den Tälern geeignetes Siedelareal. In den Tälern und auf den Unterhängen gab es keine Böden, die sie beackern konnten. Erst etwas oberhalb konnte man die Siedlung gründen, am Rand der Lössfläche, die man auch mit einfachen Geräten aus Holz, Stein und Knochen beackern konnte. Die bereits oben erläuterte Lage am Oberhang eines Tales ist schon seit dieser Zeit typisch für eine ländliche Siedlung.

Jahrtausendelang bestanden Siedlungen nicht völlig auf Dauer. Nach einigen Jahrzehnten oder allenfalls Jahrhunderten wurden sie aufgegeben und an anderer Stelle neu gegründet. Die genauen Gründe dafür kennt man nicht; mutmaßlich fehlte eine Voraussetzung für das Weiterbestehen der Siedlung. Vielleicht hatten die Erträge auf den Feldern nachgelassen; wahrscheinlicher ist es aber, dass es an geeignetem Holz zum Bau oder zum Ausbessern von Häusern fehlte. Es gab noch keine Infrastruktur, über die mangelnde Güter hätten herbeigeschafft werden können. Auf Flächen, die von Ackerbauern verlassen worden waren, herrschte anschließend ausschließlich natürlicher Wandel. Im Lauf der Zeit bildeten sich neue Wälder, in denen nicht nur die bisher am Ort vorhandenen Gehölze in die Höhe kamen, sondern auch weitere Pflanzenarten, die sich in der Gegend gerade ausbreiteten. Das gilt in Mitteleuropa vor allem für die Buche; diese Baumart breitete sich genauso lange in Europa aus, wie dort Siedlungen gegründet und wieder aufgegeben wurden, von der Jungsteinzeit im 6. Jahrtausend vor Chr. bis zum beginnenden Mittelalter.[2]

Das Landnutzungssystem der von Zeit zu Zeit verlagerten Siedlungen wurde durch ein anderes ersetzt, in dem Siedlungen in der Regel platzkonstant erhalten blieben. Ein solches Landnutzungssystem etablierte sich gemeinsam mit der Herausbildung einer Infrastruktur aus Straßen und anderen Handelswegen, Märkten und Verwaltungen. Dies war innerhalb von Staatsgebilden der Fall, im Bereich des Imperium Romanum ebenso wie in weiten Teilen Europas seit dem Beginn des Mittelalters. Über die Infrastruktur mussten Güter, vor allem Korn und Holz, dorthin geliefert werden, wo es an ihnen mangelte. Die Infrastruktur konnte aber nur dort bestehen, wo sie durch feste Siedlungen zusammengehalten werden konnte. Alle Völkerschaften, die von Zeit zu Zeit ihre Orte wechselten oder wanderten, standen dem Aufbau einer Infrastruktur entgegen. Dies wirft ein bezeichnendes Licht darauf, dass ein Landnutzungssystem mit von Zeit zu Zeit verlagerten Siedlungen und ein anderes mit stabilen Siedlungen nicht miteinander kompatibel sein konnten.

Die Umstellung von einem Landnutzungssystem auf ein anderes musste viele Bereiche umfassen und im Ganzen erfolgen; sie war sehr kompliziert. Sehr wichtig war im Zusammenhang mit der mittelalterlichen Landnutzungsumstellung nicht nur der Aufbau weltlicher, sondern auch geistlicher Herrschaft. Kirchen wurden zu Mittelpunkten der Dörfer.

Nachdem Dörfer Platzkonstanz erreicht hatten, übrigens ebenso wie in den Jahrtausenden zuvor in Ökotopengrenzlage, wurden auch Städte gegründet, die sich zu besonders wichtigen Stützpunkten der Infrastruktur entwickelten. Sie entstanden oft dicht am Wasser, das man beispielsweise für den Betrieb von Wassermühlen nutzte. Die Landnutzung wurde verstärkt: Viele Wälder wurden dauerhaft zurückgedrängt, andere so stark genutzt, dass die Buche benachteiligt wurde. Stattdessen breiteten sich Eichen und Hainbuchen stärker aus.[3] Das Bauernland wurde strikt in drei oder mehr Felder eingeteilt, auf denen – durch den Flurzwang geregelt – eine bestimmte Fruchtfolge eingehalten werden musste. Weil jeder Bauer auf den Feldern nur schmale Ackerstreifen bewirtschaftete, die eng aneinandergrenzten, war es völlig ausgeschlossen, dass auf benachbarten Äckern verschiedene Feldfrüchte angebaut wurden. Auf jedem Feld musste zur gleichen Zeit gesät und zur gleichen Zeit geerntet werden. Nur dann waren reichliche Erträge möglich, die es erlaubten, dass die Bauern Abgaben an den Grundherrn leisteten;

2 Küster, Hansjörg, The role of farming in the postglacial expansion of beech and hornbeam in the oak woodlands of central Europe, in: The Holocene 7(2), 1997, S. 239-242.
3 Pott, Richard, Der Einfluß der Niederholzwirtschaft auf die Physiognomie und die floristisch-soziologische Struktur von Kalkbuchenwäldern, in: Tuexenia 1, 1981, S. 233-242.

man brauchte Abgaben für Menschen, die nicht selbst Ackerbau betrieben und dennoch satt werden sollten.

Zurückblickend verklärte man die Landnutzung der früheren Zeit, etwa diejenige von Hirten, die immer noch mit ihren Herden durch die Berge zogen. Eine Landschaft, in der sich eine solche Nutzung neben Gebieten der antiken Zivilisation lange hielt, war Arkadien auf der Peloponnes. Vergil übertrug den Begriff »Arkadien« als Idee auf Regionen in Süditalien, und dort suchten dann jahrhundertelang Reisende aus dem Norden ihr »Arkadien«, das sie immer wieder verklärten.

Die Intensivierung der Landnutzung blieb nicht ohne Folgen. Wälder verschwanden, die Bodenerosion nahm zu, Ländereien wurden dadurch sogar zerstört, die Erträge ließen nach. Sowohl am Mittelmeer bereits in antiker Zeit als auch weiter im Norden im Mittelalter nahmen Krisen zu; immer wieder kam es zu Hungersnöten, besonders in Kriegszeiten wie während des Dreißigjährigen Krieges.

Danach wurde immer deutlicher, dass das Landnutzungssystem erneut von Grund auf verändert werden musste, um ein weiteres Überleben der Menschheit möglich zu machen. Einzelne Fürsten nahmen das Heft in die Hand und setzten Landreformen durch, die erneut zu einer tiefgreifenden Umstellung von Landnutzungssystem und Landschaft führten. Zentrale Gedanken, die damals aufkamen, waren Nachhaltigkeit und Merkantilismus. Nachhaltiges Wirtschaften oder, allgemeiner gesagt, nachhaltiges Handeln, sollte dazu führen, dass Landschaften mit ihren Ressourcen stabil erhalten blieben, das heißt, weder durch den Menschen noch durch natürliche Prozesse ihr Erscheinungsbild veränderten. Nur dann lieferten sie gleichbleibende Mengen an nachwachsenden Gütern wie Holz und Korn. Nachhaltigkeit setzte stete Pflege voraus; dies wurde in formalen Parkanlagen deutlich, die nach dem Dreißigjährigen Krieg vielerorts nach französischen Vorbildern entstanden. Nur dann, wenn alle Pflanzen eines solchen Gartens immer wieder gepflanzt, gezogen, geschnitten und auf andere Weise gepflegt wurden, sah ein Garten als Landschaft in jedem Jahr gleich aus; große Anstrengungen mussten dafür aufgebracht werden.

Das ganze Land wurde neu geordnet: Wald und Weideland wurden voneinander getrennt, schmale Ackerstreifen wurden mit anderen zusammengefügt verkoppelt (Abb. 3), bisher als Allmende genutztes Land wurde unter den Bauern eines Dorfes aufgeteilt.

Man führte neue Kulturpflanzen ein, auch solche, die man weiträumig in den Handel gab und mit denen man merkantilistisch auf Gewinn setzte, beispielsweise beim Anbau von Tabak. Man erinnerte sich an früher bereits aufgekommene Ideale von Landschaften, beispielsweise an die Metapher von Ar-

LANDSCHAFT IST STETS KULTURELL BESTIMMT

Abb. 3: Reste von Koppeln, die ursprünglich mit Hecken umgeben wurden, bei Alfeld/ Leine (Foto: Hansjörg Küster)

kadien. Diese Idee wirkte auf die neue Form der Gestaltung von Landschaft im Englischen Garten ein, die nach der Mitte des 18. Jahrhunderts aufkam. Aber auch im Englischen Garten wurde Landschaft so gepflegt wie im formalen Park: Es wurde gepflanzt, geschnitten, gepflegt und gerodet, damit der Garten in jedem Jahr ein gleiches Erscheinungsbild bot. Die Landreformen wurden später durch Errungenschaften der Industrialisierung begünstigt, vor allem durch die Erfindung der Dampfmaschine. Mit ihr konnten tief im Untergrund liegende Kohlelagerstätten erschlossen werden; die Heizung mit Kohle war fortan eine Alternative zur Holzheizung. Kohle ließ sich außerdem ebenso wie Mineraldünger überall im Land mit der kohlebetriebenen Eisenbahn verteilen; per Eisenbahn konnten auch größere Mengen an landwirtschaftlichen Produkten in die wachsenden Städte transportiert werden. Die im 19. Jahrhundert befreiten Bauern konnten selbständig wirtschaften und schließlich auch Kapital ansammeln; sie errichteten neue Bauernhäuser und Nebengebäude, in denen die größer gewordenen Erträge untergebracht werden konnten.

In vielen Dörfern blieben nur die Kirchen aus der älteren Zeit stehen, viele Bauernhäuser wurden im Zeitalter der Landreformen neu gebaut. Und erst zur damaligen Zeit bildeten sich Dorfgemeinschaften aus freien Bauern heraus. Man hatte sich aber Reichtum und Freiheit auch schon in früherer Zeit

KULTURELLE PERSPEKTIVEN FÜR DIE LANDSCHAFT

Abb. 4: Lüneburger Heide, eine als »Natur« interpretierte, übernutzte Landschaft (Foto: Hansjörg Küster)

erwünscht, und man hielt Erscheinungsbilder vieler Dörfer bald für älter, als sie tatsächlich waren. Auch in dem eingangs vorgestellten Dorf stammen die meisten Gebäude aus der Zeit nach dem Mittelalter. Vielerorts errichtete man vor allem seit dem 19. Jahrhundert öffentliche Gebäude im Dorf: Rathaus, Schule, Feuerwehrhaus, auch oft eine neue Kirche, wenn die alte zu klein geworden war. Siedlungs- und Wirtschaftsstrukturen der Landreformen hielten sich im 20. Jahrhundert sehr lange; dies hängt mit Krisen und Kriegen zusammen, in denen Stabilität eher vom Land als von der immer wieder unterbrochenen Infrastruktur und von zerstörten Städten ausging. Zudem waren die auf dem Land entstandenen Strukturen durch besondere Bedingungen des Kreditwesens und Geldentwertungen begünstigt worden: Es herrschte bescheidener Wohlstand auf dem Land, und der Druck, bestehende Landnutzungsstrukturen weiter zu verändern, war jahrzehntelang gering.

Landschaftstypen, die zur Zeit der Landreformen zurückgedrängt wurden, waren vor allem Heidelandschaften (Abb. 4) und beweidete Wälder, die man als Hudewälder bezeichnet. Erneut ging es dabei um Landschaften, die von Hirten extensiv genutzt worden waren. Man verglich sie nun aber weniger mit Arkadien, sondern hielt sie immer mehr für Ideale von »Natur«, die man schützen wollte: durch »Naturschutz«. Dabei besteht das Problem, dass die von Naturwissenschaftlern untersuchte Natur oft nicht das ist, was man im Naturschutz schützen will. Natur ist dynamisch, verändert sich; vielen Naturschützern kommt es aber gerade darauf an, dass sich das, was sie aus ästhetischen Gründen als »Natur« bezeichnen, nicht verändert. Es gibt gute Gründe dafür, warum man bestimmte Erscheinungsbilder von Umwelt schützen möchte. Aber es hätte von Anfang an deutlicher gemacht werden müssen, worauf es dabei ankommt: um den ästhetischen Prozess des Erkennens von Schönheit, die man mit anderen Menschen teilen und für die Zukunft bewahren möchte. Dabei geht es nicht um Natur, sondern um eine bestimmte Landschaft, über deren Aussehen man sich zuerst verständigt, um dann Maßnahmen zu ergreifen, mit denen sie auf Dauer bewahrt werden kann.

Seit der Mitte des 20. Jahrhunderts wurde die Landnutzung erneut von sehr dynamischen Entwicklungen ergriffen, die sich unter den Stichworten Zentralisierung und Marginalisierung fassen lassen. Landnutzung wird an den einen Orten intensiviert, etwa durch weitere Flurneuordnungen, Landtechnik, intensive Düngung, Pflanzenschutz und Haltung großer Mengen an Tieren. An anderen Orten aber wird sie aufgegeben. Große Siedlungen wachsen, kleine werden verlassen. Großkraftwerke versorgen weite Bereiche des Landes mit Energie. Auf Hauptlinien der Eisenbahn und Autobahnen wird immer mehr Verkehr konzentriert, weniger wichtige Verkehrslinien aber werden vernachlässigt oder aufgegeben. Ebenso viele schutzwürdige Landschaften sind durch Intensivierung wie durch Marginalisierung, eine Beendigung der Nutzung, bedroht. Herrschen natürliche Entwicklungen vor, werden Strukturen einer genutzten Landschaft einschließlich ihrer speziellen Biodiversität zerstört.[4]

Das derzeit vorherrschende Landnutzungssystem mit seinen immer großräumiger werdenden Strukturen kann aber nur so lange Bestand haben, wie bestimmte Energierohstoffe in großer Menge zu günstigen Preisen zur Verfügung stehen, vor allem Erdöl und Erdgas, aber auch Kohle und radioaktives Material für die Nutzung von Kernkraft.

Ein neues Landnutzungssystem?

Weil immer klarer wird, dass ein Landnutzungssystem nicht auf Dauer zu erhalten ist, das von der auswärtigen Zufuhr von endlichen Energierohstoffen abhängig ist, setzt sich derzeit die Erkenntnis durch, dass eine Energiewende

---

4 Dannebeck, Sandra/Hoppe, Ansgar/Küster, Hansjörg/McCracken, Davy, Einflußfaktoren auf Kulturlandschaften: ein Überblick, in: Krzywinski, Knut/O'Connell, Michael/Küster, Hansjörg (Hrsg.), Wo Demeter ihre Felder hat und Pan zuhause ist: Europäische Kulturlandschaften, Bremen 2009, S. 47-54.

notwendig ist. Dieser Prozess kann sich aber nicht nur darauf beschränken, dass allein Energieträger ausgetauscht werden, sondern könnte wohl zu einem ähnlich komplexen Wandel des Landnutzungssystems führen wie derjenige des Mittelalters, bei dem stabile Siedlungen aus Wechselsiedlungen hervorgingen, oder bei demjenigen der Landreformen. Die früheren Wandlungen der Landnutzungssysteme wurden herrschaftlich gelenkt oder ergaben sich aus wirtschaftlichen Erwägungen; ein künftiger Wandel des Landnutzungssystems wird wohl noch schwieriger zu verwirklichen sein, weil in unseren demokratischen Strukturen viele Menschen ein Wort mitreden möchten, wie Landnutzung und Landschaft sich künftig entwickeln sollten. Das kann als lästig empfunden werden, wenn von einzelnen Akteuren Partikularinteressen durchgesetzt werden sollen, aber auch eine Bereicherung sein, wenn es gelingt, die Interessen vieler Menschen dabei zu bündeln, die vom Systemwandel profitieren wollen, sei es durch wirtschaftliche Interessen oder durch den Wunsch, schöne Landschaft zu bewahren.

Dabei muss zunächst der Blick auf die Bereitstellung von Energie gelenkt werden. Während es bei der Nutzung von Erdöl, Kohle oder der Kernkraft notwendig ist, große Kraftwerke zu betreiben und von dort aus Strom über große Distanzen zu übertragen, besteht diese Notwendigkeit bei der Nutzung von nachwachsenden Rohstoffen, von Windkraft oder Solarenergie nicht (Abb. 5). Keineswegs ist es unabdingbar notwendig, immer größere Windkraft- oder Biogasanlagen zu bauen; man könnte auch die Herausforderung sehen, vor allem kleine Anlagen der Nutzung von Wind, Sonne oder nachwachsenden Rohstoffen zu entwickeln. Dies führt nicht von Anfang an zu einer Versorgung kompletter Städte; vielmehr können auf diese Weise eher kleine Siedlungen versorgt werden. Darin liegt eine neue Chance für ländliche Gebiete, die in den letzten Jahrzehnten von Marginalisierung betroffen waren, vor allem von einer zurückgehenden Einwohnerschaft oder einer geringer werdenden Einbindung in Infrastrukturen. Kleine Orte könnten sich als erste die Aufgabe stellen, ihre Energieversorgung selbst in die Hand zu nehmen, mit kleinen Windrädern, kleinen Anlagen zur Nutzung der Wasserkraft oder kleinen Hackschnitzelkraftwerken. Umwandlungen von Energie, beispielsweise von Strom in Wärme, könnten weitgehend vermieden werden, auch wären die Verluste von Energie durch die Stromübertragung geringer. Und – ganz entscheidend – Strukturen in der Landschaft könnten neu in die Nutzung einbezogen und dadurch in ihrem Bestand geschützt werden, die im Landnutzungssystem der Zentralisierung und Marginalisierung keine Funktion hatten: kleine Äcker, Heideflächen, Hecken und Niederwälder, die man neu zur Gewinnung von nachwachsenden Rohstoffen nutzt, ehemalige Bauernhäuser, deren nicht mehr genutzte Ökonomieteile Lager für Hack-

Abb. 5: Großflächige Agrarnutzung mit einer Agglomeration von Windkraftanlagen, wie sie für den Bedarf von Selbstversorgern nicht notwendig ist (Foto: Hansjörg Küster)

schnitzel oder Holzpellets aufnehmen könnten. Moderne Anlagen der Wind- oder Wasserkraftnutzung stoßen mutmaßlich auf mehr Akzeptanz, wenn sie klein sind und der Energieversorgung der örtlichen Bevölkerung dienen.

Keineswegs wird es möglich sein, nur auf eine einzige Form der Energiebereitstellung zu vertrauen, sondern der bisher schon bestehende Energiemix müsste erweitert und ausgebaut werden. Die Holzmengen, die in unserer Umgebung heranwachsen, reichen nicht aus, um die gesamte Bevölkerung mit Brennholz zu versorgen; das lässt sich klar dadurch aufzeigen, dass es schon vor den Landreformen der frühen Neuzeit immer wieder zu Mangelsituationen gekommen war, in denen man einen Holzmangel befürchtete. Aber ein Teil der Energie kann durch Holznutzung bereitgestellt werden, weitere Teile durch Nutzung von Wasserkraft, Wind, der Sonne, der Erdwärme oder von Biogas. Insgesamt muss aber darauf geachtet werden, dass auch die Menge an Nahrungsmitteln ansteigt, die von der wachsenden Weltbevölkerung gebraucht wird. Es ist also nicht möglich, den Anbau von Getreide zu verringern und immer mehr Rohstoffe auf traditionellem Ackerland anzubauen, die anschließend in einer Biogasanlage weiterverarbeitet werden. Daher muss angestrebt werden, die bestehenden Biogasanlagen mit Material zu beschicken, das von anderen Flächen stammt als denjenigen, auf denen

Nahrungspflanzen angebaut werden oder angebaut werden könnten. In Frage könnte die Verwendung von Pflanzen kommen, die auf bisherigem Industriegelände wachsen oder angebaut werden. Sie können nicht zur Ernährung verwendet werden, weil die Böden, auf denen sie heranwachsen, kontaminiert sind. Für die Gewinnung von Rohstoffen einer Biogasanlage könnten beispielsweise ehemalige Bahntrassen genutzt werden (Abb. 6) – oder auch verstärkt Gras und Heidekraut, das in Schutzgebieten geerntet wird.

Dazu sind zahlreiche technische Entwicklungen notwendig, aber auch weitere Impulse: etwa eine neue Organisation ländlichen Lebens durch Menschen, die sich nicht nur gemeinsam Gedanken über ihre Energieversorgung machen, sondern auch über die dadurch veränderte Landschaft und – noch viel wichtiger – neue Formen des Zusammenlebens, in dem es neben dem Nachdenken über die Energieversorgung zahlreiche Aspekte von der Kinderbetreuung bis zur Altenpflege, von der Versorgung mit Gütern bis zur Mobilität neu zu regeln gilt. Diese Entwicklungen stärken den ländlichen Raum, von dem viele Menschen träumen, indem sie entsprechende Journale lesen oder Urlaubsreisen planen, aber der dennoch in den letzten Jahrzehnten vernachlässigt wurde.

Aus den Erfahrungen früherer komplexer Umstellungen von Landnutzungssystemen muss vor allem eine Erkenntnis bedacht werden: Die neuen Entwicklungen können nicht gegen die Menschen unternommen werden, vor allem nicht in einer aufgeklärten demokratischen Gesellschaft. Es gilt hier, ein Ziel zu beachten, das schon bei den Landreformen der Zeit nach dem Dreißigjährigen Krieg eine wesentliche Rolle spielte: das bereits von Horaz empfohlene Prinzip, das Nützliche mit dem Angenehmen oder dem Schönen zu verbinden. Die Beachtung des Schönen, wie immer es auch definiert sein mag, ist notwendig, wenn Menschen aus anderen als wirtschaftlichen Gründen einer Landschaft, ihrer Landschaft, gegenübertreten.

Notwendig ist also nicht nur eine Umstellung wirtschaftlicher Strukturen, sondern auch die Schaffung eines Bildungsangebotes. Nur derjenige, dem klar ist, dass Landschaft so geprägt ist, wie er selbst, eine Gruppe von Menschen oder die Menschheit insgesamt sie definiert, kann über ihre Zukunft entscheiden. Wir brauchen unbedingt eine umfassende Landschaftswissenschaft und Landschaftspädagogik mit nicht nur naturwissenschaftlichen oder geographischen, sondern auch mit künstlerischen und philosophischen Aspekten. Diese Beschäftigung mit Landschaft kann bei der Landschaftsplanung integriert sein, wenn sie umfassend genug betrieben wird. Aber sie müsste dort mehr Bedeutung erhalten; mutmaßlich müsste sie in viel stärkerem Maß einer Landschaftsplanung vorangestellt werden, als dies bisher der Fall ist. Vor der Planung muss verstanden werden, wie Landschaft unter dem Einfluss meh-

LANDSCHAFT IST STETS KULTURELL BESTIMMT

Abb. 6: Brachland, das zur Nutzung von nachwachsenden Rohstoffen verwendet werden könnte (früherer Bahnhof von Bodenburg im Landkreis Hildesheim, Foto: Hansjörg Küster)

rerer aufeinanderfolgender Landnutzungssysteme geprägt wurde und wie menschliche Nutzungen dabei Strukturen erzeugten, deren ästhetischer Wert uns heute entgegentritt. In dem eingangs vorgestellten Dorf erkennt man die Lage der Siedlung über dem Tal, die sich aus dem Verhältnis des Jägers zu seiner Umwelt, noch mehr aber aus den Bodenbedingungen ergab. Man sieht Strukturen, die in und im Umkreis einer stabilen Siedlung entstanden, etwa die Kirche oder die Ackerterrassen. Die Häuser stammen aus der Zeit der Landreformen, aber im Zusammenhang der Zentralisierung und Marginalisierung wurden sie vernachlässigt; zugleich errichtete man Stromleitungen und einheitlich vorproduzierte Häuser. Die Zukunft könnte ein neues Bild von Landschaft generieren; je mehr Menschen sich dahinter stellen können, desto besser ist es. Landschaft also braucht neue kulturelle Perspektiven, und Menschen brauchen mehr Aufklärung über Zusammenhänge zwischen natürlichen Parametern, Kultur im Sinne von Gestaltung sowie Kultur im Sinne von Interpretation oder Idealisierung, die ihnen in Landschaften entgegentreten.

Tomaten auf dem langen Marsch zur nationalen Identität

Die unverwechselbare Eigenart einer Landschaft:
In Holland hat man zu ihrer Erhaltung neue Wege eingeschlagen

Die modernen Niederlande gelten in vieler Hinsicht als Vorbild für andere Industrieländer: bei der wirtschaftlichen Konsolidierung und bei der Bekämpfung der Arbeitslosigkeit. Auch für die ländliche Entwicklung wird Bahnbrechendes geleistet. Die Regierung lässt sich in Fragen der Landesentwicklung von einem unabhängigen Gremium aus Wissenschaftlern und politischen Mandatsträgern beraten: Dieser »Rat für den ländlichen Raum« ermittelt alle wesentlichen Eigenheiten des ländlichen Raumes, seine Agrarstruktur, seine Wälder, seine Natur. Dabei stellt er dar, was die Mannigfaltigkeit und Identität der Landschaft(en) ausmacht, und er empfiehlt, welche Bestandteile davon erhalten werden sollen. Mit der Identität der Landschaft ist die unverwechselbare, unveränderliche Eigenheit gemeint, die jede Landschaft auszeichnet und für jeden erkennbar macht. Es muss zunächst bedacht werden, wie groß das Gebiet ist, dessen Eigenheit bestimmt werden soll: Es gibt eine Identität von ganzen Ländern, also eine Identität der niederländischen Landschaft insgesamt, aber auch eine Identität einzelner Landesteile, sogar von einzelnen Orten; Identität kann auf jeder Ebene erkannt werden. Sie ist überall von Nivellierung und Gleichmacherei bedroht: Dies wird in einem Land besonders augenfällig, wo intensive Landwirtschaft betrieben wird, seit Jahrhunderten eine urbane Kultur vorherrscht und unaufhörlich Landschaft verändert wird.

Wenn man die Mannigfaltigkeit von Landschaften erhalten will, muss klar sein, dass man nicht alles schützen kann, was man bewahren möchte. Auf der anderen Seite kann man nicht wahllos zerstören, denn damit ginge die Vielfalt und Identität der Landschaften verloren. Also muss ermittelt werden, was die Eigenheit eines Gebietes ausmacht, die es zu schützen gilt.

Um dieses Ziel zu erreichen, sind mehrere Schritte notwendig. Zunächst beschreiben einzelne Experten Merkmale und Unterschiede der Landschaften. Alle Charakteristika der Natur und alle Spuren der Kultur, die man darin erkennen kann, werden als Stoffsammlung und Diskussionsgrundlage in einer Landkarte verzeichnet. Die Karte informiert sowohl über Wuchsorte von seltenen Pflanzen und über geologische Besonderheiten als auch über historische Bauten, Windmühlen oder Reste eines Deiches. In einem weiteren

Schritt erläutern die Experten den Inhalt der Landkarte. Dies ist heute notwendig geworden, weil die meisten Menschen, die über die Entwicklung von Landschaft entscheiden möchten, keinen engen Bezug zum Leben auf dem Land mehr haben und seine Strukturen nicht mehr verstehen. Früher dagegen waren die meisten Menschen daran beteiligt, Gräben anzulegen oder Torf zu stechen, oder sie hatten Verwandte oder Bekannte, die damit beschäftigt waren. Alltagswissen früherer Zeit wird heute zum Lehr- und Lernstoff an Schulen und Universitäten.

Auf der Grundlage der Landkarte und der Erläuterung dessen, was auf der Karte verzeichnet ist, können Einheimische und Fremde, die sich an eine bestimmte Landschaft gebunden fühlen, auswählen oder festlegen, was deren besonders schützenswerte Charakteristika sind. Diese Festlegung erfolgt nicht durch eine einzelne Person oder eine einzelne Interessengruppe, zum Beispiel nicht ausschließlich durch die Naturschutzbehörde, sondern es wird von einer Gruppe demokratisch entschieden, was bei der Landesplanung vorrangig geschützt werden muss. Dabei kann empfohlen werden, einzelne Landschaften oder deren Teile komplett zu erhalten, wenn sie in besonderer Weise Identität stiften. Aber es kann sich im Zuge der Beratungen ebenso herausstellen, dass etwas Altes aufgegeben werden kann, um Neues zu schaffen. Gangbar ist auch ein dritter Weg, für den man sich in den meisten Fällen entscheidet: Es darf Neues entstehen, doch bleibt eine alte Struktur (zum Beispiel ein Deich) erhalten. Ihm wird neuer Sinn gegeben (zum Beispiel als Wanderweg). Es sollte dann aber vor Ort erläutert werden, dass der Wanderweg einst ein Deich war.

Das niederländische Gremium arbeitet nicht zeitlich begrenzt, sondern auf Dauer: Immer neue Strukturen der Landschaft werden ermittelt, auch neue Symbole, die Identität stiften können. Man fährt schon seit Jahrhunderten Schlittschuh in den Niederlanden, aber erst seit einigen Jahrzehnten Fahrrad, und Tulpen werden schon länger angebaut als Tomaten. Die Landschaft und ihre Identität, aber auch die Gesellschaft und ihre Ansprüche an die Landschaft verändern sich unaufhörlich. Immer wieder muss neu inventarisiert und entschieden werden, ob man vorrangig das Alte bewahren oder das Neue schaffen will oder ob es eine Möglichkeit gibt, dem Alten neuen Sinn zu geben, wenn Neues entsteht.

Ein solches Beratergremium zu gründen ist beispielhaft. Da achtet nicht mehr nur der eine Experte oder nur die eine Behörde ausschließlich auf Orchideen, Feldhamster, Kaulquappen, einen prähistorischen Grabhügel oder ein Baudenkmal, sondern alles, was von Belang sein kann, ist gleichwertig in der Karte erfasst. Auf der Basis dieser Grundlage führen die Ratsmitglieder einen »intersubjektiven« Kompromiss darüber herbei, welche Strukturen

TOMATEN AUF DEM LANGEN MARSCH ZUR NATIONALEN IDENTITÄT

Abb. 1: Wer, aufwachend aus dunklen Träumen, sich in dieser Landschaft wiederfände, wüsste doch gleich, in welchem Land er wäre: Das nennt man Identität einer Landschaft. Ohne Windmühlen gäbe es die Niederlande nicht, denn mit den Mühlen wird Wasser aus dem niedrig gelegenen Land gepumpt (Foto: Barbara Klemm).

besonders kennzeichnend für eine Landschaft und daher schützenswert sind, weil sie Identität stiften: Man hat die Möglichkeit, sich für den Schutz eines Deiches und gegen den Erhalt einer Fabrikhalle auszusprechen oder umgekehrt. Dadurch werden Vorschläge für rechtlich klare Grundlagen der Planung geschaffen, und es kommt nicht zu einseitigen Bevorzugungen von Natur- oder Denkmalschutz, sondern immer wieder von Neuem vor allem zum Schutz des Genius loci.

Niedersachsen: Natur und Landschaft eines vielgestaltigen Landes

Niedersachsen als eine in sich geschlossene Verwaltungseinheit zu schaffen war ein Vorhaben der ersten Hälfte des 20. Jahrhunderts und gelang 1946. Ein Markstein auf dem Weg hin zu einem einheitlichen Land war die Zusammenstellung zweier Denkschriften durch Kurt Brüning in den Jahren 1929 und 1931. Damit sollte die »politische Zerrissenheit Niedersachsens« überwunden werden. Kein Grund für diese Zerrissenheit war allerdings die Vielfalt der niedersächsischen Landschaften. Sie wiederum hat ihre Ursachen in weit zurückreichenden Phasen der Erdgeschichte dieses auch eiszeitlich stark geprägten Bundeslandes, das als einziges vom Meer bis in Höhen von knapp unter 1.000 m reicht.

Eine Denkschrift: Niedersachsen im Rahmen der Neugliederung des Reiches

Man fragte nach den Ursachen des »Flickenteppichs«: »Ist die politische Zerrissenheit Niedersachsens natürlich-geographisch bedingt?«.[1] Für ältere Zeitabschnitte wurde dies vermutet:

> Die ältere Geschichte bietet uns viele Beispiele dafür, daß die natürlichen Verhältnisse, besonders Gebirge, Moore und Flüsse auf den Ablauf des geschichtlichen Geschehens eingewirkt haben und für die Entstehung und Entwicklung von Orten, als Leitlinien für Verkehr, Kriegszüge und militärische Pläne, für die Ausbreitung kultureller Einflüsse und auch für die Bildung kleiner und kleinster Gaue und Herrschaften eine wichtige Rolle gespielt haben und sich Beachtung geradezu erzwangen.[2]

Doch:

> Für die heutige Zeit läßt sich allgemein sagen, daß die natürlichen Hindernisse abgeschwächt und meistens überwunden sind. Das geht sowohl

---

[1] Brüning, Kurt, Niedersachsen im Rahmen der Neugliederung des Reiches. Denkschrift dem 64. Hannoverschen Provinziallandtage, vorgelegt vom Landesdirektorium der Provinz Hannover, Hannover 1929, S. 34.
[2] Ebd., S. 37.

darauf zurück, daß in bezug auf die Technik der Verkehrsmittel ständig Fortschritte zu verzeichnen sind, wie auch darauf, daß die ununterbrochene Aufwärtsentwicklung von Wirtschaft und Verkehr und die Auffüllung des deutschen Lebensraumes mit Menschen die natürlichen Hindernisse unerbittlich zu beseitigen trachtet.[3]

Auch die vielfältigen Wirtschaftsgebiete decken sich nicht mit politischen Strukturen. Vielmehr wählten zahlreiche Berufsgenossenschaften und Verbände Verbreitungsgebiete, die auf Einheit drangen, eine Einheit übrigens, die dem heutigen Niedersachsen erstaunlich stark ähnelte, beispielsweise die Sektion VIII der Müllerei-Berufsgenossenschaft mit Sitz in Nienburg, der Schutzverband der Lack- und Farbengroßhändler Nordwestdeutschlands mit Sitz in Hannover, die Landesgruppe Nordwestdeutschland des Arbeitgeberverbandes für das deutsche Zeitungsgewerbe mit Sitz in Goslar oder die Sektion V der Großhandels- und Lagerei-Berufsgenossenschaft mit Sitz in Bremen; die Karten sind in der Denkschrift Brünings abgebildet.[4] Viele dieser Organisationen hatten ihren Sitz in der späteren Landeshauptstadt, aber nicht alle.

Landschaftliche Vielfalt als Faktum

Die Vielfalt der niedersächsischen Landschaften ist also kein Grund für die territoriale Zerrissenheit, wie sie durch die Gründung des Landes Niedersachsen beseitigt werden sollte. Ebenso wie in den benachbarten Bundesländern Nordrhein-Westfalen und Sachsen-Anhalt ist sie allerdings enorm, denn in allen drei Bundesländern verläuft der Nordrand der Mittelgebirge, der in diesen Gegenden an das eiszeitlich geschaffene Land im Norden Deutschlands grenzt. Diese Grenze ist die markanteste natürliche Scheidelinie im Norden Mitteleuropas. Niedersachsen hat von den drei genannten Ländern die größte Vielfalt: Es gibt kein anderes Bundesland, das vom Meer bis ins hohe Gebirge reicht, bis in Höhen von knapp unter 1.000 Meter. Die einzelnen Teile Niedersachsens haben einen sehr verschiedenen Charakter, sie werden unterschiedlich genutzt, sind völlig voneinander verschiedene touristische Destinationen: Der Blick auf Niedersachsen wirkt in jedem Ort, in jeder Region völlig anders.

Die Entstehung der Vielfalt dieses Landes hat seine Ursachen bereits in weit zurückreichenden Phasen der Erdgeschichte. Die Kontinentalmasse

3 Ebd., S. 39.
4 Ebd.

Mitteleuropas lag immer wieder nur geringfügig über dem Meeresspiegel. Wenn sie – wie ebenfalls immer wieder – unter den Meeresspiegel absank, wurde sie von flachen Schelfmeeren überspült. Sie ähnelten im Charakter den Flachmeeren Nord- und Ostsee. In den seichten Meeresbecken und an ihren Rändern herrschte eine hohe biologische Produktion, es wurde – damit im Zusammenhang stehend – viel Kalk abgelagert; trockneten die Meeresbecken aus, blieben Stein- und Kalisalz zurück. In Mooren und Sümpfen bildete sich Torf, der bei fehlendem Sauerstoff nicht zersetzt wurde; in langer Zeit und unter großem Druck verwandelte er sich zu Braun- und Steinkohle. Zu Stein gewordene Sedimente waren so weit erstarrt, dass sie absinken oder in die Höhe gehoben werden konnten, wo aus ihnen Hügelländer oder Gebirge wurden.

Land, das sich in jüngeren erdgeschichtlichen Epochen hob, bildet den Süden von Niedersachsen. Dort entstanden zahlreiche Hügelzüge, die an einer Seite steil aufragen, an der anderen sanft abfallen. Die Steilabfälle sind die Bruchkanten der Gesteinsschollen, die sanften Hänge sind die schräg gestellten ehemals ebenen Flächen (Abb. 1). Die nördlichsten dieser Schollen bilden den Stemweder Berg (Abb. 2) und die Rehburger Berge rings um Rehburg und Münchehagen; sie dürfen nicht mit der Rehburger Eisrandlage verwechselt werden, die nördlich davon verläuft.

Land, das sich zuletzt senkte, bildet den Norden von Niedersachsen. Zwischen den beiden sehr ungleichen Landesteilen liegt die Nordgrenze der Mittelgebirge. Die gehobenen Schollen gehören zu ihnen; nördlich der Mittelgebirgsschwelle aber befindet sich ein Gebiet, das in den geologischen Epochen Paläogen und Neogen (ehemals als Tertiär bezeichnet) noch ein flaches Schelfmeer war. Es bestand bis zum Beginn des Eiszeitalters, des Quartärs, in dem seit etwa 2,6 Millionen Jahren, also in einem relativ kurzen Abschnitt der Erdgeschichte, das nördliche Mitteleuropa völlig umgestaltet wurde.

Eiszeitlich geprägtes Land

In das flache Meeresbecken, das sich am Beginn des Quartärs zwischen dem Mittelgebirgsrand und dem Süden Skandinaviens ausbreitete, drangen im folgenden Zeitalter mehrere Male große Eismassen vor. Jedes Mal, wenn sich im Norden Europas und anderen Teilen der Welt große Gletscher bildeten, wurden in ihnen erhebliche Wassermassen gebunden, die den Weltmeeren entzogen wurden. Der Meeresspiegel lag dann um über 100 Meter unter dem heutigen Niveau. Die Gletscher setzten sich nach Süden in Bewegung und füllten das gesamte flache Meeresbecken im Norden Mitteleuropas aus; einige

NIEDERSACHSEN

Abb. 1 (oben): Blick von Wittenburg bei Elze in das Leinetal bei Alfeld. Es zeigen sich die Steilhänge und sanften Abhänge von Bruchschollen.
Abb. 2 (unten): Der Stemweder Berg am Dümmer, der zu den nördlichsten Mittelgebirgen zählt (Fotos: Hansjörg Küster)

NATUR UND LANDSCHAFT EINES VIELGESTALTIGEN LANDES

Abb. 3 (oben): Der Giebichenstein bei Stöckse, Lkr. Nienburg, ist einer der größten Findlinge, der von eiszeitlichen Gletschern in Norddeutschland abgeladen wurde.
Abb. 4 (unten): Der Brelinger Berg als Endmoräne der Rehburger Eisrandlage aus der Drenthe-Phase der Saaleeiszeit (Fotos: Hansjörg Küster)

Gletschervorstöße ragten bis in die Mittelgebirge hinein. Die Eismassen verlagerten große Mengen an Sediment aus Skandinavien und dem Baltikum nach Mitteleuropa, das dort entweder in Form von großen Steinbrocken wie dem 330 Tonnen schweren Giebichenstein bei Stöckse im Landkreis Nienburg (Abb. 3) oder als zerkleinertes Gesteinsmaterial, Sand und noch feiner zermahlener Staub abgelagert wurde. Es bildeten sich deutlich sichtbare Moränenzüge, die die ehemaligen Eisrandlagen markieren.

Sie zeigen, dass die Gletscher sich bei den verschiedenen Eisvorstößen in unterschiedliche Richtungen ausbreiteten. Viele ältere Eisvorstöße verliefen auf breiter Front von Nord nach Süd und drangen in die Mittelgebirge vor. Ein ähnlicher Vorstoß warf die schon erwähnte Rehburger Eisrandlage auf, die als undeutlicher Höhenzug Niedersachsen von West nach Ost durchzieht. Zu ihr gehören zum Beispiel die Fürstenauer Berge, der Hohe Sühn und der Kellenberg, die Mardorfer, Schneerener und Husumer Berge nördlich des Steinhuder Meeres, die Brelinger (Abb. 4) und Mellendorfer Berge in der Wedemark.[5] Die Rehburger Eisrandlage entstand in der ersten Hälfte der vorletzten Eiszeit, der Saaleeiszeit, im Zusammenhang mit drenthezeitlichen Eisvorstößen. Im Süden Niedersachsens würde man die damals entstandenen sanften Hügel niemals »Berge« nennen, erst recht nicht in Süddeutschland. Aber für die Nutzung des Landes ist eine wichtige Aussage von dem Begriff »Berg« abzuleiten: Land, das so bezeichnet wird, ist trocken, und das ist gerade in den im mittleren Niedersachsen weit verbreiteten moorigen Gebieten sehr entscheidend für die Landnutzung.

Die jüngeren Eisvorstöße breiteten sich nicht aus dem Norden, sondern aus dem Nordosten kommend nach Norddeutschland und seine Nachbargebiete aus. Den Rand der Mittelgebirge erreichten sie, wenn überhaupt, nur in Polen. Sehr deutlich ist eine durch Moränen markierte Eisrandlage, die von Nordwest nach Südost Niedersachsen durchzieht und daher also auf die Bildung von Gletschern zurückgeht, die aus Nordosten vorgestoßen sein mussten. Sie entstand in der zweiten Hälfte der vorletzten, der sogenannten Saaleeiszeit, als warthezeitliche Moräne: Das Eis schürfte das Ostseebecken aus und häufte eine Endmoräne auf, die von Nordjütland über den Hamburger Raum, die Harburger Berge, die Hohe Lüneburger Heide mit dem Wilseder Berg (Abb. 5), der mit 169 m höchsten Erhebung Nordwestdeutschlands, die Hügel der Altmark, den Fläming und den Niederlausitzer Landrücken nach Osten reicht. Dieser Endmoränenzug trennte die Ostsee

5 Meyer, Hans-Heinrich, Untersuchungen zur Landschaftsentwicklung des Stauchendmoränenzuges Kellenberg-Hoher Sühn. Jahrbuch der Geographischen Gesellschaft zu Hannover, Hannover 1983.

NATUR UND LANDSCHAFT EINES VIELGESTALTIGEN LANDES

Abb. 5 (oben): Weg zum Wilseder Berg in der Hohen Heide als Teil der Lüneburger Heide
Abb. 6 (unten): Das Kliff der Altenwalder Geest, eine der wenigen Stellen, an der die Nordsee direkt an eiszeitliche Ablagerungen stößt. Diese Steilküste wirkte entscheidend auf die Küstenlinie der Nordsee ein (Fotos: Hansjörg Küster).

von der Nordsee ab und schuf im nordöstlichen Niedersachsen ein hügeliges Relief. Vielleicht sind dem eigentlichen warthezeitlichen Gletschervorstoß weitere Ausbreitungsphasen von Gletschern vorausgegangen, die auf ähnlichem Weg aus dem Ostseeraum nach Norddeutschland vorstießen. Unter ihrer Wirkung mögen die Endmoränen der Altenwalder Geest südlich von Cuxhaven und diejenigen der Lamstedter Phase etwas weiter im Osten hervorgegangen sein, vielleicht gehen auch die Gletschervorstöße, unter deren Einfluss die ostfriesische Halbinsel entstand, auf einen Eisvorstoß aus dem Nordosten Europas zurück, deren Endmoränen ebenso wie die späteren der eigentlichen Warthezeit einen Verlauf von Nordwesten nach Südosten nehmen. Die Endmoräne der Altenwalder Geest wirkte sich auf die Bildung der Landschaften in besonderer Weise aus, denn sie bildet eine der wenigen Steilküsten der Nordsee, an der es zu Uferabbrüchen kommen kann und die die Ausmaße des Meeres begrenzen (Abb. 6).[6]

Im Westen Niedersachsens liegen also ältere eiszeitliche Ablagerungen als im Nordosten. Insgesamt werden sie als Geest bezeichnet (nach dem niederdeutschen Wort »güst« für »trocken«). Im Westen wurden die Geländeformen im Allgemeinen stärker eingeebnet, weil sie häufiger im unmittelbaren Gletschervorfeld lagen als diejenigen im hügeligeren Nordosten. In den eingeebneten Gegenden im Westen Niedersachsens, etwa im Emsland, in Oldenburg oder im Raum Diepholz, entstanden große Moorgebiete, aus denen das Wasser nicht ablief.

Bei der jüngsten Vereisung, in der Weichseleiszeit, dehnten sich die Gletscher auf einem ähnlichen Weg aus wie zur Warthezeit. Das Ostseebecken wurde weiter vertieft, die Gletscher kamen aber nicht mehr so weit voran wie zur Warthezeit; das Gebiet von Niedersachsen wurde vom Gletschereis nicht mehr erreicht, aber doch durch das kalte Klima beeinflusst: Kalte Winde bliesen feines Sediment aus den sandigen und steinigen Ablagerungen der Saaleeiszeit und ebneten die Hügel ein, die im Osten aber noch deutlich zu erkennen sind, weiter im Westen stärker abgebaut wurden. In der Hohen Heide bildeten sich Dauerfrostböden, über denen oberflächlich Wasser abfloss. Diese Abflussbahnen gingen verloren, als das Eis im Boden schmolz, so dass Oberflächenwasser im Untergrund versickern konnte. Trockentäler blieben zurück (Abb. 7).

Zu den langgestreckten Endmoränen gehören die dazu parallel verlaufenden Urstromtäler, in denen vor allem in den kurzen warmen Jahreszeiten der Glaziale (Eiszeiten) große Mengen an Schmelzwasser abflossen. Wichtige Urstromtäler in Niedersachsen sind vor allem das der Aller (Abb. 8)

6 Küster, Hansjörg, Nordsee. Die Geschichte einer Landschaft, Kiel, Hamburg 2015.

NATUR UND LANDSCHAFT EINES VIELGESTALTIGEN LANDES

Abb. 7 (oben): In der Eiszeit entstandenes Trockental in der Nähe des Wilseder Berges
Abb. 8 (unten): Die Aller bei Wolfsburg (Fotos: Hansjörg Küster)

aus der Zeit der Bildung der warthezeitlichen Moräne, und das der Elbe, das sich in wesentlichen Zügen erst in der letzten Eiszeit, der Weichseleiszeit, bildete. Ein Vorläufer der Elbe war ehemals im Tal der Ohre und der Aller nach Westen abgelaufen, später entstand der Fluss neu in weiter nördlicher Lage. Mutmaßlich bestand südlich der Rehburger Eisrandlage ein weiterer Urstrom, aus dem eine Kette von Flachseen und Mooren hervorging, unter anderem Steinhuder Meer und Dümmer. Zu diesem Urstrom könnten ostwestlich verlaufende Rinnen unter dem Trunnenmoor bei Burgwedel[7] und die »Deipen«, die tiefsten Stellen des Steinhuder Meeres, sowie der von Ost nach West verlaufende Unterlauf des Flüsschens Hase gehören (Abb. 10).

Die Urströme deponierten in ihren Flussbetten und in lang gestreckten Inseln zwischen einzelnen Flussarmen große Mengen an mitgeführtem Sediment ab. In den langen kalten Jahreszeiten fielen diese Ablagerungen teilweise trocken. Auch in anderen Flüssen, die die Moränen durchbrachen und Talabschnitte schufen, die man als Durchbruch(s)täler bezeichnet,[8] befand sich in den Sommern der Eiszeit eine große Menge an Schmelzwasser, während ihre Betten im Winter weitgehend trockenfielen. Von Süd nach Nord verlaufende Flüsse hatten vor allem die Rehburger Eisrandlage durchbrochen und auf diese Weise den Urstrom südlich dieser Eisrandlage an mehreren Stellen nach Norden umgelenkt: Oker, Fuhse, Wietze, Leine und Weser.[9] Feinkörnige trockene Bestandteile der Ablagerungen in sowohl den Urstrom als auch in den Durchbruch(s)tälern wurden im Winter vom Wind aufgenommen. Gröberer Sand wurde nicht weit transportiert, sondern gleich neben den Flussläufen in Form von Dünen abgelagert.[10] Auch diese Dünen werden als Berge bezeichnet, etwa im Stadtgebiet von Hannover (z.B. Emmerberg, Schneiderberg, auch der Berggarten von Herrenhausen ist nach einer Düne benannt), wo sie nur als leichte Erhöhungen, aber als hochwassersicherer Siedlungsboden bemerkenswert sind. Auch an der Mittelweser gibt es besiedelte Dünen; die Ortsnamen sind nach den »Bergen« benannt: etwa die rechts der Weser liegenden Orte Hahnenberg, Landesbergen, Haßbergen, Gandesbergen, Stedebergen, Wahnebergen. Diese Dünenkette bildet ein Zentrum

7 Schäfer, Sebastian, Vegetationsökologie und Wasserhaushalt des Trunnenmoores (Gde. Burgwedel, Region Hannover), unveröff. Masterarbeit Leibniz Universität Hannover 2020.
8 Küster, Hansjörg, Urstromtäler, Durchbruchtäler, Binnendeltas, in: Neues Archiv für Niedersachsen 2, 2015, S. 58-71.
9 Woldstedt, Paul, Die Geschichte des Flußnetzes in Norddeutschland und angrenzenden Gebieten, in: Eiszeitalter und Gegenwart 7, 1956, S. 5-12 und Tafel 1.
10 Pyritz, Ewald, Binnendünen und Flugsandebenen im Niedersächsischen Tiefland (Göttinger Geographische Abhandlungen; 61), Göttingen 1972.

Abb. 9 (oben): Spargelfeld in sandigem Dünengelände bei Eystrup an der Weser
Abb. 10 (unten): Die kanalisierte Hase bei Quakenbrück im Artland (Fotos: Hansjörg Küster)

Abb. 11: Calenberger Börde bei Wennigsen vor dem Mittelgebirgsrand am Deister (im Hintergrund, Foto: Hansjörg Küster)

des Anbaus des weitbekannten Nienburger Spargels (Abb. 10) und bot sich als idealer Baugrund für die Eisenbahn an, unter anderem für die wichtige Strecke von Hannover nach Bremen.

Vom Wind weiter getragen wurde der als Löss bezeichnete Schluff aus den Sedimenten: Er wurde am Mittelgebirgsrand in den Börden und in den Senken zwischen den Mittelgebirgen als intramontaner Löss erneut abgelagert. In diesen Gegenden entwickelten sich anschließend sehr fruchtbare Böden, die außerdem sehr gut zu bearbeiten waren, weil sie keine Steine enthielten, etwa in der Calenberger (Abb. 11) und Hildesheimer Börde, im Leinegraben rings um Göttingen, Einbeck und Northeim, im Untereichsfeld und im Ambergau rings um Bockenem.

Ablagerungen der Nordsee

Die gesamte Küste der Nordsee zwischen dem nördlichen Belgien und Dänemark besteht aus Ablagerungen der Eiszeit. Felsige Steilküsten besitzt das Meer nur an der Kanalküste, in England und Südskandinavien, ferner – als Sonderfall – auf Helgoland. Die sandigen Küsten boten den Wellen der Nordsee weniger Widerstand als steinige Küsten. Sandige und steinige

Küsten sind nur bedingt miteinander zu vergleichen. Die Nordsee änderte ihren Charakter im Eiszeitalter und auch in der Nacheiszeit erheblich. Das kleine Meer, das am Ende der Eiszeit noch keine Verbindung zum Atlantik durch den Englischen Kanal besaß, vergrößerte sich durch das Abschmelzen der globalen Eismassen enorm. Die Doggerbank, aber auch weite Bereiche der Deutschen Bucht wurden vom Wasser überflutet. Eine »normale« Ausgleichsküste konnte sich an der Deutschen Bucht nicht ausbilden; dies verhinderten starke Tidenströmungen. Aber sandige und feinere Partikel wurden dennoch von den Steilküsten und vom Meeresboden abgerissen und vom Wasser sortiert. Im Spiel von Flut- und Ebbströmungen bilden sich nicht völlig lagefeste Inseln. Liegt der Tidenhub über einer Höhe von etwa 150 cm, bilden sich anstelle von Nehrungen oder Lidos langgestreckte Barriereinseln mit Gatts oder Gaten dazwischen, in denen sich der starke Ebbstrom sammelt und tiefe Kerben in den sandigen Untergrund reißt. Bei einem Tidenhub von über ca. 300 cm formen sich in den Strömungen runde Platen. Dies lässt sich an den niedersächsischen Küsten erkennen: Die Ostfriesischen Inseln zwischen Borkum und Wangerooge sind Barriereinseln, östlich von Wangerooge gibt es ausschließlich Platen, etwa Mellum, Neuwerk und Scharhörn.[11]

Wenn der Sand der Inseln längere Zeit trockenfällt, kann er vom Wind bewegt werden. Dann wird er zu Dünen aufgehäuft, deren Bildung durch Pflanzen, etwa den Strandhafer, begünstigt wird. Aber Dünen können auch wieder abgebaut werden, wenn Meerwasser zu ihnen vordringt. Die Wasserstände schwanken wegen der Tiden und Stürme stark. Wo es regelmäßig zu Überflutungen kommt, bildet sich ein vegetationsarmes Sandwatt mit beliebten Stränden.

Im Schutz der Inseln, in einer strömungsberuhigten Zone, kommt es zur Sedimentation feineren Materials im Schlickwatt. Die Strömungen sind dort für einen regelmäßigen Transport von Sand zu schwach. Die mineralischen Bestandteile des Schlickwatts stammen ebenfalls – wie der Sand – von abbrechenden Meeresküsten und vom Meeresboden. Im Schlickwatt leben außerdem riesige Mengen an Algen, vor allem Diatomeen oder Kieselalgen. Bei hohen Wasserständen werden sie als Plankton vom Meer aufgenommen, bei Niedrigwasser bleiben sie auf der Wattoberfläche liegen. Sie halten mit schleimigen Ausscheidungen ein Quantum an Wasser fest, so dass die Algen bei Niedrigwasser besonders gut Photosynthese betreiben können. Die Wassermengen reichen bis zur nächsten Überflutung aus, Luft mit Kohlenstoffdioxid als weiterem Rohstoff der Photosynthese ist reichlich

---

11 Behre, Karl-Ernst, Die Entwicklung der Nordseeküsten-Landschaft aus geobotanischer Sicht, in: Berichte der Reinhold-Tüxen-Gesellschaft 3, 1991, S. 45-58.

vorhanden, ebenso wie Sonnenlicht. Das Schlickwatt ist daher der biologisch produktivste Raum der Welt; die Photosynthese hat dort einen noch größeren Umfang als im Tropischen Regenwald.[12] Es kommt zur Akkumulation des organischen Anteils von Schlick; an den schleimigen Ausscheidungen der Algen werden weitere mineralische Partikel festgehalten, die das Meer heranträgt. Auf diese Weise kommt es zur natürlichen Neulandbildung, die allerdings durch den ebenfalls natürlichen Prozess des Meeresspiegelanstieges wieder zunichte gemacht werden kann. Beide Tatsachen führten zu einer wissenschaftlichen Kontroverse zwischen den Biologen Otto Leege,[13] der »werdendes Land« an der Nordsee beschrieb, und Heinrich Schütte,[14] der wenige Jahre später in einem weiteren Buch fragte, ob es nicht eher »sinkendes Land« an der Nordseeküste gab.

Doch man konnte Land an der Nordseeküste sichern und die Entwicklung von Watten und Salzwiesen zu Marschen fördern, in denen, wenn man Meerwasser durch Deiche fernhielt, sehr fruchtbare Äcker angelegt werden konnten. Marschböden zählen ebenso wie die Lössböden zu den fruchtbarsten Agrargebieten, sind aber schwer zu bearbeiten (Abb. 12). Mit entsprechenden Mineraldüngergaben lassen sich aber auch auf vielen sandigen Böden des trockenen Geestlandes gute landwirtschaftliche Erträge erzielen.

Auch in den Marschen sind die sich oft nur um Dezimeter unterscheidenden Höhenlagen für die Nutzung entscheidend. Das frisch eingedeichte Land wird als Hochland bezeichnet, das schon längere Zeit von Deichen begrenzte Gebiet als Sietland; es liegt niedriger, weil es nach Entwässerung und Abbau von organischer Substanz in sich zusammengesackt ist. Auch diese Höhenunterschiede werden oft von Außenstehenden nicht richtig verstanden. Johann Wolfgang von Goethe nutzte im »Faust II« einen Text des Göttinger Universalgelehrten und Polyhistor Christoph Meiners als Quelle. Meiners hatte über das Hochland der Marsch geschrieben:

Da alle Felder im Hoch-Lande mit Gräben umzogen sind, die weder Abfluß, noch Zufluß haben, und ohne diese Gräben kein Feld-Bau möglich wäre; so sind und bleiben immerdar unzählige Moräste eröffnet, die besonders in trockenen Sommern und Herbsten die Luft mit mephitischen Düften vergiften.

12 Groß, Jorge/Küster, Hansjörg/Thies, Manfred/Wächtler, Klaus, Leben in Gezeiten. Die Nordseeküste erleben, Magdeburg 2016.
13 Leege, Otto, Werdendes Land in der Nordsee (Schriften des Deutschen Naturkundevereins; N.F. 2), Öhringen 1935.
14 Schütte, Heinrich, Sinkendes Land an der Nordsee (Schriften des Deutschen Naturkundevereins; N.F. 9), Öhringen 1939.

Für Goethe war ein Hochland identisch mit einem Gebirge, in »Faust II« heißt es: »Ein Sumpf zieht am Gebirge hin, / Verpestet alles schon Errungene; / Den faulen Pfuhl auch abzuziehn, / Das Letzte wär' das Höchsterrungene«.[15]

Niedersachsen als Wirtschaftsraum

Niedersachsen als zunächst imaginärer oder geplanter und späterhin real existierender Wirtschafts- und Kulturraum ist von enormer Vielfalt geprägt, wie sich auch in dem Überblick dieses Artikels zeigt. Kein anderes Bundesland hat so viele Nachbarländer wie Niedersachsen, und alle diese Nachbarländer haben einen unterschiedlichen Charakter. In den Jahren der Vorbereitung der Gründung des Bundeslandes und in den Jahrzehnten, die der Gründung des Landes 1946 folgten, hat die Wissenschaftliche Gesellschaft zum Studium Niedersachsens (ehemals Wirtschaftswissenschaftliche Gesellschaft zum Studium Niedersachsens) den Prozess der Planung, Gründung und Entwicklung des Landes begleitet, jahrzehntelang vor allem geprägt durch Kurt Brüning. In zahlreichen Publikationen wurden Aspekte des Landes, das zunächst nur als Idee bestand, als Einheit beschrieben, etwa in Publikationen über Niedersachsens Bergrechte, die Bienenzucht, Binnenfischerei, Moore oder den Getreidebau, oder es wurden einzelne seiner Teilgebiete vorgestellt: Bereiche, die Teile Niedersachsens wurden, wie das südliche Emsland, das ostfriesisch-oldenburgische Hochmoorgebiet oder der Kreis Stade, und andere, die nicht in das Bundesland Niedersachsen einbezogen wurden, wie etwa das Land Lippe. In anderen Publikationen wurden Teilgebiete Niedersachsens dargestellt. Immer wieder ging es darum, eingehend zu testen, inwieweit die räumlichen Möglichkeiten die Ansiedlung von Wirtschaftsbetrieben begünstigten. Damit wurde die erfolgreiche Gründung des Bundeslandes Niedersachsen begleitet.

Ein Ausblick: Zukünftige Landesforschung über Niedersachsen

Auch in diesem kleinen Artikel zeigt sich, dass Landesforschung nie nur beschreibend und nie abgeschlossen sein wird. Immer wieder sind neue Bezüge herzustellen. Dabei muss manchmal kleinräumiger als bisher gearbeitet

---

15 Küster, Hansjörg, Christoph Meiners, das Land Hadeln und Goethes Faust II, in: Jahrbuch der Männer vom Morgenstern 90, 2011, S. 189-228.

werden, etwa wenn klargestellt werden muss, dass der eingangs genannte Stemweder Berg nicht zu einer naturräumlichen Einheit »Dümmer-Geestniederung« gehören kann, weil er seinem Charakter nach ein kleines Mittelgebirge ist mit einem felsigen Untergrund, während die gesamte Umgebung an eiszeitlich geprägten Flächen rings um den Dümmer aus lockerem Untergrund besteht. Die Zuordnung des Stemweder Berges ist aber so in der »Naturräumlichen Gliederung« von Emil Meynen[16] aufgeführt. Die naturräumlichen Potentiale eines Mittelgebirges sind völlig anders als die der Geest. Es muss also manchmal kleinräumiger gegliedert werden, und um andere Bezüge herzustellen, muss sicher großräumiger gearbeitet werden. Abgrenzungen, auch die von Naturräumen, sind stets ein Produkt von Abstraktionen oder Ideen; sie bestehen nicht von Natur aus als exakte Abgrenzungen. Neue Ideen sind immer gefragt, zumal wenn sie neuartige Bezüge zwischen sehr verschiedenen Fächern herstellen, etwa der Geographie und der Literaturgeschichte, der Lagerstättenkunde und der Wirtschaftsgeographie. Ein Ende der Erforschung Niedersachsens ist daher keineswegs zu irgendeinem Zeitpunkt erreicht.

Und immer wieder stellt sich heraus: Das Land ist außerordentlich vielfältig und keineswegs ein einheitlicher Lebensraum. Dass dennoch ein erfolgreich wirtschaftendes Bundesland daraus entstehen konnte, ist eine enorme Leistung.

---

16 Meynen, Emil/Schmithüsen, Josef/Gellert, Johannes/Neef, Ernst/Müller-Miny, Heinrich/Schultze, Joachim Heinrich, Handbuch der naturräumlichen Gliederung Deutschlands, Remagen, Bad Godesberg 1953-1962.

Die Landschaft um die Schaumburg

Mitteleuropa im Kleinen

Landschaftliche Vielfalt

Das Schaumburger Land ist landschaftlich sehr vielfältig; man kann es als ein »Mitteleuropa im Kleinen« charakterisieren.[1] Mitteleuropa ist das Gebiet, in dem es eine Nord-Süd-Gliederung gibt von den Meeren über ein Tiefland, verschiedene Höhenzüge der Mittelgebirge bis zum Hochgebirge. In Europa findet man diese Gliederung des Landes vor allem in Deutschland, Polen, Tschechien, Österreich und der Schweiz, aber nicht weiter westlich und weiter östlich.

Man kann behaupten, dass es im Schaumburger Land Gegenden gibt, die an alle Regionen Mitteleuropas erinnern. Ganz im Norden grenzt das Schaumburger Land an das Steinhuder Meer. Dabei handelt es sich um das größte Binnengewässer Nordwestdeutschlands. Im niederdeutschen Gebiet ist ein Meer ein Süßwassersee, während das offene Meer mit seinem Salzwasser als »die See« bezeichnet wird. Daher nennt man die salzhaltigen Gewässer im Nordwesten Mitteleuropas Nordsee und Ostsee, Süßwasserseen sind das Ijsselmeer, das Zwischenahner Meer, der Dümmer (die zweite Silbe ist von »Meer« abgeleitet und nimmt auf seine Eigenschaft als Süßwassersee Bezug) und das Steinhuder Meer. Das Steinhuder Meer ist nur wenige Meter tief. Wohl wegen der starken Strömungen an der Seeoberfläche, die vom Wind angetrieben werden, verlandet der See im zentralen Bereich nicht. Zur Verlandung kommt es aber an den Ufern des Meeres.[2]

Niedrige Regionen des Tieflandes, typisch für Norddeutschland, finden sich rings um das Steinhuder Meer. Eine Niederungslandschaft ist das Gebiet der Meerbruchswiesen am Westufer des Steinhuder Meeres. Ursprünglich – und darauf nimmt der Name Bezug – dehnte sich hier ein Bruch, also ein Erlenbruchwald aus, ebenso wie in der Umgebung von Hagenburg, wo ein solcher Wald noch heute vorhanden ist. An den Wurzeln von Erlen sitzen

---

[1] Schaumburger Landschaft (Hrsg.), Schaumburger Land. Eine kleine Landeskunde (Kulturlandschaft Schaumburg; 8), Bückeburg 2003, 2018 (4. Aufl.), S. 15.
[2] Müller, Helmut, Zur Entstehung und Entwicklung des Steinhuder Meeres, in: GWF Wasser Abwasser 109, 1968, 20, S. 538-S41.

Bakterien, die Stickstoff aus der Luft fixieren. Sie versorgen sowohl die Erlen als auch den gesamten Standort des Erlenbruchwaldes mit Stickstoffverbindungen. Daher können in einem Erlenbruchwald Pflanzen gedeihen, die reichlich Stickstoffverbindungen benötigen, unter anderem Brennnesseln. Nach der Rodung des Erlenbruchwaldes wachsen Gräser und Kräuter üppig in den Meerbruchswiesen, und zwar ohne dass die Standorte gedüngt werden müssen. Auch im Wasser des Steinhuder Meeres sind reichlich Stickstoffverbindungen vorhanden, und zwar ebenfalls natürlicherweise – dank der Stickstoff fixierenden Bakterien an den Erlenwurzeln. In einem Gewässer, das reich an Stickstoffverbindungen ist, kann es im Sommer zu einer raschen Entwicklung zahlreicher Bakterien kommen. Wenn diese Bakterien in Massen absterben und an den Grund des Gewässers sinken, wird eine große Menge Sauerstoff gebraucht, um die abgestorbenen Organismenreste zu zersetzen. Es kann dann zu Sauerstoffmangel und zu einem Fischsterben kommen.

Südlich vom Steinhuder Meer schließt sich die Börde mit ihren außerordentlich fruchtbaren Böden an, die sich auf Löss entwickelten. Das Wort »Börde« soll mit dem englischen Begriff »border« verwandt sein, das eine Grenze bezeichnet. Die Börde liegt tatsächlich an einer Grenze – am Nordrand der Mittelgebirge nämlich. Die Bördelandschaften bilden einen Grenzgürtel von der Jülicher Börde im Westen bis zur Hildesheimer und Magdeburger Börde im Osten; die Schaumburger Börde ist Teil dieses Lössstreifens.

Am Steinhuder Meer ragt ein kleiner Höhenzug auf, der zu den nördlichsten Mittelgebirgen zählt: die Rehburger Berge. Weitere Mittelgebirgsregionen schließen sich im Süden an: der Bückeberg, der wegen der dort wachsenden Buchen seinen Namen erhielt und nach dem die Stadt Bückeburg benannt ist, dazu der Harrl als westliche Fortsetzung. Südlich davon verläuft die Kette des Wesergebirges, dessen südöstliche Fortsetzung der Süntel ist. Im Osten des Schaumburger Landes ragt der Deister als weitere Mittelgebirgskette auf. Zwischen den Bergzügen, zwischen Bückeberg und Wesergebirge sowie zwischen Wesergebirge und Deister, auch zwischen Bückeberg und Deister liegen fruchtbare Niederungen. Dort wurde ebenso wie in der Börde Löss abgelagert. Er wird – nach den Orten der Ablagerung – als »intramontaner Löss« bezeichnet. Den Süntel, den Bergzug im Südosten des Schaumburger Landes, kann man in gewisser Hinsicht mit dem Hochgebirge vergleichen. Am Hohenstein ragen schroffe Felsen auf, an denen einige Pflanzen ihre nördlichsten Wuchsorte haben, die für Felslandschaften der Alpen charakteristisch sind. Zu ihnen zählen das Blaugras und das Brillenschötchen.

Westlich und südlich vom Süntel sowie südlich vom Wesergebirge fließt der große Strom des Schaumburger Landes, die Weser. Auf der Südseite dieses Flusses kommt man in das zu Nordrhein-Westfalen gehörende Lippische Bergland.

Die Gesteine der Mittelgebirge entstanden in verschiedenen Perioden der Erdgeschichte. In einigen Bergzügen steht Kalkgestein an, beispielsweise im Süntel. Andere Bergzüge bestehen aus Sandstein; besondere Bedeutung bekam der Obernkirchener Sandstein, der seit Jahrhunderten am Bückeberg abgebaut wird. Er ist ein besonders guter Baustein, der sich vorzüglich bearbeiten lässt. Er fand beim Bau zahlreicher Kirchen, Klöster, Schlösser und Rathäuser im Schaumburger Land Verwendung. Er wurde auch auf der Weser nach Bremen gebracht und dort auf Ozeanschiffe verladen, die ihn in alle Welt brachten – dann aber nicht mehr als Obernkirchener, sondern unter der Bezeichnung Bremer Sandstein. Die Gebirgszüge wurden erst später, lange Zeit nach ihrer Bildung in die Höhe gehoben, so dass ihre Gesteine an der Oberfläche exponiert und seitdem erodiert wurden.

Von Grund auf eine neue Gestalt bekam das Schaumburger Land im Eiszeitalter. Mehrmals wurde es damals so kalt, dass Schnee und Eis, die sich in Nordeuropa während des Winters ansammelten, in den kurzen Sommern nicht mehr abtauten. Daraus wurden mit der Zeit große Eismassen. In den Eiszeiten setzten sich die Gletscher in Bewegung und breiteten sich nach Süden aus. Dabei schürften sie große Mengen an Felsgestein unter sich ab. Im Eis wurden die abgetragenen Steine zermahlen, zu runden Schottersteinen, Sand und feinem Ton. Als das Klima wärmer wurde und das Eis schmolz, blieb das bis dorthin mitgeführte Gesteinsmaterial auf der zuvor vom Gletscher bedeckten Erdoberfläche liegen. Fast alle Ablagerungen des Tieflandes nördlich des Schaumburger Landes bestehen aus zerkleinertem Gestein, das Gletscher im Eiszeitalter aus Nordeuropa mitgebracht hatten.

In frühen Phasen des Eiszeitalters breiteten sich Gletscher mehrfach bis an den Rand der Mittelgebirge aus; sie drangen zeitweise sogar in das Gebiet der Mittelgebirge vor, auch im Schaumburger Land. Zum letzten Mal dehnte sich das Eis in einer frühen Phase der vorletzten Eiszeit, der Saale-Eiszeit, bis an den Mittelgebirgsrand aus. Diese frühe Phase der Saale-Eiszeit nennt man nach den damals gebildeten Ablagerungen in den östlichen Niederlanden Drenthe-Phase. In den späteren Phasen der Saale-Eiszeit drang das Eis auf andere Weise nach Mitteleuropa vor. Zunächst glitt es von den skandinavischen Gebirgen nach Osten herab und wandte sich dann nach Süden. Dabei schürfte es die tiefen Senken der Ostsee aus. Bis an den Mittelgebirgsrand kam das Eis bei diesem Vorstoß nur im Bereich des heutigen Polen voran. Es wandte sich dann auch nach Westen und bildete charakteristische Höhenzüge, die Norddeutschland durchziehen, unter anderem die Hügel der Hohen Lüneburger Heide und der Altmark. Die Phase, in der wesentliche Teile dieser Hügelzüge entstanden, wird als Warthe-Phase der Saale-Eiszeit bezeichnet.

Schaumburg lag damals im Gletschervorfeld, nicht weit von der Gletscherfront entfernt. Es war dort so kalt, dass die gesamte Gegend nur allenfalls von schütterer Vegetation bewachsen war. Bäume wuchsen damals in ganz Mitteleuropa nicht, sondern nur an wenigen Orten am Mittelmeer. Ausgehend vom Eis wehten beständige Winde von den Gletschern ins Umland. Denn die Luft erwärmte sich im Gletschervorfeld und stieg auf. Dadurch sank der Luftdruck und es bildete sich ein lokales Tiefdruckgebiet. Über dem Eis bestand dagegen hoher Luftdruck. Winde wehen stets von Gebieten höheren zu solchen niedrigeren Drucks – also damals von den Gletschern in die Gletschervorfelder.

Die beständigen Winde nahmen Sand, vor allem aber den feinen Ton mit sich, der im Gletschervorfeld abgelagert worden war. Der Sand wurde nicht sehr weit transportiert und blieb bald liegen. Feiner Ton aber wurde weiter in den Süden transportiert. Abgelagert wurde er am Nordrand der Mittelgebirge und zwischen den Mittelgebirgsketten und zwar in Form von Löss. Auch auf den Hügelketten lagerte sich damals Löss ab, aber dort wurden die feinen Ablagerungen vom Regen bald wieder abgespült. Er sammelte sich als Schwemmlöss in den Niederungen an.

Mit ähnlicher Stoßrichtung stießen Gletscher nochmals in der letzten Eiszeit, der Weichsel-Eiszeit, nach Mitteleuropa vor. Die Gletscherfront stand zum Maximum dieser Kaltzeit nördlich und östlich von den Hügelzügen, die in der Warthe-Phase der Saale-Eiszeit abgelagert worden waren, im Osten Schleswig-Holsteins und im Süden Mecklenburgs. Auch in der Weichsel-Eiszeit wurde Löss nach Süden verweht und sowohl am Nordrand der Mittelgebirge als auch zwischen den Gebirgsketten abgelagert.

Vor etwa 18.000 Jahren ging die kälteste Phase der Weichsel-Eiszeit zu Ende, und das Klima besserte sich. Die bisher nur sehr schüttere Vegetation breitete sich aus; sie bestand zunächst vor allem aus Gräsern und Kräutern sowie einzelnen Zwergsträuchern.

Ausgehend von Südeuropa breitete sich nun – wie auch nach dem Ende früherer Eiszeiten – Wald aus. Vor etwas mehr als 10.000 Jahren bildeten sich Wälder, in denen meist Kiefern dominierten und Birken ebenfalls häufig vorkamen. Vor etwa 9.000 Jahren wurden Haselbüsche im Unterwuchs der Wälder häufig; möglicherweise steckten Menschen damals Haselnüsse in den Boden, um Nahrung für sich zu erzeugen. Das ist vor allem deswegen wahrscheinlich, weil es in den damals dichten Wäldern nur wenig Nahrhaftes für Menschen gab. In dichten Wäldern leben nur sehr wenige Tiere, die man bejagen kann. Einigermaßen gute Ernährungsmöglichkeiten bestanden damals nur an den Ufern der Gewässer, wo man fischen und Jagd auf Wasservögel machen konnte.

Wenig später breiteten sich Eichenwälder aus. Sie bestanden in dieser Form nur relativ kurze Zeit – wohl nicht länger als etwa drei Jahrtausende. In diesen dichten Wäldern war die heute vielerorts charakteristische Buche noch nicht vorhanden. Dann, in der Jungsteinzeit im 6. Jahrtausend vor Chr., kam der Ackerbau nach Mitteleuropa und wohl auch bald ins Schaumburger Land. Ackerbauern rodeten Wald, um Holz zum Bau von festen Häusern zu gewinnen. Anschließend brachten sie Getreide und andere Kulturpflanzen im gerodeten Land aus, die aus dem Vorderen Orient stammten, und sie ließen ihre Tiere in den Wäldern weiden; dabei wurden Wälder sukzessive aufgelichtet.

Der menschliche Umgang mit den natürlichen Bedingungen

Die Besiedlung ging von den Lössgebieten aus: Sie sind sehr fruchtbar, das heißt, die dortigen Böden enthalten zahlreiche Mineralstoffe, die für einen optimalen Wuchs von Kulturpflanzen gebraucht werden. In der Jungsteinzeit wurden die Böden auf Löss aber wohl wegen einer anderen Eigenschaft bevorzugt: Sie enthalten so gut wie keine Steine, so dass die damaligen Ackergeräte nicht beschädigt wurden. Das Gerät bestand aus Holz, Knochen oder Stein. Im Verlauf von sehr kurzer Zeit fanden die jungsteinzeitlichen Ackerbauern so gut wie sämtliche günstigen Lössflächen in Mitteleuropa, also sowohl die Standorte der Börden als auch die intramontanen Lössgebiete. Im Lauf der folgenden Jahrtausende breitete sich der Ackerbau von diesen Kerngebieten aus immer weiter auch in Gebiete mit einer geringeren Lössauflage aus, in der Bronze- und Eisenzeit sogar in Gegenden ohne Löss. Jahrtausendelang bestanden die Siedlungen in der Regel nicht länger als einige Jahrzehnte. Sie wurden dann wieder aufgegeben und ein Stück weit entfernt neu gegründet.[3] Warum die Siedlungen in prähistorischer Zeit immer wieder verlagert wurden, ist nicht bekannt. Möglicherweise ließen die landwirtschaftlichen Erträge nach. Es ist aber wahrscheinlicher, dass es nach einigen Jahrzehnten an Bauholz am Ort einer Siedlung mangelte. Alles dort verfügbare Holz war in die Häuser der Siedlung eingebaut. Wenn die Hütten nun baufällig wurden, mag man sich veranlasst gesehen haben, die Siedlung dorthin zu verlagern, wo es noch hoch gewachsene Baumstämme in den Wäldern gab. Man scheute wohl die Mühe, größere Baumstämme über größere Distanzen

---

3 Der Ablauf der Siedlungsgeschichte wird anschaulich beschrieben von: Hvass, Steen, Ländliche Siedlungen der Kaiser- und Völkerwanderungszeit in Dänemark, in: Offa 39, 1982, S. 189-195.

zu transportieren. Auf den Flächen, die von den Menschen verlassen worden waren, breitete sich anschließend erneut Wald aus. Zunächst kamen Weidenbüsche und Birken in die Höhe, dann Eichen, schließlich auch eine weitere Baumart, die es bisher im Schaumburger Land noch nicht gegeben hatte: die Buche.[4] Mit der Zeit übernahm die Buche vielerorts die Vorherrschaft in den Wäldern, weil Buchen wohl unter anderen Bäumen, Eichen aber kaum einmal unter Buchen in die Höhe wachsen können.

Seit prähistorischer Zeit wurden ländliche Siedlungen in der sogenannten Ökotopengrenzlage errichtet. Die Siedlung wurde zwischen einem feuchteren Bereich am Grund der Täler und einem trockeneren Ackerbereich gegründet. Unterhalb der Siedlung war der Löss abgetragen worden, als sich ein Bach sein nacheiszeitliches Bett geschaffen hatte. Dort trat hartes Gestein an die Oberfläche, das sich nicht beackern ließ; in diesem feuchten Grünlandbereich weidete vielleicht das Vieh. Die Äcker, oberhalb der Siedlung, lagen dagegen auf tiefgründigem, steinfreiem Lössboden. Von den landwirtschaftlichen Betrieben aus waren die beiden wichtigen Kernregionen der bäuerlichen Wirtschaft gut zu erreichen. An der Grenze zwischen dem Gebiet, das von Löss bedeckt war, und einem anderen, wo Löss abgetragen worden war, trat in vielen Fällen Grundwasser aus.[5] Damit konnten sich die Bewohner von Siedlungen versorgen.

Im Mittelalter und in der frühen Neuzeit erreichte der Ackerbau seine größte Ausdehnung; der Wald war damals weiter zurückgedrängt als heute. Der damalige Wald war aber mit dem heutigen keineswegs zu vergleichen. Heute besteht eine klare Grenze zwischen Wald und Offenland; bis ins 18. oder 19. Jahrhundert hinein gab es diese klare Grenze nicht. Weil das Vieh in zahlreichen Waldparzellen weidete, gab es ein Mosaik aus lichteren und dichteren Gehölzen. Wo Vieh weidete, wurden auch nachwachsende Bäume abgeknabbert. Nur einzelne Bäume überdauerten die Beweidung und konnten, von benachbarten Bäumen nicht bedrängt, sich in die Breite ausdehnen.

Später wurde die Landwirtschaft in ungünstigen Lagen aufgegeben. Auf ehemaligen Ackerflächen breitete sich entweder spontan Wald aus, oder es wurde aufgeforstet. Spuren früherer Äcker verweisen darauf, dass viele heutige Waldflächen in früherer Zeit beackert gewesen waren. Im Lauf des Mittelalters änderte sich die Siedelweise der Menschen. Die Siedlungen

---

4 Küster, Hansjörg, Auswirkungen von Klimaschwankungen und menschlicher Landschaftsnutzung auf die Arealverschiebung von Pflanzen und die Ausbildung mitteleuropäischer Wälder, in: Forstwissenschaftliches Centralblatt 115, 1996, S. 301-320.
5 Bartels, Heinz, Zur Entstehung der Siedlung Pollhagen, in: Schaumburg-Lippische Heimatblätter 50, 1999, 4, S. 115-117.

wurden nun in aller Regel nicht mehr aufgegeben und verlagert, sondern sie blieben an Ort und Stelle bestehen, wo sie einmal gegründet worden waren. Möglicherweise ist dieser Vorgang gemeint, wenn in schriftlichen Quellen davon die Rede ist, eine Siedlung sei in der »Wildnis« des Waldes gegründet worden.[6] Dabei wurde zwar Land gerodet, aber das bedeutet nicht unbedingt, dass dieses Land von »Jungfräulichem Wald« bedeckt gewesen war, als man dort Gehölz beseitigte. Vielmehr muss auch in Erwägung gezogen werden, dass mit »Wildnis« das Land ohne feste Siedelstrukturen bezeichnet wurde, das jahrtausendelang vor dem Mittelalter in immer gleicher Weise besiedelt worden war: Siedlungen wurden gegründet und wieder aufgegeben, immer wieder wurden andere Waldparzellen gerodet, und andere Wälder etablierten sich nach der Aufgabe der Siedlung.

Die Stabilisierung der Siedlung stand im Zusammenhang mit der Ausbreitung der administrativen und wirtschaftlichen Ordnung im Mittelalter. Die damalige Zivilisation konnte nur in einem Gebiet ortsfester Siedlungen bestehen. Die Festlegungen der ländlichen Siedlungen wurden wohl von den Landesherren veranlasst, die auf Abgaben landwirtschaftlicher Produkte angewiesen waren. Diese Güter brauchten sie, wenn Burgen, Städte und Klöster mit einer nur teilweise bäuerlich aktiven Bevölkerung Bestand haben und mit Nahrung und anderen lebensnotwendigen Rohstoffen (vor allem Holz) versorgt werden sollten. Es musste feste Straßen zwischen ländlichen und städtischen Siedlungen geben: Ohne diese festen Strukturen wäre eine weitere Entwicklung des Landes nicht möglich gewesen.

Städtische Siedlungen wurden dichter am Wasser als ländliche Orte gegründet. Man brauchte viel Wasser; besonders wichtig war es, in den Städten Mühlen zu errichten und zu betreiben, in denen zu jeder Zeit Korn gemahlen werden konnte. Die typische Lage der Stadt am Wasser ist in Rinteln, Rodenberg, Stadthagen oder Sachsenhagen gut zu erkennen; die Standorte noch bestehender oder ehemaliger Mühlen fallen dort ins Auge. Die Stadtgrundrisse von beispielsweise Stadthagen[7] und Rinteln wurden genau von Nord nach Süd ausgerichtet. Auf diese Weise konnte man die Kirchen genau im rechten Winkel zur Hauptstraße errichten (ihr Altar und ihr Chor weisen immer

---

6 So wurden die historischen Quellen vielfach interpretiert, unter anderem von Engel, Franz, Rodungskolonisation und Vorformen der Hagenhufen im 12. Jahrhundert. Eine archäologisch-siedlungskundliche Untersuchung für Schaumburg-Lippe, in: Ders. (Hrsg.), Beiträge zur Siedlungsgeschichte und historischen Landeskunde: Mecklenburg, Pommern, Niedersachsen, Köln, Wien 1970, S. 137-161.

7 Brosius, Dieter, Historisch-Landeskundliche Exkursionskarte von Niedersachsen Maßstab 1:50.000, Blatt Stadthagen, Hildesheim 1985.

nach Osten), und es ließ sich ein regelmäßiges Straßenraster unter Einschluss der Kirche schaffen.

Der Betreiber oder Besitzer einer Mühle kam mit der Zeit zu besonderem Wohlstand. Er war daher in der Lage, ein besonders großes oder repräsentatives Gebäude zu errichten. Solche Häuser wurden in der frühen Neuzeit oft von den Landesherren übernommen, die in die Residenzstädte zogen und sich dort ansiedelten. Diese Entwicklung lässt sich in Stadthagen sehr gut nachzeichnen.[8]

Klöster mussten ebenfalls dicht am Wasser liegen. Zu ihnen gehörten Mühlen, in denen das Mehl für die Klosterbewohner gemahlen wurde. Möllenbeck befindet sich nicht nur dicht am Bach, sondern auch der Name des Klosters, eines der ältesten in Niedersachsen, nimmt auf die Lage an der Mühle am Bach Bezug. Im Schaumburger Land gibt es zwei sehr verschiedene Typen von ländlichen Siedlungen. Einige Orte sind Haufendörfer, in denen ein oder zwei Bauern eine Vormachtstellung als Meier erlangten. Sie sammelten Abgaben der abhängigen Bauern und gaben sie an die Grundherren weiter. Aus großen Hofstellen mögen sich Herrenhäuser und Schlösser entwickelt haben. Sie sind für Haufendörfer im Gebiet typisch: für Hülsede, Apelern und Lauenau.

Von ihnen unterscheiden sich die Hagenhufensiedlungen: Sie entstanden längs von Bächen. Dort gibt es keine Meierhöfe, Schlösser und Herrenhäuser, die bevorrechtigten Bewohnern gehörten. Jeder Hagenhufenbauer hatte eine größere Freiheit als der Bewohner anderer ländlicher Siedlungen, er war selbst für die Ablieferung seiner Abgaben verantwortlich.

Eine ganze Reihe von Hagenhufensiedlungen wurde ähnlich wie Städte ausgerichtet, beispielsweise genau von Nord nach Süd. Besonders gut ist dies in Wiedensahl zu erkennen. Der Ort bekam im Lauf des Mittelalters einen neuen Grundriss, was an der Straßenführung gut zu erkennen ist: Alle Straßen führen von außen her zunächst auf die Ortsmitte zu, in Richtung eines kleinen Dorfteiches, der Sahl genannt wird. Im Verlauf des Mittelalters erhielten die Straßen eine neue Führung: Sie knickten von der alten Lage ab und verlaufen seitdem zum nördlichen und südlichen Ende des Ortes hin. Bevor man den Ort auf der Straße erreicht, muss man daher von allen Seiten her bis heute eine Kurve durchfahren.[9]

8 Johanek, Peter, Residenzen und Grablegen, in: Schaumburger Landschaft (Hrsg.), Neue Beiträge zu Adriaen de Vries (Kulturlandschaft Schaumburg; 14), Bielefeld 2008, S. 9-25.
9 Ronnenberg, Adolf, Am Anfang war Urwald. Entwicklung von Dorf und Gemarkung Wiedensahl, in: Strecker, Helmut (Hrsg.), Wiedensahl früher und heute, Stolzenau 1975, S. 33-65. Küster, Hansjörg, Wiedensahl in Geschichte und Gegenwart, in: Gemeinde Wiedensahl (Hrsg.), Wiedensahl. Geschichte und Geschichten. Ein Lesebuch, Minden 2003, S. 13-21.

Abb. 1: Luftaufnahme Hagenhufendorf Hülshagen (Foto: Wolfgang Volz)

Die für den Feldbau geeigneten Flächen wurden so intensiv wie möglich bewirtschaftet. Dies war notwendig, weil es ja nun darauf ankam, nicht nur die Gemeinschaft der Dorfbewohner, sondern auch die städtische und klösterliche Bevölkerung mit ausreichenden Mengen an Landprodukten zu versorgen. Die Ackerfluren bekamen eine regelmäßige Form: Schmale und lang gestreckte Äcker lagen in Gewannen oder Feldern dicht nebeneinander. Beim Pflügen wurden sie in der Mitte aufgewölbt, weil man die Schollen stets zur Mitte hin kippte; man nennt die Feldstreifen daher Wölbäcker. Bei der Neuordnung des Landes wurden Landflächen eingeebnet. Steine, die man dabei fand, wenn sich das Land auf eiszeitlichen Moränen entwickelt hatte, konnte man zum Bau von Kirchen verwenden, wenn kein anderer Baustein zur Verfügung stand. Die Ackerflächen waren auch im Mittelalter vielerorts weiter ausgedehnt als heute. Sie zogen sich weit an den Anhöhen hinauf; und man pflügte auch auf Land mit einer geringen Lössauflage. Mit mittelalterlichen Pflügen war das möglich: Sie hatten eiserne Bauteile, die nicht sofort zerstört wurden, wenn sie an einen Stein stießen. Doch später gab man an zu steilen Stellen den Ackerbau wieder auf. Dort blieb die charakteristische Oberflächenform der Wölbäcker bis auf den heutigen Tag erhalten. Besonders gut sind ehemalige Wölbäcker an der Straße unterhalb der Schaumburg zu sehen, und zwar in einem Gelände, das heute beweidet wird.

In den Talniederungen bewässerte man Wiesen. Auf diese Weise kamen mehr Wasser und reichlich Mineralstoffe auf die Flächen; das war nötig, um die Wiesen zu düngen.[10] Heu machte man nicht nur aus geschnittenem Gras

---

10 Hoppe, Ansgar, Die Bewässerungswiesen Nordwestdeutschlands. Geschichte, Wandel und heutige Situation (Abhandlungen aus dem Westfälischen Museum für Naturkunde; 64,1), Münster 2002.

von den Wiesen, sondern auch aus dem Laub der Bäume. Vor vielen Häusern standen Linden, deren belaubte Äste nach dem Blattaustrieb abgeschnitten, getrocknet und im Winter dem Vieh vorgeworfen wurden. Die genutzten Linden bildeten eine Laube vor dem Haus; man konnte sich unter die Bäume setzen, und später hielt man eine Laube allein für einen Sitzplatz. Linden treiben ebenso wie Eschen, die man entsprechend zur Laubheugewinnung nutzte, immer wieder aus; ihre Baumkronen nehmen dann eine kugelige Form an. Weil man wusste, dass Linden und Eschen immer wieder neu austrieben, wenn man sie ihrer Äste und ihres Laubes beraubt hatte, galten sie als Symbole für ein ewiges Leben: Man pflanzte sie daher vor die Kirchen und auf die Friedhöfe.

Die Tiere hielt man im Winter im Stall, im Sommer auf der Viehweide. Im Mittelalter lagen viele Weideflächen weit von der Siedlung entfernt, und sie waren nicht klar von den Wäldern getrennt. Wald und Heide lagen außerhalb der Markung. Das wird im Volkslied zum Ausdruck gebracht, wenn der Schäfer nach der Lage der Weideflächen gefragt wird: »draußen im Wald und auf der Heiden«. Erst seit dem 18. Jahrhundert wurden Wälder und Weideflächen strikt voneinander getrennt. Damals legte man auch Ackerflächen zusammen, indem man schmale Ackerstreifen aneinanderkoppelte. Bei der sogenannten Verkoppelung schuf man Ackerkoppeln und Viehkoppeln, die von Hecken, später Zäunen eingefriedigt wurden. Auf der Weidefläche musste mindestens ein großer Baum stehen, unter den sich die Rinder zum Wiederkäuen legen konnten – auch bei Hitze oder Regen. Diese Weidbäume bekamen mit der Zeit eine charakteristische Form: Ihre unteren Äste wurden immer wieder vom Vieh angefressen, so dass sie eine sogenannte Fraßkante erhielten. Die Bäume wuchsen weit in die Breite, weil es in ihrer Nachbarschaft keine anderen Bäume gab. Mit der Zeit nahmen sie besonders schöne Wuchsformen an.

Ebenso weit von den Siedlungen entfernt wie die Weideflächen waren die Wälder. Sie waren bis zum 18. Jahrhundert nicht von den Weideflächen abgetrennt. Es ist daher kaum möglich, selbst für die frühe Neuzeit, im heutigen Sinne zu rekonstruieren, wo Wald und wo Offenland lag. Vielmehr gab es alle möglichen Übergänge zwischen lichteren und dichteren Wäldern.

Waldparzellen, in denen das Vieh nicht weidete, konnten intensiver genutzt werden, und zwar als Nieder- oder Mittelwälder. In Niederwäldern fällte man alle paar Jahrzehnte die Bäume, man sagte, man setzte die Bäume auf den Stock. In den Niederwäldern überdauerten nur solche Bäume, die diese Form von regelmäßiger Nutzung ertrugen und anschließend wieder austrieben: Hainbuche, Hasel, Linde, Esche. Auf ausgedehnten Einschlagflächen, wo Sonnenlicht an den Boden vordringt, treibt auch die Eiche, nachdem sie auf den Stock gesetzt wurde, wieder aus. In Mittelwäldern gab es zwei Baumschichten: eine untere aus Hainbuchen, die regelmäßig zur Brennholzgewinnung geschlagen wurden, und eine obere aus Eichen, deren Holz man zum Hausbau nutzte.

Solche Wälder sind heute kaum noch vorhanden. Aber es muss sie einst gegeben haben; das lässt sich an Fachwerkhäusern ablesen, in die krumme Hölzer eingebaut sind: Die gebogenen Stämme von Bäumen, die nach dem Schlagen wieder austrieben, stabilisieren heute die Häuser. Mit krumm gewachsenem Holz baute man auch die sogenannten Schaumburger Mützen mit ihren gebogenen Giebeln: die charakteristischen Vorwölbungen der Dächer von Schaumburger Bauernhäusern.

Schluss

Insgesamt ist das Schaumburger Land eine sehr vielfältig gestaltete Gegend, in der sich kleinräumige Strukturen entwickeln konnten. Es gibt fruchtbare und weniger fruchtbare Gegenden, Wälder und Offenland. In früheren Jahrtausenden wies das Land aber keine derart strikte Einteilung auf wie in der Gegenwart. Jahrtausendelang wurden Siedlungen von Ort zu Ort verlagert. Im Mittelalter, als aus dieser »Wildnis« zivilisiertes Land wurde, bestand allerdings noch keine strikte Grenze zwischen Wald und Offenland, sondern das Land war von allmählichen Übergängen zwischen den Nutzungsbereichen von Viehweide und Holzgewinnung charakterisiert. Erst die Landreformen des 18. und 19. Jahrhunderts gaben den ländlichen Gebieten von Schaumburg ihr heutiges Gepräge. Die Entwicklung der ländlichen Gebiete in der damaligen Zeit war eng an diejenige der Städte und der Verkehrswege geknüpft. Das lässt sich bis heute gut erkennen.

Hinter heutigen landschaftlichen Strukturen steht eine Geschichte, die man im Gelände erkennen kann – ebenso wie in einem Archiv. Es ist wichtig, die aus den verschiedenen Quellen erschließbaren Hinweise auf historische Entwicklungen zusammenzutragen, um unsere heute sichtbare Umgebung erklären zu können.

Die Heide – von der verrufenen Wüste zum Inbegriff der Natur

Alle Landschaften sind durch Natur gestaltet, die meisten hierzulande auch durch menschliche Nutzung. Jede Landschaft wird überdies bewertet, es gibt Ideen, die sich Menschen von Landschaft machen, ihnen sind Bilder oder Metaphern wichtig. Natur, menschliche Nutzung und auch die Metaphern und Ideen können sich ständig ändern. Die Lüneburger Heide ist ein Beispiel für eine solche Landschaft. Ich möchte heute Abend vom Wandel der Natur und Nutzung sprechen, vor allem aber vom Wandel der Ansichten über die Heide. Dieser Wandel fand während des 18. Jahrhunderts innerhalb von wenigen Jahren statt. Davon wird das Bild, das wir uns von Natur machen, bis auf den heutigen Tag beeinflusst.

Die Lüneburger Heide war ehemals dicht bewaldet. Seit mehreren Jahrtausenden lebten dort Bauern, die Wälder rodeten, Äcker bewirtschafteten und Vieh weiden ließen. Wald wurde dabei immer weiter zurückgedrängt, besonders stark seit dem Mittelalter. Man brauchte Holz für vielerlei Zwecke, unter anderem zum Heizen in den umliegenden Städten, zum Schiffbau, auch zum Betrieb der wichtigen Lüneburger Saline. Die Art und Weise der intensiven Landbewirtschaftung verhinderte eine Regeneration von Wald. Besonders verheerend wirkte sich die Plaggenwirtschaft aus: Auf den Heideflächen wurde der Oberboden mit dem Heidekraut und dessen Wurzeln abgehoben. Diese sogenannten Heideplaggen legte man während des Winters in die Ställe als Einstreu. Heideplaggen wurden dort mit tierischen Fäkalien vermengt. Im folgenden Frühjahr brachte man die Plaggen als Dünger auf die Getreidefelder. Dank der Plaggendüngung konnte man alljährlich gute Getreideernten einfahren. Einige wenige Flächen wurden auf diese Weise als Ackerland mit Mineralstoffen versorgt. Den anderen Flächen wurden im Lauf der Zeit fast sämtliche Mineralstoffe entzogen: Das, was zurückblieb, konnte man als »Wüste« bezeichnen. Auf den weithin vegetationslosen Flächen ließ sich damals kein lukrativer Ackerbau betreiben.[1]

---

1 Küster, Hansjörg, Geschichte der Landschaft in Mitteleuropa. Von der Eiszeit bis zur Gegenwart, München 1993, 1999 (3. Aufl.), S. 233-238. Pott, Richard, Lüneburger Heide, Wendland und Nationalpark Mittleres Elbtal, Stuttgart 1999, S. 118-149. Haaland, Svein, Feuer und Flamme für die Heide. 5000 Jahre Kulturlandschaft in Europa, Bremen 2003.

DIE HEIDE

Bis zum 18. Jahrhundert war die Heide bei Reisenden verrufen. Dies ist einem kurzen Text des Frankfurters Zacharias Conrad von Uffenbach zu entnehmen. Er kam im Januar 1709

> [...] über die übel beschriene Lüneburger Heide. Ich hatte mir eingebildet, sie sei deswegen so berufen, weil man so wenig Orte und Bequemlichkeit darauf fände; allein der Weg an sich ist verzweifelt böse, und machen die viele Herzens- und Kopfstöße, so man bekommt, daß man ihrer nicht leicht vergißt. Dann erstlich hat diese Heide viele Hügel und Unebenen. Zweitens ist sie sonderlich um diese Zeit des Jahres und im Herbste grundlos und dannenhero lauter tiefe Gleisen. Drittens macht auch das Wilde und Unkraut, so darauf wächset und harte Wurzeln hat, daß es sehr ungleich und verdrießlich darauf zu fahren ist.[2]

Im 18. Jahrhundert erkannte man, dass man gegen die Folgen von Übernutzung des Landes vorgehen musste, um Existenzkrisen für die Menschheit abzuwälzen. Aus diesem Antrieb heraus wurde der Nachhaltigkeitsgedanke entwickelt, bei dem es darum ging, Wäldern nur so viel Holz zu entnehmen, wie zur gleichen Zeit nachwuchs.[3] Unter großen Mühen gelang es stellenweise im 18., weithin dann aber im 19. und 20. Jahrhundert, die Flächen der Lüneburger Heide wieder in Kultur zu nehmen – unter Erschließung von neuen Düngerquellen seit der Zeit des 1752 in Celle geborenen und dort auch lange wirkenden Agrarreformers Albrecht Daniel Thaer.[4]

Im frühen 18. Jahrhundert schuf man Parkanlagen mit »geordneter Natur«. Wenn man dort die Gewächse immer wieder nachpflanzte, sie regelmäßig schnitt und auch sonst für Ordnung sorgte, blieb so ein Park nachhaltig erhalten. Ich glaube, dass man den Wunsch, Pflanzen als Erscheinungen der Natur in Ordnung und auf Dauer zu erhalten, hinter dem Ansinnen sehen muss, so genannte Französische Gärten in Mitteleuropa wie den Großen Garten in Herrenhausen anzulegen.

In der Mitte des 18. Jahrhunderts, genauer gesagt, in der Zeit des Siebenjährigen Krieges (1756-1763), wandelten sich die Ideale der Parkgestaltung

---

2 Zitiert nach Eichberg, Henning, Stimmung über der Heide. Vom romantischen Blick zur Kolonisierung des Raumes, in: Großklaus, Götz/Oldemeyer, Ernst (Hrsg.), Natur als Gegenwelt. Beiträge zur Kulturgeschichte der Natur, Karlsruhe 1983, S. 197-233, bes. S. 197.
3 von Carlowitz, Hannß Carl, Sylvicultura oeconomica, Leipzig 1713.
4 Panne, Kathrin, Albrecht Daniel Thaer – Der Mann gehört der Welt. Begleitpublikation zur gleichnamigen Ausstellung im Bomann-Museum Celle zum 250. Geburtstag von Albrecht Daniel Thaer, Celle 2002.

und damit auch das Bild von Natur in Deutschland. Dieser Wandel war mit dem politischen Umschwung verbunden, den der Siebenjährige Krieg mit sich brachte. Nach dem Krieg wandte man sich eher dem englischen Vorbild des landschaftlich gestalteten Parks zu. Besonders deutlich wird dies bei der Betrachtung aufeinander folgender Parkgestaltungen im Fürstentum Anhalt-Dessau: 1757, am Anfang des Siebenjährigen Krieges, wurde die Gestaltung des formalen Französischen Gartens in Mosigkau abgeschlossen, nach 1763, also nach dem Ende des Krieges, begann die Schaffung von Parkanlagen im englischen Stil, vor allem in Wörlitz.[5]

Wenige Jahre später, im Jahre 1776, bereiste Jean André de Luc die Lüneburger Heide. De Luc (1727-1817) stammte aus Genf. Er war Meteorologe und Geologe; er prägte den Begriff Geologie und war mit Jean-Jacques Rousseau bekannt. Er wurde als Honorarprofessor an die Universität Göttingen berufen, also an die Hochschule des Kurfürstentums Hannover. Seine wichtigste Dienstaufgabe bestand offenbar darin, Briefe an die Königin von Großbritannien zu schreiben. Die hannoverschen Kurfürsten trugen zugleich die Königskrone von Großbritannien; de Luc berichtete also seiner Landesherrin, wenn er der Königin von Großbritannien Briefe schrieb. Die Briefe von de Luc an seine Landesherrin wurden in mehreren Bänden gedruckt.

Ich möchte ihnen nun einen längeren Abschnitt aus den »Physikalische[n] und moralische[n] Briefe[n] über die Geschichte der Erde und des Menschen an Ihre Majestät die Königin von Großbritannien« von Johann Andreas de Lüc [Luc] vorlesen, die 1781 in Leipzig gedruckt wurden.[6] Dort heißt es:

Vor nicht so gar langer Zeit waren vielleicht Auerhähne und Kaninchen die einzigen Bewohner der großen niedersächsischen Plänen[7]. Die ersten Menschen, die sich daselbst niederließen, waren vermuthlich Schäfer, deren Schafe das junge Heidekraut abweideten. Zu ihren ersten Wohnungen wählten sie ohne Zweifel die fruchtbarsten, d.i. die feuchtesten Orte, wo die fruchtbare Rinde[8] durch das Wasser stark genug geworden war, um ihnen die nöthigsten Lebensmittel zu geben. Da sich aber ihre Familien vergrößerten, mußten sich die neuen Colonien auf dem dürren Sande blos mit der von der Luft abgesetzten fruchtbaren Erde begnügen. Bedürfniß

---

5 Küster, Hansjörg/Hoppe, Ansgar, Das Gartenreich Dessau-Wörlitz. Landschaft und Geschichte, München 2010.
6 de Lüc, Johann Andreas, Physikalische und moralische Briefe über die Geschichte der Erde und des Menschen an Ihre Majestät die Königin von Großbritannien, Leipzig 1781.
7 Pläne = französisch »plaine«, Ebene.
8 Gemeint ist die Rinde der Erde.

ist die Mutter des Fleißes. Der Landmann, der nicht genug gutes Erdreich fand, um seine Familie zu ernähren, holte dasselbe von anderen Orten her zusammen; und so nahm dadurch sehr natürlich die Ausbrechung des Bodens ihren Anfang.

Ohne die Geschichte der Cultur dieser Länder eigentlich zu studiren, habe ich gehört, daß sie mit der Geschichte der Longobarden und Vandalen zusammentreffe, von deren Sitten und Gebräuchen man noch hie und da Spuren findet, besonders in der Mundart, nach welcher sie das Deutsche aussprechen, und in den Namen einiger Dörfer in den großen lüneburgischen Heiden. Einige Gegenden scheinen in alten Zeiten sogar volkreicher, als jetzt, gewesen zu seyn, wie man aus der Menge der Gräber schließt, in welchen sich ihre Asche in Urnen findet. Man weiß auch, daß Carl der Große viele Kriege mit den Bewohnern dieser Heiden geführt, und viele von ihnen in andere Gegenden von Europa, die er anbauen wollte, übergeführt hat. Man weiß aus der Geschichte, daß ihre Lebensart sehr hart war, daß Eicheln und Baumrinden einen Theil ihrer Nahrung ausmachten, und daß sie keine beständigen Wohnungen hatten. Ohne Zweifel kömmt aus diesen Zeiten noch eine Art von gehörnten Schafen her, die man noch Heideschnucken nennt, deren Wolle stark und grau, bisweilen ganz schwarz ist, und einen starken Handelsartikel der jetzigen Bewohner ausmacht.

Diese alten Bewohner haben sehr wenig Boden ausgebrochen; sie lebten von dem, was die Erde freywillig hervorbrachte. […]

Man hatte Recht gehabt, mir zu sagen, daß diese Gegenden sehr öde wären. Ich reisete oft sehr weit, ohne irgend einige Pflanzungen, außer in der größten Ferne am Horizont zu entdecken. Und, wie man mir in Zell sagte, ist dies noch nichts in Vergleichung mit den Gegenden, die nach Lüneburg und Hamburg zu liegen. Diese Plänen sind in der That so groß und noch so wenig bewohnt, daß die Bauren den Boden gar nicht überall ausbrechen können, auch dies zur Verbesserung der wenigen bebauten Gegenden gar nicht nöthig haben. Also giebt es unermeßliche Räume, von welchen die Menschen noch gar nichts weggenommen haben, als was die Schafe abweideten, und etwas Brennholz von den Gesträuchen.

Man findet also hier einen Boden, der ganz unter den Händen der Natur geblieben ist. Die Grundfläche desselben ist gewiß ehemaliger Meergrund […]. Ueber diesem Meergrunde liegt eine wahrscheinlich noch unberührte Schicht fruchtbarer Erde, welche immer zunimmt, und man kann die Grade ihres Wachsthums beobachten. Sollte man also nicht hoffen dürfen, dereinst die Zeit berechnen zu können, seit welcher sie entstanden ist? […]

Ich hab das Vergnügen gehabt, neue Gräben in den Heiden ziehen zu sehen: ein Schauspiel, das für mich eben so viel war, als ob ich neue Men-

schen entspringen sähe. Vorzüglich bemerkte ich einen jungen Mann und seine Gattinn [sic], die mit dem größten Eifer beschäftigt waren, er, den Graben tiefer zu machen, und sie, die ausgehobne Erde hineinwärts zu werfen. Sogleich stellte sich mir die ganze Geschichte dieses Paares und seiner Nachkommenschaft dar, und ich glaubte in ihnen unsere ersten Stammeltern zu sehen. [...]
Bald wird vielleicht die junge Frau ihrem Gatten den ersten Sohn geben, die kleine Pflanzung wird in die Höhe wachsen, ihre Besitzer ernähren, und der Welt eine Familie mehr verschafft haben: dies ist der Zweck der Vorsehung, durch die Vorsorge einer guten Regierung zu seiner Erfüllung gebracht!
Dies alles stellte sich beym Anblick dieses jungen Paars meiner Einbildungskraft lebhaft dar. Ich hatte schon in vielen solchen neuen Niederlassungen die Landleute fast auf allen Stufen ihres Fortgangs beobachtet, und sie immer zufrieden und glücklich, durch die Natur und oft selbst durch Hindernisse aufgemuntert gefunden. Ich erinnerte mich jetzt an dies alles, und fühlte die Wirkungen der Liebe zum Eigenthum und der häuslichen Verbindungen in ihrer ganzen Stärke.
Ich betrachtete also diese Gräben und umzäunten Niederlassungen aus einem ganz andern Gesichtspunkte, als Rousseau in seiner Abhandlung über den Ursprung der Ungleichheit unter den Menschen, gethan hat. ›Der erste,‹ sagt dieser, ›der eine Gegend umzäunt hatte, der es wagte, zu sagen: Dies ist mein, und Leute fand, die einfältig genug waren, es zu glauben, ist der wahre Stifter der Gesellschaft gewesen. Wie viel Frevelthaten, Kriege und Elend hätte nicht dem menschlichen Geschlechte der Menschenfreund ersparen können, der ihm die Pfähle ausgerissen, den Graben verschüttet, und den übrigen zugerufen hätte: Hütet euch, diesem Betrüger zu glauben, ihr seyd verloren, sobald ihr vergesset, daß die Früchte allen, und der Boden niemand, gehören.‹ [...]
Von Zell bis Lüneburg giengen wir wiederum nicht auf der Landstraße, sondern über Witzendorf durch die ödesten Heiden. Noch am 4ten reiseten wir durch Wolthausen und Offen. Hier sahe ich den Gebrauch, den man von den Heiden macht. Sie nähren Bienen und große Heerden von Heideschnucken. [...]
In den wenigen Dörfern, durch die wir kamen, herrscht eine große Reinlichkeit, die aber nicht, wie in Holland, erkünstelt, sondern natürlich ist. Der hiesige Sand wird nie schmutzig, und die Heide macht überall, wo gegangen wird, dem Rasen Platz, so daß alle Fußsteige mit grünen Banden eingefaßt sind. Diese natürliche Reinlichkeit des Bodens hat Einfluß auf die Bewohner. In kothigen Dörfern beschmutzen Vieh und Menschen

die Wohnungen: man gewöhnt sich daran und vernachläßigt sich. Hier hingegen geht man stets auf Sand oder Rasen, und hält sich selbst und die Häuser mit leichter Mühe reinlich. Ueberhaupt haben die hiesigen Bauernhäuser das wahre ländliche Ansehen. Sie bestehen aus einer Scheune, die an beyden Seiten offne Ställe, und am Ende eine Küche hat. Alles ist reinlich ohne Affectation, und erregt alle angenehmen Ideen des ländlichen Lebens. Bis Witzendorf findet man noch hin und wieder Cultur; hinter diesem Dorfe aber kömmt man in das wahre Heiligthum der Natur. Gestern früh reiseten wir sechs Stunden, ohne eine Wohnung zu sehen, einige Schäferhütten und ein Wirthshaus ausgenommen, das eine junge Familie an einem Orte, wo etwas Passage ist, anzulegen gewagt hat. Man wird diesen Keim nicht ersticken lassen: er kann sich mit ein wenig Unterstützung bald in ein Dorf verwandlen. [...]
Das einzige, was Menschen bey der Heide thun, ist, daß sie sie von Zeit zu Zeit abbrennen. Wenn sie hoch und holzig geworden ist, so wird ihr jähriger Trieb sehr schwach, und die Schafe finden nicht mehr viel Weide. Man brennt sie daher ab, und zwar, wenn sie wieder wachsen soll, im Frühling: wenn man sie aber ausrotten will, im Herbst, ehe sich ihre Saamen verbreiten. Man unterscheidet die in beyden Jahreszeiten abgebrannten Räume sehr deutlich. [...]
Mitten in diesen Heiden liegt ein großer Wald, die Raubkammer genannt Er war sonst sehr gefährlich: jezt aber kann man ohne Furcht hindurchreisen. Schon dies ist ein wesentlicher Vortheil der Anlegung einiger Colonien in diesen Wüsten gewesen, daß man dadurch die Continuität der weiten Räume unterbrochen hat, die sonst den Räubern zu Schlupfwinkeln dienten. Weit hinter diesem Walde fanden wir zwey nahe aneinander gelegne Dörfer, Dehnsen und Elzen. Das letztere besteht nur aus dreyen Feuerstätten, macht aber eine reizende Insel in diesem Meere von Heiden aus. Alles ist grün und schattig, und in den Wohnungen selbst reinlich. Aus der Wolle ihrer Schafe und dem Lein, den sie erzeugen, bereiten sie sich ihre Kleidung selbst. Die natürliche braune Farbe der Wolle dient zu Mannskleidern: für die Weiber wird die weißeste Wolle bunt gefärbt, und zum Einschuß in leinene Wersten [sic] gebraucht. Zur Speise dienen ihnen die Erdäpfel mit ihrer vortrefflichen Butter, ein Gericht, zu dem ich mich gar bald würde bequemen können. Diese Leute könnten in guten Jahren ganz von dem leben, was sie erzeugen [...].[9]

9 de Luc, Briefe (wie Anm. 6), S. 390-404.

Jean-André de Luc gab das damalige Bild der Lüneburger Heide sicher recht zutreffend wieder. Man reiste durch schier endloses, offenes und dünn besiedeltes Land, in dem Heidekraut weit verbreitet war. Das Land wurde von Heidschnucken beweidet. Hin und wieder wurden die Heideflächen abgebrannt. Danach keimten junge Heidekrautpflanzen umso besser empor. Sie werden besonders gern von Heidschnucken gefressen.

Die Entstehung und Geschichte der Lüneburger Heide schätzte de Luc dagegen falsch ein. Er hielt die Heide für jungfräuliche Natur und stellte sogar Überlegungen an, auf der Grundlage einer Untersuchung der Bodenauflage ermitteln zu können, wie alt dieses Land sein könnte; der hier wiedergegebene Text wurde um den etwas langatmigen Abschnitt gekürzt, in dem davon die Rede ist. De Luc verkannte, dass das Land keineswegs jungfräulich war, sondern seinen Charakter im Verlauf einer jahrtausendelangen Übernutzung angenommen hatte. Ganz wichtig ist aber: De Luc deutete die Heide anders als Angehörige früherer Generationen positiv und war mutmaßlich der erste, der die Heide als eine schöne Landschaft bezeichnete.

Die Entdeckung von schöner Natur als Landschaft ging entscheidend von der Schweiz aus, von dem Land also, aus dem de Luc stammte. In der Schweiz hatte man bereits am Beginn des 18. Jahrhunderts schöne Landschaften beschrieben. Genau an der Wende des 17. zum 18. Jahrhundert hatte Johann Jakob Scheuchzer 189 Fragen zu den besonderen Eigenheiten der Schweiz formuliert.[10] Zu diesen Fragen wurden bald Antworten gegeben. Johann Jakob Scheuchzer schrieb selbst eine Art Landeskunde der Schweiz.[11] Er wirkte damit auf zahlreiche andere Autoren ein. Einer von ihnen war Johann Georg Sulzer, der Scheuchzers Werk über die Schweiz neu herausgab,[12] der aber vor allem als Verfasser einer »Allgemeinen Theorie der Schönen Künste« bekannt wurde.[13] Das Alpengedicht von Albrecht von Haller aus dem Jahr 1729 wurde zur vielleicht berühmtesten Verherrlichung der Schweiz aus

---

10 Scheuchzer, Johann Jakob, Einladungsbrief zu Erforschung natürlicher Wunderen, so sich im Schweizerland befinden, Zürich 1699, abgedruckt in: Küster, Hansjörg/Küster, Ulf (Hrsg.), Garten und Wildnis. Landschaft im 18. Jahrhundert, München 1997, S. 14-31.
11 Scheuchzer, Johann Jakob, Beschreibung der Natur-Geschichten des Schweizerlands, 3 Teile, Zürich 1706-1708.
12 Scheuchzer, Johann Jacob, Natur-Geschichte des Schweitzerlandes, samt seinen Reisen über die Schweitzerische Gebürge, 2 Bände, herausgegeben und übersetzt und mit Anmerkungen versehen von Johann Georg Sulzer, Zürich 1746.
13 Sulzer, Johann Georg, Allgemeine Theorie der Schönen Künste, 4 Bände, Leipzig 1771-1774.

dem 18. Jahrhundert.¹⁴ Und in Jean-Jacques Rousseaus »Julie oder die neue Héloïse« bildet die Schweizer Gebirgslandschaft die Kulisse.¹⁵

Die Auseinandersetzung mit Landschaft wurde im 18. Jahrhundert gewissermaßen zu einem »Exportartikel« der Schweiz. Sulzer wurde an den preußischen Hof berufen, Rousseau ging nach Paris. Albrecht von Haller wurde Professor an der Universität Göttingen. Von dort aus unternahm er Exkursionen in die Lüneburger Heide und in den Harz. Viele Deutsche, darunter Johann Wolfgang von Goethe, ließen sich durch die Werke von Haller nicht nur zu einer Reise in die Schweiz animieren, sondern sie bestiegen ebenso wie der Schweizer die höchsten Höhen des Harzes. Zwei weitere Schweizer, Anton Graff und Adrian Zingg, kamen 1766 an die Dresdener Akademie. Sie entdeckten an der Elbe schöne Landschaft, die sie schwärmend »eine Schweiz« nannten. Fortan sprach man von Böhmischer und Sächsischer Schweiz.¹⁶ Und auch zahlreiche andere schöne Landschaften wurden mit dem Prädikat »Schweiz« versehen.

Jean-André de Luc »entdeckte« also die Schönheit und angebliche Ursprünglichkeit der Lüneburger Heide und ihrer Natur. Dort traf er Bauern, die er mit den »ersten Menschen« verglich; sie können als »edle Wilde« im Sinne von Rousseau aufgefasst werden. Auf solche Menschen waren zur etwa gleichen Zeit James Cook, Johann Reinhold und Johann Georg Forster in der Südsee gestoßen.¹⁷

Die neue Sicht auf die Lüneburger Heide wurde von den Zeitgenossen de Lucs sofort aufgenommen. Anders als heute wurde sein Werk im späten 18. Jahrhundert offenbar viel gelesen und zwar unter anderem von seinem Göttinger Professorenkollegen Christoph Meiners. Er reiste 1788 durch die Heide. Ebenso wie de Luc ist seine Beschreibung positiv geprägt:

> Auf den zuerst genannten Haiden trifft man bald kleines Haide-Gesträuch, bald einzelne Bäume, und bald regelmässige Reihen von Bäumen an, die man nicht selten als eine Schutz-Wehr gegen die Einbrüche, oder Ueberschwemmungen des Flug-Sandes gepflanzt hat. Hier sieht man Haide-Kraut schneiden oder aufladen, und dort schon in Plaggen aufgethürmt. Hier heben sich Oerter in grosser Ferne hervor, und dort verschwinden

14 von Haller, Albrecht, Die Alpen, in: Ders., Versuch Schweizerischer Gedichten, Bern 1732.
15 Rousseau, Jean-Jacques, Julie oder die neue Héloïse, Amsterdam 1761.
16 Küster, Hansjörg, Schöne Aussichten: Kleine Geschichte der Landschaft, München 2009, S. 82.
17 Forster, Georg, Reise um die Welt, Berlin 1778-1780, Frankfurt a. M. 2007 (Neuausgabe).

andere wieder, die man eine Zeitlang gesehen hatte. Selbst die Abwechslungen des Bodens, die aus den verschiedenen Farben und Mischungen von Sand und Moor entstehen, können das Auge des Aufmerksamen eine Zeitlang beschäfftigen. Noch unterhaltender sind die häufigen Lagen von Kiesel-Steinen, von kleinern und grössern Granit-Stücken, die in einer unbeschreiblichen Mannichfaltigkeit von Formen und Farben ausgestreut sind, und von denen man mit Gewissheit annehmen kann, daß sie in unbestimmlichen Zeiten von Bergen, die vielleicht hunderte von Meilen entfernt sind, abgebrochen worden. [...] Nichts ergötzt auf der Reise durch die Haiden zwischen Hannover und Bremervörde mehr, als der Anblick der wohlgebauten, oder wenigstens reinlichen und wohlhabenden Oerter [...].[18]

Meiners war vielleicht der erste, der erkannte, dass die Steine in der Heide von andernorts stammten. Jahrzehnte später wusste man, dass diese »Findlinge« von eiszeitlichen Gletschern aus Nordeuropa dorthin geschoben worden waren. Und Meiners berichtete klarer noch als de Luc über Maßnahmen der zeitgenössischen Bauern, der Verwilderung des Landes entgegenzuwirken. Zu diesen Maßnahmen kam der Beginn des Kartoffelanbaus hinzu, von dem de Luc schrieb. Diese Pflanze war aber keineswegs »ursprünglich« in der Lüneburger Heide. Denn die Kartoffel stammte aus Südamerika. Größere Bedeutung bekam die Pflanze erst in der Zeit um 1770.[19] Daher ist der Hinweis von de Luc auf den Kartoffelanbau in der Heide vielleicht einer der ältesten überhaupt.

Ein Jahr später als Christoph Meiners kam der dänische Dichter Jens Baggesen durch die Heide:

Die völlig neue Natur – so verschrien sie im übrigen ist – verlockte mich zu näherer Bekanntschaft. Überhaupt ist es seit meiner Kindheit einer meiner Herzenswünsche gewesen, einmal eine Wüste zu durchwandern. Eine solche Gegend ohne Höhen, also auch ohne Täler, ohne wilde oder zahme Laubgewächse, ohne Seen, ohne Bäche, ohne Zeichen von Bebauung, läßt sich mit einem Folianten vergleichen, der aus lauter leeren Blättern besteht. [...] Je weiter ich in meiner Wüste vordrang, um so angenehmer und interessanter wurde sie. Freilich entdeckte mein äußeres Auge nichts als Heidekraut und hier und da einzelne verkümmerte Nadelbäume – alles um mich herum dehnte sich als unabsehbare schwarzgraue, nackte Fläche

---

18 Meiners, Christoph, Bemerkungen auf einer Reise von Göttingen nach Cuxhaven, in: Göttingisches historisches Magazin 2, 1788, S. 495-539, S. 499-501.
19 Körber-Grohne, Udelgard, Nutzpflanzen in Deutschland. Kulturgeschichte und Biologie, Stuttgart 1987, S. 143-144.

aus. Doch um so mehr Besonderheiten schwebten in tausend ungestörten Phantasien an meinem inneren Auge vorüber. Bald kamen mir ein langbärtiger Eremit, ein ehrwürdiger alter Derwisch mit Wasser in seiner hohlen Hand, bald ein verirrter Prinz aus China, bald eine fliehende Prinzessin aus Tiflis, bald ein Pilgrim, der nach jedem dritten Schritt vorwärts einen rückwärts machte, bald ein wandernder Räuber, bald eine ganze Karawane mit all ihren Dromedaren, bald sämtliche Kinder Israels, sechshunderttausend an der Zahl, vorbei – ich hatte kaum Zeit, sie alle mit einem Nicken zu begrüßen, das besagte, daß ich sie kannte –, als plötzlich die ganze Szene in einem gewöhnlichen Staub- oder Sandrauch aufging![20]

Auch da ist der positive Blick auf die Heide zu erkennen: Man sah die Lüneburger Heide mit neuen Augen, und zwar nicht nur in Deutschland, sondern in der Folgezeit auch in Frankreich. Immer wieder kamen Franzosen in die Gegend und beschreiben sie sehr detailgetreu.[21] Möglicherweise hatten sie die französische Originalausgabe des Buches von de Luc gelesen. Vor allem aber machte sich in Deutschland der »romantische Blick« auf die Heide breit, zunächst beispielsweise bei Annette von Droste-Hülshoff. An der Wende des 19. zum 20. Jahrhundert wurde Hermann Löns mit seinen Verklärungen der Heidelandschaft hochberühmt.[22] Die Verherrlichung der Lüneburger Heide führte in Deutschland dazu, dass sie immer wieder als Inbegriff einer »schönen Natur« gesehen wurde und gesehen wird, ebenso wie in den benachbarten Ländern, in denen es ebensolche Heidelandschaften gibt.[23]

An der Wende vom 19. zum 20. Jahrhundert erkannte man, dass sich die meisten bisher wenig fruchtbaren Heideflächen unter dem Einsatz von Mineraldünger zu gutem Ackerland meliorieren ließen und daher der Charakter der »ursprünglichen Heide« verloren zu gehen drohte. Eine Gruppe von Bürgern, die von der Lüneburger Heide begeistert war, kaufte ab 1910 das Land rings um den Wilseder Berg und sorgte für die Einrichtung eines

---

20 Baggesen, Jens, Das Labyrinth oder Reise durch Deutschland in die Schweiz 1789, Leipzig, Weimar 1985, S. 114f.
21 Unter anderem: Demolins, Edmont, La petite culture en famille-souche, le »Bauer« du Lunebourg, Paris 1888, dt. Übersetzung in: Behr, Artur (Hrsg.), Der Lutterhof bei Hermannsburg. Ein Bauernhof im Wandel der Zeit, Hermannsburg 2005, S. 11-54.
22 Dazu detailliert Eichberg, Stimmung (wie Anm. 2). Kiendl, Andrea, Reiseliteratur über die Lüneburger Heide. Vom negativen Vorurteil zum Wegbereiter des Tourismus, in: Brockhoff, Horst/Wiese, Giesela/Wiese, Rolf (Hrsg.), Ja, grün ist die Heide …: Aspekte einer besonderen Landschaft (Schriftenreihe des Freilichtmuseums am Kiekeberg; 33), Rosengarten-Ehestorf 1998, S. 157-178.
23 Haaland, Feuer (wie Anm. 1).

Naturschutzparks in der Umgebung dieses höchsten Hügels im nördlichen Niedersachsen. Vorbilder für den Naturschutzpark waren Nationalparks in den USA.[24] Nach dem Bau der ersten Eisenbahnen im Gebiet setzte ein Touristenstrom ungeahnten Ausmaßes in die Lüneburger Heide ein. Massen von Ausflüglern wollten das Wunder der Heide sehen. Der Hamburger Geograph Richard Linde schrieb 1911 im Vorwort zu seinem viel beachteten Heidebuch:

Wo der Verfasser noch vor zehn Jahren wochenlang fast allein war, da drängten sich jetzt die Fremden von überall her, und zur Zeit der Heideblüte vermögen die Sonderzüge kaum die Fülle der Wanderlustigen aus den Randstädten zu bewältigen. ›Snucken brukt wi nu nich mehr,‹ sagte neulich der alte Heidbauer, ›nu heft wi de Hamborgers.‹ (Heidschnucken brauchen wir nun nicht mehr, nun haben wir die Hamburger).[25]

Auch der Geograph verklärte die Heidelandschaft:

Etwa zwei Stunden unterhalb Hamburgs, hinter den letzten Villen von Blankenese, erheben sich fast unmittelbar am Strome eigentümlich geformte dunkle Heidekuppen. Das Gitter am Rande des Kiefernwaldes bezeichnet die Grenze des Kulturlandes. Jenseits beginnt der Wildboden der Heide. Dort führt ein schmaler Fußpfad zwischen dem Brahm [Besenginster], Farnkraut und Eichenkratt empor. An den steilsten Abhängen ist die Heidekruste zerrissen, und nackter, gelber Sand rieselt wie aus einer Wunde des Erdbodens in langen Strähnen hervor. Eine ganz besondere Landschaft, erfüllt von dem Zauber brauner Heideeinsamkeit, öffnet sich hier oben. Das blühende Rot des Heidekrautes, das sonnige Grün des schmalen Uferlandes, der violette Wasserspiegel mit der duftverhüllten, dunstigen Ferne, darüber das lichte Gold türmender Wolkenmassen, der großartige Weltverkehr auf dem breiten Strome und hier oben die starre, ewige Ruhe bilden den reizvollsten Gegensatz.[26]

Da geht es wie bereits über einhundert Jahre zuvor sowohl um eine Naturverherrlichung als auch um die Beschreibung eines Gegensatzes zwischen

---

24 Lütkepohl, Manfred/Prüter, Johannes, Naturschutz – Geschichte und Aufgaben im Wandel der Zeit, in: Brockhoff/Wiese/Wiese (Hrsg.), Heide (wie Anm. 22), S. 217-243.
25 Linde, Richard, Die Lüneburger Heide, Bielefeld, Leipzig 1904, 1911 (4. Aufl.), S. 1.
26 Ebd.

Zivilisation und Wildnis, zwischen kultiviertem und unkultiviertem Land, zwischen Kultur und Natur. Der Maler Hugo Vogel malte Anfang des 20. Jahrhunderts die »Urlandschaft« bei Hamburg mit dem Urstromtal der Elbe und der Heide an die eine Wand des Großen Festsaales im Hamburger Rathaus,[27] und zwar der damals modernen Landschaft des Hafens genau gegenüber. So wurde der damals allgemein gesehene Gegensatz dargestellt: Natur war auf der einen, Kultur und Technik standen auf der anderen Seite.

Die schöne, die verklärte Natur ist aber nicht mit der sich ständig wandelnden Natur gleichzusetzen. Natur ändert sich eigentlich unaufhörlich und bleibt nie so, wie man sie auf Erden gerne festhalten möchte. Das aber war der ausdrückliche Wunsch desjenigen Naturschützers, der schöne Natur vor dem Ausgreifen der Kultur und der Zivilisation bewahren wollte. Aus der doppelten Bedeutung von Natur resultiert bis heute ein Dilemma des Naturschutzes: Sollen mit diesem Instrument die Entwicklung und der Wandel von Natur gefördert werden, oder geht es eher um die Bewahrung eines als schön empfundenen Zustandes?

Die Vorstellungen von Jean André de Luc und seinen Nachfahren über die Idylle der Lüneburger Heide sind zwar von der Wissenschaft eindeutig widerlegt worden. Doch halten sich die Ansichten von der »Ursprünglichkeit der Heide« hartnäckig in der Bevölkerung. In einem erst kürzlich durchgeführten Projekt der Biologiedidaktik wurde überprüft, wie Schüler den Inhalt einer Informationstafel zu Charakter und Geschichte der Lüneburger Heide aufnehmen. Auf der Tafel wird die Lüneburger Heide so dargestellt, wie es nach dem heutigen Stand der Wissenschaft üblich ist: Es wird dort klar gesagt, dass das heutige Erscheinungsbild der Heide Menschenwerk ist. Steve, ein 19jähriger Gymnasiast, wurde zum Charakter der Heide befragt, nachdem er die Tafel eingehend gelesen hatte. Seine Antwort ist, obwohl er unmittelbar zuvor etwas anderes gelesen haben musste, dennoch vom Denken des 18. Jahrhunderts beeinflusst:

> Also, ich denke, dass das, was hier an Heidegebieten ist, das ist soweit auch unberührt geblieben. [...] Also ich denke der Heidebestand würde sich nicht großartig verändern, weil der sowieso unberührt geblieben ist.[28]

---

27 http://de.wikipedia.org/wiki/Hugo_Vogel; Zugriff am 21.10.2009. Abdruck des Bildes ohne Nennung von Quelle und Künstlernamen, in: Wölfle, Hugo, Hamburger Geschichtsatlas. Heimatkundliche Karten und Bilder, Hamburg 1926, S. 7.

28 Groß, Jorge, Biologie verstehen: Wirkungen außerschulischer Lernangebote (Beiträge zur didaktischen Rekonstruktion; 16), Oldenburg 2007, S. 74-75.

Die Ansichten von de Luc und seinen Nachfahren haben sich also sehr stark bei den Menschen festgesetzt. Generationen von Menschen kamen in die Lüneburger Heide, um sie gerade wegen ihres »ursprünglichen Charakters« zu sehen.

Es ist aber nicht alles das »ursprünglich« oder »Natur«, was wir dafür halten. Die Heide kann sich durch die Entscheidung von Menschen radikal verändern. Man kann die Flächen mit Mineraldünger in gutes Ackerland verwandeln. Das sollte durch Naturschutz verhindert werden. Aber der Schutz der Natur ist kein eindeutiges Ziel. Wenn man Natur schützen will, hat man vor allem die Wahl zwischen zwei Alternativen, die zu jeweils völlig unterschiedlichen Resultaten führen. Entweder lässt man »Natur Natur sein« und greift nicht mehr in natürliche Abläufe ein. Dann »verwildert« das Gelände: Das Heidekraut sammelt mit Hilfe von Bodenpilzen, die an seinen Wurzeln sitzen, Mineralstoffe an der Erdoberfläche. Nach einiger Zeit ist die Heide hinreichend fruchtbar, dass zuerst Gräser, dann weitere Kräuter und Sträucher, bald auch Birken und Kiefern, schließlich Eichen und Buchen sich ausbreiten. Diese natürliche Entwicklung spielt sich ab, wenn man nichts mehr in der Heide tut. Die andere Möglichkeit ist, den Charakter der »schönen Heide« zu bewahren, die »schöne Natur«, die einer menschlichen Vorstellung, aber nicht den naturwissenschaftlichen Grundlagen entspricht. Dann muss die Heide aber eigentlich nicht nur regelmäßig mit Heidschnucken beweidet werden, sondern es ist auch eine Entnahme von Heideplaggen oder das Abbrennen der Heideflächen notwendig. Nur dadurch wird der Ansammlung von Mineralstoffen an der Bodenoberfläche wirksam entgegengewirkt.

Wir haben im Prinzip die Freiheit, uns für die moderne Nutzung, das Sich-Selbst-Überlassen der Fläche oder das Management einer Heide zu entscheiden. Die Gesetze sagen das aber bis heute nicht. Wer heutige Naturschutzgesetze beachtet, bekommt nicht gesagt, ob sie zum Sich-Selbst-Überlassen der Natur anhalten oder zu deren Pflege; erst recht ist im Gesetz nicht zu lesen, dass dazu eine freie Entscheidung zu treffen ist.

Auch das ist eine Folge von Ansichten, wie sie im Text von Jean-André de Luc geäußert wurden. Diese Ansichten prägen nicht nur unser Bild und unser Verständnis der Heidelandschaft bis auf den heutigen Tag. Sie machen auch die Begriffe »Natur« und »Naturschutz« unklar: Wir geben nämlich vor, Natur zu schützen, wenn es uns in Wahrheit um schöne Landschaft geht.

Es muss uns klar sein: Die Heide ist in Wirklichkeit keine Natur und nichts Ursprüngliches, sondern eine Landschaft. Landschaften sind durch natürliche Prozesse, menschliche Gestaltung und Metaphern geprägt, die aus einem kulturellen Verständnis von Landschaft entspringen.[29] Solche Meta-

---

29 Küster, Aussichten (wie Anm. 16).

phern können »arkadisch«, »wild«, »schweizerisch«, »englisch« oder auch »natürlich« lauten. Es gibt sowohl den natürlichen Ablauf als auch die Metapher »Natur«. Setzt man sie wie de Luc miteinander gleich, schafft man keine Klarheit, wenn man von »Natur« spricht, sondern stiftet Verwirrung. Bis heute ist diese Verwirrung im Naturschutz verbreitet, bei dem nicht klargestellt wird, ob man damit natürliche Entwicklung oder eine schöne Natur schützen will. Diese Begriffsverwirrung verdanken wir Schriftstellern und Dichtern des späten 18. Jahrhunderts, unter anderem Jean André de Luc.

Heute brauchen wir eine andere Klarheit: Bevor wir überhaupt damit beginnen, in der Heide und in jeder anderen Landschaft etwas zu planen oder zu »managen«, müssen wir uns ins Klare darüber kommen, ob wir dort dynamische Natur oder deren aus der Ästhetik geprägtes Bild bewahren wollen. Wir müssen uns also mit dem Charakter von Landschaft intensiv befassen. Wir brauchen Kenntnisse darüber, wie jede Landschaft sich natürlicherweise und unter dem Einfluss des Menschen entwickelt – und welche Ideen oder Metaphern Menschen mit Landschaften verbunden haben und verbinden, in denen es bereits seit sehr langer Zeit zu einer Interaktion von vielerlei natürlichen und menschlichen Einflüssen kommt. Diese Ideen waren und sind von entscheidender Bedeutung. Das Beispiel des Sinneswandels, der sich den Texten von Uffenbach, de Luc und Baggesen entnehmen lässt, ist dafür nur allzu bezeichnend: Eine Landschaft wurde zunächst negativ als Wüste, dann positiv als Wüste oder gar als Idylle gesehen. Dabei war sie doch – in naturwissenschaftlicher Sicht – die gleiche Landschaft geblieben. Landschaft ist also mehr als ein naturwissenschaftlicher Begriff. Er ist stets mit Kultur verbunden. Es ist seltsam, wie wenig dies in Deutschland anerkannt wird – in einem Land, das sich zu den wichtigen Kulturnationen rechnet.

»Zum Sehen geboren, zum Schauen bestellt«
Eine Darstellung der Niederelblandschaft als Vorlage für Goethes »Faust II«

Mit den bekannten Worten von Johann Wolfgang von Goethe, die im Titel genannt sind, wird Lynkeus in »Faust II« charakterisiert. Dieser Name bedeutet »der Luchsäugige«, er konnte der Sage nach so scharf sehen, dass er sogar das Geschehen auf der anderen Seite einer Mauer verfolgen konnte. Ihm, dem Turmwächter, konnte auch ein Feuer, wohl eine Brandstiftung durch Mephisto, nicht entgehen. Jeder stellt sich die Szenerie um Lynkeus als klassisch vor, vor dem geistigen Auge sieht man den scharfäugigen Wächter auf einem Turm am Gestade des Mittelmeeres stehen. Goethe tat, was viele Dichter taten: Er lenkte die Vorstellung seines Publikums in eine klassische Szenerie. Doch seine eigene Vorstellung wurde durch ganz andere Ideen angeregt. Man kann zeigen, dass der Turm des Lynkeus eigentlich nicht am Mittelmeer steht, sondern an der Nordseeküste: Es ist der mittelalterliche Turm auf Neuwerk an der Elbmündung. Es gibt eine Textvorlage, die Goethe beim Schreiben des Schlusses von »Faust II« ganz offensichtlich inspirierte; zahlreiche ähnliche Szenen tauchen sowohl in dieser Vorlage als auch in Goethes Drama auf. Bei der Vorlage handelte es sich um eine Reisebeschreibung von Christoph Meiners.[1]

Christoph Meiners und Johann Wolfgang von Goethe

Christoph Meiners (1747-1810) war Professor für »Psychologie, Ästhetik, Geschichte der Philosophie und Geschichte der Religionen« an der Universität Göttingen. Von Göttingen aus unternahm er in den späten 1780er Jahren eine Reise in seine Heimat an der Niederelbe. Karl Lohmeyer (1868-1956), ein Lehrer für Klassische Philologie und Germanistik aus Cuxhaven,[2] hatte den Text von Meiners bereits vor Jahrzehnten entdeckt und auffällige

---

1 Meiners, Christoph, Bemerkungen auf einer Reise von Göttingen nach Cuxhaven, Göttingisches historisches Magazin 2, 1788, S. 495-539.
2 Benöhr, Franz, Professor Dr. Karl Lohmeyer und der Morgenstern, in: Jahrbuch der Männer vom Morgenstern 37 (1956), S. 5-6.

Ähnlichkeiten zwischen ihm und Abschnitten aus »Faust II« nachgewiesen.[3] Allerdings konnte Lohmeyer nicht zeigen, dass Goethe den Text von Meiners tatsächlich gekannt hat. Christoph Meiners war eine umstrittene Persönlichkeit. Man hielt ihn für einen Vielschreiber und warf ihm Rassismus vor, und häufig wurde darauf verwiesen, dass man ihn überschätzt habe.[4] Seine Zeitgenossen bescheinigten ihm aber ein ausgesprochenes Erzähltalent. Eines seiner großen Verdienste war es, dass er beim Aufbau russischer Universitäten als Berater tätig war. Dabei kam ihm wohl eine seiner großen Stärken zugute: Er war in der Lage, verschiedene Fachrichtungen zusammenzuführen. Das wird durch seinen Reisebericht bestätigt, in dem er unter anderem Landschaften sehr kenntnisreich und treffend beschrieb, auf ihre Nutzung einging und interessante ethnographische Beobachtungen machte. Außerdem gelangen ihm sehr durchdachte Aussagen über die Herkunft von Findlingen – und dies in einer Zeit, in der man noch nicht wusste, dass diese großen Steine von eiszeitlichen Gletschern aus Skandinavien in das norddeutsche Tiefland geschoben worden waren.[5]

Goethe und Meiners waren miteinander bekannt. Goethe hatte sich mit vier Bänden von Meiners befasst, in denen Reisebriefe aus der Schweiz enthalten waren, als er 1797 zu seiner Schweizreise aufbrach.[6] Goethe und Meiners trafen sich, als Goethe 1801 zur Kur nach Bad Pyrmont reiste.[7] 1812 las Goethe in Karlsbad verschiedene Werke von Meiners, am 1. Juni vermerkte er in seinem Tagebuch: »Abends Meiners, Sandsteppen und Verwitterung des Granits.« Über solche Dinge hatte Meiners nur in seinem Bericht über seine

---

3 Lohmeyer, Karl, Literarische und andere Nachwirkungen der letzten großen Sturmflut vom 3. und 4. Februar 1825, in: Jahrbuch der Männer vom Morgenstern 22, 1925/26, S. 7-38. Ders., Das Meer und die Wolken in den beiden letzten Akten des »Faust«, in: Jahrbuch der Goethe-Gesellschaft 13, 1927, S. 106-133. Ders., Das Küstengebiet an der Niederelbe als Schauplatz der Dichtung, in: Archiv für Landes- und Volkskunde von Niedersachsen 22, 1944, S. 347-358. Ders., Aus den Anfängen der niedersächsischen Landes- und Volkskunde, in: Neues Archiv für Niedersachsen 17, 1950, 4, S. 414-446.
4 Haase, Carl, Bildung und Wissenschaft von der Reformation bis 1803, in: Patze, Hans (Hrsg.), Geschichte Niedersachsens 3(2): Kirche und Kultur von der Reformation bis zum Beginn des 19. Jahrhunderts (Veröffentlichungen der Historischen Kommission für Niedersachsen und Bremen; 36), Hildesheim 1983, S. 352.
5 Küster, Hansjörg Küster, Christoph Meiners, das Land Hadeln und Goethes »Faust II«, in: Jahrbuch der Männer vom Morgenstern 90, 2011, S. 189-228.
6 Lohmeyer, Aus den Anfängen (wie Anm. 3), S. 416.
7 Lampe, Walther, Goethe und Pyrmont, in: Archiv für Landes- und Volkskunde von Niedersachsen 6, 1941, S. 35-65, bes. S. 57.

Reise an die Niederelbe von 1788 geschrieben, als er auf die geologischen Bildungen der Geest in Norddeutschland einging:

> Noch unterhaltender sind die häufigen Lagen von Kiesel-Steinen, von kleinern und grössern Granit-Stücken, die in einer unbeschreiblichen Mannichfaltigkeit von Formen und Farben ausgestreut sind, und von denen man mit Gewissheit annehmen kann, daß sie in unbestimmlichen Zeiten von Bergen, die vielleicht hunderte von Meilen entfernt sind, abgebrochen worden.[8]

Diese Gedanken faszinierten Goethe, denn er suchte wie etliche seiner Zeitgenossen nach einer Erklärung dafür, warum Gesteinsbrocken als »Findlinge« oder »erratische Blöcke« nach Norddeutschland und ins Alpenvorland gekommen sein könnten. Die sogenannten Plutonisten meinten, diese Steine seien vulkanischen Ursprungs, die Neptunisten dagegen waren der Ansicht, die Blöcke seien bei gewaltigen Überflutungen ins Land getragen worden. Dass eiszeitliche Gletscher die Steine transportiert hatten, wusste man noch nicht. Goethe nahm die Plutonisten aufs Korn, wenn er Mephisto im vierten Akt von »Faust II« sagen ließ und sich dabei vielleicht auch auf die Gedanken von Meiners bezog:

> Ich war dabei, als noch da drunten siedend / Der Abgrund schwoll und strömend Flammen trug; / Als Molochs Hammer, Fels an Felsen schmiedend, / Gebirgstrümmer in die Ferne schlug. / Noch starrt das Land von fremden Zentnermassen; / Wer gibt Erklärung solcher Schleudermacht? / Der Philosoph, er weiß es nicht zu fassen, / Da liegt der Fels, man muß ihn liegen lassen, / Zuschanden haben wir uns schon gedacht.[9]

Der Hinweis auf den Philosophen könnte eine Anspielung auf Meiners sein, denn dieser hatte sich über die abgebrochenen Granitsteine gewundert. Meiners hatte allerdings nicht explizit auf die Ansicht von Plutonisten Bezug genommen, sondern lediglich völlig korrekt darauf verwiesen, dass die Steine von einem Gebirge abgebrochen wurden. Und das war die richtige Spur, die zur Aufklärung des Phänomens der Eiszeiten und des Transports von Steinen führen sollte. Goethe griff sie auf, indem er um 1830 über eine Vorlesung

---

8 Meiners, Bemerkungen (wie Anm. 1), S. 499f.
9 Johann Wolfgang von Goethe, Faust II V., S. 10107ff., zitiert nach: Ders., Werke. Hamburger Ausgabe in 14 Bänden, Bd. 3: Romane und Novellen, hrsg. von Erich Trunz, München 1998 (Neuausgabe), S. 306.

Johann Friedrich Ludwig Hausmanns in Göttingen schrieb, in der dieser vom Ursprung norddeutscher Findlinge berichtet hatte:

> Es ist eine vorzügliche Darstellung der von ihrer Stelle enthobenen, an manchen entfernten Stellen teils abgekanteten, teils abgerundeten, abgesetzten Niedergebirgstrümmer. [...]. So lasse ich bei noch hohem Wasserstand der Erde die Gletscher noch weiter nach dem Lande und den Genfersee sich ausdehnen. [...] Diese werden noch täglich von dem vorschiebenden Eise fortgeschoben und gelangen endlich auf einen Boden, weit entfernt von ihrem Ursprunge. [...] Was die ähnlichen Erscheinungen in Norddeutschland betrifft, so trete ich [...] auf die Seite derer, welche sie durch ein aufgetautes Eis herüberführen lassen.[10]

Meiners' Bericht über die Niederelbe als Vorlage für »Faust II«

In »Faust II« kommt Mephisto nach Ausführungen zu den Gesteinstrümmern zu einem anderen Thema. Er bietet Faust ein Weltreich an:

> Ich suchte mir so eine Hauptstadt aus, / Im Kerne Bürger-Nahrungs-Graus, Krummenge Gäßchen, spitze Giebeln, / Beschränkten Markt, Kohl, Rüben, Zwiebeln, / Fleischbänke, wo die Schmeißen hausen, / Die fetten Braten anzuschmausen; / Da findest du zu jeder Zeit / Gewiß Gestank und Tätigkeit. / Dann weite Plätze, breite Straßen / Vornehmen Schein sich anzumaßen.[11]

Goethe bezog sich hier auf die Beschreibung von Meiners, der die Vorzüge des Landes Hadeln hervorhob:

> Wenn eine ausserordentliche Fruchtbarkeit des Bodens, wenn die höchste Mässigkeit von Grund- und Vermögen-Steuer, die ganz allein von eingebornen und selbst gewählten Einnehmern gehoben wird, [...] so müste der Hadelische Land-Mann unstreitig der glücklichste, oder einer der glücklichsten auf der ganzen Erde seyn. Und in der That wird man auch in Teutschland schwerlich eine Gegend finden, wo der Bauer so gar nicht

---

10 Johann Wolfgang Goethe, Eiszeit, in: Johann Wolfgang Goethe, Gedenkausgabe der Werke, Briefe und Gespräche, hrsg. von Ernst Beutler, Bd. 17: Naturwissenschaftliche Schriften, Teil 2, Zürich 1952, 1966 (2. Aufl.), S. 624f.
11 Goethe, Faust II, V., S. 10136ff., in: Goethe, Werke (wie Anm. 9), S. 306f.

gedrückt wird, und wo er so vieler Freyheiten, und eines so hohen Wohlstandes genießt, als in dem an den äussersten Winkel von Teutschland hingeworfenen Hadeler Ländgen.«¹²

Meiners berichtete von »üppigen Winter-Rübe-Saamen« (der Rapsanbau war eine Spezialität des Landes Hadeln seit dem 18. Jahrhundert) und fetten Ochsen, vom kostbaren Mobiliar der Bauernhäuser, dem silbernen »Caffee- und Thee-Geschirr«. Über die Stadt Otterndorf ist in dem Reisebericht zu lesen, dass sie »[...] besser, als irgendeine andere mir bekannte kleine Stadt in den Hannöverischen Ländern gebaut ist«.¹³ Aber Meiners musste auch feststellen:

In den kleinen, aber reichen Städten und Flecken dieser Gegenden ist nicht nur eine unüberlegte Eitelkeit [...] die Ursache des Untergangs vieler Familien. Junge und reiche Leute wollen andern noch reichern in der Verzierung von Häusern, und Zimmern, in Kleidern und Putz [...] nichts nachgeben.¹⁴

Etwas Seltsames teilte Meiners an anderer Stelle mit:

Höchst merkwürdig aber waren mir die Nachrichten, die ich von einem einsichtsvollen Prediger erhielt: daß seinen Untersuchungen nach in vier Kirchspielen während eines Zeit-Raums von fünfzig Jahren ein Viertel mehr Mädchen, als Knaben wären geboren worden.¹⁵

Auf so etwas musste Mephisto natürlich zu sprechen kommen, wenn er Faust sein künftiges Land weiter anpries:

Dann aber ließ ich allerschönsten Frauen / Vertraut-bequeme Häuslein bauen; / Verbrächte da grenzenlose Zeit / In allerliebst-geselliger Einsamkeit. / Ich sage Fraun; denn ein für allemal / Denk' ich die Schönen im Plural.¹⁶

Probleme gehen Meiners zu Folge von den vielen stehenden Gewässern im Lande aus:

---

12 Meiners, Bemerkungen (wie Anm. 1), S. 512f.
13 Ebd., S. 527
14 Ebd., S. 523.
15 Ebd., S. 525.
16 Goethe, Faust II, V., S. 10170ff., zitiert nach: Goethe, Werke (wie Anm. 9), S. 307.

> Da alle Felder im Hoch-Lande mit Gräben umzogen sind die weder Abfluß noch Zufluß haben, und ohne diese Gräben kein Feld-Bau möglich wäre; so sind und bleiben immerdar unzählige Moräste eröffnet, die besonders in trockenen Sommern und Herbsten die Luft mit mephitischen Dünsten vergiften. Die aus dem stehenden und faulenden Graben-Wasser emporsteigenden Dünste verderben die Luft manchmal auf eine so merkliche Art, daß, wenn man auch bey frischem Ost-Winde auf das Land fährt, man beständig einen widerlichen Todten- oder Gräber-Geruch empfindet.«[17]

In stehenden Gewässern kann, wenn sich dort große Mengen an abgestorbenen organischen Resten angesammelt haben, stinkender Schwefelwasserstoff entstehen. Entwässerungsgräben und deren Bau spielten sowohl bei Meiners als auch im »Faust« eine wichtige Rolle. Der Text von Meiners hatte bei Goethe aber eine Vorstellung über das zu entwässernde Land angeregt, die mit der Landschaft an der Niederelbe nichts zu tun hatte. Dazu schrieb Karl Lohmeyer:

> Der erblindete Faust verlangt in seinem ungebrochenen Weiterstreben von seinem Aufseher täglich Bericht, »wie sich verlängt der ungeheure Graben« (V., S. 11555 f.). Von diesem Graben heißt es in dem ersten Entwurfe etwas dunkel (bei Buchwald S. 395): ›Dem Graben, der durch Sümpfe schleicht / Und endlich doch das Meer erreicht.‹ Ganz anders lautet die endgültige Form des Textes (V., S. 11559): ›Ein Sumpf zieht am Gebirge hin, / Verpestet alles schon Errungene; / Den faulen Pfuhl auch abzuziehn, / Das Letzte wär' das Höchsterrungene‹.

Dabei hatte Goethe allerdings Meiners' Text missverstanden, weil der Dichter mit der Benennung von Landschaftsteilen an der Küste nicht vertraut war und den Graben am »Gebirge« entlang ziehen ließ. Lohmeyer führte dazu weiter aus:

> [...] unter dem Begriff Hochland ist nach Landesbrauch der küstennahe, etwas höher gelegene Teil der Hadeler Marsch zu verstehen im Gegensatze zum tiefer gelegenen, dem Sietlande. Dies Hochland scheint der Dichter als Gebirge aufgefaßt zu haben.[18]

17 Meiners, Bemerkungen (wie Anm. 1), S. 526.
18 Lohmeyer, Küstengebiet (wie Anm. 3), S. 354. Lohmeyer zitierte Buchwald, Reinhard, Führer durch Goethes Faustdichtung, Stuttgart 1942, S. 395.

Küstennahes Hochland entstand dort, wo sich immer wieder Sedimente in Spülsäumen absetzten. In das von der Küste weiter entfernte Gebiet drangen die Fluten seltener vor, und daher liegt es wenige Dezimeter tiefer; es musste daher entwässert werden. Dies hatte Goethe, der nie an der Nordseeküste gewesen war, nicht wissen können, und niemand hatte ihn darüber aufgeklärt. Daher stellte er sich ein Hochland als das vor, was man landläufig dafür hielt: ein hohes Gebirge. Inspirierend auf Goethe wirkten Meiners' Betrachtungen über das Meer und die Küste bei den »Dünen«, womit der heutige Cuxhavener Vorort Duhnen gemeint ist:

Gleich hinter Ritzebüttel wird der bis dahin fette Boden mit Sand vermischt, und dieser Sand nimmt gegen das Dorf Döse, und gegen die Dünen immer mehr Ueberhand, bis er zuletzt allein herrschend wird; denn bald hinter den letzten Häusern in den Dünen fängt die Haide an. Aus der Mischung der fetten Erde und des Sandes kann man, glaube ich, mit Recht den Schluß ziehen, daß hier vormals die Nord-See und die Elbe um die Gränze stritten. Die Dünen, von welchen die zunächst daran liegenden Häuser den Namen haben, sind niedrige Sand-Hügel, und nicht einmal so hoch, als die kleinen Erd-Wälle, womit die Häuser auf der Geest umgeben sind, und sehr weit unter den hohen Dämmen, die man an den Ufern der Elbe aufgeführt hat. Man erstaunt anfangs, wenn man sieht, daß die hohen Fluthen des Oceans durch so schwache, und dem Scheine nach niedrige Sand-Hügel abgehalten werden, denn nur höchst selten dringen die über diese ehemals von ihnen selbst aufgeworfenen Schranken herein.[19]

Meiners wunderte sich also darüber, dass beinahe unmerklich ansteigende Dünen dem Meer Einhalt bieten konnten. Die entsprechende Stelle in »Faust II«: »An jedem Hügel schmiegt sie (die Flut) sich vorbei [...] / Geringe Höhe ragt ihr stolz entgegen.«[20] Lohmeyer führte dazu eine Skizze Goethes an: »Ein Hügelchen, ein Erdstreif hält es (das Wasser oder das Meer, H.K.) auf, / Ich glaub', man hemmte seinen Lauf / Mit einer Reihe Maulwurfshaufen.«[21] Und eine weitere Stelle ähnlichen Inhalts gibt es in »Faust II«: »Des allgewaltigen Willens Kür / Bricht sich an diesem Sande hier.«[22]

Goethe ließ einen Wanderer einen Besuch bei Philemon und Baucis am Meer machen. Im »Faust« heißt es: »Und nun laßt hervor mich treten /

---

19 Meiners, Bemerkungen (wie Anm. 1), S. 534.
20 Goethe, Faust II, V. 10223 ff., zitiert nach: Goethe, Werke (wie Anm. 9), S. 309.
21 Lohmeyer, Küstengebiet (wie Anm. 3), S. 352.
22 Goethe, Faust II, V. 11255, zitiert nach: Goethe, Werke (wie Anm. 9), S. 339.

Schaun das grenzenlose Meer; / Laßt mich knieen, laßt mich beten, / Mich bedrängt die Brust so sehr.«²³ Meiners hatte geschrieben:

> Wenn Fremdlinge, die noch nie eine gränzenlose Fläche vor sich sahen, an den letzten Damm bey Cuxhaven kommen, so irrt ihr an einen solchen Anblick ungewöhntes Auge lange nach all Seiten hin umher, und forscht und forscht mit immer wachsender Anstrengung, ob nicht irgendwo einen Ruhe-Punct, irgendwo Schranken entdecken könne, bis der ermüdete Blick endlich zurückkehrt, und den Späher fühlen läßt, welch' ein beschränktes Wesen er in dem unermeßlichen Reiche des Allmächtigen sey.²⁴

Bei Meiners folgt schließlich ein Bericht über einen Besuch auf der Insel Neuwerk der besonders farbig ist und für jemanden, der die Nordsee nicht kennt, sehr ungewöhnliche Tatsachen benennt:

> Eine kleine Strecke hinter den Dünen kömmt man an das eigentliche Ufer der Elbe, das bey jeder gewöhnlichen Fluth von den herandringenden Gewässern der Nord-See bespült wird. Fünf Viertel-Meile von diesem Ufer liegt in der Mündung der Elbe eine Insel, das neue Werk genannt, die ohngefähr eine Teutsche Meile im Umfange hat. Dieser fünf Viertel-Meilen lange Zwischen-Raum, der das neue Werk vom festen Lande trennt, und den Namen des Waats führt, wird zur Zeit der Fluth so hoch überflossen, daß mässige Schiffe darüber hinfahren können und zur Zeit der Ebbe hingegen zieht sich das Wasser so sehr zurück, daß man nicht bloß im Wagen und zu Pferde, sondern auch zu Fuß vom festen Lande an die Insel, und umgekehrt kommen kann. Wenn man also gerade im Anfange der Ebbe in den Dünen anlangt, so hat man fast immer das seltsame Vergnügen, daß man Schiffe, die vorher ebenso frey, als auf dem Ocean umhersegelten, einige Stunden nachher auf dem trockenen Sande liegen sieht. Als ich das letztemal in den Dünen war, kam eben ein Insulaner hergefahren, der einige Früchte an das feste Land bringen wollte. Wir fragten ihn, ob er uns in derselbigen Ebbe-Zeit, oder vor der Ankunft der Fluth an die Insel und wieder zurückbringen könnte, und da er dieses bejahete, setzten wir uns so gleich auf seinen Leiter-Wagen, und fuhren rasch auf dem alten Boden des Welt-Meers der Insel zu. Das Waat besteht meistens aus festem Sande, hin und wieder aber doch aus dem so genannten Saug-Sande, in welchen schwere Cörper, wenn sie eine Zeitlang an derselbigen Stelle bleiben, im-

---

23 Lohmeyer, Küstengebiet (wie Anm. 3), S. 352.
24 Meiners, Bemerkungen (wie Anm. 1), S. 532.

mer tiefer, und tiefer hinein sinken. Um dieser Stellen willen sind die Räder an den Wagen der Insulaner breiter, als gewöhnlich, und auch nicht mit Eisen beschlagen. Gemeiniglich werden die flachen Spuren, die dem Sande durch die Räder eingedrückt werden von der nächsten Fluth verwischt, oder verschwemmt, allein diesmal als wir herüberfuhren, konnte man noch sehr deutlich die Spuren wahrnehmen, die in der vorhergehenden Ebbe gemacht worden waren. Der nächste und beste Weg von der Insel nach dem festen Lande wird durch kleine in den Sand gesteckte Buschel von schwachen Zweigen, oder gar nur von holzartigen Pflanzen nachgewiesen, die während der Fluth mit zehn bis zwanzig Fuß tiefem Wasser bedeckt, und doch nicht ausgerissen werden. Während der Ueberfahrt war die Luft heiter, und wir hatten links beständig die Aussicht über das noch nasse und glänzende Waat auf die unbegränzte Nord-See hin, die von der sinkenden Sonne erleuchtet, und, wie an den Himmel hinangehoben wurde. So prächtig auch der Anblick der glühenden Wasser-Fläche war, so konnte man ihn doch nicht lange aushalten, und wir würden ihn wahrscheinlich gar nicht haben ertragen können, wenn nicht die Luft mit unmerklichen, den Glanz, und Rück-Glanz der Sonnen-Strahlen mildernden Dünsten angefüllt gewesen wäre. Nach einer Fahrt von einer guten Stunde kamen wir glücklich auf der Insel an. Allein wir hatten kaum Zeit genug, das kleine Eyland zu überschauen, und einen neugierigen Blick in das nahe Welt-Meer zu werfen, indem in wenigen Augenblicken die Insel, das Meer, und das feste Land mit dem Mantel eines dichten Nebels bedeckt wurde. Wir traten also nach einem Aufenthalt von einer kleinen halben Stunde unsere Rück-Fahrt an, und zwar nicht ohne Besorgniß, weil mehrere Bewohner der Insel unsern Fuhr-Mann mit sehr bedenklicher Miene fragten: ob er uns denn noch vor der Fluth wieder an das feste Land liefern wolle? Unter diesen Umständen würden Personen, die mit den Gefahren dieser Fahrt bekannter gewesen wären, als wir es waren, die Rück-Reise wahrscheinlich nicht angetreten haben. Allein wir wagten es auf die Versicherungen unsers Führers, der ein wohlhabender und verständiger Land-Mann von der Insel war, und der uns betheuerte, daß noch gar keine Gefahr da sey, und daß, wenn es gefährlich seyn sollte, wir dieses bey der ersten Vertiefung in dem Waat merken könnten, und alsdann noch immer Zeit hätten, vor der steigenden Fluth nach der Insel zurück zu kehren. Es finden sich nämlich in dem Waat drey Vertiefungen, oder so genannte Prielen, die auch während der niedrigsten Ebbe nie ganz leer von Wasser werden. In diese Prielen dringt die Fluth zuerst ein, und von da breitet sie sich über das übrige Waat aus. Zwar sind die Prielen nicht weit von einander entfernt, allein bey der ankommenden Fluth kann die erste und die zweyte noch durchfahrbar seyn;

wenn man aber an die letzte kömmt, so kann in der dritten, und schon in den beyden zurückgelegten das Wasser so zugenommen haben, daß man weder vorwärts, noch rückwärts kann, und in kurzer Zeit in den von allen Seiten heraneilenden Gewässers begraben wird. Es vergehen selten mehrere Jahre, daß nicht eine, oder einige zu kühne oder unvorsichtige Personen auf diese Art bey der Ueberfahrt nach der Insel, oder nach dem festen Lande umkommen sollten. Dies geschieht am leichtesten, wenn ein dicker Nebel, dergleichen wir wirklich hatten, den Fuhrmann oder Reuter den Weg verfehlen macht, oder wenn die Fluth bey heftigen Nord-West-Winden, oder bey Monds-Veränderungen schneller und gewaltiger, als gewöhnlich, eintritt. Bey starken Nord-West-Winden, und zur Zeit der Spring-Fluth brechen die Wogen oft wie Berge, und mit einer Geschwindigkeit heran, daß das schnellste Pferd ihnen nicht zu enteilen im Stande ist. Wir freuten uns daher nicht wenig, als wir an die erste Priele kamen, und noch keinen Zuwachs von Wasser merken konnten, das durch den Ost-Wind aufgehalten wurde: noch mehr aber, als wir die letzte Priele hinter uns hatten, und der plötzlich wieder verschwindende Nebel uns abermals das Schauspiel des von der untergehenden Sonne erleuchteten Meers gewährte.«[25]

Vor allem plötzlich auftretender Nebel und sich veränderndes Licht spielen in »Faust II« immer wieder eine Rolle. Doch auch die Insel selbst wurde von Meiners als exotisches Gebilde beschrieben:

Auf der Insel selbst wird nicht nur jährlich viel Heu gewonnen, sondern es werden auch alle Arten von Getraide, Waizen allein ausgenommen, auf derselben gebaut. Sie enthält ausser einigen Fischer-Häusern, ausser einer Baake, und einer Blüse oder Feuer-Thurm, (der zur Hälfte mit Kupfer beschlagen ist, und auf welchem Nachts ein grosses Feuer von Stein-Kohlen angezündet wird,) ein sehr hohes von dicken Mauren aufgeführtes Magazin von allerley Schiffs-Materialien, und endlich vier Bauer-Häuser. In dem Magazin wohnt der Vogt, der über die Insel, und die öffentlichen Gebäude, und Anstalten auf der Insel die Aufsicht hat […] Den Schiffen, die aus der See kommen, dienen nicht bloß die hohen Thürme auf der Insel, sondern auch die übrigen Bauer-Häuser als Signale. Aus diesem Grunde dürfen nicht mehrere Häuser, als einmal da sind, und auch die einmal vorhandenen nicht an andern Stellen gebaut werden. Als vor einigen Jahren eins der Bauern-Häuser abbrannte, und der Besitzer nicht gleich im Stande war, ein neues zu errichten, ließ die Admiralität in Hamburg, (welcher Stadt die

---

25 Meiners, Bemerkungen (wie Anm. 1), S. 535-538.

Insel, wie das Amt Ritzebüttel gehört) so gleich das abgebrannte Haus mit der grösten Geschwindigkeit aufführen, damit das fehlende Haus keinen Schiffer irre machen möchte.[26]

Der Vogt auf diesem merkwürdigen Turm, der die Aufsicht über die Insel hatte, könnte ein Vorbild für Lynkeus den Türmer gewesen sein. Im 5. Akt des »Faust II« heißt es: »Die Sonne sinkt, die letzten Schiffe, / Sie ziehen munter hafenein. / Ein großer Kahn ist im Begriffe, / Auf dem Kanale hier zu sein.«[27] Und etwas später: »Wie segelt froh der bunte Kahn / Mit frischem Abendwind heran! / Wie türmt sich sein behänder Lauf / In Kisten, Kasten, / Säcken auf!«[28] Bezeichnenderweise spielt diese Szene abends, zur gleichen Tageszeit, zu der Meiners die Insel Neuwerk besuchte; Meiners hatte die sinkende Sonne erwähnt. In tiefer Nacht singt Lynkeus dann auf der Schlosswarte: »Zum Sehen geboren, / Zum Schauen bestellt, / Dem Turme geschworen, / Gefällt mir die Welt. / Ich blick' in die Ferne, / Ich seh' in der Näh' / Den Mond und die Sterne […]«.[29] In Lynkeus' Gesang kommt schließlich ein Hausbrand vor, der im Drama die Hütte von Philemon und Baucis vernichtet; Mephisto hatte sie möglicherweise angesteckt. Da heißt es:

Nicht allein mich zu ergetzen, / Bin ich hier so hoch gestellt; / Welch ein gräuliches Entsetzen / Droht mir aus der finstern Welt! / Funkenblicke seh' ich sprühen / Durch der Linden Doppelnacht, / Immer stärker wühlt ein Glühen, / Von der Zugluft angefacht. / Ach! die innre Hütte lodert, / Die bemoost und feucht gestanden; / Schnelle Hülfe wird gefodert, / Keine Rettung ist vorhanden. / Ach! die guten alten Leute, / Sonst so sorglich um das Feuer, werden sie dem Qualm zur Beute![30]

Lynkeus endet mit den Worten: »Was sich sonst dem Blick empfohlen, / Mit Jahrhunderten ist hin.«[31] Auch zu diesen Zeilen mag Goethe von Meiners Bericht inspiriert worden sein, denn das dort erwähnte Neuwerker Bauernhaus musste nach dem Brand so rasch wie möglich wieder aufgebaut werden, damit die Kapitäne auf den vorbeifahrenden Schiffen die vertraute Silhouette von Neuwerk erkennen konnten; das war es, was sich »sonst dem Blick empfohlen« hatte.

26 Meiners, Bemerkungen (wie Anm. 1), S. 538f.
27 Goethe, Faust II, V. 11143ff., zitiert nach: Goethe, Werke (wie Anm. 9), S. 336.
28 Goethe, Faust II, V. 11163ff., zitiert nach: Goethe, Werke (wie Anm. 9), S. 336.
29 Goethe, Faust II, V. 11288ff., zitiert nach: Goethe, Werke (wie Anm. 9), S. 340.
30 Goethe, Faust II, V. 11304ff., zitiert nach: Goethe, Werke (wie Anm. 9), S. 340f.
31 Goethe, Faust II, V. 11336f., zitiert nach: Goethe, Werke (wie Anm. 9), S. 341.

Allgemeine Anmerkungen zum Wesen einer Landschaft

Der Text von Christoph Meiners und die Hinweise darauf, dass Meiners' Text Goethe beim Schreiben des Schlusses von »Faust II« inspiriert haben könnte, sind in mehrerer Hinsicht interessant. Landschaften an der Nordseeküste wurden im 18. und 19. Jahrhundert nicht oft beschrieben. Goethe mag den Bericht von Meiners vielleicht mit einem gelegentlichen Schmunzeln gelesen haben; so könnte man manche Worte verstehen, die er Mephisto in den Mund gelegt hat. Vielleicht gehörte Goethe auch zu denjenigen, die Christoph Meiners als Person und Wissenschaftler nicht ganz ernst nahmen. Interessant ist aber, dass an den Beschreibungen von Meiners und Goethe klar gemacht werden kann, wie Vorstellungen von Landschaft zustande kommen und von einer Person auf eine andere sowie von einer Region auf eine andere übertragen werden. Meiners hatte einerseits die Natur des Landes beschrieben, andererseits war er auf die Besonderheiten der Nutzung des Landes eingegangen. Beides durchdringt sich miteinander, wenn man eine Landschaft darstellen will. Doch es gehört immer eine Idee, eine Metapher, eine Interpretation dazu. Das Hochland in der Flussmarsch besteht von Natur aus; um die Nutzung des Landes zu ermöglichen, werden Gräben gezogen. Natürliche Prozesse führen dazu, dass sich in den Gräben Faulschlamm entwickelt. Dies beschreibt Meiners nicht nur als ein wissenschaftliches Phänomen, sondern er spricht von »mephitischen Düften«. Dieses Wort hat zwar nichts mit Mephisto zu tun, könnte aber Goethe inspiriert haben. Mit dieser Bezeichnung sind andere Vorstellungen verbunden, die aus der Darstellung in der Enzyklopädie von Johann Georg Krünitz hervorgehen:

> mephitisch, lat. Mepheticus, oder als Substantivum, der Mephitismus, bezeichnete ursprünglich das Stinkende und Gefährliche des Geruchs, der aus eingeschlossenen faulen oder schwefelichten Wassers aufsteigt. [...] Hernach verstand man überhaupt diejenige Eigenschaft gewisser Dünste oder Luftarten darunter, durch welche die Ausübung der thierischen Lebensverrichtung plötzlich gehemmt wird. In den neuesten Zeiten belegte man mit dem Worte mephitisch alle diejenigen Luftarten, welche zum Einathmen mehr oder weniger untauglich, zum Theil sehr gefährlich und schnell tödtend sind.[32]

---

32 Krünitz, Johann Georg, Ökonomisch-technische Enzyklopädie, Teil 89: Menschenalter bis Meterkraut, Berlin 1802, S. 51.

Goethe verband mit der Landschaftsdarstellung, die Meiners gegeben hatte, etwas anderes. Er wusste nicht, was man an der Küste »Hochland« nannte. Und aus dem Vogt auf dem »neuen Werk« machte er die klassische Figur des Lynkeus. Wer sich mit »Faust II« befasst, wird sich wiederum eine andere Vorstellung von der Szenerie machen. Das ist alles »erlaubt«, denn das Wesentliche an einer Landschaft ist es stets, dass eine Vorstellung, eine Idee, etwas Immaterielles mit ihr verbunden wird.[33] Vorstellungen zu Landschaften werden von einer Region zu einer anderen übertragen, seitdem Vergil Arkadien als den Schauplatz seiner Bucolica von der Peloponnes, wo die so bezeichnete Region eigentlich liegt, nach Süditalien verlegt hatte: Seitdem werden immaterielle Aspekte von Landschaft verlagert. Wichtig ist die Inspiration, die damit verbunden wird. Das könnte man ganz einfach so darstellen: Einer beschrieb ein Hochland, der andere machte ein Gebirge daraus. Einer schrieb über einen Vogt, der einen Turm verwaltet und beaufsichtigt, der andere machte Lynkeus, den Türmer, daraus und charakterisierte ihn mit den Worten: »Zum Sehen geboren / Zum Schauen bestellt / Dem Turme geschworen / Gefällt mir die Welt.«

---

33 Küster, Hansjörg, Die Entdeckung der Landschaft. Einführung in eine neue Wissenschaft, München 2012, S. 125-138.

Nachhaltigkeit: naturwissenschaftliche Illusion und kultureller Auftrag

Nach dem zweiten Hauptsatz der Thermodynamik, einer der wichtigsten Grundlagen der Naturwissenschaft, nimmt in einem System die Zufälligkeit der Verteilung von Materie zu. Das klingt kompliziert, ist aber leicht verständlich zu machen: Öffnet man die Tür zwischen einem Raum, in dem geraucht wird, und einem anderen, in dem nicht geraucht wird, zieht der Tabakqualm auch in das Nichtraucherzimmer; er verteilt sich gleichmäßig. Die zufällige Verteilung von Materie wird Entropie genannt. Aus Materie, die in einem Raum gleichmäßig oder zufällig verteilt ist, kann kein Leben entstehen. Lebenden Organismen ist ein sehr hoher Grad an Ordnung zu eigen – und keineswegs das Chaos, die zufällige Verteilung von Substanzen. Zur Herstellung der Ordnung des Lebens ist Energie erforderlich. Besonders wichtig ist die Photosynthese: Sonnenenergie wird dazu genutzt, um aus Wasser und Kohlendioxid Kohlenhydrate aufzubauen. In ihnen ist Energie in chemischer Form gespeichert. In lebenden Zellen kann sie im Vorgang der Zellatmung freigesetzt und umgeformt werden: Aus Kohlenhydraten können andere Bausteine des Lebens hergestellt werden. Sie können schließlich auch wieder in einfache Grundbausteine zerlegt werden, die erneut in die Photosynthese eingehen. Doch die Energie wird niemals an die Sonne zurückgegeben, sondern letztlich in Wärmeenergie überführt. Man kann sich das am Beispiel eines Baumes klar machen: In seinen Blättern findet Photosynthese statt. Ein Teil der hergestellten Kohlenhydrate gelangt in den Baumstamm; Jahr für Jahr bildet sich ein Quantum Holz, und der Baum wird dicker. Nach vielen Jahren wird der Baum gefällt, zersägt, zu Scheiten zerhackt: Brennholz bringt Wärme in die gute Stube.[1]

Die Existenz von Lebewesen hängt von Energie ab. Sie bleiben dabei nicht stabil bestehen, sondern verändern sich. Leben entsteht, daher vergeht es auch. Nur das Chaos, die nicht organisierte Materie, besteht dauerhaft und ohne den Einsatz von Energie. Der Mensch, der darüber nachdenkt, will dies nicht akzeptieren. Zwar weiß er, dass sein Leben endlich ist. Doch die Lebensverhältnisse für weitere Generationen, für Kinder und Kindeskinder, sollten gesichert sein und gleich bleiben. Dieser Wunsch ist berechtigt. Er ist eine wichtige Grundlage von Kultur, aus naturwissenschaftlicher Sicht aber

---

[1] Campbell, Neil A., Biologie, Heidelberg, Berlin, Oxford 2000, S. 175.

eine Illusion. Denn alles Leben verändert sich unaufhörlich, nur das Chaos bleibt bestehen.

Als Jäger, Fischer und Sammler ernährten sich die Menschen vor Jahrtausenden ausschließlich von mehr oder weniger zufällig im Raum verteilten Organismen: Rentiere und andere Wildtiere bleiben nicht ohne Not immer am gleichen Ort, sondern schwärmen überallhin aus, wo sie leben können. Die Menschen folgten den Tieren. Häufig blieb ihnen das Jagdglück versagt. Daraus konnte eine existentielle Krise werden: Der Jäger verhungerte, oder er hatte eine Idee, wie er die Krise bewältigte.

Geniale Menschen kamen in einer solchen Situation darauf, Ackerbau und Viehhaltung zu betreiben. Die Tiere wurden von einem Hirten bewacht oder eingezäunt; sie konnten sich also nicht mehr frei im Raum bewegen. Dies aber kostete die Menschen Energie, beim Viehhüten, beim Viehtreiben oder beim Bau des Zauns. Von Fleisch und tierischen Produkten konnten die Menschen sich nicht täglich ernähren. Dazu waren pflanzliche Nahrungsmittel erforderlich: Man baute sie auf Feldern an. Erhebliche Energie war einzusetzen, um die Felder zu bestellen, die Pflanzen vor Nahrungskonkurrenten zu schützen (auch vor dem eigenen Vieh), zu ernten und das tägliche Brot herzustellen. Weil die Menschen als Landwirte viel Energie aufwandten, konnte ein System der Siedlung mit ihren Agrarflächen in einem scheinbar konstanten Zustand erhalten werden: Mehrere Generationen von Menschen fanden nacheinander ein Auskommen am gleichen Platz. Die Population der Menschen wurde größer.

Auf ewige Zeit konnte ein solches landwirtschaftlich geprägtes System dennoch nicht bestehen. Spätestens nach einigen Jahrzehnten mangelte es an einem Rohstoff, der für den Weiterbestand des Systems unbedingt erforderlich war, beispielsweise an einem Mineralstoff im Boden oder an Bauholz. In einer solchen Situation verlagerten die Menschen ihre Siedlung und suchten einen neuen Platz auf, wo es an nichts mangelte. Oder sie beschafften sich das, was sie entbehrten, auf andere Weise: durch einen Raubzug oder über ein Handelssystem. Jede sogenannte Hochkultur der Menschheit entschied sich letztlich für den Aufbau eines Handelssystems, das einen dauerhaften Bestand der Siedlungen ermöglichte. Dies gilt für die Hochkulturen des Alten Orients genauso wie für die antiken Kulturen am Mittelmeer und moderne Staaten. Beständiges Siedeln verbraucht mehr Energie als der Wanderfeldbau. Handel und Transport sind energieabhängig. Dies gilt dann, wenn einzelne Menschen zu Fuß die notwendigen Güter von Ort zu Ort bringen, wenn sie diese von Lasttieren transportieren lassen oder wenn ein Lastkraftwagen zum Transport eingesetzt wird. Das Leben wurde erleichtert, mit den Verbesserungen von Handel und Transport stieg auch die Überlebensrate der Menschen. Die Bevölkerung nahm erneut zu.

NATURWISSENSCHAFTLICHE ILLUSION UND KULTURELLER AUFTRAG

In vielen Teilen Europas breitete sich im Lauf des Mittelalters Hochkultur aus, die das Ziel von Beständigkeit verfolgte: Städte wurden gegründet, Burgen gebaut und Kathedralen errichtet. Am Ende des Mittelalters und in den folgenden Jahrhunderten wurde den Menschen in Mitteleuropa immer deutlicher, dass Ressourcen im Übermaß genutzt wurden. Bisher landwirtschaftlich genutzte Flächen verödeten. Waldflächen schwanden dahin. Das Weidevieh zerstörte die Vegetationsdecke; loser Sand wurde vom Wind in Bewegung gesetzt und zu unfruchtbaren Dünen aufgehäuft, die landwirtschaftliche Nutzflächen und sogar ganze Dörfer unter sich begruben. Die Wildnis breitete sich aus; mit Worten unserer Tage könnten wir sagen, die Verteilung von Materie gehorchte dem zweiten Hauptsatz der Thermodynamik. Denn Materie verteilte sich zufällig im Raum, und das Chaos griff um sich.

Noch höhere Formen von kultureller Organisation waren erforderlich, um dem entgegenzuwirken. Die Menschen legten strikt umzäunte oder ummauerte Gärten an, in denen sie die Verhältnisse stabil erhielten. Jedes Jahr konnten die gleichen Pflanzen gezogen werden, aber nur dann, wenn man von außen Mineralstoffe zuführte und viel Energie der Pflege aufwandte. Dann konnte die Wildnis am Gartenzaun aufgehalten werden. Die Bewahrung von Stabilität war und ist das Ziel in jedem Klostergarten wie in den formalen und landschaftlich gestalteten Gärten an den Residenzen. Wenn man Hainbuchenhecken in Façon schnitt, blieben sie erhalten, wenn nicht, verwilderten die Bäume und ihre Zweige knickten ab, wenn sie zu schwer geworden waren. Doch das Heckenschneiden erforderte Energie.

Ein komplettes landschaftliches System der Stabilität wollte Fürst Franz von Anhalt-Dessau in den Gärten von Dessau und Wörlitz einführen. Deiche sollten die Überflutung durch die Elbe verhindern. Weideflächen und Äcker wurden in die Gartenanlagen integriert. Klee wurde angebaut, damit die Knöllchenbakterien an seinen Wurzeln Stickstoff aus der Luft banden und daraus Nitrate als Pflanzennährstoffe herstellten. Für den »guten Fürst Franz« und andere Gartengestalter galt grundsätzlich: Was schön war, war auch gut und nachhaltig. Die Idee der Nachhaltigkeit hat für den, der einen Garten anlegt, viel mehr Bedeutung als für den Bauern, der jedes Jahr erneut sein Feld bestellt. Die Agrarfläche ist nicht so strikt gegenüber der Wildnis abgeschlossen wie der Garten.

Nachhaltigkeit in einem erheblich größeren Rahmen wurde von den Förstern propagiert. Im Bewusstsein vieler Menschen des 18. Jahrhunderts drohte eine Holznot. Dabei ist nicht erheblich, ob sie tatsächlich bereits bestand oder ob man sie lediglich befürchtete. Es lässt sich heute auch kaum entscheiden, ob Mineralöl bereits knapp ist oder ob lediglich sein Mangel droht. Im 18. Jahrhundert wurde den Menschen klar, dass Holz als Ressource nur dann weiterhin zur Verfügung stehen konnte, wenn Wälder geschützt, gepflegt und neu aufgebaut würden. Daraus entstand das Nachhaltigkeitsprinzip als »Credo« der Förster: Keinem Wald darf mehr Holz entnommen werden, als zur gleichen Zeit nachwächst. Dieser Gedanke wurde von Hannß Carl von Carlowitz in seiner Sylvicultura oeconomica 1713 geäußert. Carlowitz gilt als der »Erfinder« des Nachhaltigkeitsprinzips. Zahlreiche seiner Zeitgenossen äußerten den gleichen Gedanken, und Ansätze dazu lassen sich auch in älteren Abhandlungen über den Wald finden. Carlowitz nannte eine wichtige Quelle, in der vom Waldreichtum Mitteleuropas die Rede war, die Germania des Tacitus. Der alte Zustand sei wiederherzustellen. Dabei standen zwei Gedanken im Hintergrund. Zum einen nahm man an, dass die übermäßige Holznutzung in der Zeit der Antike ein Grund für den Ruin des Römischen Staates gewesen war. Zum anderen glaubte man zu wissen, dass die Germanen deshalb das Heer des Varus besiegten, weil sie in den dichten Wäldern agieren konnten, die Römer nicht. Wiederaufbau und Pflege von Wäldern wurden in Deutschland bald als nationale Aufgaben gesehen, die vor allem dann mit großer Intensität betrieben wurden, als man über die Besetzung durch Truppen Napoleons klagte und ein einheitliches Deutschland danach nicht gleich hergestellt wurde. Deutschland wurde wohl nicht zuletzt wegen dieser nationalen Bedeutung des Waldes zur Keimzelle des Gedankens von Nachhaltigkeit. Dort gab es die ältesten und konsequentesten Forstgesetze, Forstlehranstalten, Forstlehrbücher und Forsthochschulen.[2]

War es gelungen, sich über den zweiten Hauptsatz der Thermodynamik hinwegzusetzen? Mitnichten. Denn die Waldflächen konnten erst dann erheblich zunehmen, als andere Ressourcen ersatzweise zur Energiegewinnung zur Verfügung standen. Nach der Erfindung der Dampfmaschine kam man an tief im Boden lagernde Bodenschätze heran, und man konnte die Energielieferanten in großen Mengen per Eisenbahn im ganzen Land verteilen. Das heißt: Damit der nachwachsende Rohstoff Holz tatsächlich nachwachsen konnte, wurden endliche fossile Rohstoffe abgebaut und massenhaft verwendet: zunächst Kohle, dann auch Erdöl und Erdgas, schließlich Uran.

In der Zeit der Industrialisierung nahm in Deutschland nicht nur die Bevölkerung zu, sondern auch die Waldfläche. Der Aufbau der Forsten war eine enorme kulturelle Leistung. Es konnte damit viel für die Luftreinhaltung, auch die Erholung der Menschen getan werden, und die Zunahme der Waldflächen löste bei vielen Menschen Euphorie aus: Man konnte Natur

---

[2] Hierzu und zu den folgenden Ausführungen: Küster, Hansjörg, Geschichte des Waldes. Von der Urzeit bis zur Gegenwart, München 1998, 2004 (2. Aufl.). Ders., Das ist Ökologie. Die biologischen Grundlagen unserer Existenz, München 2005.

wiederherstellen. Doch über die Zusammenhänge mit der Nutzung endlicher Rohstoffe dachte man selten nach. Und kein forstliches Bewirtschaftungssystem kann wirklich nachhaltig sein, wenn man es naturwissenschaftlich betrachtet. Mit jedem Blatt, das im Herbst zu Boden fällt, aber auch mit jedem gefällten Baumstamm wird einem Stück Wald ein Quantum von Mineralstoffen entzogen. Man müsste den Verlust kompensieren, also beispielsweise mit Magnesium oder Kalium düngen. Doch wie will man erreichen, dass eine genau definierte Menge eines Mineralstoffs genau dorthin gelangt, wo sie im Wald gebraucht wird? Wenn gedüngt wird, muss man zu viele Mineralstoffe hinzufügen, damit jede Pflanze genug davon erhält. Dann aber werden Teile des Düngers in die Gewässer gespült. Die Gewässer werden gedüngt, ein Effekt, der nicht im Sinne der Nachhaltigkeit sein kann. Selbst dann, wenn man eine perfekte Kreislaufwirtschaft von Mineralstoffen einführt, besteht das Problem der Überdüngung. Inzwischen können Systeme der Düngung mit genau definierten Mineralstoffmengen der biologisch-dynamischen Düngung sogar überlegen sein, denn dann, wenn mit Mist oder Kompost gedüngt wird, gelangen immer auch Stoffe an jeden Ort des Pflanzenwachstums oder in die Gewässer, die dort nicht erwünscht sind.

In den nachhaltig bewirtschafteten Wäldern besteht noch ein anderes erhebliches Problem. Auf den armen Böden, die in den Jahrhunderten vor dem Einsetzen nachhaltiger Bewirtschaftung ausgepowert worden waren, ließen sich in vielen Fällen nur anspruchslose Nadelhölzer anpflanzen. Monokulturen von Fichten und Kiefern sind aber sehr anfällig, wie inzwischen allgemein bekannt ist. In den letzten Jahrzehnten nahm die Menge an Holz in vielen heimischen Forsten erheblich zu. Man hätte viele Wälder intensiver nutzen können, aber die Holzpreise waren so niedrig, dass sich der Einschlag nicht lohnte.

Je höher die Fichten emporwuchsen, desto anfälliger wurden sie gegen Stürme und Borkenkäferbefall. Würde man die Stämme zur Brennholzgewinnung früher schlagen, gebe es viel weniger Angriffsmöglichkeiten für die »Naturkatastrophe«.

In den 1970er Jahren wurde der industrialisierten Welt endlich bewusst, dass die fossilen Rohstoffe auf der Erde nur begrenzt vorhanden sind. Dies wurde der Welt nicht deswegen deutlich, weil diese Rohstoffe bereits wirklich mangelten, sondern weil die erdölexportierenden Staaten, vor allem im Nahen Osten, den Rohstoff verknappten, um Druck auf die Industrieländer auszuüben. Allerdings musste früher oder später klar werden, dass die Vorräte an Erdöl irgendwann zur Neige gehen werden. Zur gleichen Zeit war die Rechenleistung von Computern ausreichend groß geworden, um Zukunftsberechnungen über die Verfügbarkeit von Ressourcen anstellen zu können. Der Club of Rome um Dennis Meadows kam zu alarmierenden Ergebnissen.

Weitere Bedrohungen, die die ganze Welt betreffen könnten, wurden erkannt: »Saurer Regen« und das Waldsterben, die weltweite Auswirkung von Atombombenversuchen und der Katastrophe von Tschernobyl, das Abholzen der Regenwälder, der Artenschwund, der Klimawandel. In jedem Fall ist genau zu analysieren, ob diese Bedrohungen tatsächlich vorhanden sind oder ob vor allem die Befürchtung besteht, es könne eine Entwicklung zur Bedrohung werden. Das ist aus naturwissenschaftlicher Sicht nicht immer so leicht zu beantworten, wie man sich das aus emotionalen Beweggründen wünscht.

Umweltschutz und Umweltpolitik bekamen in den letzten Jahrzehnten einen erheblich höheren Stellenwert. In vielen Ländern wurden Umweltministerien eingerichtet, Umweltgesetze erlassen und technische Verbesserungen zur Reinhaltung von Luft und Wasser eingeführt, man denke nur an Filteranlagen von Kraftwerken, Katalysatoren in Autos und moderne Steuerungsanlagen für Kläranlagen.

Eine von den Vereinten Nationen ins Leben gerufene »Weltkommission für Umwelt und Entwicklung« erarbeitete eine Denkschrift zur Zukunft der Menschheit. Sie stand unter der Leitung von Gro Harlem Brundtland, der früheren norwegischen Ministerpräsidentin. Darin wurde der Begriff »sustainable development« propagiert, um auf Gedanken des Nachhaltigkeitskonzepts hinzuweisen. Auf Deutsch wurde dies mit »nachhaltige Entwicklung« übersetzt. Dieser Begriff allerdings ist ein Widerspruch in sich und wohl in der englischen Sprache nicht so zu verstehen: Wenn sich etwas entwickelt, kann es nicht zugleich nachhaltig sein. Man könnte den englischen Begriff auf Deutsch vielleicht besser als »Entwicklung unter Berücksichtigung der Nachhaltigkeit« übertragen.

Dieses Prinzip, das auch auf mehreren Umweltkonferenzen gefordert wurde, ist eine wichtige Maxime. Aber es wurde von vielen falsch verstanden. Man hat es mathematisiert und versucht, es zu einem naturwissenschaftlichen Prinzip zu machen. Viele Menschen meinen, man könne die einzelnen Komponenten eines »Nachhaltigkeitswürfels« errechnen: Seine drei Achsen werden als ökonomische, ökologische und soziale Komponenten aufgefasst. Noch klarer ging die Mathematisierung von den Beschlüssen der Umweltkonferenz von Kyoto aus: Dort wurden genaue Prozentwerte festgelegt (mit einer Stelle hinter dem Komma!), um die der jährliche Ausstoß von Kohlendioxid gesenkt werden müsse, damit das Weltklima vielleicht doch noch gerettet werden könnte: um 5,2 %. Doch wer legt solche Werte fest? Sie könnten zu streng oder zu lasch sein.

Eine Festlegung eines solchen Prozentwertes ist prinzipiell nicht möglich. Nachhaltigkeit von komplexen Strukturen, wie sie der Mensch in den von ihm weitgehend beeinflussten Ökosystemen aufgebaut hat, ist aus naturwissenschaftlicher Sicht nicht zu begründen. Es wäre eine konsequente und zu akzeptierende Entwicklung der Natur, wenn es zu der befürchteten Katastrophe käme und die komplexen Strukturen der Menschheit zerstört werden würden. Dabei würden mit Sicherheit die meisten Menschen auf diesem Globus das Leben lassen. Das aber kann nicht unser Ziel sein. Der Menschheit kommt es vielmehr entscheidend darauf an, möglichst allen Angehörigen ihrer Spezies ein gutes Leben zu ermöglichen. Das gelingt nur dann, wenn man für Kultur eintritt. Dabei ist der Kulturbegriff sehr weit zu fassen. Er schließt nicht nur Kulturdenkmale ein, sondern auch menschliche Umgangsformen, Kulturpflanzen, einmal erkannte Tier- und Pflanzenarten. Und – das ist ganz entscheidend – es muss die weitere Bereitschaft zu Innovationen gegeben sein. Die Menschheit hat ihre Krisen in den letzten Jahrtausenden nur durch das Finden neuer Wege des Überlebens meistern können; dies wird in der Zukunft nicht anders sein.

So verstanden ist das Prinzip der Entwicklung unter Berücksichtigung der Nachhaltigkeit plausibel. Es bedeutet dann, dass wir für Innovationen eintreten, aber stets dabei an alles zu denken haben, was die Kultur der Menschheit in den letzten Jahrtausenden geschaffen hat: Kunstwerke und Landschaften, Bauten und Verhaltensweisen. Darüber lassen sich keine Berechnungen anstellen, aber jeder kann sich darüber Gedanken machen, wie das große Ziel Nachhaltigkeit zu verwirklichen ist. Planwirtschaftlich verordnen lässt sich Entwicklung unter Berücksichtigung der Nachhaltigkeit nicht; das zeigen die Probleme mit dem Umweltschutz, die in den Planwirtschaften in den letzten Jahrzehnten bestanden. Nachhaltigkeit zu verwirklichen ist also aus naturwissenschaftlicher Sicht eine Illusion, eine Utopie, aber ein äußerst wichtiger kultureller Auftrag an jeden Einzelnen von uns.

Le Grand Jardin de la Leine
Der Herrenhäuser Barockpark von Hannover

Hannover und seine Umgebung müssen in der Mitte des 17. Jahrhunderts einen desolaten Eindruck gemacht haben. Gerade erst war der Dreißigjährige Krieg vorüber. Aber nicht nur deshalb herrschten allenthalben Verwüstungen. Die meisten Wälder waren abgeholzt, weil man in den Städten, Salinen und Werften jahrhundertelang viel mehr Holz gebraucht hatte als nachwachsen konnte. Statt Wald breitete sich nördlich von Hannover weiträumig Heide aus. Der blanke Sand trat zutage, nur schütter bedeckt vom Heidekraut. Alles frische Grün wurde von Rindern, Schafen und Ziegen abgerupft, die man in großen Herden in die Heide trieb. Kein Weg und Steg führte hindurch; Reisende liefen auch in viel späterer Zeit noch Gefahr, mit ihren Kutschen im Heidesand zu versinken oder einen Radbruch zu riskieren.

Doch inmitten dieser Wüstenei blühte ein Paradies auf – und zugleich ein Ort, an dem Weltpolitik gemacht wurde. 1636 wurde Hannover zur Residenz. Etwas mehr als zwei Jahrzehnte später, im Jahre 1658, heiratete Ernst August, der spätere Kurfürst von Hannover, Sophie von der Pfalz, die Tochter des Pfälzer Kurfürsten Friedrich des Fünften. Sie war schon 28 Jahre alt. Und sie hatte prachtvollere Gegenden gesehen als das ärmliche Hannover, Gartenparadiese in den Niederlanden, wo sie ihre Jugend verbracht hatte; lange Reisen hatten sie unter anderem nach Italien geführt. Und auch in der Pfalz blühte mehr Tulipan und Lilium als im Norden. Sophie schrieb in ihren Erinnerungen und Briefen über die Einsamkeit und Tristesse von Hannover. Aber sie nahm ihr Schicksal an. Über ihre neue Heimat mag sie Ähnliches gedacht haben wie das, was sie in anderem Zusammenhang in ihre Memoiren schrieb: »Wenn man nicht hat, was man liebt, muss man lieben, was man hat.«

In Hannover gab es nur ein kleines Schloss und vor der Stadt einen Landsitz, den man vielleicht eher einen großen Wirtschafts- oder Bauernhof nennen konnte: Herrenhausen. Vor diesem Hof ließ Herzog Johann Friedrich, der noch bis 1679 regierte, einen kleinen Lustgarten anlegen. Hinter dem Haus zog man Küchenkräuter im Dünengelände, das sich leicht bearbeiten ließ. Die Düne stand Pate bei der Benennung des Gartens: Im Lauf der Zeit entwickelte sich hier der Berggarten.

1679 übernahm Ernst August die Regierung in Hannover; seine Frau Sophie nahm sich mehr und mehr des Gartens in Herrenhausen an, für den sie seit 1680 eine Erweiterung plante. Und sie begann, diesen »Grand Jardin de la Leine« zu lieben. Er wurde, wie sie in einem ihrer Briefe bekannte, »ihr Leben«. Das Landschloss bezeichnete sie als »gar schlecht«, aber nicht den Garten: »Nur mit dem Herrenhäuser Garten können wir prunken, der in der Tat schön und wohl gehalten ist.«

So weit war es 1680 noch nicht. Aus dem Landschloss blickte man noch nicht auf prächtige Blumenbeete und Wasserspiele, sondern nur über den kleinen Garten und Fischteiche hinweg in das flach eingesenkte Leinetal hinein, und wenn der Fluss Hochwasser führte, drohte die Überflutung der gesamten Niederung. Mit Gebäuden konnte das Gelände daher nicht überbaut werden, und auch für die Anlage eines Gartens eignete sich das Gebiet nicht. Man musste das Terrain erheblich verändern, damit es zu einem Gartenparadies werden konnte, in dem Pflanzen vor äußeren Einflüssen geschützt wachsen konnten. Die Gartenoase sollte eine Gegenwelt zu den weiten wüsten Gegenden werden.

Wasserkunst und Feuerwerk

Der »Große Garten von Herrenhausen« brauchte zuerst einen Schutz nach außen, einen Wall, der ihn vor den Überflutungen der Leine schützte. Als 1696 die groß angelegte Umgestaltung des Gartens begann, musste zuallererst dieser Wall entstehen (Abb. 1). Soldaten, von Marschmusik angefeuert, brauchten vier Jahre, um die Wälle aufzuschütten. Das Erdmaterial dafür nahmen sie aus dem Gelände unmittelbar daneben, und sie schufen auf diese Weise die von Wasser gefüllte Graft, die den Großen Garten parallel zu den Wällen umzieht. Die Wälle hielten von nun an das Wasser ab, die Wassergräben schützten vor Menschen und Tieren, die den Garten bedrohen könnten.

Auch schon vor 1680 hatte unter den Augen von Sophie eine rege Bautätigkeit im Garten eingesetzt. Erste Wasserkünste gab es seit 1676. Damals wurde die heute noch existierende Kaskade gebaut mit einer Galerie, von der aus man auf das Parterre des Gartens blicken kann. Und auch die symmetrisch zur Kaskade angelegte Grotte entstand zu dieser Zeit. In den Jahren 1689 bis 1693 wurde das Gartentheater angelegt mit Kulissen aus steinernen Statuen und lebenden Bäumen: Hainbuchen und Eiben, die sich vorzüglich in Formen schneiden ließen. Rückwärtig zum Gartentheater baute man in den folgenden Jahren das Galeriegebäude (Abb. 2).

Als Wall und Graft fertig waren, ließ sich der Garten ins Tal hinein erweitern. Geplant war er rechtwinklig, aber es kam eine Anlage mit leicht schiefen Achsen heraus. Man mag sich vermessen haben, oder Besonderheiten im Gelände erforderten ihren Tribut. Es entstanden weite Gartenbeete.

DER HERRENHÄUSER BAROCKPARK VON HANNOVER

Abb. 1 (oben): Zum Schutz des Gartens vor Hochwasser mussten Soldaten einen Wall aufschütten (rechts). Das Material dafür entnahmen sie der Graft, die den Park bis heute als Wassergraben umzieht.
Abb. 2 (unten): Galeriegebäude (rechts) und Orangerie (links) stammen aus der Zeit der Anlage des Gartens (Fotos: Hansjörg Küster).

Die Beete wurden durch steinerne Einfassungen und Statuen gegliedert und durch Gehölze, die sich ständig veränderten, die man aber immer wieder in Form schneiden konnte, so dass sie ebenfalls für die Beständigkeit der Gartenanlagen garantierten. Die Alleen wurden überwiegend aus Linden gepflanzt. Hainbuchen eigneten sich, wie ihr anderer Name »Hagebuchen« verrät, gut zum Anlegen von Hecken, die in exakten Formen geschnitten werden konnten. An vielen Stellen setzte man Eiben als dunkle Pyramiden: Auch sie wurden immer wieder in Form gebracht. Als Rabatten dienten Pflanzungen von Buchsbaum. Die Flächen zwischen den niedrigen, in Façon geschnittenen Buchsbaumhecken konnte man mit verschiedenfarbigen Steinchen bestreuen, oder man konnte Pflanzungen mit verschiedenen Blumen vornehmen. Wegen der unterschiedlichen Blütezeiten der Pflanzen konnte und kann man die Beete mehrmals pro Jahr verschieden bepflanzen. Immer ist die Blütenpracht nach außen hin begrenzt und geschützt (Abb. 3).

Die Wasserspiele sollten die Beherrschung von Natur zeigen, aber sie sollten auch den Garten beleben, Kühlung verschaffen – Sophie hatte dies auf ihren Italienreisen bewundert. Die alten Fischteiche verschwanden, Gartenteiche mit Springbrunnen wurden daraus. Ein besonderer Ehrgeiz der Gartengestalter war die Anlage der Großen Fontäne. Aus einer goldenen Schale heraus sollte sich ein alle Bäume des Parks überragender Wasserstrahl erheben. Im 17. und 18. Jahrhundert gelang es nicht, Wasser mit genügendem Druck in die angestrebte Höhe zu sprengen; erst später war dies möglich. Die Große Fontäne ist heute die höchste des europäischen Kontinentes. Je nach den Wasserdruck- und Windverhältnissen kann sie bis zu 82 Meter Höhe aufsteigen. Das Wasser kommt aus der Wasserkunst an der Leine, die an einem alten Wehr gebaut und im Lauf der Jahrhunderte immer weiter perfektioniert wurde (Abb. 4).

Im Garten wurden zu Sophies Zeiten rauschende Feste gefeiert. Man veranstaltete immer wieder ein Feuerwerk, die Hofkapelle spielte auf, und die besten Dirigenten ihrer Zeit leiteten sie. 1710 wurde Georg Friedrich Händel als Kapellmeister verpflichtet. Die europäischen Fürsten kamen gerne nach Herrenhausen, trotz des nur kleinen Schlosses; der Garten zog sie an. Aber nicht nur deswegen wurde Herrenhausen ein Ort von weitreichender Bedeutung: Sophie betrieb von dort aus Weltpolitik, indem sie ihrer weitreichenden königlichen und hochadeligen Verwandtschaft Briefe schrieb und versuchte, die verwickelten europäischen Erbfolgen zu regeln, die zu ihrer Zeit Anlässe für Kriege waren: für den Pfälzischen wie für den Spanischen Erbfolgekrieg. Ein bedeutender Gesprächspartner der Kurfürstin war der Philosoph Gottfried Wilhelm Leibniz, der seit 1676 Rat und Bibliothekar am hannoverschen Hofe war. Ihm ging es nicht um Weltpolitik, sondern um eine länderüber-

Abb. 3 (oben): Rabatten aus Buchsbaum, pyramidenförmige Eiben, Hecken aus Hainbuchen und Linden-Alleen prägen den Garten.
Abb. 4 (unten): Wasserspiele (Fotos: Hansjörg Küster)

greifende Kulturpolitik; die Interessen der Kurfürstin und des Philosophen ergänzten sich. Leibniz wollte eine Akademie nach französischem Vorbild einrichten. In Hannover gelang ihm dies nicht. aber an einem anderen Hof, an den die Tochter der Kurfürstin, Sophie Charlotte, heiratete: In Berlin entstand nach Ideen Leibniz' die Preußische Akademie der Wissenschaften.

Ein kultureller Mittelpunkt

Die Energie und die Kraft für alle ihre Taten schöpfte Kurfürstin Sophie aus ihren täglichen Spaziergängen im Herrenhäuser Garten. 1713 schrieb sie, 83 Jahre alt: »Ich muss Gott für meine gute Natur danken, dass ich noch von der Mühe den großen Rundgang um den Herrenhäuser Garten machen kann.« Im folgenden Jahr, am 8. Juni 1714, brach sie mitten in ihrem Park zusammen, und sie starb so, wie sie sich das immer gewünscht hatte: »sans médecin ni prêtre«. In der Nähe ihres Sterbeplatzes errichtete man später ein Denkmal: Die Kurfürstin sitzt dort auf einem Thron, ein Buch in der Hand, in dem sie gerade gelesen haben mag. Aber sie blickt auf, in ihren Garten hinein.

Der konsequente Wille, inmitten der Wüste ein Paradies zu schaffen, trug Früchte. Durch den Wunsch. Kultur zu schaffen, war ein Zentrum entstanden, von dem aus Mitteleuropa wieder an Bedeutung gewann. Sophies Nachfahren wurden Könige von England, aber bis zur Mitte des 18. Jahrhunderts kehrten sie immer wieder nach Herrenhausen zurück, feierten ihre Feste dort und führten politische Gespräche. Weitere Bauten entstanden. Durch das Schloss und das Galeriegebäude war die Straßen- und Bauachse von Herrenhausen entstanden. Entlang dieser Achse pflanzte man eine Allee. Gegenüber von der Galerie wurde eine Orangerie gebaut. An der Allee errichtete man auch ein Pagenhaus mit einem bescheidenen Glockentürmchen, das bis heute die Stunden schlägt (Abb. 5), ferner das Haus des Gartendirektors, einen Marstall und das Fürstenhaus. Das Schloss selber blieb im Wesentlichen so, wie es war. Auch den Garten veränderte man nicht; seine Pracht stand sicher in seltsamem Kontrast zur Bescheidenheit des Schlosses.

Die Achse von Herrenhausen verband man mit der Residenzstadt Hannover durch eine weitere, besonders prächtige Allee: die Herrenhäuser Allee, die schnurgerade vom Stadtrand bis kurz vor den Sommersitz geführt wurde. Dort musste man nur eine kleine Kurve machen, um in die Achse von Herrenhausen einzuschwenken und das Schloss zu erreichen. Links und rechts der Herrenhäuser Allee lagen weitere Gärten, die im 19. Jahrhundert zum Georgengarten umgestaltet wurden, zu einem Landschaftspark nach englischem Vorbild. Genialerweise sieht man aber von der Allee aus kaum etwas

Abb. 5: Pagenhaus mit Glockentürmchen (Foto: Hansjörg Küster)

von der Anlage des Landschaftsgartens, und geht man im Georgengarten spazieren, nimmt man die schnurgerade Herrenhäuser Allee nicht wahr: Beide Anlagen durchdringen sich, ohne sich zu stören.

Nach 1755 vergaßen die »Royals« den königlichen Garten. Erst als die Bande zwischen Hannover und England nach den Freiheitskriegen lockerer wurden, besannen sich die Herrscher von Hannover, inzwischen Könige, wieder des Parks. Der Architekt Georg Ludwig Laves baute nicht nur ganze Stadtquartiere in Hannover neu. Er plante und leitete auch den Umbau des Schlosses zu Herrenhausen. An das nordwestliche Ende der Herrenhäuser Allee setzte er einen markanten Zielpunkt: den reizenden Kuppelbau der Bibliothek, in der neben Büchern auch das Herbarium untergebracht war, für das keine Geringere als die Kurfürstin Sophie selbst mehrere Blätter beigesteuert hatte. Den Bibliotheksbau hatte man als erstes Ziel vor Augen, wenn man von Hannover nach Herrenhausen spazierte oder fuhr. Kurz vor diesem Ziel bog man in die Contre-Allee der Achse von Herrenhausen ein und kam zum Schloss und zum Park.

1866 endete die staatliche Eigenständigkeit von Hannover, das Land wurde preußische Provinz. Der königliche Garten geriet wieder ins Abseits. Dadurch, dass er mehrmals vergessen und wieder belebt wurde, blieb er fast unverändert erhalten; noch immer ist er der bedeutendste, nahezu unveränderte

LE GRAND JARDIN DE LA LEINE

Abb. 6: Das Schloss wurde als modernes Tagungszentrum in den Jahren 2011 bis 2013 neu gebaut. (Foto: Hansjörg Küster).

Barockgarten Norddeutschlands. Im Zweiten Weltkrieg wurde das Schloss zerstört und nicht wieder aufgebaut.[1] Aber der Garten präsentiert sich im »Expo-Jahr« in neuem Glanz: als Symbol dafür, dass kulturelle Impulse auch Jahrhunderte später noch nachwirken (Abb. 6).

---

1 Der Artikel wurde geschrieben, als das Schloss nach Kriegszerstörung noch nicht wieder errichtet worden war. Es wurde in den Jahren 2011 bis 2013 als modernes Tagungszentrum neu gebaut.

Arkadien als halboffene Weidelandschaft

Landschaften werden sowohl durch natürliche Entwicklungen als auch durch menschliche Nutzungen geprägt. Landschaften gibt es aber nicht, ohne dass Menschen sie sehen und über sie reflektieren: Landschaften entstehen in den Köpfen ihrer Betrachter. Das Gesehene wird gedeutet, mit Ideen, Bildern oder Metaphern verknüpft. Einige Landschaften hielt man im 18. Jahrhundert für erhaben, heute würde man eher sagen spektakulär oder besonders schön, andere beachtete man kaum. Nur diejenigen Landschaften kann man schätzen, auf die man richtig zu blicken erlernt hat und mit denen man eine Vorstellung oder eine Idee verbindet. Viele Ideen zu Landschaften entstanden im Rückblick auf eine überkommene Ausprägung von Landschaft.

Im Lauf der Menschheitsgeschichte bestanden nacheinander mehrere Systeme von Landnutzung, unter deren Einfluss Landschaft in charakteristischer Weise geprägt wurde. Jäger und Sammler wirkten völlig anders auf Landschaften ein als Bauern. Land ließ sich auf verschiedene Weise bäuerlich nutzen. Jahrtausendelang verlagerten Bauern von Zeit zu Zeit ihre Siedlungen und Wirtschaftsflächen: Zunächst rodeten sie Land, errichteten Holzhäuser, legten Felder in deren Nähe an und trieben ihre Tiere in den Wald. Nach einigen Jahrzehnten gaben sie ihre Siedelplätze auf, zogen ein Stück weiter in den Wald und rodeten eine neue Gehölzparzelle. Vielleicht taten sie dies deswegen, weil es am alten Siedlungsplatz nach einigen Jahrzehnten kein Holz mehr gab, mit dem sie schadhaft gewordene Hütten ausbessern konnten.

Später, im Einzugsbereich antiker Hochkulturen, im Mittelalter auch in Mitteleuropa, verlagerten Bauern ihre Siedlungen in der Regel nicht mehr. Ihre ortsfesten Siedlungen lagen in der Nähe von Städten, die ebenfalls auf Dauer Bestand hatten – wie Roma aeterna, das »Ewige Rom«. Dauerhaft genutzte Flächen wurden stärker ausgebeutet. Landoberflächen wurden abgetragen, in den Wäldern wuchs nicht mehr genug Holz nach. Um Versorgungskrisen abzuwenden, begann man in der frühen Neuzeit mit umfassenden Landreformen. Mit ihnen war die Ausbildung eines völlig neuen Systems der Landnutzung verbunden. Heute macht sich ein weiteres Landnutzungssystem breit, das von größerer Effizienz ausgeht, einer Zentralisierung und Konzentrierung der Landnutzung an dafür günstigen Orten. In peripheren Regionen mit ungünstigeren Landnutzungsbedingungen geht die Nutzungsintensität dagegen zurück; diese Gegenden werden daher immer deutlicher marginalisiert.

Diese Landnutzungssysteme waren und sind nicht miteinander kompatibel; von Zeit zu Zeit verlagerte Siedlungen können nicht gemeinsam mit ortsfesten Siedlungen im gleichen Gebiet bestehen. Doch wurden die Landnutzungssysteme nicht an allen Orten der Welt synchron transformiert. Sie bestanden zeitweilig nebeneinander; an den Grenzen zwischen ihren Einzugsbereichen kam es immer wieder zu Konflikten. Menschen, die innerhalb des einen Systems lebten, verstanden die Bedingungen des jeweils anderen Systems nie vollständig. Über ihnen nicht vertraute Menschen und Landschaften, die in andere Systembedingungen eingebunden waren, entwickelten sie Ideen oder Metaphern. Diese entsprachen häufig nicht der Realität, wurden aber zu langlebigen Begriffen, mit denen späterhin das nicht oder nicht völlig verstandene System üblicherweise charakterisiert wurde.

Jahrtausendelang gab es in Europa Regionen, in denen Menschen ortsfest neben anderen siedelten, die ihre Siedlungen von Zeit zu Zeit verlagerten. Am Mittelmeer gab es Hochkulturen mit einer Schrift und einer historischen Überlieferung, als andernorts in Europa noch Menschen lebten, die von Zeit zu Zeit neue Wohnorte aufsuchten, nicht in Staaten integriert waren und keine Schrift kannten. Diese Menschen hinterließen keine historischen Zeugnisse; sie lebten in einem Kontext der Prähistorie, vor der Geschichte. Daher wissen wir nicht, was sie über die Menschen dachten, die im Bereich antiker Hochkulturen zu Hause waren. Doch kennen wir Einschätzungen von Menschen der Antike über ihre Zeitgenossen, die außerhalb der Zivilisation lebten: Man hielt sie für Unverständliches sprechende Barbaren und »Wanderer«, die nicht völlig ortsfest in dichten Wäldern hausten und manchmal in das Territorium antiker Staaten eindrangen, unter anderem als »Ionier«, was auf Deutsch nichts anderes als »Gehende« oder »Wanderer« bedeutet.

Einige Regionen, in denen Menschen unter den Bedingungen eines überkommenen Landnutzungssystems lebten, hielt man für Paradiese. Sie lagen ganz in der Nähe der eng begrenzten Regionen der fruchtbaren Küstenebenen am Mittelmeer, in denen man dauerhaft Ackerbau betreiben konnte. Dort entwickelten sich frühe Zivilisationen, etwa in der Argolis und in der Umgebung von Athen, später entsprechend in Italien. In den nahen Bergen war dies nicht möglich. Dort zogen Hirten mit ihren Herden über Land. Nur an wenigen Stellen im Gebirge konnte zeitweilig Ackerbau betrieben werden. Staaten bildeten sich dort nicht heraus. Eine dieser rückständigen Regionen war Arkadien, eine Landschaft am Fluss Eurotas auf der Peloponnes.

Vergil übertrug den Namen dieser Landschaft auf eine andere Region, die er kannte, nämlich auf den Süden Italiens. Dort sah er ebenfalls kärgliche Landschaften, in denen Hirten ihr altertümlich anmutendes, aber anscheinend ungezwungenes, freies Leben führten; ihnen widmete er seine Hirtengedichte der Bucolica: »Tityrus, du ruhst hier unterm Dach breitästiger Buche, / Übst auf kleiner Flöte ein Lied versonnen vom Walde. / Wir aber lassen das Land der Väter, traute Gefilde, / Müssen das Vaterland fliehn! Du aber, geruhsam im Schatten, / Tityrus, lehrst die Wälder den Widerhall: ›Schön‹ Amaryllis!« Tityrus und die anderen Hirten ahnten zwar vielleicht etwas von der Geschäftigkeit Roms, doch lebten sie in einem Land der schönen, ausladenden Bäume mit ihren Tieren unter Bedingungen, die die Beobachter von außen für paradiesisch hielten. Die Beobachter stammten aus der Stadt, mussten »das Vaterland fliehn«. Dieses verlorene Arkadien lag für Vergil nicht in Griechenland, sondern im Süden Italiens. Vergil tat damit wohl zum ersten Mal etwas, das nach ihm viele taten: Er charakterisierte eine Landschaft, indem er den Namen einer anderen Lokalität auf sie übertrug.[1]

Claude Lorrain, der seit 1627 in Rom lebte, malte Arkadien so, wie er es im Lande Vergils kennengelernt hatte, also in Italien. Seine Landschaftsbilder sind nicht unter freiem Himmel entstanden, und sie hatten auch keine konkreten Vorbilder. Es ging um die Darstellung eines Typs von Landschaft, den Lorrain an vielen Orten sehen konnte. Immer wieder stellte er Hirten und ihre Tiere zwischen weitausladenden Bäumen dar; dazu fing er das Licht des Südens ein, nach dem sich Nord- und Mitteleuropäer sehnten. Claude Lorrains Malerei hatte große Wirkung auf ganze Generationen von Malern und Dichtern: Sie suchten Arkadien, die Landschaft seiner Bilder, in Italien.[2]

Ebenso wie Lorrain malten sie knorrige Bäume, Ruinen und Gebüsch, dazu klassische oder biblische Szenen mit weidendem Vieh. Eine ähnliche Szenerie stellte Johann Baptist Zimmermann um 1730 als Paradies an der Decke der Wallfahrtskirche von Steinhausen bei Biberach dar: über der Orgelempore und der Rückwand des weltberühmten Gotteshauses. Der Baum der Erkenntnis mit Adam und Eva steht inmitten einer locker bewaldeten Landschaft mit ausladenden Bäumen, zwischen denen Tiere hervortreten. Dieses Paradies wird von Figuren aus den damals noch unzivilisierten Kontinenten Afrika und Amerika flankiert, während Symbole der damals zivilisierten Kontinente Europa und Asien neben der Darstellung eines wohl geordneten »hortus conclusus« über dem Altarraum der Kirche zu sehen sind.

Damals waren halboffene Weidelandschaften auch in Mitteleuropa weitverbreitet. Wald und Weideland waren noch nicht strikt voneinander abgetrennt. Sie bildeten zusammen die »Gemeinheit«, »Allmende« oder »Gemeine Mark«. Ein Teil der Allmende war dichter von Bäumen bestanden, ein anderer Teil lichter; waldartige Landstriche gingen in heideartige über, genauso

---

1 Vergil, Bucolica, in: Götte, Johannes (Hrsg.), Landleben. Bucolica, Georgica, Catalepton. Lateinisch und deutsch, München 1953.
2 Kuhn, Dorothea (Hrsg.), Auch ich in Arcadien. Kunstreisen nach Italien 1600-1900. Ausstellungskatalog, Marbach, Schiller Nationalmuseum, Stuttgart 1966.

wie auf Lorrains Bildern von Arkadien. Weil das Weideland nicht abgezäunt war, mussten die Tiere von Hirten begleitet werden. Im 18. Jahrhundert begann man, Viehweiden von Flächen zu trennen, auf denen man Holz nutzen wollte. Nur so ließen sich sowohl die damals aufkommende Forstwirtschaft als auch die Weidenutzung intensivieren. Die Allmenden wurden unter einzelne private Besitzer aufgeteilt; man bezeichnete diesen Vorgang als Gemeinheitsteilung. Gemeinheitsteilungen gehörten zu den im 18. Jahrhundert einsetzenden allgemeinen Landreformen, mit denen es zunächst in einigen west- und mitteleuropäischen Ländern, dann auch in anderen Regionen gelang, ein völlig neues Landnutzungssystem zu etablieren.

Unter dem Einfluss dieses Systems entwickelte sich ein anderer Charakter von Landschaft. Wald und Weideland gingen nicht mehr allmählich ineinander über, sondern dort, wo beide Nutzungsräume aneinanderstießen, bildeten sich scharfe Waldgrenzen heraus. Weideflächen wurden von Hecken umzogen. Dort konnte man Vieh auch ohne Hirten halten. Man hätte auch Zäune errichten können, doch dafür hätte man Holz gebraucht, an dem es damals mangelte.

Doch man merkte wohl auch, dass der bisher vertraute Landschaftstyp des halboffenen Weidelandes verschwand. Dicht vor den Städten gelegene halboffene Weidelandschaften wurden in Landschaftsparks integriert, die seit der zweiten Hälfte des 18. Jahrhunderts angelegt wurden. Die weitläufigen Anlagen des Englischen Gartens in München, der Parkanlagen von Dessau, Hannover, Stuttgart oder Berlin entstanden dort, wo zuvor das Vieh der Stadtbürger geweidet hatte, und zwar auf Flächen, die man vielerorts als »Brühl« bezeichnet hatte. Dort war es leicht, Szenerien nachzubilden, die man von Claude Lorrains Bildern kannte.

Gab es solche halboffenen Weidelandschaften mit ausladenden Bäumen nicht, legte man solche Flächen eigens an und pflanzte Eichen, die man so zog, dass sie breite Kronen entwickelten. Vielerorts schuf man Bauwerke nach antiken Vorbildern oder baute Ruinen nach, die an Landschaftseindrücke Lorrains aus Italien erinnern sollten. So entstand ein Arkadien auch in Wörlitz, München oder in Hohenheim bei Stuttgart. Und die Parklandschaft um Potsdam wurde sogar explizit »Preußens Arkadien« genannt.[3] An Orten, die weiter von den Städten entfernt lagen, blieben einzelne beweidete Wälder und Heideflächen noch länger erhalten. In der zweiten Hälfte des 18. Jahrhunderts, in der gleichen Zeit, in der die ersten englischen Landschaftsparks in Mitteleuropa angelegt wurden, entdeckte man solche Landstriche als »schöne

---

3 Vgl. Mittelstädt, Fritz-Gerd, Der Süden als Raumkonstruktion, in: Merkur, 2010, 739, S. 1142-1151.

Natur« und begann sie zu schätzen. Ein aus Genf stammender Bekannter von Jean-Jacques Rousseau, Johann Andreas de Lüc (Luc), der an die Universität Göttingen berufen worden war, besuchte 1781 die Lüneburger Heide. »Ich hab das Vergnügen gehabt«, so schrieb er, »neue Gräben in den Heiden ziehen zu sehen: ein Schauspiel, das für mich eben so viel war, als ob ich neue Menschen entspringen sähe. Vorzüglich bemerkte ich einen jungen Mann und seine Gattin, die mit dem größten Eifer beschäftigt waren, er, den Graben tiefer zu machen, und sie, die ausgehobene Erde hineinwärts zu werfen [...] Ich glaubte in ihnen unsere ersten Stammeltern zu sehen.«[4]

De Luc war möglicherweise der erste, der die Lüneburger Heide auf diese Weise als Paradies verklärte, indem er Heidebauern mit den ersten Menschen verglich, die wie »edle Wilde« am Busen der Natur lebten.[5] In der Folge wurden Heidelandschaften auch von vielen anderen Autoren als schöne Natur dargestellt; dieser Traditionsstrang lässt sich bis zu Hermann Löns und Heidefilmen verfolgen.[6]

Immer wieder war es der Typ einer halboffenen Weidelandschaft, der die Menschen faszinierte, die Heide ebenso wie der beweidete Wald mit Szenerien, wie man sie von den Bildern Claude Lorrains und vieler anderer Maler kannte; man bewunderte auch die einzeln stehenden, weitausladenden Eichen, die Caspar David Friedrich immer wieder dargestellt hatte. Beweidete Wälder, die man Hudewälder, Hutwälder oder Hutungen nannte, bezeichnete man tatsächlich auch als »Paradiese«, unter anderem das Borkener Paradies bei Meppen an der Ems.[7] Hudewälder und Heiden wurden zu Inbegriffen von Natur. Zu Anfang des 20. Jahrhunderts wurden sie als solche von Konrad Guenther beschrieben, einem Biologen, der eines der frühesten Bücher über Naturschutz veröffentlichte:

Im Oldenburgischen sind die letzten Reste eines Hudewaldes noch heute erhalten. [...] In den Pfingsttagen 1909 machte ich mich auf, um das ei-

---

4 de Lüc, Johann Andreas, Physikalische und moralische Briefe über die Geschichte der Erde und des Menschen an Ihre Majestät die Königin von Großbritannien, Leipzig 1781, S. 402f.
5 Küster, Hansjörg, Die Entdeckung der Lüneburger Heide als schöne Natur. Im Themenportal Europäische Geschichte unter: http://www.europa.clio-online.de/2010/Article=429, abgerufen am 5.10.2022.
6 Vgl. Eichberg, Henning, Stimmung über der Heide – Vom romantischen Blick zur Kolonisierung des Raumes, in: Großklaus, Götz/Oldemeyer, Ernst (Hrsg.), Natur als Gegenwelt. Beiträge zur Kulturgeschichte der Natur, Karlsruhe, Loeper 1983.
7 Vgl. Pott, Richard/Hüppe, Joachim, Die Hudelandschaften Norddeutschlands (Abhandlungen aus dem Westfälischen Museum für Naturkunde; 53 1,2), Münster 1991.

genartige Naturdenkmal, zu studieren [...]. Bald hatte ich den ›Hasbruch‹, erreicht, und als ich durch das Holz wanderte, erblickte ich schon von weitem die braunen Massen der gewaltigen, Jahrtausende alten Eichen.

Guenther setzte hier eine Anmerkung: »Nach einigen sind die ältesten 3.000 Jahre alt; weit über 1.000 sind sie aber mindestens«.[8]

Überreste dieser Wälder wurden kurze Zeit darauf ebenso wie erhalten gebliebene Heideflächen unter Naturschutz gestellt. Die dort geschützte Natur ist nicht die sich stetig verändernde Fülle der Naturerscheinungen des Naturwissenschaftlers, sondern eine »schöne Natur«, die man aus ästhetischen Gründen vor Veränderung schützen wollte. Diese »schöne Natur« war aber nicht auf natürliche Weise, sondern unter dem Einfluss von Menschen entstanden, die dort ihr Vieh auf die Weide geschickt hatten. Das Land hatte sich dadurch tiefgreifend verändert: Nur wenige Bäume waren stehen geblieben, nur wenige Gehölzpflanzen waren nachgewachsen. Und weil sich das Vieh an ihnen gerieben oder an ihnen geknabbert hatte, waren nur kümmerliche Bäume in die Höhe gekommen. Anspruchsloses, zähes Heidekraut hatte sich auf den Flächen ausgebreitet, andernorts auch Enzian, Orchideen und Silberdisteln, die vom Weidevieh verschmäht worden waren. Genauso wie schon Vergil hielten Naturschützer des 20. Jahrhunderts Weideland, das unter den Bedingungen eines überkommenen Landnutzungssystems entstanden war, für ein »Paradies«, »Arkadien« oder »die Natur«. Zweifellos hatten und haben die geschützten Landschaften ästhetische Reize, und man verband stets ein Ideal mit ihnen. Doch wenn man sie »Natur« nannte, hatte man den Kontext, in dem sie sich herausgebildet hatten, nicht verstanden. Dies ist nicht nur eine akademische Feststellung, sondern man braucht sie, um geeignete Pflegekonzepte für Hudewälder und Heideflächen zu entwickeln. Wenn man sie schützen will, muss man am besten weiterhin Vieh auf die Flächen treiben, darunter auch Ziegen, die Gehölze besonders intensiv verbeißen, und Esel, die auch Disteln fressen.

Doch viele Naturschützer verschließen sich einer solchen Argumentation und hängen einer für modern gehaltenen Idee nach, die aber viel eher als eine verquaste Verwissenschaftlichung von uralten Ideen aufgefasst werden könnte. Immer wieder wird behauptet, große Weidetiere hätten eine Wiederbewaldung nach der letzten Eiszeit verhindern können, darunter Rentiere und Auerochsen. Diese Tiere, sogenannte Megaherbivoren, hätten jeden aufkommenden Jungtrieb einer Gehölzpflanze abbeißen können. Doch am Ende der letzten Eiszeit hatten – so die Vorstellung – Menschen auf diese Tiere Jagd gemacht. Sie seien derart stark dezimiert worden, dass sie die

---

8 Guenther, Konrad, Der Naturschutz, Freiburg, Fehlenfeld 1910, S. 51, 53.

Wiederbewaldung nicht mehr verhindern konnten. Die Entstehung dichter Wälder sei also durch den Einfluss der Jagd indirekt gefördert worden, und eigentlich wären natürliche Wälder, wenn es die Jagd nicht gegeben hätte, gar nicht so dicht wie diejenigen in unserer Umgebung.[9]

Die Anhänger der mit solchen Ansichten verbundenen Megaherbivoren-Hypothese wollen damit begründen, warum nicht nur dichter Wald, sondern auch eine halboffene Weidelandschafe in weiten Teilen Europas als natürliches Ökosystem angesehen und deswegen geschützt werden müsse. Dies ist umfassend widerlegt worden, unter anderem mit dem schlagenden Argument, dass sich nach vorangegangen Eiszeiten, in denen die Jagd keine oder nur eine geringe Rolle spielte, genau die gleichen Entwicklungen abgespielt haben wie nach der letzten Eiszeit: Aus einem kaltzeitlichen Offenland wurde nach dem Ende einer Eiszeit stets ein warmzeitliches Waldland.[10]

So aber meinen die Anhänger der Megaherbivoren-Hypothese, eine naturwissenschaftliche Begründung dafür geben zu können, warum man halboffene Weidelandschaften, Hudewälder und Heiden schützen solle. Ein Typ von Landschaft, der sich erst unter den Bedingungen einer dauerhaften Nutzung durch Haustiere herausbildete und danach zu einem ästhetischen Ideal wurde, habe schon früher bestanden. Diese Vorstellung ist nicht korrekt, aber man hielt auf diese Weise halboffene Weidelandschaften erneut für altertümlich und »natürlich«, und man erkannte den kulturell geprägten Teil ihrer Geschichte nicht an.

Die Fehleinschätzung zum Charakter dieser Gebiete hatte vor zwei Jahrtausenden, zu Zeiten Vergils, die gleichen Gründe wie heute: Man verwechselte weniger intensiv genutztes Land, dessen Systemstruktur man nicht völlig verstand, mit einem Idealzustand von Natur. Zweifellos sind die verherrlichten Landschaften schön, aber das Paradies, die Natur oder Wildnisse sind sie nicht. Man wird ihnen auch nicht gerecht, wenn man sie als »Natur« bewahrt. Wenn man sie schützen will – und darauf kann man sich durchaus verständigen –, braucht man eine kulturell begründete Strategie des Schutzes von Landschaft, bei dem vor allem die Art und Weise der Landnutzung oder der Pflege eines Landstückes eine Rolle spielt.

Heiden und Hudewälder sind keine Naturschutzgebiete, sondern Kulturdenkmale, die eine kulturell abgewogene Strategie des Schutzes benötigen. Sie

---

9 Vgl. etwa Vera, Franciscus W.M., Grazing Ecology and Forest History, Wallingford 2000.
10 Vgl. Zoller, Heinrich/Haas, Jean Nicolas, War Mitteleuropa ursprünglich eine halboffene Waldlandschaft oder von geschlossenen Wäldern bedeckt?, in: Schweizerische Zeitschrift für Forstwesen 146, 1995, 5, S. 321-354.

sind Landschaften, in denen Pflanzen auf natürliche Weise wachsen, die aber ebenso durch Nutzung geprägt sind – und die bewertet werden, als Paradiese, als Arkadien, als »schöne Natur«. Mit einer vom Naturwissenschaftler untersuchten, sich entwickelnden Natur darf sie nicht verwechselt werden.

Die Kirche als ein Mittelpunkt von Heimat

Bis zum frühen Mittelalter bestanden die meisten Siedlungen in Mitteleuropa nur ein paar Jahrzehnte am gleichen Ort. Dann gab man sie auf, verlagerte das Dorf, errichtete ein neues. Warum, weiß man nicht. Als sich das Christentum ausbreitete, wurde alles anders. Man baute Kirchen. Die Siedlungen wurden in der Regel nicht mehr aufgegeben, denn sie blieben bei ihren Kirchen; viele Dörfer feiern deswegen zu unserer Zeit ihr 1000- oder 1200-jähriges Bestehen. Die Kirche muss im Dorf bleiben, sagt man in einer Redensart, aber in Wirklichkeit war es viel wichtiger, dass das Dorf bei der Kirche blieb. Die Kirche schuf eine feste Heimat, und sie schuf Orientierung, denn Kirchenschiff und Chor weisen in der Regel genau nach Osten. Dazu prägte man sich die Stellung des Turmes ein. Vielerorts steht er im Westen der Kirche, manchenorts ist er aber auch an den Chor angebaut, oder es gibt Vierungstürme.

Der Turm ist vielerorts der älteste Teil der Kirche. Als die Gemeinden größer wurden, mussten die Kirchenschiffe erweitert oder neu gebaut werden. Der Kirchturm behielt seine charakteristische Form durch die Jahrhunderte. Wenn ein Ort gemalt oder fotografiert wurde, wählte und wählt man oft die Kirche als Bildmittelpunkt, als Mittelpunkt des Heimatortes. An der Kirche erkannte man den Ort. Bauernhöfe oder Siedlungshäuser hat man immer wieder neu gebaut, aber die Kirche mit ihrem Turm blieb bestehen, und sie legte den Ort fest, an dem man immerwährend siedelte. Noch bevor große, weithin sichtbare Uhren an den Kirchtürmen angebracht wurden, gab es Glocken im Turm, die morgens, mittags und abends zum Gebet riefen. Sicher wurden früher die Glocken nicht immer genau zur festgesetzten Minute geläutet, und das war auch nicht notwendig. Aber wichtig war, dass durch die drei Gebete das Leben aller Gemeindebewohner synchronisiert wurde: Man stand zur gleichen Zeit auf, man hielt mit der Arbeit am Mittag inne, und man beendete das Tagwerk mit der Abendglocke. Man hörte den charakteristischen Glockenklang sogar auf den Feldern. Jede Kirche hatte eine andere Glocke, und man wusste ihre Klänge zu unterscheiden. Die Ordnung des Tages durch die Kirchenglocken bekam besonders große Bedeutung, als sich Christentum und Kirchenbauten weiter nach Norden ausbreiteten. Nirgends sonst auf der Welt kann so weit im Norden Ackerbau betrieben werden wie in Europa; der Golfstrom macht das möglich. Aber die Zeiten von Tag und Nacht müssen festgelegt werden. Am Polarkreis geht am Mittsommertag die Sonne nicht unter, am Tag der Wintersonnenwende steigt die Sonne nicht über den Horizont. Aber weder können Tag noch Nacht für arbeitende Menschen endlos sein. Sie brauchen die Kirchenglocken, und jemand muss wissen, wann es Zeit ist, morgens, mittags und abends zum Gebet zu rufen und damit dem Tag Ordnung zu geben.

Man hört die Kirchenglocken überall in Dorf und Flur. Der Turm muss aber auch überall gesehen werden. Denn auf dem Kirchturm wurde eine in der Sonne blinkende Wetterfahne angebracht, oft in Form eines Turmhahns. Wenn er zu alt geworden war und nicht mehr im Licht blitzte, musste man ihn erneuern, so wie in der Pfarrei von Eduard Mörike:

Zu Cleversulzbach im Unterland
Hundertunddreizehn Jahr ich stand,
Auf dem Kirchenturm ein guter Hahn,
Als ein Zierat und Wetterfahn.

Man ersetzte den Turmhahn, der Dichter nahm den alten zu sich ins Pfarrhaus, aber auf dem Kirchturm musste ein blitzblanker Turmhahn zu sehen sein. Man erkannte an der Stellung der Wetterfahne auch aus der Ferne, woher der Wind wehte, und wenn man die Windrichtung und die Wolken am Himmel sah, wusste man, wann der Wind Regen übers Land bringen würde, wie es im Volkslied heißt. Das war natürlich wichtig, wenn man Gras schnitt, getrocknetes Heu oder die Korngarben einbringen wollte.

Näherte man sich dem Dorf, so erblickte man die Kirchturmspitze zuerst. Das Dorf lag im Tal, die Kirchturmspitze ragte über die Hügel im Umland. An ihr sah man zuerst, dass es nicht mehr weit bis nach Hause war. Erst später wurden die ganze Kirche und alle Häuser sichtbar. Die Häuser ähnelten sich in allen Orten, die Kirche aber war und ist das Individuelle, das unverwechselbare Kennzeichen des Dorfes, das, was einen Ort zur Heimat macht.

Das war in der Stadt übrigens nicht anders. Man erkannte ihre Türme aus der Ferne, für die Seeleute dienten sie als Seezeichen. Die Hamburger Michaeliskirche, der »Michel«, soll deswegen so eine große Uhr bekommen haben, weil man sie im ganzen Hafen sehen konnte. Dann wussten alle Hafenarbeiter über die genaue Uhrzeit Bescheid. Das war wichtig in einer Zeit, in der es noch keine Armbanduhren gab.

Und überall erwartete man das Läuten am Morgen, am Mittag, am Abend. Im Gedicht von Conrad Ferdinand Meyer standen die Kirche und ihre Glocke als Symbol für den gesamten Heimatort:

Noch ein Glöcklein hat geschwiegen
Auf der Höhe bis zuletzt.
Nun beginnt es sich zu wiegen,
Horch, mein Kilchberg läutet jetzt!

Ist das heute alles wirklich anders?

Kloster Wöltingerode – Elemente und Bestandteile klösterlicher Kulturlandschaft

Klöster wurden im Mittelalter nicht nur als geistliche und damit kulturelle Zentren gegründet, sondern jedes von ihnen war auch ein wirtschaftlicher Mikrokosmos. Dort musste für eine dauerhafte Versorgung der Bewohner mit Lebensmitteln und Holz gesorgt werden, damit das Kloster wirtschaftlich auf eigenen Beinen stehen konnte. Weil nicht alle lebensnotwendigen Produkte in ausreichender Menge auf dem Gelände des Klosters oder in dessen Nähe zur Verfügung standen, musste eine Möglichkeit dafür bestehen, dass das Kloster eine Dienstleistung für Menschen in seinem Umland anbot, damit Geld erwirtschaftet werden konnte, das zum Kauf von Produkten eingesetzt werden konnte. Die besonderen wirtschaftlichen Erfordernisse zum Betrieb eines Klosters führten dazu, dass eine besondere topographische Situation für die Anlage angestrebt wurde, die sich von der Lage einer »normalen« ländlichen Siedlung und auch von der einer Stadt signifikant unterschied.

Gründung eines Klosters

Klöster wurden – entgegen einem weit verbreiteten Vorurteil – nicht in der Einsamkeit oder Abgeschiedenheit gegründet.[1] Vielmehr entstanden viele Klöster in der Nähe von schon früher bestehenden dörflichen Siedlungen. In vielen Fällen wurden wohl ländliche Siedlungen aufgegeben und an einen anderen Standort verlagert, wenn man sie zu einem Kloster transformieren wollte. Dabei wurde das Land neu geordnet.[2] Darauf mag sich häufig die Endung „-rode" beziehen, denn es ist nicht unbedingt gesagt, dass jungfräulicher Wald oder unberührter Urwald gerodet werden musste, um ein Kloster anzulegen; es ist genauso möglich, dass sich die Endung darauf bezog, dass beim Neuordnen des Landes Gestrüpp und Sträucher beseitigt werden

---

1 Roth, Hermann Josef, Kloster und Siedlung, in: Koblenzer Geographisches Kolloquium 20, 1998, S. 80-88.
2 Bergmann, Rudolf, Die Einflussnahme von Klöstern auf die Kulturlandschaftsentwicklung in Westfalen, in: Siedlungsforschung. Archäologie, Geschichte, Geographie 20, 2002, S. 117-132.

mussten, die im Zuge einer Sekundärsukzession nach Aufgabe der Nutzung eines Landstücks in die Höhe gewachsen waren. Roden musste man selbstverständlich auch, wenn Fluren neu eingeteilt wurden.

Die Endung des Klosternamens ist oft an einen anderen bereits vollständigen Ortsnamen angehängt, der darauf verweist, dass es bereits vor Gründung des Klosters einen anderen Ort gegeben haben mag, der zur gleichen Zeit aufgegeben wurde. Das Land des Klosters Wöltingerode mag zuvor von einem Ort aus bewirtschaftet worden sein, der »Wöltingen« hieß, ebenso wie es einen Vorläufer mit dem hypothetischen Namen »Barsingen« für das Kloster Barsinghausen gegeben haben mag. Die genauen Lokalitäten dieser Orte kennt man aber nicht. Das Kloster Wülfinghausen bei Elze wurde wohl von dem Ort Wülfingen aus gegründet, der aber bei Klostergründung nicht aufgegeben wurde, sondern bis heute weiter besteht.

Allgemeines zum Umland von Dörfern und Klöstern

Das Umland eines Klosters musste anders beschaffen sein als dasjenige, welches eine ländliche Siedlung umgab. Ländliche Siedlungen entstanden in einer Ökotopengrenzlage zwischen trockenem Ackerland, das in der Regel oberhalb des Ortes zu finden war, und feuchterem Grünland, das zur Viehweide und zur Gewinnung von Futterheu genutzt werden konnte und meistens unterhalb der Siedlung lag. Zwischen einer ländlichen Siedlung und dem Wasser im Talgrund bestand in der Regel ein beträchtlicher Abstand, so dass keine Gefahr bestand, dass ländliche Siedlungen bei hohen Wasserständen überflutet wurden (Abb. 1). Bei dieser Lage waren die beiden wichtigen Wirtschaftsbereiche bäuerlicher Betriebe von der ländlichen Siedlung aus gut erreichbar. Man konnte das Erntegut von den Feldern von oben her in die Siedlung bringen (bei einigen Bauernhaustypen befinden sich die Einfahrten für Erntegut bezeichnenderweise im Dach der Bauernhäuser, etwa im Schwarzwald), und Gülle konnte aus den Ställen abfließen und anschließend auf dem Grünland als sehr willkommener Dünger verrieselt werden. Auch konnte man das Vieh von oben her gut beaufsichtigen, und die unterhalb einer ländlichen Siedlung gehaltenen Tiere erreichten jederzeit frisches Trinkwasser im Bach.

Es war wichtig, dass die Arbeit der Menschen in mittelalterlichen Dörfern synchronisiert wurde: Jeder sollte zur gleichen Zeit zu arbeiten beginnen, Pause machen und mit der Arbeit aufhören. Zum Zeitgeber wurde die Glocke des Kirchturms: Sie läutete zum morgendlichen, zum mittäglichen und zum abendlichen Gebet. Das war besonders in Gegenden nördlich des Mittelmeeres sehr wichtig, wo sich die Tageslängen im Sommer und Winter sehr stark

Abb. 1: Die Ökotopengrenzlage der ländlichen Siedlung wird beispielsweise in Roklum im Landkreis Wolfenbüttel sehr deutlich. Die Äcker lagen ursprünglich nur oberhalb des Ortes, unter dem Dorf lag Grünland. Beide Wirtschaftsbereiche konnten vom Dorf aus gut erreicht werden (Foto: Hansjörg Küster).

voneinander unterschieden. Der Kirchturm jeder ländlichen Siedlung musste so hoch sein, dass die Glocken auf der gesamten Feldmark gehört werden konnten. Für die Bauern war es außerdem wichtig, dass sie die in der Sonne blinkende Wetterfahne von ihren Äckern aus sehen konnten: Dann erkannten sie, woher der Wind wehte. Dadurch ließ sich das Wetter der kommenden Stunden besser vorhersagen, und es wurde klar, ob man noch weiteres Korn mähen konnte oder ob man sofort mit dem Einfahren des Erntegutes beginnen musste (Abb. 2).[3]

Klöster, vor allem diejenigen der Zisterzienser, waren anders organisiert als ein Dorf. Das wird auch an der landschaftlichen Lage deutlich. Wenn ein Dorf aufgegeben wurde, um in der Nähe ein Kloster zu gründen, musste man daher auch eine andere topographische Lage auswählen. Das Kloster rückte dichter an das Wasser heran, steile Hänge, an denen man Wein anbauen konnte, sollte es in der Nähe des Klosters ebenso geben. Die Fläche, die von den Mönchen selbst bewirtschaftet wurde, war erheblich kleiner als diejenige eines Dorfes.

3 Küster, Hansjörg, Geschichte der Landschaft in Mitteleuropa. Von der Eiszeit bis zur Gegenwart, München 1995, 2013 (5. Aufl.), S. 181-196.

Abb. 2: Wetterfahne auf der Kirche von Hitzacker, Landkreis Lüchow-Dannenberg. Hier musste die Windrichtung besonders von Fischern und Schiffsbesatzungen erkannt werden, die mit ihren Booten auf der Elbe unterwegs waren. Die Wetterfahne hat die Form eines Elbkahns (Foto: Hansjörg Küster).

Dies wirkte sich auf die Gestalt der Klosterkirche aus, denn sie erhielt in der Regel zunächst einmal keinen Turm, sondern lediglich einen Dachreiter. Dies wird allgemein als ein Zeichen der Bescheidenheit der Zisterzienser gedeutet. Aber auch eine andere Interpretation ist denkbar: Die Dachreiter reichten aus, um von dort aus mit kleinen Glocken die im Umkreis des Klosters arbeitenden Mönche zum Gebet zu rufen und ihre Arbeit zu synchronisieren. Und eine Wetterfahne ließ sich aus dem unmittelbaren Umkreis des Klosters auch erkennen, wenn sie nur auf einem kleinen Dachreiter angebracht war. Die Mönche befassten sich in der Regel mit dem Anbau von Gartenpflanzen und der Pflege von kleinflächigen Beetkulturen in der Nähe der Klöster.

Klostergärten

Klostergärten entstanden nach genauen Mustern, die bereits im Sankt Galler Klosterplan aus dem frühen Mittelalter beachtet worden waren.[4] Wenn diese Gärten immer wieder nach genauen Vorgaben in gleicher Weise bearbeitet wurden, sahen sie in jedem Jahr gleich aus. In ihnen konnte daher – durch Einsatz der Mönche – eine Form von Nachhaltigkeit verwirklicht werden, wie sie nach allgemeinen Vorstellungen in einem Hortus conclusus bestehen sollte. Dort sollte Natur gebändigt sein und in jedem Jahr gleich aussehen.

Nahe bei der Kirche, beim Kloster oder auch beim Klosterhof, in dem die Toten bestattet wurden, standen vornehmlich Eschen und Linden (Abb. 3). Diese Bäume konnte man zur Gewinnung von Laubheu nutzen: Man stutzte ihre Äste, sobald das Laub ausgetrieben hatte und trocknete das Erntegut. Anschließend trieb immer wieder neues belaubtes Geäst aus, so dass die Bäume bereits im Sommer nach dem Laubschnitt wieder Blätter trugen. Das Laubheu ließ sich als Winterfutter für die Tiere im Stall verwenden. Die gestutzten Bäume hatten aber nicht nur diesen Nutzen, sondern sie wurden auch zu wichtigen Symbolen. Da sie nach dem Schneiteln genannten Stutzen immer wieder austrieben, wurden sie zu Sinnbildern des ewigen Lebens. Deswegen pflanzte man Linden und Eschen vor Kirchen und in Friedhöfen. Oft gab man ihnen dort auch eine Form, die sie nach dem Schneiteln annahmen: Weil alle Äste zur gleichen Zeit aus den Köpfen austrieben, bekamen sie kugelförmige Kronen (Abb. 4).

---

4 Stoffler, Hans-Dieter, Der Hortulus des Walahfrid Strabo. Aus dem Kräutergarten des Klosters Reichenau, Sigmaringen 1978.

Abb. 3 (links): Eschen neben dem Kirchturm von Kloster Wöltingerode, Landkreis Goslar
Abb. 4 (rechts): Linden vor der Dorfkirche von Wrisbergholzen, Landkreis Hildesheim. Einige Bäume erhielten durch Schnitt eine kugelförmige Krone und trieben danach wieder aus (Fotos: Hansjörg Küster).

Felder

Bei einem Kloster der Zisterzienser wurden die Felder oft von Laienbrüdern bestellt, die nicht im Kloster lebten, sondern in speziellen Wirtschaftshöfen, den Grangien, und auch in Klosterdörfern. Bei vielen Klöstern, etwa auch in Wöltingerode, gab es sehr große Klostergüter (Abb. 5).[5] Ihre Scheunen verweisen auf die Mengen an Erntegut, die dort eingelagert wurden. Die Klosterdörfer besaßen eigene Kirchen, die höhere Türme als die Klöster aufweisen mussten. Denn man brauchte auch dort die Glocken einerseits dazu, um zum

---

5 Klosterkammer Hannover (Hrsg.), Klostergüter – ein niedersächsisches Erbe. Impressionen aus den Landwirtschaftsgütern der Klosterkammer Hannover, Rostock 2011.

Abb. 5: Klosterscheune in Wöltingerode, Landkreis Goslar (Foto: Hansjörg Küster)

Gebet zu rufen, andererseits zur Synchronisierung der ländlichen Arbeit, und die landwirtschaftlichen Flächen rings um ein Dorf waren erheblich größer als die engeren Bereiche, die um ein Zisterzienserkloster bewirtschaftet wurden.

Kloster und Wasser

Für die Klosteranlage hatte das Wasser eine größere Bedeutung als für eine ländliche Siedlung. Diese Feststellung gilt genauso für Städte. Städte liegen genauso wie Klöster näher am Wasser als die meisten Dörfer. In vielen Fällen wurden im Umkreis von Klöstern noch aufwändigere Anlagen als bei Städten geschaffen, um Wasser zu ihnen zu bringen.

Natürlich war es notwendig, in einem Kloster stets Trinkwasser zur Verfügung zu haben. Man konnte es in besonderen Brunnenstuben, oft auch im Zentrum des Klostergartens an einem Brunnen nutzen. Die Klosterbewohner mussten es also nicht aus einem weit entfernten Bach zum Kloster tragen, was in vielen Dörfern notwendig war.

Wasser hatte noch aus weiteren Gründen eine besondere Bedeutung für ein Kloster. Die Wasserkraft wurde – ebenso wie in der Stadt – zum Antrieb von Mühlen genutzt. In der Mühle, die in den Gebäudekomplex des Klosters integriert war, musste täglich Korn gemahlen werden können, so dass den Klosterbewohnern täglich frisches Mehl zur Verfügung stand. In Gebieten mit geringen Höhenunterschieden wurden Gewässer um bis zu mehrere Meter angestaut, um das an einem sogenannten Mühlenstau entstehende Gefälle für eine möglichst effiziente Leitung von Wasser auf die Mühlräder nutzen zu können.[6] Andernorts, vor allem in den Mittelgebirgslandschaften, baute man bis zu mehrere Kilometer lange Kanäle, um Wasser zu den Klostermühlen leiten zu können. In Rot an der Rot in Oberschwaben grub man einen mehrere hundert Meter langen Graben, in dem das Flüsschen Rot umgelenkt und durch die Klostermühle hindurch geleitet wurde, die direkt neben dem Kloster errichtet wurde (Abb. 6). Das mittelalterliche Kloster Berau im Südschwarzwald wurde über einen acht Kilometer langen Graben mit Wasser aus dem Flüsschen Mettma versorgt. Dieser Kanal, der bereits im frühen 12. Jahrhundert geschaffen worden war, zweigte weit oberhalb des Klosters von dem Fließgewässer ab und verlief dann mit viel geringerem Gefälle als der Fluss an dessen Talflanke entlang. Schließlich gelangte das Wasser im Kanal bis auf die schräg abfallende Hochfläche des südlichen Schwarzwaldes, auf der das Kloster gelegen war. Solche Anlagen, die man »Wuhr« nannte, existierten in mehreren Tälern des Schwarzwaldes.[7]

In Wöltingerode leitete man Wasser aus dem Fluss Oker ab; nach mehreren hundert Metern gelangte es in einem Kanal (Abb. 7) an die Klostermühle, die unmittelbar neben den Klostergebäuden liegt (Abb. 8). Stets war es wichtig, das Wasser zunächst nur mit geringem Gefälle zu führen, damit es das Mühlrad antrieb und dann erneut in den Fluss oder Bach gelangte, dem es weiter oberhalb entnommen worden war. Oft wurde es aber auch in andere Fließgewässer eingeleitet: In Rot an der Rot floss es nach dem Antreiben der Mühlräder in der Klostermühle in einen weiter östlich verlaufenden Bach, der später allerdings auch wieder in den natürlichen Lauf der Rot mündet.

Der Bau von Mühlenstauanlagen und Mühlkanälen veränderte das Landschaftsbild in der Umgebung von Klöstern erheblich. Aber es wurden noch weitere Anlagen damit verbunden. Das gestaute Wasser ließ sich auch auf Wiesen leiten, die mit den Mineralstoffen, die im Wasser suspendiert waren, gedüngt wurden. Die Wiesen erhielten von der Bewässerung mit fließendem

---

6 Siehe u.a. Kirsch, Kerstin, Die östliche und südliche Uckermark in jungslawischer und frühdeutscher Zeit (11.-14. Jahrhundert), in: Lübke, Christian (Hrsg.), Struktur und Wandel im Früh- und Hochmittelalter. Eine Bestandsaufnahme aktueller Forschungen zur Germania Slavica (Studien zur Geschichte und Kultur des östlichen Mitteleuropa; 5), Stuttgart 1998, S. 231-240.
7 Haasis-Berner, Andreas, Wasser für die Nonnen. Das Berauer Wuhr (Kr. Waldshut), in: Denkmalpflege in Baden-Württemberg 40, 2011, 2, S. 120-121.

Abb. 6: Wasser wurde mehrere hundert Meter weit aus dem Flüsschen Rot zum Kloster Rot an der Rot, Landkreis Biberach, geleitet. Unterhalb der Klostermühle fließt es durch einen Graben (im Vordergrund) in einen Nebenbach der Rot (Foto: Hansjörg Küster).

Abb. 7 (links): Kanal zur Zuleitung von Wasser zum Kloster Wöltingerode, Landkreis Goslar
Abb. 8 (rechts): Klostermühle in Wöltingerode, Landkreis Goslar (Fotos: Hansjörg Küster)

Wasser ihren Namen. Es gibt Flussnamen, die sehr ähnlich lauten und ebenso fließendes Wasser bezeichnen, etwa in »Weser«, dem Flüsschen »Wiese« im Schwarzwald oder der »Wieslauf« im Schwäbischen Wald. Das Wasser konnte aber auch in Fischteiche eingeleitet werden. Sie ermöglichten eine dauerhafte Versorgung der Klosterbewohner mit Fisch als einem wichtigen Nahrungsmittel, das das ganze Jahr über zur Verfügung stand. Schon von daher durfte Fisch auch in der Fastenzeit gegessen werden.

Stets legte man nicht nur einen einzigen Fischteich an, sondern gleich eine größere Anzahl. Man brauchte mehrere Teiche für unterschiedliche Arten und Alters- bzw. Größenklassen von Fischen. Keineswegs wäre es möglich gewesen, Forellen, Karpfen und Hechte in einem Teich gemeinsam zu halten.[8]

[8] Siehe z.B. Seidenspinner, Wolfgang, Das Maulbronner Wassersystem – Relikte zisterziensischer Agrarwirtschaft und Wasserbautechnik im heutigen Landschaftsbild, in: Denkmalpflege in Baden-Württemberg 18, 1989, 4, S. 181-191.

Viele Teiche waren nicht das ganze Jahr über mit Wasser gefüllt; sie wurden von Zeit zu Zeit komplett abgefischt, auch entschlammt. Weit verbreitet war die Praxis, Teiche einige Jahre lang bestehen zu lassen und dann deren Fläche als Wiese zu nutzen: Dann konnte man die von Algen in den stehenden Gewässern fixierten Stickstoffverbindungen zur Düngung des Graslandes verwenden. Betrieb man eine solche Teich-Grünland-Wechselwirtschaft, brauchte man noch mehr Becken für Teiche, denn man benötigte ja stets sowohl mehrere stehende Gewässer als auch große Wiesenflächen. In Wöltingerode hat sich ein Fischteich östlich des Klosters erhalten, unmittelbar neben dem Mühlengraben. Die weiteren Teiche im Okertal bei Wöltingerode sind auf andere Weise entstanden; sie gingen aus Kiesgruben hervor. Mehrere Fischteiche liegen am Kloster Grauhof einige Kilometer westlich von Wöltingerode. Viele Fließgewässer konnte man zum Herbei-Transportieren von Holz nutzen: Entweder wurden einzelne Stämme getriftet, oder man band sie zu Flößen zusammen. Auf der Oker, die an Wöltingerode vorbeifließt, wurde lange Zeit Nadelholz aus dem Harz in Richtung Braunschweig transportiert.[9] Es ist davon auszugehen, dass das Nadelholz als vorzügliches Bauholz auch dem Kloster zur Verfügung stand.

Spezialkulturen

In früheren Jahrhunderten war es kompliziert, stets frische Getränke zur Verfügung zu haben. Ohne Kühlung verdarben Obstsäfte oder Milch rasch, und selbst das Wasser wurde schal. In Wöltingerode gab es zusätzlich das Problem, dass das Wasser der Oker durch den Bergbau im Harz kontaminiert war: Schwermetalle wurden im Fluss transportiert und zum Teil erst weit außerhalb des Harzes wieder abgelagert. Inwieweit dies den Klosterbewohnern bewusst war, ist allerdings nicht bekannt. Sie brauchten aber in jedem Fall ein frisches Getränk. Dies stand nur nach einer kontrollierten alkoholischen Gärung zur Verfügung, die zu einem bestimmten Zeitpunkt angehalten worden war. Als Getränke kamen daher vor allem Bier, Wein oder Most als vergorener Obstsaft in Frage.

Sicher trank man im Kloster täglich Bier. Dazu brauchte man Hopfen, den man in der Nähe jedes Klosters auch anbaute. Diese Kulturpflanze wuchs auf separaten Anbauflächen außerhalb des Bereiches heran, auf dem eine Fruchtwechselwirtschaft betrieben wurde. Durch die Monopolisierung von

---

9 Müller, Theodor, Schiffahrt und Flößerei im Flußgebiet der Oker (Braunschweiger Werkstücke; 39), Braunschweig 1968.

Spezialkulturen seit dem 18. Jahrhundert war es seitdem nicht mehr allgemein üblich, Hopfen in der Nähe jedes Klosters zu ziehen. Stattdessen wurden einige Gegenden zu expliziten Hopfenanbaugebieten, von denen aus das Biergewürz exportiert wurde. Dafür bekamen die Hopfenbauern das Geld, das sie zum Kauf von Grundnahrungsmitteln benötigten; diese bauten sie ja auf ihren Nutzflächen nicht an, die allgemein von Hopfenkulturen bedeckt waren.

Für rituelle Zwecke des Christentums verwendete man Wein: Ohne Messwein konnte es keinen christlichen Gottesdienst geben. In Mitteleuropa braucht man zum Weinanbau im Allgemeinen einen Südhang, der im Sommerhalbjahr unmittelbar von der Sonne beschienen wird. Auf einen solchen Hang wirkt die Sonnenstrahlung ähnlich intensiv ein wie auf einen ebenen Weingarten in Südwestdeutschland und vor allem in Frankreich und Italien. Allerdings ist die Vegetationszeit in Mittel- und Norddeutschland in einigen Jahren nicht lang genug, um einen guten Wein heranreifen zu lassen. Dies spielte für die Klosterbewohner keine Rolle; sie mussten Wein haben, und der Transport von Wein über Land war sehr aufwändig. In manchen Jahren mussten sie sich mit schlechten Weinen begnügen, die aber – im Unterschied zu alkoholfreien Getränken – genießbar waren und sich über längere Zeit aufbewahren ließen. In anderen Jahren aber ist sicher auch in Norddeutschland Wein von akzeptabler Qualität herangereift.

In der Nähe von Klöstern gab es stets Weinberge, so auf der danach benannten »Finie« bei Wittenburg und Wülfinghausen. In der Nähe von Kloster Grauhof gibt es einen Hügel mit dem Flurnamen »Weinberg«. Und wohl bezeichnenderweise hat die Stadt, an die das Kloster Wöltingerode grenzt, den Namen »Vienenburg«. Den Stadtnamen kann man aus »Burg auf dem Weinberg« herleiten.[10] Wein bei Vienenburg konnte man am Südhang des Harlyberges anbauen; er ragt unmittelbar nördlich des Klosters Wöltingerode auf.

Außerdem legte man in der Nähe vieler Klöster Obstplantagen an. Dafür waren leicht geneigte Hänge besonders günstig, an denen die Bäume dem über das Land wehenden Wind nicht so stark ausgesetzt waren und wo Kaltluft in frostigen Frühjahrsnächten oder auch im Spätsommer sich nicht ansammelte, sondern wegen ihres größeren Gewichtes an den Talgrund absank. Günstig für die Obstbäume war eine Ausbildung von Nebelbänken an ihren Wuchsorten, die die unterhalb liegende Kaltluft von wärmerer Luft trennten. Man nutzte bei der Anlage von Obstgärten stets aus, dass die Temperaturen an den Hängen um wenige Grade höher lagen als an der Basis eines Tals.

10 http://www.yumpu.com/de/document/view/405689/vienenburg-1, abgerufen am 7.8.2013.

Vielerorts pflanzte man die Obstbäume an geschützte Plätze neben Gebäude. Das geerntete Obst wurde zwar sicher auch frisch gegessen, diente aber vor allem zur Herstellung von alkoholischem Getränk (Most).

Imkerei

Die Vielfalt der Pflanzen an einem Kloster ließ sich für die Imkerei nutzen. Für die Haltung von Bienen war es wichtig, dass im Sommerhalbjahr besonders lange verschiedene Blüten offenstanden. Dann konnte man nämlich im Lauf des Jahres den Bienen mehrere »Trachten« wegnehmen, um Honig und Wachs zu nutzen. Nur eine Tracht musste man den Bienen überlassen, damit sie durch den Winter kamen und ihre Larven großziehen konnten.

In der Nähe eines Klosters konnte man tatsächlich mehrere Trachten nacheinander nutzen: Im Frühjahr besuchten die Bienen die Obstbäume, anschließend wandten sie sich den Wiesenblumen zu. Die Wiesen wurden später geschnitten als heute, nämlich erst im Hochsommer. Erst dann konnte man hoffen, dass es mehrere trockene Nächte hintereinander gab. Nur dann ließ sich Heu auf der Wiese völlig trocknen, so dass es nachher als hochwertige Viehnahrung eingefahren werden konnte. Zu diesem Zeitpunkt begannen dann die Linden zu blühen, die nun von den Bienen besucht wurden. Wenn man die Insekten dann noch im Spätsommer und Herbst in eine Heidelandschaft brachte, konnte man außerdem noch Heidehonig als weitere Tracht gewinnen. Dies geschah sicher in den bekannten niedersächsischen Heideklöstern, in deren Nähe die Besen- und Glockenheide reichlich blühte.

Mindestens ebenso wichtig wie die Gewinnung von Honig als eine der wenigen Substanzen, mit denen man Speisen süßen konnte, war die Möglichkeit, Wachs zu erhalten. Man brauchte überall Kerzen im Kloster, auch während der Gottesdienste, die ja auch früh morgens und spät abends, zum Teil sogar in der Nacht stattfanden.

Landschaft und heutige Klosterprodukte

Kräuter aus dem Klostergarten, alkoholische Getränke, Honig und Kerzen sind auch heute noch Produkte, die typischerweise in Klosterläden eingekauft werden. Sie haben alle etwas mit der Landschaft rings um das Kloster zu tun. Auch in Wöltingerode werden diese Klosterprodukte angeboten. Allerdings sind die bekanntesten von ihnen, nämlich die Spirituosen, erst neuere »Erfindungen«.

Es wird deutlich, dass nicht nur die Klöster an sich und ihre Läden Attraktionen sind, sondern auch die Landschaften, in welche die Klöster eingebettet sind. Im Grunde genommen bestand vom Zeitpunkt der Planung eines Klosters an ein sehr enger Bezug zwischen den Bauten und ihrer Umgebung. Ohne Wasser war das Kloster nicht zu betreiben, auch brauchte man ein reichhaltiges Inventar an Pflanzen, die das Jahr über genutzt wurden. Vielfältige Produkte mussten gewonnen werden, damit einerseits die Klosterbewohner überleben konnten, damit aber andererseits auch spezielle Produkte des Klosters verkauft werden konnten. Gerade Heilmittel, aus den Kräutern des Klostergartens hergestellt, alkoholische Getränke und Produkte der Imkerei mögen auch bereits in früheren Jahrhunderten ihre Käufer gefunden haben, so dass es den Klosterbewohnern gelang, zusätzliche Finanzquellen zu erschließen.

Auf die Zusammenhänge zwischen Klöstern, den Landschaften, die sie umgeben, und den Produkten, die es in Klöstern zu erwerben gibt, könnte erheblich mehr hingewiesen werden. Sektorales Wissen, etwa über einzelne Bestandteile eines Klosters oder die Landschaft, die es umgibt, ist nur schwer zu erwerben. Zusammenhänge leuchten eher ein. Das Ziel, solche Zusammenhänge herzustellen, setzt sich die Landschaftswissenschaft.

Stadtansichten als Quellen zur Landschaftsgeschichte

Einleitung

Stadtansichten können eine wichtige Quelle für die Landschaftsgeschichte sein. Dabei ist Vorsicht geboten: Denn Details, die auf den Ansichten die Landschaft charakterisieren können, sind möglicherweise nur als Staffage hinzugefügt und entsprechen keinem in der Realität bestehenden Vorbild. Allerdings gibt es – gerade auch bei den Stadtansichten, die hier kommentiert werden – Hinweise darauf, dass die auf den Bildern und Landkarten angegebenen Details nicht nur dekorativen Zwecken dienen, sondern die reale Situation exakt wiedergeben. Beispiele, auf die später noch einzugehen sein wird, sind verschiedene Darstellungen von Neustadt-Gödens am Jadebusen: Nur auf einer der Zeichnungen sind Boote am Deich zu erkennen. Diese Zeichnung stammt aus der kurzen Zeit, in der Neustadt-Gödens wirklich am Meer lag, nämlich aus dem Ende des 16. Jahrhunderts. Zuvor war in dieser Gegend bei Sturmfluten viel Land verloren gegangen, später wurden die Wattflächen vor dem Ort erneut eingedeicht. Der Deich bestand dann weiter fort, auch wurde das Siel zum Ableiten des Wassers weiter betrieben. Aber einen Hafen, in dem Küstenschiffe anlegten, hatte Neustadt-Gödens dann nicht mehr.

Dennoch ist immer damit zu rechnen, dass die Landschaft kennzeichnende Details lediglich dekorativen Charakter haben. Das muss sicher beispielsweise bei den zahlreichen Merian-Stichen bedacht werden, die häufig ähnliche Staffagen haben. Einzelne Themen, zu denen Aussagen aus den Darstellungen abgeleitet werden können, sollen im Folgenden behandelt werden.

Stadtanlagen insgesamt

Die Siedlungen lagen meistens in den niedriger gelegenen Bereichen des Landes, in denen die Böden fruchtbarer waren. Die steinigeren und weniger fruchtbaren Gebirgszüge waren dagegen – genauso wie heute – eher von Wald bedeckt. Diese Situation ist auf dem Kupferstich des Matthäus Seutter von Pyrmont aus dem Jahr 1738 sehr gut zu erkennen.

Der Grundriss der Stadtanlage war in vielen Fällen auf die Kirche bezogen: Entweder verlief die Hauptstraße parallel zur Kirche, die in früher Zeit so gut wie immer möglichst genau von West nach Ost ausgerichtet war, oder die Hauptstraße führte im rechten Winkel zur Kirche entlang, also von Nord nach Süd: Das lässt sich auf mehreren Bildern von niedersächsischen Städten gut erkennen. Fürstenau ist auf einem Plan eines unbekannten Künstlers von 1722 klar von Ost nach West gebaut, ebenso Bücken (kolorierte Karte von Catterbach, 1743-1745?), Hardegsen (Darstellung von Johannes Krabbe, 1603), Harpstedt (Karte von Manson, 1740), Hessisch Oldendorf (Darstellung von Olve Hanson Svartz, um 1700), Rehburg (bei Wolfgang Schwendimann 1681 erschienener Kupferstich), Rinteln (Zeichnung eines Oberst von Münchhausen, vor 1783), Schöningen (vor allem auf dem Plan von C. Krüger aus der Zeit um 1825 gut zu sehen) und Stadthagen (Plan des Hauptmanns und Landmessers Houpe von 1784).

Uslar (Darstellung von Gouffier de Bonnivet gen. de Villiers, 1710) liegt am Rand der Flussniederung in Ökotopengrenzlage: Unterhalb der Stadt befindet sich dunkler gezeichnetes Grünland, oberhalb Ackerland. Ebenso deutlich ist die Situation von Weener an der Ems dargestellt (Zeichnung des Ingenieurs von Honaert aus dem Jahr 1673). Die Niederung wird dort als »Hammerichs Lande« bezeichnet, das trockene Ackerland als »Gaste« (dieses Wort ist ebenso wie der Begriff »Geest« vom niederdeutschen »güst« = trocken abgeleitet). Die Bergstadt Altenau im Oberharz war nach Art einer Waldhufensiedlung angelegt; das ist auf dem Stich nach Matthäus Merian von 1654 gut zu erkennen. Die Häuser lagen etwas abgesetzt von der Oker in Ökotopengrenzlage zwischen trockenen und den feuchteren Flächen in Flussnähe. Vor allem oberhalb der Häuser sind die genau abgeteilten Hufen zu erkennen, die sich den Berg aufwärts ziehen. Die typische Lage zwischen trockenem Ackerland und feuchten Grünland geht in ganz hervorragender Weise aus einem Plan von Ottenstein hervor (»Plan von dem Flecken Ottenstein nebst dessen Environs« von G.C. Geitel, um 1770). Auf der rechten Seite der Karte sind die trockenen Felder zu erkennen, die als Gewanne in zahlreiche schmale Äcker parzelliert sind. Im feuchteren Bereich auf der linken Seite gibt es einen »Pferde Kamp« und einen »Kuh Kamp«. Dadurch, dass man Rinder und Pferde separat auf die Weide ließ, nahm man in Kauf, dass die Flächen nicht ebenso gut genutzt wurden wie auf der Bremer Bürgerweide (siehe dort). Es gab auch noch nassere Flächen bei Ottenstein, wo »der Bruch«, ein Teich und die »Flachs Höfe« lagen. Offenbar wurde Lein oder Flachs in der Nähe von Ottenstein angebaut; er könnte in der Bachniederung aufbereitet worden sein. Der ganze Ort ist von siedlungsnahen Gärten umgeben. Ähnlich detailliert zeichnete G.C. Geitel 1770 einen Plan von Vorsfelde.

Viele Städte waren dort entstanden, wo man eine Mühle am Fluss betreiben konnte. Die Mühle bildete das gewerbliche Zentrum der Städte: Mühlen waren Dienstleistungsbetriebe, in denen Korn gemahlen und Holz gesägt wurde. Mit den Erlösen daraus nahmen die Städte Geld ein. Die Lage bei der Mühle ist auf einer ganzen Reihe von Stadtansichten gut zu erkennen.

Besonders markant war das die gesamte Weser durchziehende Mühlwehr von Hameln. In dieser Stadt wurden zahlreiche Mühlen betrieben, die ein »Eigendlicher Abris der Stadt Quern Hameln wie dieselbige von den Lüneburgische, den 12 Martii 1633 belegert, und bishero in belegerung ist gehalten worden« eines unbekannten Zeichners allerdings nicht deutlich zeigt. Klar hervorgehoben wurde dort aber das Weserwehr. Seitlich vom Wehr wurde eine Schleuse betrieben, durch die die auf der Weser verkehrenden charakteristischen flachen Kähne auf das Unter- oder Oberwasser gelangten. Seitlich der Schleuse wurde Holz umgeladen.

Mitten im Ort, unterhalb des Schlosses, lag die Mühle von Rodenberg (kolorierte Zeichnung von Wolff, 1837), auch mitten in Salzdetfurth, was auf der »CARTA von dem Adelichen Guthe und Hause BODENBURG« aus der Zeit um 1750 zu erkennen ist. Rehburg entstand auf einem Mühldamm, der den aus dem Steinhuder Meer herausführenden Meerbach staute. Diese Situation ist auf der Zeichnung des Gouffier de Bonnivet gen. de Villiers aus dem Anfang des 18. Jahrhunderts sehr gut zu erkennen: Die Mühle liegt in der Mitte von Damm und Ort. Ganz ähnlich wird die Ortsanlage von Steyerberg deutlich gemacht: Die »muhlen Brücke« führt über mehrere Gewässerarme zu den auf einem Damm gelegenen Häusern des Ortes in der Nähe der Mühle. Das geht aus dem Plan desselben Zeichners aus dem Jahr 1728 klar hervor. Sulingen bestand nach dem »Plan des Fleckens Sulingen vor dem Brande vom 12.9.1719« aus zwei Siedlungsteilen, die jeweils in Ökotopengrenzlage zwischen hell gezeichneten Äckern und dunkel vermerkten Niederungen mit Grünland lagen. Durch die Senke führten ein Damm und eine Brücke mit einer Mühle in der Mitte.

Andernorts wurde für den Betrieb der Mühle ein Mühlteich aufgestaut, was beispielsweise auf den Darstellungen von Bodenteich (W. Gräber, um 1808; der See wird auch auf dem Merianstich präsentiert) und Hude zu erkennen ist. Darauf bezieht sich der Name des Ortes Bodenteich. Unterhalb starker Quellen, wie sie beispielsweise in Springe (kolorierte Zeichnung von Capitaine-Ingenieur Gouffier de Bonnivet gen. de Villiers von 1712) bestanden, konnte man unmittelbar Mühlen betreiben.

In Melle lagen die Mühlen außerhalb der Stadt (kolorierte Handzeichnung von F.H. Kock, 1765), in unmittelbarer Nachbarschaft zur Wiese des Landesherrn. Ähnlich war die Situation in Sarstedt (Plan von 1667) und Peine (kolorierte Zeichnung von 1714). Die Darstellung von Carl de la Tour (?) von nach 1725 vermittelt ein kompliziertes Netz von Gewässern an der Fuhse.

Wasser wurde auch durch einen Kanal geleitet, der als »die schwartze riehe« bezeichnet wird. Er ist beidseits mit Bäumen bepflanzt; zur Bepflanzung von Kanälen verwendete man besonders gerne Pappeln, die die Böschungen stabilisierten. Ob diese Bäume tatsächlich dargestellt wurden oder ob hohe Bäume lediglich als Staffage hinzugefügt wurden, lässt sich aber nicht entscheiden. In Quakenbrück gab es die »Kleine« und die »Groeße Mühle« (Zeichnung von Johann Reiner Össing von 1730) am Stadtrand; in ähnlicher Situation wurde die Mühle von Stolzenau betrieben (Stich von Matthäus Merian d. Ä. 1647). Zusätzlich dargestellt wurde auf diesem Stich eine Schiffmühle, die auf der Weser verankert war (im Bild rechts). Mühlen und ihre Kanäle sind ebenso im Ortskern von Siedenburg zu erkennen (Merianstich von 1654).

In Pyrmont gab es dem Kupferstich von Matthäus Seutter aus dem Jahr 1738 zufolge ein Gradierwerk (»Gradir Haus«) in der Nähe der Salzquelle (»Saltz Brunn«). Man leitete mit Wasserkraft vom »Kunst Rad« an der »Bruckmühl« die Sole auf die Höhe des Gradierwerkes. Von dort rann salzhaltiges Wasser über ein Geflecht von Schwarzdornzweigen herab. Ein Teil des Wassers verdunstete, so dass die Sole eingedickt wurde. Solche Gradierwerke baute man, um Holz einzusparen. Denn beim Sieden eingedickter Sole brauchte man weniger Holz, um reines Salz zu gewinnen.[1]

Oberhalb von Uslar befanden sich mehrere Spezialmühlen, die auf einer Zeichnung von Gouffier de Bonnivet gen. de Villiers aus dem Jahr 1710 dargestellt sind: eine Kupfermühle, eine Sägemühle und eine Papiermühle.

Auf einer skizzenhaften Darstellung von Lüneburg (Frantz Buch und Martin Bokel, 1569) ist die Landwehr zu erkennen, deren Anfänge in die Zeit des ausgehenden 14. Jahrhunderts zurückreichen.[2]

Gärten

Vor der Stadt musste es ein freies Schussfeld geben. Auf der Kartendarstellung nach Matthäus Merian (1654) von Bremervörde wird auf diese Situation eingegangen. Dort sind bezeichnet: »Ruinirte Häuser von der Statt So der Vestung zu nahe gelegen«. Die Grundrisse der abgerissenen Gebäude sind auf der Karte deutlich zu erkennen. In diesem freien Schussfeld gab es keine Bebauung, auch keine Wälder. Aber es befanden sich dort neben städtischen

---

[1] Vgl. zu Gradierwerken: Küster, Hansjörg, Geschichte der Landschaft in Mitteleuropa. Von der Eiszeit bis zur Gegenwart, München 1995, 2010 (4. Aufl.), S. 276 f.

[2] Pries, Martin, Die Lüneburger Landwehr aus kulturgeographischer Perspektive, in: Niedersächsisches Jahrbuch für Landesgeschichte 78, 2006, S. 1-16.

Viehweiden auch Gärten. Die auf manchen Ansichten dargestellten Bäume in den Gärten scheinen die freie Sicht auf potentielle Angreifer der Städte nicht behindert zu haben.

Die Gärten der Bürger lagen auf besonders fruchtbaren Böden. Ihr enormer Reichtum an Mineralstoffen resultiert daraus, dass dort in früheren Jahrhunderten die Abfälle aus der Stadt deponiert wurden. Diese fruchtbaren Gartenböden werden Hortisole genannt.

Gärten, die zum Teil von Zäunen oder Hecken umgeben wurden, lagen bereits am Ende des Mittelalters vor den Mauern von Städten. Dies kann man den Darstellungen von Hans Bornemann auf dem Heiligenthaler und dem Lambertialtar in St. Nicolai in Lüneburg aus dem Jahr 1447 entnehmen. In den folgenden Jahrhunderten fiel diese Situation den Schöpfern von Stadtansichten immer wieder auf. Man erkennt sie auf einem Plan von Einbeck aus dem Jahr 1575 und einem Stich von Stade, den Simon van den Neuwel in der Zeit um 1598 anfertigte.

Zahlreiche Ansichten aus dem 17. Jahrhundert zeigen Entsprechendes. Johannes Krabbe gab diese Situation auf einer Darstellung von Hardegsen im Jahr 1603 an. Die Lage der Gärten vor den Städten Dransfeld und Göttingen im Jahr 1610 zeigen Kupferstiche von Johannes Jeep. Stadtnahe Gärten sind auf mehreren Merianstichen von 1654 dargestellt, und zwar von Bodenteich, Ebstorf, Hardegsen, Liebenau, Münder, Northeim, Ottenstein, Siedenburg, Steyerberg, Uelzen und Wittingen. Unter anderem der Stich von Caspar Merian nach Conrad Buno, der Münder zeigt, verweist darauf, dass in den Gärten Bäume gezogen wurden.

Aus dem späten 17. Jahrhundert stammen weitere Darstellungen von Gärten vor der Stadt, etwa der 1667 entstandene »Abriß der Stadt Verden. Wie selbige sich Anno 1663. Von der Marschseiten heer presentiret« und der Heinrich von Lennep zugeschriebene Stich von Oldenburg aus dem Jahr 1671 nach einer Darstellung des Zustandes von etwa 1667. Aus dem Atlas des Communion-Hartzes von 1680[3] stammt die Darstellung der Gärten von Altenau des Johann Zacharias Ernst und von Grund, die Henning Groskurt verfertigte. Johann Zacharias Ernst zeichnete auch 1683 eine Karte von Braunschweig, in der die »Gärten bey der Stadt« eigens bezeichnet sind. In Goslar befanden sich nach einer kolorierten Zeichnung (1684-1686) die Gärten etwas abgesetzt von der Stadt zwischen mehreren Gewässerarmen. 1686 erschien bei Christoph Riegel in Nürnberg ein Stich, der ebenso Gärten vor

---

3 bei der Wieden, Brage/Böckmann, Thomas (Hrsg.), Atlas vom Kommunionharz in historischen Abrissen von 1680 und aktuellen Forstkarten (Aus dem Walde; 59), Hannover 2010.

der Stadt zeigt: ein Kupferstich von Pyrmont, der 1698 bei Gottfried Freytag herausgegeben wurde.

Ganz üblich scheint die Lage von Gärten vor den Mauern und Befestigungsanlagen der Städte im 18. Jahrhundert gewesen zu sein. Das geht aus einer Zeichnung von C. H. Wäterling aus der Zeit um 1710 hervor, die Bockenem zeigt. Ein Stich von Jakob Wilhelm Heckenauer aus der Zeit um 1720 zeigt Gärten vor Wolfenbüttel, deren Darstellung wohl idealisierend übertrieben wurde. Nach 1725 stellte Carl de la Tour(?) Gärten am Stadtrand von Peine dar. 1729 verzeichnete der Ingenieur Johann Martin Anhalt Gärten vor Gandersheim auf einer Karte, von der F. A. Lüders 1752 eine hier abgedruckte Kopie verfertigte. Die Gärten sind recht schematisch mit jeweils einem Baum versehen, der darauf verweisen kann, dass die Gärten zum Obstanbau verwendet wurden. Eine Ansicht von Hannover, die Friedrich Bernhard Werner ebenfalls 1729 schuf, belegt die Lage von Gärten vor Hannover. In Moringen ist diese Situation nach einem Plan für das Jahr 1734 belegt, in Hameln nach Aussage einer Karte des Ingenieurs Leutnants B. J. Z. Fescka 1738, in Hildesheim um 1740 (Ansicht von Friedrich Bernhard Werner) und für die Zeit um 1750 sowohl in Göttingen (Kupferstich von Matthäus Seutter) als auch in Zellerfeld (»Prospecte des Hartzwalds nebst accurater Vorstellung der auf selbigem gebräuchlichen Bergwerks-Machinen, Ertz- und Praege-Arbeiten ...«, Stich von Homannsche Erben). In der von Speirmann 1756 gezeichneten Karte von Burgdorf sind »Bürgerliche Gartens« vermerkt. Ein Plan von der Zitadelle und Stadt Vechta belegt die Lage von Gärten um das Jahr 1760, ein bei Gabriel Nikolaus Raspe um 1762 gedruckter Stich zeigt sie am Stadtrand von Celle, eine Zeichnung von Francisco Xavier de Aragao von 1771 in Bückeburg, die »Hydrographische Charte vom Koeniglichen Amte Blekede. Nebst denen im Elbstrohme befindlichen Sanden und Werdern ...« 1777 in Bleckede. Vor 1783 bestanden städtische Gärten vor Rinteln (Zeichnung eines Oberst von Münchhausen), 1785 vor Winsen (Karte von Hauptmann Schneider), 1793 in Lüneburg (Plan von C. H. Diehle) und um 1790/1800 in Göttingen (nach einer aquarellierten Federzeichnung von Heinrich Christoph Grape). Auf Grapes Zeichnung ist sehr gut zu erkennen, dass damals Obstbäume in den Gärten gezogen wurden. Aus der Zeit um 1825 stammen schließlich Gartendarstellungen vor der Stadt von Celle (Radierung von Heinrich Martin Grape nach einer Zeichnung von Isaak Nathanael Caßler) und Schöningen (Plan von C. Krüger).

Danach änderte sich das unmittelbare städtische Umfeld. Die Befestigungen verschwanden, es gab keine Notwendigkeit mehr, ein Schussfeld vor den Städten freizuhalten. Die städtische Bevölkerung wuchs erheblich an. Im unmittelbaren Umfeld der alten Stadtkerne entstanden aber in den meisten

Städten keine Mietskasernen, sondern Wohngebiete besser gestellter Bürger: Sie bauten dort ihre von Gärten umgebenen Einfamilienhäuser und nutzten die exzellente Bodenqualität der Standorte nun ihrerseits weiter.[4]

Stadtnahe Viehweiden

Mit dem weiteren Zweck, ein freies Schussfeld vor der Stadt zu haben, war eine Nutzung des stadtmauernahen Gebietes als bürgerliche Viehweide besonders gut zu vereinen. Allerdings gab es solche Weiden möglicherweise erst in etwas späterer Zeit als Gärten vor der Stadt. Jedenfalls könnte dieses Ergebnis aus der Auswertung der hier vorliegenden Ansichten hervorgehen.

Die älteste Darstellung einer städtischen Viehweide ist die von Moringen auf einem Plan von 1734. Die Existenz einer solchen Weide ist für Otterndorf durch zwei Darstellungen aus ähnlicher Zeit belegt, und zwar durch eine Kupferradierung von Johannes Nicolaus Grimmann aus dem Jahr 1747 und auf einem Plan des Leutnant Pape aus dem Jahr 1749. Eine Karte von Gifhorn aus dem 18. Jahrhundert belegt ebenfalls städtische Viehweiden im Schussfeld vor der Stadt.

Weitere Darstellungen stammen aus dem 19. Jahrhundert, aus Celle (Radierung von Heinrich Martin Grape nach einer Zeichnung von Isaak Nathanael Caßler, um 1825), Gifhorn, Jever (aquarellierte Tuschezeichnung von Friedrich Adam Wilhelm Barnutz, um 1830) und Rinteln (Georg Osterwald, um 1835).

Eine Darstellung der Bürgerweide in Bremen von Anton Radl (1819) zeigt, dass dort erstaunlich viele Rinder und auch Pferde weideten. Es ist kaum vorstellbar, dass das Gras dauerhaft für so viel Vieh reichte. Wenn tatsächlich derart viele Tiere auf der Bürgerweide standen, muss man davon ausgehen, dass sie noch eine reichhaltige Zufütterung erhielten. Ein interessantes Detail ist die Beimischung von Pferden zu den Rindern. Dadurch wurde die Weide besser gepflegt. Pferde fressen die Pflanzen, die auf Kuhfladen wachsen. Diese Pflanzen werden von Rindern stehen gelassen, die aber von Pferden verschmähte Pflanzen zu sich nehmen, die dadurch besonders gut gewachsen waren, weil sie von Pferdekot gedüngt worden waren. Eine Mischung der Tiere verhindert, dass die jeweils auf Kot gewachsenen Pflanzen als unansehnliche Horste auf den Weiden stehen bleiben.[5]

---

4 Küster, Geschichte (wie Anm. 1), S. 344.
5 Ellenberg, Heinz, Vegetation Mitteleuropas mit den Alpen: in ökologischer, dynamischer und historischer Sicht, Stuttgart 1978, 1996 (5. Aufl.), S. 65.

Johann Heinrich Ramberg stellte 1798 eine von Bäumen bestandene Viehweide im Vordergrund von Hannover dar. Charakteristischerweise sind die unteren Zweige der Bäume vom Vieh abgebissen, so dass sich eine »Fraßkante« ergibt, die es einem erlaubt, unter den Bäumen hindurchzusehen. Doch die Darstellung ist stilisiert, entweder sind die Tiere zu klein geraten, oder die Fraßkante wurde vom Künstler zu hoch positioniert.

Ebenfalls in der Nähe der Städte und der Fürstensitze lagen oft Tiergärten, in denen Wild gehalten wurde und wo die Fürsten auf die Jagd gingen, etwa in Bremervörde; dies ist auf dem Stich nach Matthäus Merian von 1654 dargestellt.

»Bürgerliche Wiesen« gab es laut einer von Speirmann 1756 aufgenommenen Karte beim Schloss von Burgdorf. Die Heuernte als ein Hinweis auf weitere Wiesen ist als Staffage der Merian-Stiche (1654) von Dannenberg, Calvörde, Lamspringe und Lüchow dargestellt. Auf dem Stich von Lüchow ist zu sehen, wie Heu auf einem Erntewagen eingefahren wird.

Stadtnahe Felder

Auf vielen Stadtansichten ist zu erkennen, dass die Feldflur aus etwa quadratischen Blöcken bestand, die ihrerseits in Ackerbeete der einzelnen Bauern unterteilt sind. Diese Darstellungsweise von Ackerland ist so weit verbreitet, dass man davon ausgehen muss, dass Ackerland tatsächlich so aussah. Die Künstler ließen bei der Gestaltung der Flächen auf ihren Bildern nicht der Phantasie freien Lauf. Schmale Ackerbeete liegen nebeneinander, die zur Mitte hin leicht aufgewölbt sind. Die einzelnen Ackerbeete gehörten einzelnen Bauern. Dies ist besonders detailliert auf einem Plan von Vilsen vermerkt, den C.F. Schröder 1791 zeichnete: Man ersieht daraus, welchem Bauern jeder Acker gehörte, die zu Feldern zusammengefasst waren. Auf diesen Feldern bestand im Rahmen der Dreifelderwirtschaft ein Flurzwang. Ebenso klar sind einige Besitzvermerke von Äckern auf einem Plan des Ingenieurs von Honaert aus dem Jahr 1673 von Weener zu erkennen. Auf den Feldern musste über den Flurzwang geregelt werden, dass insgesamt die gleichen Kulturpflanzen angebaut wurden. Das war dringend notwendig: Nur so war es möglich, alle Ackerbeete auf einem Feld zur gleichen Zeit zu bestellen und zur gleichen Zeit zu ernten. Dann musste der Ackerwagen auch einmal auf dem Beet des Nachbarn abgestellt werden. Auf dem Plan von Schöningen, den C. Krüger um 1825 zeichnete, ist angegeben, wo das »Winter-Feld«, das »Sommer-Feld« und das »Brach-Feld« lagen. Damit kann nur die Situation eines speziellen Jahres vermerkt sein; denn im folgenden Jahr änderte sich die Bewirtschaftung der drei Felder. Auf dem Winterfeld wurde Sommerfrucht angebaut, das Sommerfeld lag brach, und die Wintersaat wurde auf dem Brachfeld ausgebracht.

Schmale Äcker, die die mittelalterliche Flureinteilung wiedergeben und zu Feldern zusammengefasst wurden, sind auf zahlreichen Darstellungen zu erkennen. Eine Zeichnung von Matz Sincken zeigt sie vor Goslar im Jahr 1574, man erkennt sie ebenso auf einer Karte von 1575, die Einbeck darstellt, einem Stich von Simon van den Neuwel von Bremen, um 1598 entstanden, auf einer kolorierten Handzeichnung von Diepholz aus dem Ende des 16. Jahrhunderts und einem Plan von Stade, den Leonard Schott (de Schotte) um 1600 zeichnete.

Solche Fluren sind auf zahlreichen Merianstichen von 1654 zu erkennen; vielleicht dienten sie dort aber nur als schematische Staffage, und zwar auf den Stichen von Bodenteich, Bodenwerder, Bremervörde, Drakenburg, Ebstorf, Eldagsen, Fallersleben, Hardegsen, Holzminden, Lamspringe, Liebenau, Lüchow, Münder, Northeim, Ottenstein, Schöningen, Schöppenstedt, Stolzenau, Uelzen und Wunstorf. Auf einigen dieser Merianstiche findet man interessante Details, die nicht unbedingt die Situation am Ort wiedergeben, aber doch auf damals übliche Praktiken hinweisen. Auf dem Merianstich von Schöppenstedt wird auf einem Acker gepflügt, auf einem anderen, wohl dem Brachacker, hütet ein Hirte Vieh. Auf den Darstellungen von Ebstorf, Eldagsen, Ottenstein und Wunstorf ist jeweils sehr deutlich ein Beetpflug zu erkennen, mit dem die Schollen zur Seite geworfen werden. Der Pflug wird jeweils von drei Pferden gezogen, ein Reiter führt die Pferde, ein weiterer Mann lenkt den Pflug.

Weitere Darstellungen schmaler Äcker, die zu Feldern zusammengefasst sind, finden sich auf einer Karte von Hildesheim aus dem Jahr 1685, auf einem bei Gottfried Freytag 1698 erschienenen Kupferstich von Pyrmont und einer kolorierten Zeichnung aus dem Ende des 17. Jahrhunderts von Soltau.

Zahlreiche solche Darstellungen stammen aus dem 18. Jahrhundert: von Rehburg (Zeichnung von Gouffier de Bonnivet gen. de Villiers, Anfang des 18. Jahrhunderts), Gandersheim (bei Gottfried Freytag in Wolfenbüttel 1709 erschienener Kupferstich), Bockenem (Zeichnung von C.H. Wäterling, 1710), Uslar (Gouffier de Bonnivet gen. de Villiers, 1710), Springe (vom selben Zeichner kolorierte Zeichnung, 1712), Peine (kolorierte Zeichnung von 1714, dazu wird die Bezeichnung »Peinerfeldt« gegeben), Königslutter (Karte von Johann Jacob Müller, 1716), Sulingen (Zeichnung von 1719, die den Zustand davor wiedergibt), Fürstenau (Plan von 1722 von unbekannter Hand), Helmstedt (Kupferstich von I.G. Schmidt, um 1725), Siedenburg (kolorierte Zeichnung von Gouffier de Bonnivet gen. de Villiers, 1728), Steyerberg (kolorierte Zeichnung des selben Künstlers von 1728), Moringen (Zeichnung von Börries von Münchhausen, 1735), Pyrmont (Kupferstich von

Matthäus Seutter, 1738), Einbeck (Karte von Spangenberg, 1740), Harpstedt (auf der Karte von Manson, 1740, als »Harpstedter Landt« bzw. »Harpstedter Flecken und Kirchen Land bezeichnet«), Hildesheim (Stich von Johann Georg Ringlin nach Friedrich Bernhard Werner, um 1740), Hitzacker (Stich von Bernigeroth, 1744), Calvörde (Karte von A. C. Counradi, 1745), Burgdorf (1756 von Speirmann gemessen und aufgetragen, mit dem Begriff »Stadt Länderey« versehen), Celle (bei Gabriel Nikolaus Raspe um 1762 gedruckter Stich), Melle (kolorierte Handzeichnung von F. H. Kock, 1765), Bückeburg (Zeichnung von Francisco Xavier de Aragao von 1771), Pyrmont (Plan von J. C. Dammert, 1790) und Lüneburg (von C. A. Diehle 1793 gezeichneter Plan). Die jüngeren Darstellungen solcher Fluren sind insofern interessant, als sie Belege dafür sein können, dass zum Zeitpunkt der Aufnahme von Karten und Skizzen die Äcker noch nicht verkoppelt waren. Seit dem 18. Jahrhundert wurden Agrarreformen durchgeführt, bei denen schmale Äcker zu großen Wirtschaftseinheiten zusammengekoppelt wurden. Daher rührt der Begriff »Koppel«.[6]

Doch auch im 19. Jahrhundert bestanden noch vielerorts die schmalen Äcker, die in ähnlicher Form bereits im Mittelalter bewirtschaftet wurden. Das zeigen die Darstellungen aus Jever (aquarellierte Tuschezeichnung von Friedrich Adam Wilhelm Barnutz, um 1830), Rodenberg (kolorierte Zeichnung von Wolff, 1837), Lauterberg (Stahlstich nach C. Schmidt, um 1850), sowie von Friedrich Trackert (um 1850), die verschiedene Orte zeigen: Blankenburg, vom Amt Salder, in das verschiedene Orte einbezogen sind, die heute im Stadtgebiet von Salzgitter liegen, und Helmstedt.

In mehreren Gegenden waren die aus mehreren Wölbäckern bestehenden Felder insgesamt von einer Hecke umgeben; das wurde beispielsweise auf einem Bild von Iburg dargestellt (von C. L. Reinhold 1777 gestochener Plan). In der Nähe von Schöningen und bei Syke war ein Teil der Felder von Hecken eingefasst (Merianstiche von 1654). Auf dem Stich von Syke ist eine Situation gezeigt, bei der Hecken, die die Felder umgeben, jeweils auch Wege von ihnen abtrennen. Auf dem Merianstich von Drakenburg ist eine Art von Weg zu sehen, die sonst nur aus Schleswig-Holstein und Mecklenburg bekannt ist: Zwei Hecken rahmen einen Weg ein, auf dem ein Reiter unterwegs ist. Man nennt einen solchen Weg im Norden einen Redder.[7] Auf dem Merianstich von Holzminden ist ein ähnlich gestalteter Weg zu sehen, auf dem eine Person zwei Tiere auf die Stadt zutreibt, und ein weiterer solcher Weg ist auf dem Merianstich von Syke zu erkennen.

6 Küster, Geschichte (wie Anm. 1), S. 258 f.
7 Ebd., S. 259.

Die Koppeln, die man seit dem 18. Jahrhundert schuf, wurden in einigen Gegenden von Wallhecken umzogen, vor allem auf der ostfriesischen Geest. Das ist auf Darstellungen von Aurich gut zu erkennen. Ein Stich von A.H.Payne, um 1850, zeigt frisch angelegte Wallhecken, deren Flanken noch unbewachsen sind. Die Büsche auf dem Wall sind gleich groß. Wenn man nicht davon ausgeht, dass der Künstler sie schematisch gleich groß darstellte, könnte man vermuten, dass sie in gleicher Größe erst frisch gepflanzt worden waren, als der Künstler sie darstellte.

In unmittelbarer Nähe von Burgdorf lagen nach dem Plan von G.C.Geitel aus dem 18. Jahrhundert außer Feldern, die in Beete unterteilt waren, auch etwa quadratische größere Felder, die nicht unterteilt waren. Sowohl die parzellierten als auch die unparzellierten Felder werden »Camp« genannt. Ungeteilte Blöcke, die auch als Kamp-Fluren im engeren Sinne bezeichnet wurden, bestanden neben parzellierten Gewann-Fluren. Die Blöcke wurden aber auch durch Verkoppelung zusammengelegt und neu geschaffen. Ein als »gross Kampf« bezeichneter Block auf der Darstellung von Diepenau des Capitaine-Ingenieurs Gouffier de Bonnivet gen. de Villiers von 1715 ist ebenso wie andere blockförmige Fluren von Hecken umzogen.

Kämpe konnten als Esche bewirtschaftet werden. Dabei baute man in mehreren Jahren hintereinander die gleiche Kulturpflanze an; weit verbreitet war der »Ewige Roggenbau«, und zwar speziell im Nordwesten Mitteleuropas[8]. Dazu mussten die Felder auf spezielle Weise gedüngt werden. Man hob auf Heideflächen den Oberboden mit den Pflanzen ab und brachte die auf diese Weise gewonnenen »Plaggen« in die Ställe. Dort wurden sie einen Winter lang als Einstreu verwendet. Sie mischten sich mit den Fäkalien der im Stall stehenden Tiere. Im folgenden Frühjahr wurden die Plaggen auf dem Esch ausgebracht. Der Esch wurde auf diese Weise gedüngt und zugleich erhöht. Eschbereiche sind bis über einen Meter höher als ihre Umgebung. Ein solches Feld ist im Vordergrund einer Darstellung von Fürstenau vorzüglich zu erkennen, die von einem unbekannten Künstler 1689 angefertigt wurde. Dieser Esch liegt auf der Darstellung übrigens brach: Die Schafe, die ein Flöte spielender Schäfer hütet, weiden sowohl auf dem Esch als auf anderen benachbarten Parzellen. Eine weitere Darstellung von Eschfluren findet sich auf einer Karte von Meppen, die 1661 von unbekannter Hand gezeichnet wurde.

---

8 Verbreitungskarte von Müller-Wille, Wilhelm, Der Feldbau in Westfalen im 19. Jahrhundert, in: Westfälische Forschungen 1, 1938, S. 51-86; umgezeichnet in: Behre, Karl-Ernst, Landschaftsgeschichte Norddeutschlands. Umwelt und Siedlung von der Steinzeit bis zur Gegenwart, Neumünster 2008, S. 176.

Im Hügelland nutzte man die am höchsten gelegenen Hügel zum Bau von Windmühlen aus. Dies ist auf dem Merianstich von Fallersleben aus dem Jahr 1654 und einem Kupferstich von I.G. Schmidt von Helmstedt aus der Zeit um 1725 zu erkennen; rings um Helmstedt standen gleich mehrere Mühlen auf Hügeln.

Landnutzung in den Marschen an der Nordseeküste

Ähnlich parzelliert wie Gewannfluren waren durch Gräben getrennte Ländereien in meeres- und flussnahen Feuchtgebieten, die man auf Darstellungen von Buxtehude (Heinrich Christian von Grünenberg, 1729), Harburg, Stade und Ritzebüttel erkennen kann. Vor Ritzebüttel wurden, einem Stich von Hans Martin Winterstein aus der Zeit um 1675 zufolge, neue Flächen eingedeicht. Gleich hinter dem Deich wurden Bauernhäuser errichtet, und in ihrer Umgebung hielt man Vieh. Auf der Karte wird zwischen »de olde Dyck« und »de neuwe Dyck« unterschieden. Vor dem alten Deich liegt auch »im neuwen Feld«, durch das »de neuwe Weg« seinen Lauf nimmt, neben dem der »Wetter« genannte Längsgraben zur Entwässerung verläuft. Älter ist offenbar der westlich davon liegende Deich von Döse, der parzelliertes Ackerland schützt. Im Westen grenzt der Döser Koog an die mit dem Begriff »Geest« bezeichneten Hügel, die zu einer Endmoräne aus der Saale-Eiszeit gehören. Den Hügeln sitzen Dünen auf, die nur krüppelartiges Gehölz tragen. Auf diese Dünen nimmt der Ortsname »Duhnen« Bezug.

In den eingedeichten Marschen Ostfrieslands zog überschüssiges Wasser durch Sieltiefs ab. Ein solches Gewässer ist auf einer Zeichnung von Dornum aus dem Jahr 1719 dargestellt. Die Siele führten durch den Deich: Dabei handelte es sich beispielsweise um zwei schräg gestellt Tore, die vom abfließenden Wasser nach außen, von hohen, auf das Land zuströmenden Fluten aber fest zugedrückt wurden. Auf der Zeichnung von Dornum finden sich zwei nebeneinander liegende Siele, »Doornumer Siel« und »Accumer Siel«.

Mit einigen hier gezeigten Abbildungen des Siels vor Neustadt-Gödens lässt sich ein Stück Neulandgewinnung am südwestlichen Jadebusen nachzeichnen. Nur auf einer Handzeichnung des Georg Fabricius von 1599 wird unmittelbar am Siel ein Sielhafen gezeigt. Drei Boote liegen am Ufer, ein viertes wird vom Meer aus auf den Hafen zu gesteuert. Auf späteren Darstellungen, die Eberhard von Romunde 1619 sowie Samuel Griese und Albert Brahms 1726 anfertigten, ist vom Hafen keine Spur mehr zu sehen. Im Lauf des 17. Jahrhunderts war das Land vor Neustadt-Gödens nämlich eingedeicht worden.⁹ Das Siel blieb erhalten, aber der Hafen musste an den äußersten Deich verlagert werden. Neustadt-Gödens hatte dadurch seine Hafenfunktion verloren.

Das Siel am Galgentief am Ostrand der Stadt Norden ist auf einer Zeichnung aus dem Jahr 1588 zu erkennen. Es scheint, soweit dies auf der skizzenhaften Darstellung zu erkennen ist, geöffnet zu sein. Wasser zieht ab. Hinter dem Siel könnte ein Netz zum Fischfang gespannt sein. Auf einer Zeichnung von Jacob Vechter aus dem Jahr 1595 liegen im Hafen vor dem »Norder Zyll« mehrere Boote. Ein weiteres Boot steuert auf dem Sieltief die offene See an. Die Windmühle unmittelbar am Siel könnte zur Entwässerung des Landes gedient haben.

Spezialkulturen

Separat von den drei Feldern, auf denen Fruchtwechsel betrieben wurde, baute man spezielle Kulturpflanzen an. Auf einer kolorierten Handzeichnung von Alfeld (um 1700) erkennt man einen Hopfengarten. Ein solcher Garten war für eine lange Frist angelegt: Man musste ihn einige Jahrzehnte lang bewirtschaften. Daher befand sich der Hopfengarten separat vom übrigen Wirtschaftsland.

Für lange Zeit legte man auch einen Weinberg an. Ein solcher ist – in etwa ähnlicher Lage wie heute auch – auf einem Stich von Bernigeroth aus dem Jahr 1744 angegeben, der Hitzacker zeigt, und zwar im Vordergrund rechts: Einzelne Reben ranken sich um Rebstöcke.

Wenn man Flachs (Lein) anbaute, brauchte man eine Bleiche am Wasser, wo man die Fasern aufbereitete. Eine Bleiche hatte aber auch eine wichtige Funktion beim Färben von Textilien oder einfach beim Wäschewaschen. Auf einer Karte von Gifhorn ist eine Bleiche neben der Bürgerweide eingezeichnet. Der bereits eingangs erwähnte Plan von Ottenstein von G.C.Geitel, um 1770 gezeichnet, führt die Lage von Flachshöfen in der Talsenke auf.

Die Moore wurden durch Fehnkulturen erschlossen. Eine frühe Darstellung davon aus der ersten Hälfte des 18. Jahrhunderts wurde in Papenburg aufgenommen. Die Darstellung ist insofern interessant, als die Fehnkultur in Papenburg erst 1631 begründet wurde, die die erste ihrer Art in Deutsch-

9 Homeier, Hans, Der Gestaltwandel der ostfriesischen Küste im Laufe der Jahrhunderte. Ein Jahrtausend ostfriesischer Deichgeschichte, in: Ohling, Jannes (Hrsg.), Ostfriesland im Schutze des Deiches (Beiträge zur Kultur- und Wirtschaftsgeschichte des ostfriesischen Küstenlandes; 2), Pewsum 1969, S. 3-75, bes. Karte 25.

land war.¹⁰ Deutlich erkennbar sind die Fehnkanäle, mit denen das Land erschlossen und entwässert wurde. Am Kanal wurden Häuser errichtet. Die Bewohner der Häuser kultivierten das Land hinter ihren Anwesen. Ihr Wirtschaftsland reichte bis zu der Linie, an der ihr Land an das anderer Kolonisten stieß, die vom benachbarten Kanal aus das Land erschlossen hatten.

Gehölze und Wälder

Stadtnahe Bäume wurden geschneitelt, das heißt, ihnen wurden oberhalb der Stelle, die vom weidenden Vieh erreicht wurde, belaubte Äste abgeschnitten. Sie wurden getrocknet und dienten als Winterfutter, als sogenanntes Laubheu. Wären die Bäume tiefer geschnitten worden, hätte das Vieh die jung nachtreibenden Äste sofort abgeknabbert. Das sollte verhindert werden. Das oben erwähnte Bild von der Bremer Bürgerweide zeigt das sehr eindrucksvoll. In entsprechender Weise fehlen den Bäumen die unteren Äste auf dem Merianstich von Lamspringe (1654).

Wälder waren weiter von den Städten entfernt. In den meisten Gegenden Niedersachsens gab es reine Laubwälder. Man kann sie auch auf vielen Darstellungen sehen. In den Hochlagen des Harzes standen aber auch Fichten. Auf dem Stich nach Matthäus Merian von 1654, der Altenau darstellt, ist deutlich zu erkennen, dass Fichten den Laubbäumen in den Wäldern beigemischt waren. Nur wenn es Nadelwälder in Stadtnähe gab, konnte man massive Holzhäuser errichten. Das ist auf dem Stich von Altenau von C. Hunkler nach Ludwig Rohbock von 1853 gut zu erkennen. Interessant ist auf einer Darstellung von J.G.Siemens aus der Zeit zwischen der Mitte des 17. und der Mitte des 18. Jahrhunderts, die Clausthal zeigt, dass der Brocken kahl dargestellt ist, der davor liegende Bruchberg aber bewaldet. Das mag nämlich der realen Situation entsprochen haben. Auf dem Brocken gibt es auch natürlicherweise waldfreie Stellen, die aber sicher bis zur frühen Neuzeit durch menschlichen Einfluss erheblich vergrößert worden waren, vor allem durch Beweidung.

Für bestimmte Gebäude schaffte man das Nadelholz auch in Flößen gebunden in die Gebiete, in denen es nicht vorkam. Auf einem Bild von Ebstorf, das J.G.Bernigau 1816 malte, ist die aus massivem Holz gebaute Mühle zu erkennen. Auf dem Stich von Walkenried von Johann Poppel nach Ludwig

---

10 Seedorf, Hans Heinrich/Meyer, Hans-Heinrich, Landeskunde Niedersachsen. Natur- und Kulturgeschichte eines Bundeslands, Band II: Niedersachsen als Wirtschafts- und Kulturraum: Bevölkerung, Siedlungen, Wirtschaft, Verkehr und kulturelles Leben, Neumünster 1996, S. 204, 275.

Rohbock von 1853 sind sowohl Fachwerk als auch verbretterte Giebel zu erkennen. Dies verweist darauf, dass zum Teil die Laubbäume aus der unmittelbaren Umgebung des Ortes zum Bauen verwendet wurden und auch Nadelholz von den Höhen des Harzes.

Wo es kein Nadelholz in den Wäldern gab, verwendete man nicht ebenso gerade gewachsenes Laubholz zum Bau von Fachwerkhäusern, die man auf zahlreichen Darstellungen erkennen kann.

Wälder wurden seit dem 18. Jahrhundert planmäßig aufgebaut. Dafür war der Förster verantwortlich, der in einem besonderen Gebäude, dem Forsthaus, lebte und arbeitete. Ein solches Gebäude, das »Försterhauß« ist seiner Bedeutung entsprechend auf einer Zeichnung des Johannes Krabbe von Eschershausen aus dem Jahr 1603 eigens hervorgehoben worden.

Nutzung von Flüssen

Ein interessantes Detail wird auf einer kolorierten Handzeichnung eines unbekannten Malers aus dem Jahr 1676 von Bleckede gezeigt: Die am Ort vorbeifließende Elbe ist zeitweise nur sehr flach, manchenorts weniger als einen Meter tief. Daher kann sie nur von Schiffen befahren werden, die einen geringen Tiefgang aufweisen. Für den Verkehr auf der Elbe konstruierte man Schiffe mit einem lang ausgezogenen flachen Bug. Die Bezeichnung »Elbkahn« für ein solches Boot verwenden wir heute noch bezeichnenderweise für zu große Schuhe.[11] Auf dem Bild von Bleckede ist ein solches Schiff gut zu erkennen.

Auf der stellenweise nur sehr seichten Weser verkehrten ebenfalls flache Kähne, die auf dem Merianstich von Stolzenau (1647) sowie auf Darstellungen der Schleuse von Hameln (Stich von Wilhelm Strack nach Dammert, um 1800) und der Stadtansicht von Rinteln (Georg Osterwald, um 1835) gut zu erkennen sind. Auf einem Bild von Hannoversch Münden (Heinrich Christoph Grape) ist ein sehr flaches Boot, das wohl beinahe ähnlich wie ein Floß gebaut war, mit einer Holzlast unterwegs. Vor allem Laubholz wurde oft auf diese Weise und nicht in Flöße gebunden transportiert, weil es ein hohes spezifisches Gewicht hat und im Gegensatz zum leichteren Nadelholz daher untergehen kann, wenn es auf dem Wasser transportiert wird. Mehrere

---

11 Küster, Hansjörg, Die Elbe. Landschaft und Geschichte, München 2007, S. 210. Abbildung eines entsprechenden Wasserfahrzeuges aus dem 19. Jahrhundert, in: Bracker, Jörgen/Prange, Carsten (Hrsg.), Alster, Elbe und die See. Hamburgs Schiffahrt und Hafen in Gemälden, Zeichnungen und Aquarellen des Museums für Hamburgische Geschichte, Hamburg 1981, S. 76f.

flachgehende Weserkähne sind auch auf weiteren Bildern von Hannoversch Münden zu sehen: auf einem Kupferstich von Franz Hogenberg aus der Zeit um 1588 wie auf einem »Prospect von Münden im Hannovrischen von der Nordwest Seite«, einem Stich von Z. H. Cassel nach A. Range von 1791. Den gleichen Schiffstyp erkennt man auf einer skizzenhaften Darstellung von Holzminden, die vermutlich von J. S. Engell (1765) stammt.

Auf einer Zeichnung, die Friedrich Wilhelm Hellmuth 1783 von Holzminden anfertigte, ist ein besonderes Wasserfahrzeug zu sehen: eine Gierfähre, die von der Strömung je nach Stellung des Ruders entlang einer Kette von Ufer zu Ufer getrieben wurde. Solche Fähren, auch »Fliegende Brücken« genannt, kamen nach dem Dreißigjährigen Krieg als eine Innovation aus den Niederlanden nach Deutschland. Die erste Gierfähre in Deutschland dürfte an der Elbe bei Dessau gebaut worden sein, und zwar 1682 von dem niederländischen Architekten und Ingenieur Cornelis Ryckwaert.[12] Der Maler scheint die Funktion einer solchen Fähre nicht genau verstanden zu haben, denn er zeichnete sie so, als ob sich Menschen an dem Seil entlang hangelten, um die Fähre von einem zum anderen Ufer zu bringen. Das ist aber wenig wahrscheinlich. Allenfalls zogen die Fährleute die Fähren in der Nähe des Ufers, wo die Strömung gering war, von Hand an Land. Heute besorgen dies bei den Fähren, die immer noch nach dem alten Prinzip betrieben werden, Dieselmotoren.

Auf der Aller waren ebenfalls kleine Schiffe unterwegs. Bei der Darstellung auf dem Merianstich von Rethem (1654) wird allerdings nicht deutlich, wie die dortige Brücke vom Schiff passiert wurde. Eventuell konnte man den Mast des Bootes umlegen; dann konnte das Fahrzeug wohl unter der Allerbrücke hindurch gleiten.

Selbst auf der Leine und auf der Hase wurde Schifffahrt betrieben. Johann Heinrich Ramberg stellte 1798 ein Wasserfahrzeug vor Hannover dar, das immerhin mehrere Personen an Bord hatte, und auch auf der Leine vor Neustadt am Rübenberge sind auf dem Merianstich aus dem Jahr 1654 mehrere Boote zu sehen. Der Merianstich von Haselünne zeigt ein Boot auf der Hase; nicht klar wird hier, ob die rechts im Vordergrund erkennbare Brücke eine Klappbrücke war, die eine durchgehende Schifffahrt auf dem Flüsschen ermöglicht hätte.

In der breiten Niederelbe waren die sich von Zeit zu Zeit verlagernden tiefsten Stellen, die man als Fahrrinnen nutzen konnte, nur schwer zu erkennen. Daher wurden sie mit Seezeichen ausgesteckt. Die Hamburger bezeichneten eine Untiefe vor ihrem Amtssitz Ritzebüttel mit einer Bake, die auf Melchior

---

12 Küster, Hansjörg/Hoppe, Ansgar, Das Gartenreich Dessau-Wörlitz. Landschaft und Geschichte, München 2010, S. 69f.

Lorichs Elbkarte von 1568 eingezeichnet ist: Eine hölzerne Tonne wurde auf eine lange Stange gesteckt. An der Nordsee und in den Mündungsgebieten von Elbe, Weser und Ems wurden die Wasserstände sehr stark von Gezeiten beeinflusst. Besonders hoch sind die Wasserstandsunterschiede an Elbe und Weser, an der Ems sind sie etwas geringer. Aber überall im Nordseeküstengebiet verwendete man Plattbodenschiffe, die man bei Niedrigwasser auf dem Wattboden absetzte, um sie zu be- und entladen; bei Hochwasser schwammen die Schiffe wieder auf. Wo die Tiden eine besonders hohe Amplitude hatten, brauchte man Ewer mit einem Plattboden aus Nadelholz, an der Ems verwendete man dagegen ebenso wie in den Niederlanden Tjalken, die man auch aus Laubholz zimmern konnte. Eine solche Tjalk ist ebenso wie ein dampfgetriebener Raddampfer auf einer Stadtansicht von Leer (Stahlstich von F. Foltz und L. Rohbock, um 1850) zu sehen.

In den Städten an der Niederelbe sollte man möglichst jedes Haus mit dem Boot erreichen können. Dass dies so war, ist einem Kupferstich von Buxtehude zu entnehmen, den Hieronymus von Hensbergen 1674 schuf. In dieser Stadt am Geestrand spielte Schiffbau eine große Rolle. Das Holz kam von der Geest, in der Marsch wurden die Schiffe gebraucht.

Straßen

Straßen wurden durch seitliche Baumreihen festgelegt; man legte Alleen an. Eine Stadtansicht von Melle zeigt gepflanzte Baumreihen, mit denen der Verlauf von Straßen zumindest in Stadtnähe fixiert wurde (Stich von C. L. Reinhold, 1777). In der Umgebung von Pyrmont gab es eine ganze Reihe von Alleen. Auch Wasserläufe wurden mit Bäumen bepflanzt (Kupferstich von Matthäus Seutter von 1738, Plan von J. C. Dammert, 1790). Alleen finden sich beispielsweise auf dem Merianstich von Schöppenstedt. Sie führten auch durch die Gärten von Bückeburg (Zeichnung von Francisco Xavier de Aragao von 1771). Auf einem Stahlstich von Schmidt aus dem Jahr 1859, der Lauterberg zeigt, sind mehrere Alleen oder Baumreihen zu erkennen. An ihnen befanden sich dort rundkronige Bäume, wo die Straßen durch trockenes Land führen; vielleicht handelte es sich um Linden. Dagegen sind in feuchten Senken Pappeln neben die Straßen gepflanzt wurden, ganz entsprechend, wie es bereits seit dem 18. Jahrhundert im Hildesheimer Land üblich war.[13]

13 Gebauer, Johannes Heinrich, Aus der Frühgeschichte der Hildesheimer Chausseen, in: Archiv für Landes- und Volkskunde von Niedersachsen 18, 1943, S. 406-415.

Auf einer Darstellung von Königslutter (Lithographie von Friedrich Trackert, um 1850) wird ganz offensichtlich angezeigt, dass an der starken Quelle, die sich dort oberhalb des Klosters am Rand des Elms befindet, ebenfalls schlanke Pappeln gepflanzt worden waren, sogenannte Lombardische Pappeln oder Pyramidenpappeln, die vielleicht Leopold III. Ludwig Franz von Anhalt-Dessau nach dem Siebenjährigen Krieg nach Deutschland gebracht hatte.[14] Pyramidenpappeln erinnerten an Zypressen, die nördlich der Alpen nicht überdauern können, und wurden an deren Stelle gepflanzt, wenn besonders bedeutungsvolle Orte bezeichnet werden sollten. Pyramidenpappeln stehen, genau in Reihe gepflanzt, am Rand der Weser bei Rinteln, auch an dem Gewässerarm der Exter, der um die befestigte Stadt im Westen herumführt (Georg Osterwald, um 1835).

Schluss

Insgesamt ist erstaunlich, welche Details zur Landschaftsgeschichte sich aus Stadtansichten ableiten lassen. Ganz klar wird ein allgemeines Resultat: Städte sind Teile der Landschaft. Ihre Gestalt, ihre Bauten und ihre Umgebung stehen in vielfältigen Zusammenhängen, die sich aus Abbildungen erschließen lassen. Sie müssen erklärt werden; dies wird mit dem hier vorgelegten Artikel versucht.

14 Küster/Hoppe, Gartenreich (wie Anm. 12), S. 126.

Hamburg, Elbe und Ewer

Die Versorgung einer Großstadt auf Wasserwegen

Hamburgs Lage am Elbästuar

Jede Stadt muss aus ihrem Umland mit Gütern des täglichen Bedarfs versorgt werden; dazu gehören Lebensmittel, Holz und andere Rohstoffe. Für Hamburgs Versorgung waren die Wasserwege besonders wichtig, vor allem die Elbe und der Elbästuar, der durch das Eindringen der Nordsee in das untere Elbtal nach der Eiszeit entstanden war. Weil in der Nacheiszeit große Eismassen auf der Erde abschmolzen, stieg der Wasserspiegel der Weltmeere um etwa 120 bis 130 Meter. Im Verlauf dieses Prozesses wurde das Tal der unteren Elbe immer stärker von Tiden beeinflusst. Die Tiden sind heute am Rand der Deutschen Bucht besonders hoch; der Tidenhub beträgt bei Cuxhaven, also an der Mündung der Elbe, etwa drei Meter oder sogar etwas mehr.[1] Bei Flut wird Flusswasser in der Elbe gestaut. Das Wasser im größten Teil des Ästuars hat in der Regel nur einen geringen Salzgehalt und ist daher als Süß- oder Brackwasser zu bezeichnen. Doch gelegentlich dringt auch Wasser mit höherem Salzgehalt in den Elbästuar ein. Daher müssen alle Pflanzen, die im tidebeeinflussten Bereich des Ästuars wachsen, eine gelegentliche Überflutung durch Wasser höheren Salzgehalts ertragen können.

Nicht nur im Einzugsbereich des Elbästuars, sondern auch in der gesamten Nordsee ist der Tidenhub unterschiedlich hoch. Danach prägen sich die Küstenformen aus. Bei einem Tidenhub von weniger als 150 cm, wie er an der Westküste der Niederlande und an der jütischen Küste Dänemarks herrscht, bildeten sich geschlossene Strandwälle. Bei einem höheren Tidenhub zwischen etwa 150 und 280 cm bleiben geschlossene Strandwälle nicht auf Dauer erhalten. Unter dem Einfluss dieses Tidenhubs entstanden die West- und Ostfriesischen Inseln als Barriereinseln. Zwischen ihnen schuf vor allem die starke Ebbströmung tiefe Wasserbahnen, die Tiefs, Gatts oder Gaten genannt werden. Einige der Nordfriesischen Inseln, an deren Küsten ähnlich hohe Tidenhübe herrschen, sind ähnlich geformt. Aber sie sind mit

---

1 Streif, Hansjörg, Das ostfriesische Küstengebiet. Nordsee, Inseln. Watten und Marschen. Sammlung Geologischer Führer 57, Stuttgart 1990 (2. Aufl.); Behre, Karl-Ernst, Die Entwicklung der Nordseeküsten-Landschaft aus geobotanischer Sicht, in: Berichte der Reinhold-Tüxen-Gesellschaft 3, 1991, S. 45-58.

den Ostfriesischen Inseln nicht komplett vergleichbar, weil sie Geestkerne besitzen; die wie Barriereinseln geformten Sandstrände vor Eiderstedt sind mit dem Marschland dahinter unmittelbar verbunden und nicht auf den ersten Blick als ehemalige inselartige Bildungen zu erkennen. Bei einem noch höheren Tidenhub findet man an Stelle von Barriereinseln runde Platen. Zu diesen Inseln zählen beispielsweise Neuwerk, Scharhörn und Trischen in der Nähe der Elbmündung sowie Borkum in der Emsmündung; Borkum besteht aus zwei Platen, die miteinander verbunden wurden.[2]

Natur und Wirtschaft in der Marsch

Auf der Rückseite von Strandwällen und Inseln entwickelten sich Marschen aus Schlickwatt. In die strömungsberuhigten Bereiche wurden nur feine Sedimentbestandteile eingetragen, während der gröbere Sand an der Außenseite der Strände deponiert wurde. Wenn diese Ablagerungen immer weiter emporwuchsen, wurden sie zunächst nicht mehr jeden Tag, später dann noch seltener und schließlich nur bei den höchsten Meereswasserständen überflutet. Zunächst entstand auf diese Weise ein Schlickwatt, das durch weitere Ablagerungen des Meeres weiter in die Höhe wachsen konnte, so dass sich daraus eine Salzwiese bzw. eine unbedeichte Marsch entwickeln konnte. Dort wuchsen bestimmte Gräser und andere Gewächse, die gelegentliche Überflutungen durch Salzwasser ertragen können, darunter vor allem der Andel, die Charakterpflanze der Salzwiesen. Bäume konnten in den Marschen aber nicht existieren. Marschen sind daher eines der wenigen natürlicherweise waldfreien Gebiete in Mitteleuropa. Entsprechende Verhältnisse herrschen weithin an der Niederelbe; weiter flussaufwärts werden vielerorts Gehölze auch durch die Einwirkung von Treibeis am Wachsen gehindert. In den Elbmarschen kann also aus mehreren Gründen ebenfalls kein Gehölz dauerhaft in die Höhe kommen.

Die Marschen waren daher sehr attraktive Gebiete für die Viehhaltung. Auf hoch gelegenen Strandwällen, die in aller Regel nur im Winter überflutet wurden, konnte man auch in bescheidenem Umfang Getreide anbauen; vor allem die gegen Überflutung durch Salzwasser recht unempfindliche Gerste ließ sich in unbedeichten Marschen kultivieren.[3] Aber es fehlte stets Holz in den Marschen. Wollte man sie besiedeln, brauchte man eine Infrastruktur, über die

2 Pott, Richard, Farbatlas Nordseeküste und Nordseeinseln, Stuttgart 1995; Pott, Richard, Die Nordsee. Eine Natur- und Kulturgeschichte, München 2003.
3 Körber-Grohne, Udelgard, Geobotanische Untersuchungen auf der Feddersen Wierde (Feddersen Wierde; 1), Wiesbaden 1967.

die Siedlungen mit Holz versorgt wurden. Man konnte Vieh, Fleisch, Milch, Käse oder Wolle gegen Holz eintauschen. Bestand eine wirtschaftliche Infrastruktur, konnte auch zusätzliches Getreide in die Marschen geliefert werden.

Eine solche Infrastruktur existierte offenbar in der Römischen Kaiserzeit[4] und dann wieder seit dem frühen Mittelalter. In diesen Zeiten waren die Marschen besiedelt; die Menschen lebten zunächst in Flachsiedlungen. Später wurden Wurten errichtet, künstliche Hügel, auf denen Menschen und Tiere vor Überflutungen geschützt werden konnten. Vom 5. bis 7. Jahrhundert nach Chr. bestand diese Infrastruktur offenbar nicht; die Marschen wurden in dieser Zeit fast nicht besiedelt.

Zum Transport der Güter wurden Boote eingesetzt; Bauholz wurde eventuell im Schlepptau von Booten in die Marschen gebracht. Alle Siedlungen konnten direkt per Boot erreicht werden. Die Schiffe wurden auf das Gestade von Strandwällen oder auf die Böschungen der Wurten gezogen. Diese Schiffe mussten daher auf Kiel gebaut sein. Heute verwendet man diese Boote nur noch dort, wo der Tidenhub gering ist.[5]

Deich, Tjalk und Ewer

Im hohen Mittelalter wurden Marschen an der Nordseeküste weiträumig eingedeicht und zwar wohl nicht in erster Linie zur Sicherung der Marschbewohner vor Sturmfluten, sondern um ertragreicher Landwirtschaft betreiben zu können:[6] Im eingedeichten Land konnten auch andere Feldfrüchte angebaut werden, die empfindlicher gegenüber Salzwasserüberflutungen sind als Gerste. Dies war ein großer wirtschaftlicher Erfolg, denn Marschenböden sind nach Aussüßung außerordentlich fruchtbar. Sie enthalten alle für das Pflanzenwachstum notwendigen Mineralstoffe in großer Menge.

Für die Anbindung der Marschen in die allgemeine Verkehrsinfrastruktur hatte die Eindeichung allerdings negative Folgen, denn der direkte Wasserweg

4 Erdrich, Michael, Rom und die Barbaren. Das Verhältnis zwischen dem Imperium Romanum und den germanischen Stämmen vor seiner Nordwestgrenze von der späten römischen Republik bis zum Gallischen Sonderreich (Römisch-Germanische Forschungen; 58), Mainz 2001; Ulbert, Günter, Die römischen Funde von Bentumersiel, in: Probleme der Küstenforschung im südlichen Nordseegebiet 12, 1978, S. 33-66.
5 Szymanski, Hans, Die Segelschiffe der deutschen Kleinschiffahrt, Lübeck 1929.
6 Fischer, Norbert, Im Antlitz der Nordsee. Zur Geschichte der Deiche in Hadeln (Schriftenreihe des Landschaftsverbands der Ehemaligen Herzogtümer Bremen und Verden; 28), Stade 2007, S. 11-16; Küster, Hansjörg, Geschichte der Landschaft in Mitteleuropa. Von der Eiszeit bis zur Gegenwart, München 1995, 2010 (4. Aufl.), S. 221f.

zwischen dem Meer und den Siedlungen wurde unterbrochen. Man brauchte von Anfang an Siele im Deich, um das Regenwasser aus den Marschen abzuleiten; ein Siel, das 1362 unbrauchbar wurde und mutmaßlich zur gleichen Zeit wie der von ihm gequerte Deich gebaut wurde, fand sich am Stollhamer Ahndeich in Butjadingen.[7] Vor den Sielen nutzte man relativ tiefe Wasserbahnen.[8] An diesen Stellen entstanden die vor allem für Ostfriesland und Butjadingen charakteristischen Sielhafenorte als kleine Handelszentren. Dort konnten kleine Schiffe an einem Kai anlegen; Waren für die Marschen konnten entladen und Waren aus den Marschen auf die Boote geladen werden.

Die von Tiden beeinflussten Unterläufe der großen Flüsse Elbe und Weser ließen sich aber nicht vollständig eindeichen. Vor allem in den Elbästuar münden wasserreiche Nebenflüsse, darunter Oste, Schwinge und Stör. Diese Flüsse waren (und sind es teilweise heute noch) auch schiffbar; man gelangte von ihnen weit ins Hinterland des Elbästuars, vor allem in die dortigen Marschen, aber auch bis zur benachbarten Geest. In den Unterläufen der Elbnebenflüsse gibt es ebenso wie in den Ästuaren von Elbe und Weser große Wasserstandsschwankungen, die mit den Tiden zusammenhängen. Wenn man an diesen Flüssen Häfen baute, brauchte man besonders hohe Kaimauern, etwa in Stade. Auch in Hamburg errichtete man hoch aufragende Kaimauern, damit Schiffe sowohl bei Niedrig- als auch bei Hochwasser festgemacht werden konnten.

Wo man keine hohen Kaimauern errichten konnte, verfolgte man ein anderes Prinzip: Man setzte die Boote bei Niedrigwasser auf dem Boden am Rand des Fließgewässers ab, um sie zu ent- und beladen. Nach dem Ladevorgang, beim folgenden Hochwasser, schwammen die Boote dann wieder auf. Ein auf Kiel gebautes Schiff wie man es wohl vor dem Deichbau verwendet hatte, würde umfallen, wenn man es in entsprechender Weise auf dem Boden eines Gewässers absetzt. Aber es war möglich, ein anderes Schiff zu konstruieren, und zwar ein Plattbodenschiff wie den Ewer.

Ewer wurden wohl zuerst in den Niederlanden gebaut, kamen aber im 13. Jahrhundert bereits an die Niederelbe,[9] also genau zu der Zeit, in der dort und andernorts an der südlichen Nordsee durchgängige Deiche errichtet wur-

---

7 Brandt, Klaus, Der Fund eines mittelalterlichen Siels bei Stollhamer Ahndeich, Gem. Butjadingen, Kr. Wesermarsch, und seine Bedeutung für die Landschaftsentwicklung zwischen Jadebusen und Weser, in: Probleme der Küstenforschung im südlichen Nordseegebiet 15, 1984, S. 51-64.
8 Schultze, Arnold, Die Sielhafenorte und das Problem des regionalen Typus im Bauplan der Kulturlandschaft (Göttinger Geographische Abhandlungen; 27), Göttingen 1962.
9 Szymanski, Hans, Der Ewer der Niederelbe. Ein Beitrag zur Geschichte der deutschen Schiffahrt und zur Volkskunde Niedersachsens (Quellen und Darstellungen zur hansischen Geschichte; N.F.9), Lübeck 1932.

den. Ewer wurden in der Folgezeit und bis ins 20. Jahrhundert die typischen Küstenschiffe im Bereich von Niederelbe und Unterweser, also in den Gebieten an der Nordseeküste mit besonders hohem Tidenhub. Weiter im Westen, wo geringerer Tidenhub herrschte, konnte man auch Tjalken verwenden. Sie zählen ebenfalls zu den Plattbodenschiffen, haben aber einen stärker gerundeten Rumpf. Tjalken verkehrten in Gewässern mit geringerem Tidenhub. Wenn man diese Boote auf dem Untergrund des Gewässers absetzte, wurde der Schiffsboden weniger stark belastet als im Einsatzgebiet von Ewern in der inneren Deutschen Bucht. Es gab noch einen weiteren Grund dafür, warum man in der inneren Deutschen Bucht Ewer baute, in Ostfriesland und weiten Teilen der Niederlande aber Tjalken: Zur Konstruktion des Plattbodens von Ewern brauchte man Nadelholz, während man für den Bau von Tjalken komplett auf Eichenholz zurückgreifen konnte. Nadelholzstämme, vor allem von Fichten und Kiefer, kamen vom Oberlauf der Elbe, aus Böhmen, Sachsen und Brandenburg auf Flößen an die Mündung des Flusses. Nadelholz stand aber an der Weser und zwischen der Weser- und der Rheinmündung kaum zur Verfügung.[10]

Später führte man Nadelholz aus Skandinavien, schließlich auch aus Nordamerika ein, um daraus Ewer zu bauen. Nadelholz war weniger haltbar als Eichenholz, daher mussten die Schiffsböden der Ewer immer wieder einmal ausgetauscht werden, nicht aber die Seiten der Rümpfe, die aus dem haltbareren Eichenholz konstruiert worden waren.

Hamburgs Handel mit den Marschen

Hamburg konnte ganz weitgehend aus den Marschen mit wichtigen Versorgungsgütern beliefert werden.[11] Jede Marsch spezialisierte sich auf bestimmte Produkte, die vorrangig von dort aus in den Handel mit Hamburg eingebracht wurden. Einige von ihnen wurden prägend für den Landschaftscharakter bestimmter Marschen, vor allem landwirtschaftliche Produkte.[12] Die Spezialisierung auf diese Produkte entwickelte sich im Lauf der Jahrhunderte. Ansätze dafür gab es bereits im Mittelalter. Sie wurde im Lauf der früheren Neuzeit stärker und hielt bis zum 19. oder sogar bis zum frühen 20. Jahrhundert

10 Küster, Hansjörg, Gedanken zur Holzversorgung von Werften an der Nord- und Ostsee im Mittelalter und in der frühen Neuzeit, in: Deutsches Schiffahrtsarchiv 22, 1999, S. 315-328.
11 Küster, Hansjörg, Die Elbe. Landschaft und Geschichte, München 2007, S. 268-275.
12 Groth, Christina, Die holsteinischen Elbmarschen. Eigenart und Charakter einer Kulturlandschaft, unveröff. Diplomarbeit am Fachbereich Landschaftsarchitektur und Umweltentwicklung der Universität Hannover 2005.

an. Einige Spezialitäten aus bestimmten Marschen sind bis heute bekannt. Die speziellen Produkte werden hier pauschal vorgestellt; es sollte genauer untersucht werden, wann die einzelnen Spezialisierungen einsetzten und wann sie sich verstärkten. Dazu müssen vor allem alte Urkunden gesichtet werden.

Leicht verderbliche Güter wurden in unmittelbarer Nähe von Hamburg produziert und kamen daher auf kurzem Weg in die Stadt. Milch und Butter wurde von den Wilhelmsburger Elbinseln geliefert. Von dort aus musste nur die Norderelbe, der nördliche Elbarm, gequert werden, um die Waren nach Hamburg zu liefern. Küken kamen aus der Winsener Elbmarsch, Gemüse aus den Vierlanden und aus Bardowick. In einigen Teilen der Vierlande kultivierte man empfindliches Beerenobst, Salz wurde aus Lüneburg nach Hamburg geliefert. Salz diente zur Haltbarmachung zahlreicher Lebensmittel und hatte daher sehr große Bedeutung.

Im Alten Land spezialisierte man sich auf den Anbau von Obst, das einen etwas längeren Transportweg vertragen konnte; man brachte von dort Kirschen, Äpfel und Birnen nach Hamburg. In der Haseldorfer Marsch verarbeiteten Bandreißer Weidenruten zu Fassreifen, die man zur Herstellung von Butter- und Heringsfässern brauchte.

Etwas weiter elbabwärts standen bestimmte Bodenschätze in großer Menge zur Verfügung. Kreidekalk ließ sich rechts der Elbe in Itzehoe und Lägerdorf abbauen, links der Elbe bei Hemmoor. Ton zur Herstellung von Ziegeln stammte aus viele Elbmarschen, besonders aber aus Kehdingen (Abb. 1),[13] Torf wurde in den Gebieten an der oberen Oste abgebaut und von dort aus nach Hamburg verschifft. Möglichst wenige Brücken sollten die schiffbaren Flüsse queren, denn sie behinderten den Verkehr auf dem Wasser. Die bekannte Schwebefähre bei Osten konnte von Ewern auf der Oste ohne Probleme passiert werden.

Weniger leicht verderbliche Agrarprodukte ließen sich aus größerer Entfernung nach Hamburg schaffen. In der Wilster- und Krempermarsch spezialisierte man sich auf Getreidebau, Kohl kommt schon seit langer Zeit aus Dithmarschen; Kohlanbau wurde besonders prägend für diesen Landstrich. Man baute dort aber auch Raps an, dessen Öl als Brennstoff auf Schiffen Verwendung fand. Raps kultivierte man ebenfalls im Land Hadeln.

---

13 Schlichting, Heike, Die Ziegelindustrie an der Niederelbe. Gewerbliche Entwicklung und Wanderarbeit, in: Dannenberg, Hans-Eckhard/Fischer, Norbert/Kopitzsch, Franklin (Hrsg.), Land am Fluss. Beiträge zur Regionalgeschichte der Niederelbe (Schriftenreihe des Landschaftsverbands der Ehemaligen Herzogtümer Bremen und Verden; 25), Stade 2006, S. 55-67.

DIE VERSORGUNG EINER GROSSSTADT AUF WASSERWEGEN

Abb. 1: Ewer werden in Kehdingen mit Ziegeln beladen (Foto aus: Richard Linde, Die Niederelbe, Bielefeld 1909).

Aus dem gesamten Einzugsbereich der Elbe wurde außerdem Fisch nach Hamburg geliefert. Fisch konnte in besonderen Ewern lebend transportiert werden: Diese Boote hatten keinen durchgängigen Schiffsboden. In den Boden waren nach unten offene Wasserbehälter eingelassen, in denen die gefangenen Fische schwammen.

In jeder Marsch wurden etwas andere Ewer verwendet. Das jeweilige Aussehen der Boote hing von den zur Verfügung stehenden Wasserwegen und von den Gütern ab, die man transportieren wollte. Die Steinewer, in denen Ziegelton und Kalk nach Hamburg gebracht wurden, waren größer und stabiler als andere Boote. Es zeigt sich allgemein, dass jede Marsch ein anderes wirtschaftliches Gepräge annahm. Das hing unter anderem mit den unterschiedlichen Tidenhüben, den unterschiedlichen Produkten, auf die man sich spezialisierte und mit den unterschiedlichen Booten zusammen.

Viele Waren wurden in Hamburg und andernorts direkt vom Ewer aus verkauft. Oder Warenträger gingen durch die Stadt, die in den jeweils ortstypischen Dialekten ihre speziellen Waren anpriesen. Hamburger Bürger konnten das Herkommen der Warenträger an den Dialekten sehr gut erkennen. Es gab ein beliebtes Gesellschaftsspiel, den »Hamburger Ausruf«, auf dessen Karten die Warenträger aus den Marschen dargestellt waren.

Hamburger Bürger amüsierten sich damit, den »Ausruf« in Gesellschaft zu spielen: Dabei musste jeder Teilnehmer einer Spielrunde den Ruf des auf der aufgenommenen Karte dargestellten Warenträgers nachahmen. Wer das am besten konnte, wurde zum Sieger erklärt.[14] Daran ist zu erkennen, dass man in Hamburg die Vielfalt der Marschenbewohner gut zu unterscheiden wusste.

Die Bewohner der Marschen waren wirtschaftlich sehr erfolgreich. Weil sie so zahlreiche Güter in großen Mengen in den Handel einbringen konnten, gelang es ihnen, nicht nur die Minimalmengen an Holz in die Marschen zu importieren. Die Marschenbewohner prunkten mit Holz, etwa durch den Bau von besonders schönen Fachwerkhäusern mit Ziergiebeln und durch die Errichtung von sehenswerten Prunkpforten, etwa im Alten Land.[15] Außerdem kamen zahlreiche städtische Produkte in die Marschen. Schon im Mittelalter gelangten Taufsteine in die Kirchen der Marschen, zum Teil aus großen Entfernungen, beispielsweise aus der Eifel oder aus Südschweden.[16] In den Kirchen stellte man kunstvolle Schnitzaltäre auf, etwa von Ludwig Münstermann;[17] viele Kirchen der Marschen erhielten berühmte Orgeln.[18] Die Marschbewohner erwarben erstaunlich viele Bücher und legten Wert auf eine gute Ausbildung, etwa in den Gelehrtenschulen von Husum, Otterndorf und Esens. Gewürze aus Übersee, die nach Hamburg oder Bremen kamen, gelangten von dort aus auch in die Marsch und erfreuten sich dort besonders großer Beliebtheit, beispielsweise Ingwer und Kardamom. Auch Tee wurde sehr beliebt, Ostfriesentee zu einer Marke, und die ostfriesische Teezeremonie wurde besonders bekannt. Zahlreiche städtische Möbel[19] und viele weitere Produkte des »Hamburger Gewerbefleißes« (Abb. 2)[20] fanden in den Marschen weite Verbreitung.

14 Suhr, Christoph, Der Ausruf in Hamburg, vorgestellt in: Einhundert und Zwanzig colorierten Blättern. Mit Erklärungen begleitet, Hamburg 1808.
15 Tuomi-Nikola, Outi, Der Altländer Hof im Wandel. Veränderungen der sozialen Struktur und des Alltagslebens im Alten Land bei Hamburg im 20. Jahrhundert (Publikationen der Kulturstiftung Altes Land; 1), Husum 2006.
16 Meyer, Karl Dieter, Taufsteine auf Eiderstedt. Eine Bestandsaufnahme zu Herkunft und Material, in: Eiderstedter Museumsspiegel 6-7, 2004, S. 85-102.
17 Knollmann, Wilhelm/Ponert, Dietmar Jürgen/Schäfer, Rolf, Ludwig Münstermann (Veröffentlichungen der Oldenburgischen Landschaft; 2), Oldenburg 1992.
18 Küster, Konrad, Im Umfeld der Orgel. Musik und Musiker zwischen Elbe und Weser (Schriften der Orgelakademie Stade; 2), Stade 2007.
19 Schürmann, Thomas, Die Inventare des Landes Hadeln. Wirtschaft und Haushalte einer Marschenlandschaft im Spiegel überlieferter Nachlassverzeichnisse (Schriftenreihe des Landschaftsverbandes der Ehemaligen Herzogtümer Bremen und Verden; 23), Stade, Otterndorf 2005.
20 Wölfle, Karl, Hamburger Geschichtsatlas, Hamburg 1926.

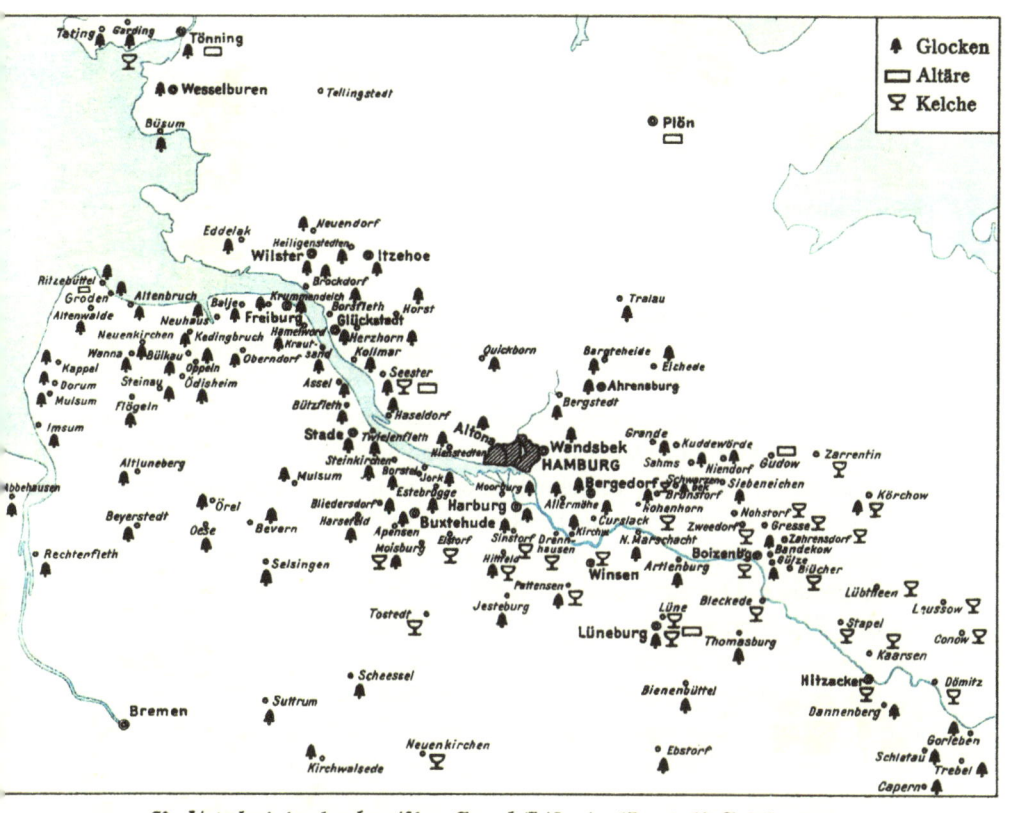

DIE VERSORGUNG EINER GROSSSTADT AUF WASSERWEGEN

69. Hinterland des hamburgischen Gewerbefleißes im 17. und 18. Jahrhundert, veranschaulicht an Werken des Kunstgewerbes (1400—1800). Hauptzeit: 17. Jahrhundert und erste Hälfte des 18. — Die rein volkstümlichen Beziehungen würden einen anderen Umkreis ergeben; doch fehlen hierfür die Unterlagen.

Abb. 2: Verbreitung von Gütern des »Hamburger Gewerbefleißes«, aus: Wölfle, Karl, Hamburger Geschichtsatlas, Hamburg 1926.

Die Kultur der Marschen ist seit Jahrhunderten daher nicht rein ländlich, sondern auch urban geprägt: Die Landschaften der Marschen erhielten dadurch eine besondere Stellung, die nicht nur von ihrer Natur, sondern auch vor allem von ihrer unterschiedlichen Kultur abhängt.[21] Die Marschenkultur muss in ihren besonderen Zusammenhängen besser verstanden werden; sie ist als solche insgesamt einmalig auf der Welt. Nicht nur die verschiedenen Teile des Wattenmeeres verdienen daher einen Welterbestatus der UNESCO, sondern auch die Marschen. Allerdings wäre es nicht günstig, den Welterbestatus

21 Küster, Hansjörg, Marschen an der Nordseeküste zwischen Realität und Urbanität, in: Dithmarschen 4, 2010, S. 17-25.

nur für Orgeln oder andere Eigenheiten anzustreben; vielmehr sollte die Vielfalt der Besonderheiten von Marschen berücksichtigt werden. Man sollte auch nicht von einer einheitlichen »Marsch« sprechen, sondern von den »Marschen«; zu vielfältig sind die Landschaftscharaktere in den einzelnen Regionen an der Nordsee, die von den unterschiedlichen Tidenhüben und anderen natürlichen Gegebenheiten, etwa unterschiedlichen Kalkgehalten der Böden, abhängen, aber genauso von den unterschiedlichen Produkten, auf deren Export man sich an unterschiedlichen Orten spezialisierte, und von den Booten, die in bestimmten Gegenden verwendet wurden.

Es wäre wohl zu begrüßen, wenn es zu einem umfangreicheren Forschungsprogramm kommen könnte, in dem die Besonderheiten der Versorgung von Hamburg und des Austausches zwischen Marschen und Städten näher unter sucht werden würden. Dabei müssten Voraussetzungen der Natur genauso beachtet werden wie sehr verschiedene kulturelle Gegebenheiten. Besonders interessant wäre es auch, die stark unterschiedlichen Verhältnisse an der norddeutschen Küste und ihren Ästuaren mit denen in den Niederlanden zu vergleichen. Das urbane Element hat sich in den Niederlanden, vor allem an den Rheinmündungsarmen, noch deutlicher ausbreiten können. Doch ebenso wie in den Niederlanden kam es auch an der norddeutschen Küste zu einer deutlichen Beeinflussung ursprünglich ländlicher Regionen durch urbane Kulturelemente; dies ergab sich aus der Notwendigkeit, die Marschen frühzeitig in ein Handelssystem zu integrieren, dessen Stütze ein besonderer Schiffstyp war.

Naturgeschichte des Ostseeraums

Junges Meer, wichtiger Handelsraum

Die Ostsee entsteht

Die Ostsee ist eines der jüngsten Meere der Welt. Dort entwickelte sich während des Mittelalters und der Frühen Neuzeit eines der weltweit wichtigsten Handelsnetze. Prägend für den Ostseeraum ist einerseits seine für eine Erdgegend junge Geschichte, andererseits die große Vielfalt an Handelsgütern, die von den Küsten der Ostsee aus in den Handel gebracht wurden und werden. Beide Charakteristika haben miteinander zu tun; daher wird hier der Versuch unternommen, sie in einem Zusammenhang darzustellen.[1]

In der letzten Eiszeit, der Weichsel-Eiszeit, gab es diesen Gewässerarm noch nicht. Große Mengen an Eis hatten sich damals, ausgehend vor allem von den skandinavischen Gebirgen, über dem Ostseegebiet angesammelt. Die Eismassen bewegten sich in der kalten Klimaperiode, in der die Sommertemperaturen etwa zehn Grad unter dem heutigen Niveau lagen, allmählich nach Süden. Durch ihr erhebliches Gewicht sank die Landoberfläche unter ihnen ab. Die scharfen Eiskanten hobelten Berge ab und schürften Fjorde aus. Abgebrochenes Gesteinsmaterial wurde im Eis nach Süden transportiert. Dabei wurde es abgeschliffen und zerkleinert. An der Gletscherfront blieb viel Sediment liegen: felsgroße und kleinere Steine, Sand und feiner Ton. Vor allem in den feinen Partikeln wurden zahlreiche Mineralstoffe aufgeschlossen, die Pflanzen unbedingt zum Wachstum benötigen. Böden, die sich auf eiszeitlichen Ablagerungen, auf so genannten Moränen, entwickelten, waren und sind daher besonders fruchtbar. Beim Ackerbau hatte man aber Probleme mit den Steinen im Boden. Primitives Ackerwerkzeug aus Holz, Stein und Knochen wurde häufig beschädigt. In den Gebieten, in denen Moränen liegen geblieben waren, bestand außerdem vielerorts Mangel an Baumaterial: Es gab dort zu wenige Steine. Aber man konnte feintonige Ablagerungen abbauen, die sich in Senken angesammelt hatten. Daraus konnte man Ziegel oder Backstein herstellen.

---

[1] Grundlage dieses Aufsatzes sind weitgehend die Ausführungen, die der Autor in einer Monografie über den Ostseeraum zusammengefasst hat: Küster, Hansjörg, Die Ostsee. Eine Natur- und Kulturgeschichte, München 2004.

Als die Gletscher tauten, weil das Klima wärmer geworden war, kamen im Norden des Ostseeraumes weite kahle Bereiche abgeschliffener Felsen zum Vorschein, die vor allem aus den alten Gesteinen Granit und Gneis aufgebaut sind. Spuren von Gletscherschliff sind auf vielen dieser nackten Gesteinsmassen erkennbar geblieben. Stellenweise wurde auch nackter Kalkstein an der Erdoberfläche sichtbar, aus dem die Inseln Öland, Gotland, Saaremaa (Ösel) und Hiumaa (Dagö) sowie der Norden von Estland bestehen. Die felsigen oder steinigen Böden des Nordens eigneten sich weniger für den Ackerbau als diejenigen im Süden.

Im Ostseeraum sind stellenweise auch kreidezeitliche Ablagerungen aufgeschlossen. Die Gletscher hatten die Kreideschollen beim Vorrücken nicht einfach überfahren, sondern aufrecht gestellt, zum Beispiel auf Rügen und Møn: So waren spektakuläre Felsformationen entstanden. Kreide konnte man später ebenfalls abbauen wie Granit, Gneis und Kalkstein. An festem Baumaterial bestand im Norden also kein Mangel.

In Schweden hatten die Gletscher das Gebirge auf eine Weise abgetragen, dass große Vorkommen an eisenerzhaltigem Gestein an die Bodenoberfläche getreten waren. Erz wurde zum Teil bereits in prähistorischer Zeit, vor allem aber seit dem Mittelalter abgebaut. Gruppen von Bergleuten gewannen und verarbeiteten das Erz gemeinschaftlich, und zwar in einer für Schweden charakteristischen Form eines vorindustriellen Betriebes, im »Bruk«.

Schmelzwasser der abtauenden Gletscher sammelte sich im Süden des heutigen Ostseebeckens im so genannten Baltischen Eisstausee, und zwar vor rund 13.000 Jahren. So entstand nach der letzten Eiszeit das Gewässer, aus dem die heutige Ostsee hervorging.[2]

Unterschiedliche Bedingungen für wirtschaftliche Entwicklungen

An den Küsten der Ostsee bildeten sich also unterschiedliche Voraussetzungen für wirtschaftliche Entwicklungen heraus. Im Norden gab es mehr Stein und Erz, im Süden waren die Böden fruchtbarer. Ackerbau ist im Prinzip in allen Gegenden des Ostseeraumes möglich, man betreibt ihn sogar in der Nähe des Polarkreises in Finnland. Nirgends sonst auf der Welt kann Ackerbau so weit im Norden betrieben werden wie in Skandinavien und Finnland. Das hängt

---

2 Eine gute Zusammenstellung von Daten zur Geschichte der Ostsee findet sich in: Björck, Svante, A review of the history of the Baltic Sea, 13.0-8.0 ka BP., in: Quaternary International 27, 1995, S. 19-40.

mit besonderen klimatischen Voraussetzungen zusammen. Der Golfstrom bringt warmes Wasser aus tropischen Gewässern Mittelamerikas an die Küsten von Nordeuropa. Im Sommer reift das Getreide rasch, weil die Tage sehr lang sind. Im Herbst kühlt das Ostseewasser langsamer ab als die Luft. Die Temperatur hält sich in der Nähe von Wasser auf einem relativ hohen Niveau, auch spät im Jahr ist daher noch eine Getreideernte möglich. Man entwickelte spezielle Verfahren, wie Korn nach der Ernte noch weiter nachgetrocknet werden konnte, damit es nicht verdarb. Erst spät im Jahr gibt es den ersten Frost. In Gegenden, die weiter vom Wasser entfernt sind, setzen Herbst und Winter viel früher ein, so dass man dort keine Landwirtschaft betreiben kann.

Ein besonderes Problem hängt mit den jahreszeitlich stark variierenden Tageslängen zusammen. Im Norden sind die Tage im Sommer sehr lang, im Winter sehr kurz, weswegen es wichtig ist, dass Zeichen gesetzt werden, mit denen der Tag strukturiert wird. Dies geschah mit der Einführung des Christentums. An den Kirchen wurden drei Mal täglich die Glocken geläutet: Sie riefen nicht nur zum Gebet, sondern sie gaben auch Zeichen für den Beginn und das Ende der täglichen Arbeit. Damit – und nicht durch Helligkeit und Dunkelheit – wurde die Arbeitszeit aller Menschen im Umkreis der Kirche synchronisiert. Eine ganze Gemeinde betete nicht nur, sondern arbeitete auch zu den gleichen Zeiten.

Bedeutender Ackerbau wurde vor allem im Süden des Ostseeraumes betrieben, wo in den letzten Jahrhunderten große Gutshöfe entstanden. Sie sind für die Gegenden an der südlichen Ostseeküste charakteristisch, für das gesamte Gebiet von der jütischen Halbinsel bis nach Estland. Von den Küsten der südlichen Ostsee aus wurde Korn exportiert; in den Hafenstädten wurden große Lagerhäuser errichtet, in denen Korn für den Versand gesammelt und gespeichert wurde. Durch den Verkauf von Korn kam Reichtum in die Städte; große und aufwändige Gebäude in den Hafenstädten, prachtvolle Kirchen, Rat- und Bürgerhäuser, legen davon Zeugnis ab. Getreide wurde von dort in den Norden gebracht, wo man zwar Korn anbaute, aber nie genug davon hatte.

Die Geschichte der Ostsee

Nach der Eiszeit wurde das zuvor in den Untergrund gedrückte Land im Norden des Ostseeraumes entlastet; es begann sich zu heben, ein Prozess der Landhebung, der bis heute nicht abgeschlossen ist. Immer noch entstehen im Norden des Ostseeraumes neue Inseln. Anschließend tauchen auch die tiefergelegenen Bereiche zwischen den Inseln aus dem Untergrund auf, so dass die als Schären bezeichneten Eilande zu größeren Landmassen zusammenwachsen.

In vielen Senken zwischen ehemaligen Inseln kann Getreide angebaut werden, weil dort zu der Zeit, als sie noch von Wasser bedeckt gewesen waren, feines und fruchtbares Bodenmaterial abgelagert worden war. Aus Schären entwickelten sich im Verlauf der letzten Jahrtausende Berge. Sie sind in Nordschweden inzwischen bis zu dreihundert Meter hoch! Die Landhebung ließ auch immer wieder Häfen unbrauchbar werden, wenn Meeresarme allmählich trockenfielen. Das lässt sich beispielsweise in Visby auf Gotland zeigen: Das im Mittelalter genutzte Hafenbecken unmittelbar vor der Stadtmauer ist nach der Landhebung heute nur noch ein Teich im Stadtpark, dessen Wasserfläche mehrere Meter weit oberhalb des Meeresspiegels liegt.

Dagegen sinkt das Land im Süden der Ostsee leicht ab. Dort kommt es aber vor allem deswegen zu einem Landverlust, weil Küsten aus weichem Moränenmaterial abgebaut werden. Der Abbau geht nur zu einem kleinen Teil vom Meerwasser aus, dann nämlich, wenn die Brandung bis an den Fuß der Steilküsten reicht und deren Basis unterspült wird, so dass lockeres Gestein, Sand und Ton nachbrechen und auf den Strand fallen. Abgebaut werden diese Steilhänge vor allem durch die Einwirkung von Tieren, die Gänge im weichen Erdreich anlegen, und Pflanzen, die im Gestein wurzeln. Wenn sich im Winter Eis bildet, dehnt es sich aus und sprengt lockere Teile der Steilküsten ab, so dass sie ebenfalls auf den Strand fallen.

Schwere Steine bleiben auf dem Strand liegen. Dagegen werden die leichteren Partikel, der Sand und vor allem der feine Ton, vom Wasser verlagert. Schräg auf das Land treffende Wellen nehmen feines Material beim Zurücklaufen mit sich. Die Kraft der Welle nimmt ab, wenn sie der nächsten Welle begegnet, die auf das Land zu rollt. Am Treffpunkt der Wellen reicht die Kraft nicht mehr aus, um Sand weiter zu transportieren; daher bleibt dort Sand liegen. Es entstehen Sandriffe, in denen Sand parallel zur Küste bewegt wird; diese Bewegungsrichtung hängt damit zusammen, dass Wellen stets schräg auf die Küsten zu- und wieder ablaufen. Die Sandriffe verlängern sich nach den Seiten, auch in Buchten hinein. Wenn sie bis zur Landoberfläche anwachsen, werden Haken und Nehrungen daraus, die Buchten und in die Ostsee mündende Flüsse schließlich völlig abschneiden können. Hinter den Nehrungen entstehen Haffs und Boddenbereiche. Trave, Warnow, Oder, Weichsel und Memel/Nemunas können nur dann in immer gleichen Bahnen in die Ostsee abfließen, wenn die Sandmassen an ihren Mündungen regelmäßig beseitigt werden. Daher muss an den Flussmündungen immer wieder Sand abgebaggert werden.

Der Sand wird bei der Ablagerung genau sortiert; feiner Sand wird weitergetragen als grober: Sandpartikel, deren Korngrößen genau gleich sind, können in Sanduhren verwendet werden. Feiner und gut sortierter Sand ist ein Exportgut vom Süden des Ostseeraumes, beispielsweise von Bornholm.

Die breiten Sandstrände an den Südküsten der Ostsee sind bei Urlaubern sehr beliebt. Weil sich Gezeiten kaum auf die Wasserstände der Ostsee auswirken, kann im Sommer fast jederzeit im Meer gebadet werden. An den Sandstränden wurden große Ferienzentren gebaut, an der deutschen Ostseeküste ebenso wie in Polen. Auch in der Umgebung von Kaliningrad, in Litauen und Lettland gibt es größere Ferienzentren, in Estland nur an wenigen Orten, z. B. in Pärnu (Pärnau).

Die Ferien, die man im Süden des Ostseegebietes macht, unterscheiden sich deutlich von denjenigen, die im Norden üblich sind: Im Norden besucht man die Schären und geht von ihren felsigen Küsten aus zum Baden. Die Topographie von Schärenküsten erlaubt keine Anlage von großen Ferienzentren, sondern meist nur von kleinen Hütten. Daher verbringt man auf den Schären in Schweden und Finnland in der Regel individuelle Ferien.

Die Veränderungen der Meeresspiegel und Landhöhen wurden offenbar seit langer Zeit von Menschen beobachtet und so entstanden Märchen und Mythen, in denen das unerklärliche Geschehen dargestellt wurde: Im Norden ist von neu entstehenden Inseln die Rede, im Süden erzählt man sich Geschichten von untergegangenen Städten (Vineta) und Schlössern auf dem Meeresgrund (dorther kommt die »Kleine Meerjungfrau« im Märchen von Hans Christian Andersen).

Die Phänomene um die Dynamik von Land- und Meeresspiegelhöhen faszinierten die Wissenschaften seit dem Anfang des 19. Jahrhunderts. Adelbert von Chamisso, der uns vor allem als Dichter bekannt ist, aber auch ein vorzüglicher Naturforscher war, wies wohl als erster nach, dass das Land im Süden der Ostsee absinkt.[3] Und im Jahr 1848 trafen sich drei dänische Wissenschaftler, der Geologe Johann Georg Forchhammer, der Archäologe Jens Jacob Asmussen Worsaae und der Zoologe Johannes Japetus Smith Steenstrup, um ein gemeinsames Forschungsprojekt zur Geschichte der Ostsee zu beschließen. Es dauerte mehr als ein Jahrhundert, bis der Ablauf der Ostseegeschichte in seinen Hauptzügen schlüssig geklärt war; der finnische Geologe Matti Sauramo legte 1958 das Standardwerk zur Geschichte der Ostsee vor.[4]

Aus dem Baltischen Eisstausee entwickelte sich vor rund 11.000 Jahren das Yoldia-Meer. Zunächst war der Wasserspiegel des Süßwassersees erheblich

---

3 Von Chamisso, Adelbert, Untersuchung eines Torfmoors bei Greifswald und ein Blick auf die Insel Rügen, in: Archiv für Bergbau und Hüttenwesen 8, 1924, 1; abgedruckt in: Schneebeli-Graf, Ruth, Adelbert von Chamisso »...und lassen gelten, was ich beobachtet habe.« Naturwissenschaftliche Schriften mit Zeichnungen des Autors, Berlin 1983, S. 111-120.

4 Sauramo, Matti, Die Geschichte der Ostsee (Annales Academiae Scientiarum Fennicae; A lll 51), Helsinki 1958.

angestiegen. Die Wassermassen durchbrachen anschließend einen Landriegel, der an der tiefsten Stelle zwischen Baltischem Eisstausee und den Weltmeeren bestanden hatte, der damals im Bereich der großen schwedischen Seen Mälaren, Vänern und Vättern lag. Die erhebliche Strömung des ausfließenden Süßwassers riss eine tiefe Kerbe in den Untergrund, durch die anschließend viel Salzwasser ins Ostseebecken strömte. Die einströmenden Wassermassen nahmen zu, weil der Wasserspiegel der Weltmeere weiter anstieg; es taute in dieser Zeit auf der gesamten Welt noch eine Menge Gletschereis aus der Eiszeit ab.

Weil das vom Eis entlastete Land in Schweden aufzusteigen begann, wurde die Wasserverbindung zwischen Ost- und Nordsee über Mittelschweden wieder unterbrochen. Das Wasser der Ostsee süßte aus, und es bildete sich vor etwa 10.000 Jahren der so genannte Ancylus-See. Sein Wasser floss durch einen Strom ab, der sich im Südwesten des Ostseeraumes, zwischen Südschweden und Pommern sowie den heutigen dänischen Inseln, gebildet hatte. Der Wasserspiegel der Weltmeere stieg weiterhin an und drang allmählich immer weiter in den Fluss im Südwesten des Ostseeraumes vor. Schließlich gelangte es auf diese Wiese in den gesamten Ostseeraum, und es bildete sich vor etwa 8.000 Jahren das so genannte Litorina-Meer.

Es kommt allerdings nur zu einem geringen Wasseraustausch zwischen Ost- und Nordsee. Nur wenig Salzwasser dringt in die Ostsee ein, und es gibt im Südwesten des Meeres sehr flache Gewässer. Nur der Bereich des ehemaligen Flusses, die so genannte Kadet-Rinne an der Darßer Schwelle, ist ein einigermaßen tiefes Gewässer, durch das auch große Schiffe in den Ostseeraum einfahren können. Das Wasser der Ostsee weist unterschiedliche Salzgehalte auf. Noch verhältnismäßig viel Salz ist im Südwesten des Meeres im Wasser enthalten, aber nur sehr wenig im Nordosten. Im Norden des Bottnischen und im Osten des Finnischen Meerbusens herrschen beinahe Süßwasserbedingungen. Insgesamt befindet sich in den Becken der Ostsee aber die größte Brackwassermenge auf der Welt.

In Abhängigkeit von den verschiedenen Salzgehalten findet man unterschiedliche Tier- und Pflanzenarten in den einzelnen Teilregionen der Ostsee. Heringe gibt es vor allem im Südwesten des Meeres, wo die Salzgehalte am höchsten sind. An der Südküste von Schonen, in Schleswig-Holstein und von Bornholm aus wird viel Heringsfang betrieben. Der Dorsch kommt auch weiter im Osten vor. An den Nord- und Ostküsten der Ostsee wachsen sonst auch von Süßwasserufern bekannte Gewächse wie Binsen, Schilf und Erle. In diesen Gegenden, beispielsweise im Südwesten Finnlands, kann man an der Vegetation kaum erkennen, ob man sich am Ufer der Ostsee oder an einem der zahlreichen Seen befindet.

Wälder, Schiffe und Häuser im Ostseeraum

Nach der letzten Eiszeit gab es zunächst keine Wälder im Ostseeraum. Offene Grasländer entwickelten sich üppig. Sie ähnelten den Alvaren, den Grasländern, die heute für die Ostseeinseln Öland, Gotland und Saaremaa charakteristisch sind und die man auch im Norden Estlands finden kann. Die Alvare behalten ihren heutigen Landschaftscharakter nur durch regelmäßige Beweidung. Wo kein Vieh grast, werden die Alvare von Gesträuch überwuchert; das ist vor allem auf der estnischen Insel Saaremaa gut zu erkennen, wo sich jahrzehntelang militärische Sperrgebiete befunden haben.

Einige Jahrtausende nach dem Ende der Eiszeit breitete sich Wald aus, zunächst vor allem Birken und Kiefern. Laub- und Nadelbäume haben unterschiedliche Ansprüche an das Klima: Laubbäume sind den Nadelbäumen in einem regelmäßig feuchten Klima überlegen, wie es in der Nähe der Meere herrscht. In ihrem Holz können nämlich sowohl große als auch kleine Mengen an Wasser hervorragend transportiert werden, weil es weite und enge Wasserleitbahnen gibt. In Trockenzeiten gelangt das Wasser vor allem durch die engen Kapillaren in den Kronenraum, aber in feuchten Witterungsperioden können große Wassermengen in weiten röhrenförmigen Zellen zu den Blättern gelangen, so dass eine sehr hohe Photosyntheseleistung erbracht werden kann. Während sich die Laubbäume gegenüber Nadelbäumen im Küstenraum durchsetzten, gelang ihnen dies im Landesinneren nur selten. Kalte und trockene Witterungsbedingungen, die im Landesinneren häufiger einwirken, können von Nadelgehölzen besser ertragen werden.

Im Süden des Ostseeraums wurden Kiefern später von Laubbäumen weitgehend verdrängt. Haselbüsche, Eichen, Ulmen, Linden und Eschen wurden häufiger – diese Baumarten breiteten sich auch in Südschweden und in den Küstenregionen des Baltikums sowie im Südwesten Finnlands aus. Später wurde die Buche im Gebiet zwischen Dänemark bzw. Südschweden und den Elbinger Höhen östlich der Weichselmündung zu einem wichtigen Waldbaum. Man bezeichnet die Walder im Süden des Ostseegebietes als nemorale Laubwälder. Im Landesinneren des Baltikums, in Finnland und dem größten Teil Schwedens breitete sich dagegen von Osten her die Fichte aus. Im Norden und Osten des Ostseeraums entstanden dadurch Wälder vom Typ der Taiga, die auch boreale Wälder genannt werden.

Die unterschiedlichen Wälder im Ostseeraum wurden auch auf verschiedene Weise genutzt. Laubwälder, beispielsweise solche, in denen Eichen, Linden oder Ulmen häufig sind, können immer wieder auf den Stock gesetzt werden. Das heißt, dass aus Baumstümpfen immer wieder neue Triebe emporwachsen, die man nach einigen Jahren erneut schlagen kann.

Die Sekundärtriebe der Laubhölzer kommen aber oft schräg oder gebogen in die Höhe. Man nennt derart genutzte Gehölze Niederwälder.

Krumm gewachsene Stämme von Eichen waren besonders begehrt. Man kann nämlich aus ihnen Schiffsrümpfe konstruieren. Schiffbauer gingen mit dem Winkelmaß durch die Wälder, um sich »ihre« Eichen auszusuchen. Eichenholz war wegen seines hohen Gehaltes an Gerbstoffen besonders haltbar und daher vor allem ein sehr begehrtes Holz zum Bau von Schiffsrümpfen. Aus krumm gewachsenen Stämmen konnte man auch das Skelett von Fachwerkhäusern herstellen, das man anschließend mit Flechtwerk und Lehm ausfüllte. Fachwerkbauten sind die typischen Bauernhäuser in allen Laubwaldregionen. Buchen überstanden eine allzu intensive Holznutzung nicht; nach mehrmaligem Abschlagen von Kernwüchsen und Sekundärtrieben gingen die Bäume ein, und die dagegen weniger anfälligen Eichen breiteten sich aus.

In allen Nadelholzgebieten konnte man keine Niederwaldwirtschaft etablieren. Wenn man Nadelhölzer auf den Stock setzt, treiben sie in aller Regel keine Sekundärtriebe aus. Aber sie säen sich reichlich aus, so dass immer wieder neue geradschäftige Bäume in die Höhe kommen. Aus deren Stämmen lassen sich sehr gut Blockhäuser und andere Gebäude errichten, die massiv aus Holz gebaut sind. In allen Gebieten, in denen man im Ostseeraum Holzhäuser findet, gibt es von Natur aus Nadelhölzer: in Schweden, Finnland, Russland, im Baltikum und auch in einigen Bereichen der vorpommerschen und polnischen Ostseeküste. Dort wachsen auf Dünen Kiefern, deren Holz sich zum Hausbau nutzen ließ.

Besonders bekannt und charakteristisch sind die Holzhäuser Schwedens. Angeblich wurden sie deshalb rot gestrichen, weil ihre Erbauer die roten Backsteinbauten im Süden des Ostseeraums nachahmen wollten. Dabei wurde aber entdeckt, dass die rote Farbe die Holzhäuser besonders gut konserviert: daher wich man nie wieder davon ab, die Häuser mit roter Farbe zu streichen.

Das Nadelholz war bei Holzhändlern, die aus dem Süden in den Norden des Ostseeraumes kamen, sehr begehrt. Für den Bau eines guten Schiffes brauchte man nämlich sowohl Laub- als auch Nadelholz. Das schwere Eichenholz taugte nur für den Bau der Schiffsrümpfe. Dagegen verwendete man für die Beplankung der Decks lieber das leichtere Nadelholz. Hohe und schlanke Nadelholzstämme waren auch die am besten geeigneten Mastbäume. Gute Schiffe im Ostseeraum waren also aus Hölzern des Südens und des Nordens zusammengesetzt. Aus dem Verbreitungsgebiet des Nadelwaldes kam ferner Teer in den Süden. Man gewann ihn aus Nadelholz und verwendete ihn zum Kalfatern, also zum Schließen von Löchern in der Schiffshaut und zum Abdichten von Lecks.

Handelsnetze im Ostseeraum

Die unterschiedlichen naturräumlichen und historischen Bedingungen führten dazu, dass es an den verschiedenen Küsten der Ostsee auch verschiedene Handelsgüter gab. Sie mussten von den Ostseeanrainern ausgetauscht werden, um allen von ihnen gute Lebensbedingungen zu ermöglichen. Daher war schon frühzeitig ein effizientes Handelsnetz vonnöten. Die Ostsee ist als Binnenmeer und Handelsraum oft mit dem Mittelmeer verglichen worden, und man bezeichnet sie auch als Mittelmeer des Nordens. In einer Hinsicht unterscheidet sie sich aber ganz klar vom Mittelmeer. Dort mussten Güter meist nur dann ausgetauscht werden, wenn sie an einem Ort temporär mangelten, dann etwa, wenn es an einem Ort eine Missernte gegeben hatte. Dann musste zwar an der Ostsee auch das jeweils mangelnde Gut temporär über das Handelsnetz bereitgestellt werden. Aber darüber hinaus musste ständig gehandelt werden, um alle Grundbedürfnisse zu befriedigen. Am Mittelmeer gab es dagegen normalerweise alle Feldfrüchte, alle Baumaterialien, alle Erze, die meisten Gewürze und Früchte sowie Wein in der Umgebung jeder Handelsstadt.

Nicht so im Ostseeraum: Dort gab es mehr Korn im Süden als im Norden, Erz in großen Mengen nur in Schweden, Nadelholz nur im Norden, Laubholz vor allem im Süden. Stein, der sich zum Bauen von Häusern eignete, konnte fast nur im Norden gewonnen werden. Ton zum Ziegelbrennen ließ sich dagegen im Süden verbreitet abbauen. In Abhängigkeit von den unterschiedlichen Salzgehalten gab es Hering und Dorsch sowie andere Meerestiere nur in bestimmten Teilen des Brackwassermeeres. Hinzu kamen weitere Güter, die noch nicht erwähnt worden waren, Salz aus Lüneburg und Mitteldeutschland, Bernstein vor allem von den Ostküsten des Baltischen Meeres, Wein aus dem Mittelmeergebiet, der als eines der wenigen Handelsprodukte auf jeden Fall in den gesamten Ostseeraum importiert werden musste – ebenso wie zahlreiche Gewürze. Einige Gewürze wurden in Ostseeländern charakteristisch, obwohl sie ursprünglich nicht von dort kamen: Kapern werden heute stets in Verbindung zu Königsberger Klopsen gebracht, Mandeln brauchte man zur Herstellung von Marzipan, das besonders in Lübeck, aber auch in anderen Hansestädten hergestellt wurde. Dill gilt als besonders charakteristisches Fischgewürz des Nordens, obwohl er ursprünglich aus dem östlichen Mittelmeergebiet stammte. Die Weinraute wurde wegen ihrer kreuzförmigen Blüten zu einer Charakterpflanze im katholischen Litauen, obwohl auch sie eigentlich am Mittelmeer heimisch ist. In Litauen hatte man sich auch vielerorts auf die Herstellung von Waldbienenhonig verlegt, der von dort einerseits als Süßstoff exportiert wurde; andererseits produzierten die Bienen auch Wachs, das ebenso begehrt auf den Märkten des Ostseeraumes war, weil man daraus Kerzen herstellte.

Insgesamt ist der Ostseeraum wohl derjenige Ort, an dem erstmalig auf der Welt Güter regelmäßig und in großen Mengen zwischen den Küsten ausgetauscht werden mussten. Das Handelsnetz der Wikinger war für viele dieser Handelsprodukte noch nicht leistungsfähig genug, aber die Hansekaufleute waren in der Lage dazu, große Mengen an Handelswaren über das Meer zu transportieren. An den Küsten blühten Städte auf, die Stützpunkte des Handels waren: Lübeck, Wismar, Rostock, Stralsund, Danzig, Riga, Tallinn, Turku, Stockholm. Die Entwicklung des Ostseeraumes im Mittelalter und in der Frühen Neuzeit konnte nur dann voran schreiten, wenn der Warenaustausch funktionierte. Möglicherweise waren die Erfahrungen im Warenaustausch über die weiten Strecken an der Ostsee wichtige Voraussetzungen dafür, dass sich in den folgenden Jahrhunderten nicht nur ein Ostseehandel, sondern auch ein Welthandel entwickeln konnte.

Italienische Gärten

Es war unstreitig in den schönen und von einem so milden Himmel beglückten Gefilden Italiens, wo in den neuen Zeiten Europa die ersten Gärten wieder aufblühen sah. Hier erwachte zuerst das Gefühl für das Schöne, und weckte zugleich die edlem Künste aus ihrem langen Schlummer auf. Man weiß, daß diese wichtige Revolution sich besonders in Toscana durch die großmüthigen Bemühungen des Geschlechtes Medici erhob. Und hier scheint auch mir der Liebe des Ackerbaue die Gartencultur zuerst in Italien wieder erweckt zu seyn.

Christian Cay Lorenz Hirschfeld, der berühmte Gartenkenner des 18. Jahrhunderts, beginnt so den Abschnitt »Kurze Nachrichten von Gärten, Lustschlössern, Landhäusern, Gartengebäuden und Gartenprospecten«, in dem zuallererst von den Gärten Italiens die Rede ist. Genauso wie Hirschfeld denken wir bei Italienischen Gärten an das Schöne, an die Klimagunst des »Landes, in dem die Zitronen blühen«, an die Ackerbaukultur der Toskana, die mit ihren zahlreichen Felderterrassen an steilen Hängen zu einem Inbegriff von Kulturlandschaft geworden ist. Selbstverständlich begünstigten das milde Klima und die abwechslungsreiche Landschaft die Entstehung der ersten neuzeitlichen Gärten im Abendland. Dafür aber, dass diese Gärten am Ende des Mittelalters gerade in Italien angelegt wurden, gibt es noch einen anderen, und, wie es scheint, sehr wichtigen Grund. Kunstvolle Gärten befanden sich zunächst nur in der Nähe von Städten; sie wurden von Stadtbewohnern angelegt. Befasst man sich mit der ursprünglichen Bedeutung des Wortes »Garten«, wird eine bemerkenswerte Wesensverwandtschaft zwischen Garten und Stadt deutlich. Ein Garten ist nämlich in vielen Sprachen eigentlich nicht das gestaltete Stück Land mit vielerlei Bäumen, Sträuchern und Kräutern, sondern das, »was eingezäunt, eingehegt ist«. Im Lauf der Zeit wandelte sich die Bedeutung des Begriffs in der deutschen, aber auch in anderen Sprachen. In den slawischen Sprachen bezeichnet man mit den etymologisch verwandten Wörtern »grad«, »gorod« oder »hrad« die Stadt, also genauso einen nach außen abgegrenzten, aber aus heutiger Sicht landschaftlich ganz anders wirkenden Bereich.

Stadt und Garten sind begrenzt, Dorf und Wildnis sind es nicht. Nach außen abgegrenzte, im weitesten Sinne private Bereiche konnten sich gerade dort entwickeln, wo Menschen individuelle Privatpersonen sein wollten, sich also zwar weltoffen gaben, aber doch ihre Privatsphäre vor der Öffentlichkeit abschirmen wollten. Jacob Burckhardt nennt in seinem berühmten Werk »Die Kultur der Renaissance in Italien« einen ganzen Abschnitt »Entwicklung des Individuums« und schreibt:

> […] gerade innerhalb der allgemeinen politischen Machtlosigkeit gediehen wohl die verschiedenen Richtungen und Bestrebungen des Privatlebens um so stärker und vielseitiger. […] Der politisch indifferente Privatmensch mit seinen teils ernsten teils dilettantischen Beschäftigungen möchte wohl in diesen Gewaltstaaten des 14. Jahrhunderts zuerst vollkommen ausgebildet aufgetreten sein.

Einige Bewohner der italienischen Stadtrepubliken waren durch Handel und Gewerbe zu großem Reichtum gelangt. Im Zeitalter der Renaissance besannen sie sich auf die kulturelle Vergangenheit des Landes zur Zeit der Antike, auf die klassischen Lebensformen der Reichen im alten Rom. Die Bildungsbürger dieser Städte hatten natürlich Plinius und Cicero gelesen, sie wollten es ihren klassischen Vorbildern gleichtun und als wohlhabende Stadtbürger ebenfalls eine Villa mit Garten besitzen. Man konnte sich dank der detaillierten antiken Beschreibungen ein genaues Bild davon machen, wie das urban geprägte ländliche Leben vor der Stadt auszusehen hatte. Das Leben in der Stadt hatte gerade in Italien keineswegs nur positive Seiten. Das warme Klima begünstigte die Ausbreitung von Seuchen besonders dort, wo viele Menschen unter ungünstigen hygienischen Bedingungen dicht beieinander wohnten. Wer es sich leisten konnte, besaß auch deswegen eine Villa mit Garten und Zaun vor der Stadt, um sich dorthin zurückziehen zu können, wenn die Pest grassierte.

Von der Flucht wohlhabender, kulturbeflissener Bürger aus Florenz, wo die Pest wütete, in die Villa vor der Stadt berichtet Boccaccio am Beginn seines berühmten Romans »Decamerone«. Pampinea, eine junge Florentinerin, die in den Augen von Jacob Burckhardt sicher eine Individualistin war, macht einigen Altersgenossinnen einen Vorschlag:

> Damit wir nun nicht aus Trägheit oder Sorglosigkeit einem Unglück erliegen, dem wir, wenn wir wollten, auf irgendeine Weise entgehen könnten, dächte ich, wiewohl ich nicht weiß, ob ihr die gleiche Meinung habt, es wäre am besten, wir verließen, so wie wir sind, diese Stadt, wie es viele vor uns getan haben und noch tun. Die bösen Beispiele anderer wie den Tod verabscheuend, könnten wir mit Anstand auf unseren ländlichen Besitzungen verweilen, deren jede von uns eine Menge hat, wo wir uns dann Freude, Lust und Vergnügen verschafften, soviel wir könnten, ohne die Grenzen

des Erlaubten irgendwie zu überschreiten. Dort hört man die Vöglein singen, dort sieht man Hügel und Ebenen grünen, dort wogen die Kornfelder nicht anders als das Meer, dort erblickt man wohl tausenderlei Bäume und sieht den Himmel offener, der, wie erzürnt er auch gegen uns ist, seine ewige Schönheit nicht verleugnet, was alles zusammen viel erfreulicher ist als der Anblick der kahlen Mauern unserer Stadt. Außerdem ist die Luft dort frischer, und der Vorrat an Dingen, die man zum Leben braucht, ist dort größer und geringer die Zahl der Unannehmlichkeiten.

Gesagt, getan; der Zufall will es, daß sich den Damen noch drei junge Männer beigesellen. Die Gesellschaft bricht auf. Bocaccio schreibt weiter:

Sie verließen die Stadt, waren aber noch nicht mehr als zwei kleine Meilen weit von ihr entfernt, als sie schon an dem Orte anlangten, den sie fürs erste verabredet hatten. Dieser Landsitz lag auf einem Hügel, nach allen Richtungen ein wenig von unseren Landstraßen entfernt, und war mit mancherlei Bäumen und Sträuchern bewachsen, alle grünbelaubt und lieblich anzusehen. Auf dem Gipfel dieser Anhöhe stand ein Palast mit einem schönen und großen Hofraum in der Mitte, reich an offenen Gängen, Sälen und Zimmern, die, sowohl insgesamt als jedes für sich betrachtet, ausnehmend schön und durch den Schmuck heiterer Malereien ansehnlich waren. Rings umher lagen Wiesen und reizende Gärten mit Brunnen voll kühlem Wasser und Gewölben, die reich an köstlichen Weinen waren, so daß sie eher für erfahrene Trinker als für mäßige, sittsame Mädchen geeignet schienen.

In dieser berühmten Rahmenerzählung des »Decamerone« wird viel Bezeichnendes für Villa und Garten der Mitte des 14. Jahrhunderts zum Ausdruck gebracht. Das Landhaus lag nicht weit von der Stadt entfernt, nur »zwei kleine Meilen«. Und liest man die Beschreibung des ländlichen Ortes, denkt man weder an einen Palast noch an einen Park, sondern eher an einen Bauernhof. All das, was später im Italienischen Garten eine ganz andere Bedeutung erhalten sollte, hatte hier seinen praktischen Sinn: Das Wasser diente zur Bewässerung der Wiesen und Gärten, und im Gewölbe lagerte der Wein, das einzige Getränk der damaligen Zeit, das über lange Zeit haltbar blieb und nicht wie das von Abfällen verseuchte Flusswasser des Arno Nährboden der Pest war. Landsitze wie derjenige, der im Decamerone beschrieben wird, gab es schon im Mittelalter; burgartige Gebäude standen inmitten von agrarisch genutzten Ländereien, die in vielen Fällen im Besitz städtischer Bürger waren, die auf dem Lande investierten. Die Villa war ein landwirtschaftliches Produktionszentrum mit aufwendigen Anlagen zum Pressen von Öl, zum

Keltern von Wein und mit vielfältigen Lagerräumen. Seit der Mitte des 14. Jahrhunderts befassten sich die Stadtbürger intensiver mit ihren Villen und ihren Gärten.

Die Villen wurden, wie im »Decamerone« beschrieben, zu Zentren der Kultur, und aus den Nutzgärten des Mittelalters wurden die Lustgärten der Neuzeit. Gerade wenn man bedenkt, dass die Hinwendung der Städter zum Land in der Pestzeit im 14. Jahrhundert intensiver wurde, kann man die Paradiese, zu denen die Villengärten in der Folgezeit wurden, auch als Gegenentwürfe zu den ökologischen Problemen des Stadtlebens ansehen. Nach Hirschfeld ist der älteste der berühmten Italienischen Gärten derjenige des Lorenzo Medici in Florenz, der in der zweiten Hälfte des 15. Jahrhunderts angelegt wurde. Damals schrieb in Florenz Leon Battista Alberti sein umfangreiches Werk »De Re Aedificatoria«, in dem er auch auf Gärten eingeht, die aber noch nicht wesentlich anders aussehen als die Gärten der Antike; es gibt Grotten und Buchsbaumrabatten, genauso wie in früheren und späteren Gartenanlagen. Während Alberti vor allem die Gewächse des Mittelmeergebietes in seine Gärten pflanzte, holten sich andere Florentiner in etwas späterer Zeit besonders Gewächse aus dem Süden Italiens, aus Spanien und dem Orient; vor allem die Pflanzen und Bäume der berühmten maurischen Gärten fanden auf diese Weise zunächst Eingang nach Italien und dann auch in andere Gegenden des Abendlandes. Was man im kälteren Norden nicht ins Freiland ausbringen konnte, wurde dort in Kübel gepflanzt, die man im Sommer ins Freie stellte, im Winter in speziellen Häusern schützte, beispielsweise in einer Orangerie.

Die ältesten in unserem heutigen Sinne typischen Gärten Italiens entstanden dann aber nicht in Florenz, sondern in Rom. Diese Stadt hatte gegen Ende des Mittelalters gegenüber Florenz und den oberitalienischen Städten erheblich an Bedeutung verloren; damals residierte der Papst nicht in der »ewigen Stadt«, sondern in Avignon. Nach dem Ende der »Babylonischen Gefangenschaft« in Südfrankreich 1377 kehrten die Päpste nach Rom zurück. In der Folgezeit gab es noch zahlreiche weitere innerkirchliche Konflikte, die das Papsttum schwächten. In Rom war städtische Kultur während dieser Zeit nahezu vollständig zum Erliegen gekommen, wobei allerdings die Spuren ehemaliger Stadtkultur überall präsent blieben. In der Zeit um 1500 sollte Rom wieder Mittelpunkt der Welt werden; die Päpste förderten unter anderem Architekten und Künstler, wofür sie allerdings einen hohen Preis zu bezahlen hatten. Der Ausbau Roms fand nicht nur Zustimmung; die Reformation wurde nicht zuletzt dadurch befördert.

Papst Julius II. holte neben Michelangelo und Raffael auch den Architekten Bramante nach Rom. Darüber schreibt Giorgio Vasari:

Diesem Papst war der Einfall gekommen, den Raum zwischen dem Belvedere und dem Palast zu einer viereckigen theaterähnlichen Anlage auszubauen und damit das kleine Tal zu umschließen, welches zwischen dem alten päpstlichen Palast und dem Gebäude gelegen war, das Innozenz VIII. zum neuen Wohnsitz der Päpste bestimmt hatte. Zu beiden Seiten des Tälchens sollten loggienartige Gänge den Palast mit dem Belvedere verbinden und außerdem verschiedene Treppen angelegt werden, damit man vom Grunde des Tales auf mannigfaltige Weise zur Plattform des Belvedere emporsteigen könnte. Bramante, der in solchen Dingen viel Geschmack und Erfindungsgabe an den Tag legte, errichtete als unterstes Geschoß zwei sehr schöne übereinanderliegende Arkadengänge im dorischen Stil, ähnlich denen im Kolosseum der Savelli, nur daß sie statt von Halbsäulen von Pfeilern getragen wurden, die er wie den ganzen Bau aus Travertinstein anfertigte. Darauf erhob sich als Obergeschoß ein geschlossener, mit Fenstern versehener Säulengang im ionischen Stil, der von den obersten Zimmern des päpstlichen Palastes ins Erdgeschoß des Belvedere führte. So entstand zu jeder Seite des Tales eine mehr als vierhundert Schritt lange Loggia, die eine mit der Aussicht auf Rom, die andere dem hintengelegenen Wäldchen zugewandt; den Talgrund selbst gedachte man zu ebnen und alle Gewässer vom Belvedere hinabzuleiten, um dort einen schönen Brunnen anzulegen.

Julius II. und Bramante starben bald, so dass das Werk unvollendet blieb. Vasari berichtet, man habe Bramantes Schöpfung für etwas so Herrliches gehalten, dass man zunächst zögerte, es zu vollenden; heute ist die Anlage nicht mehr in der ursprünglichen Form erhalten. Jahrhundertelang aber war der Belvedere-Garten Vorbild für die Anlage von anderen Gärten. Ein »Belvedere« ist seitdem ein Aussichtspunkt auf einer Terrasse mit besonders schöner Fernsicht; das wohl berühmteste Belvedere schuf Hildebrandt von 1721 bis 1723 für Prinz Eugen in Wien.

Im Belvedere-Garten gab es nicht nur die Loggien der antiken Vorbilder; Bramante hatte etwas ganz Neuartiges in die Gartenanlage eingefügt. Durch Treppen, die er für eine optimale Nutzung des Geländes anlegen musste, hatte der Garten nicht nur Breite und Tiefe erhalten, sondern noch eine weitere Dimension, die Höhe. Für einen solchen Garten bekam die Architektur eine besondere Bedeutung, was dadurch augenfällig wurde, dass gerade in den römischen Villengärten besonders viel Stein als Baumaterial verwendet wurde.

Nicht nur im Belvedere-Garten, sondern auch bei der Villa d'Este oder der Palazzina Farnese entwickelte sich im 16. Jahrhundert gewissermaßen der Archetyp des Italienischen Gartens. Dieser besitzt nicht nur eine Grundfläche, sondern ist ein dreidimensionaler Raum. Er hat Haupt- und Nebenachsen, aus denen sich ein orthogonaler Grundriss ergibt. Die Wege, die entlang der Achsen laufen, haben ein klares Ziel, die Villa, den Aussichtspunkt, ein Kunstwerk oder einen Brunnen. Die Zielpunkte können, ja sollen sehr verschieden sein. Beim Durchschreiten des Gartens soll man aus der düsteren und feuchten Grotte ins gleißende Sonnenlicht treten, um dabei den Gegensatz der vier Elemente wahrzunehmen, von Erde und Wasser in der Grotte und am Brunnen, zu Feuer und Luft auf der Terrasse. Auf dem orthogonalen Grundriss entstand der Raum durch steinerne Mauern und lebende Hecken aus den immergrünen Gehölzen Steineiche und Buchsbaum oder aus den schlanken Zypressen und den schirmförmig geschnittenen Pinien.

Am besten lassen sich die Prinzipien des Italienischen Gartens dort erkennen, wo eine Villa mit ihrem Garten am Hang errichtet wurde. Auf einer ebenen Terrasse kann man weit hinaus ins helle mediterrane Sonnenlicht gehen und die Aussicht genießen; zu ebener Erde führt der Weg in die Grotte hinein, wenn man in Richtung des Berghanges geht – oder vielleicht besser: wandelt. In den Grotten verwendeten die Architekten des 16. Jahrhunderts häufig das »Baumaterial« natürlicher Quellen; ist das Quellwasser reich an Kalk, setzt sich durch Ausfällung Tuffstein ab, den man auch als Baustoff für die »gestaltete Natur« in den künstlichen Grotten schätzte. Ebenfalls wie in der »richtigen Natur« bepflanzte man den Stein mit Lebermoos und Farn, worüber das Wasser rieselte und tropfte.

Um die Grotte herum konnte man einen Bosco anlegen, einen Busch oder Wald. Hier pflanzte man häufig Eiben, und auch das machte man der »wilden Natur« nach, denn Eiben wachsen an kalkhaltigen Quellen mit ihren Tuffabsätzen. Eiben lassen sich gut schneiden; so konnte man darauf achten, dass ihre Zweige in die Breite wucherten und den Eingang der Grotte verdeckten. Eiben haben eine religiöse Bedeutung, und diese Bedeutung gab man auch manchen Boschi. Im Bosco Sacro z. B., im Heiligen Hain, stehen Skulpturen von Eicheln und Pinienzapfen.

Unter der Terrasse wurden in vielen Fällen Wirtschaftsgebäude versteckt. Die Terrassen über geschlossenen Räumen nennt man »Hängende Gärten« und beabsichtigt damit natürlich, vom Begriff her einen Bezug zu anderen Hängenden Gärten herzustellen, nämlich zu denen in Babylon.

Von den Terrassen aus erreicht man die Wirtschaftsgebäude, aber auch das Parterre des Gartens, seine Grundfläche, über zum Teil aufwendige Treppenanlagen. Weil manche Villen in sehr steilem Gelände angelegt wurden, sind die Höhendifferenzen zwischen den niedrigsten und den höchsten Punkten im Garten zum Teil erheblich. In Bramantes Belvedere-Garten überwanden die Treppen eine Höhendifferenz von zwanzig Metern. Bramante war dadurch gezwungen, die Treppe nicht zu verstecken, wie dies in den älteren

ITALIENISCHE GÄRTEN

Abb. 1: Der erst um 1830 entstandene Park der Villa Vigoni in Loveno di Menaggio am Comer See zeigt typische Eigenheiten des Italienischen Gartens: Von einem Belvedere blickt man zu den unsichtbaren Grenzen des Parks und darüber hinaus in eine spektakuläre Landschaft. Die Wege im steilen Gelände werden durch Treppen erschlossen, Mauern und Hecken begrenzen sie. Schlanke Zypressen und schirmförmig geschnittene Pinien vermitteln Reisenden aus dem Norden den Eindruck, plötzlich in »Bella Italia« angekommen zu sein (Foto: Hansjörg Küster).

Gärten in der Toskana geschehen wäre. Er musste die Treppe bewusst in den Mittelpunkt seiner Gartenarchitektur stellen; und dies wurde immer wieder von anderen Architekten nachgeahmt.

Neben den Treppen rinnt Wasser von der Grotte zur tiefsten Stelle des Gartens. Bei der Gestaltung der Wasserläufe waren der Fantasie kaum Grenzen gesetzt. Der Wasserlauf kann durch Wasserbecken und Rinnen führen, es können Wasserspiele und Brunnen in seinen Lauf eingebaut sein, und manche Gartenbesitzer machten sich einen Spaß daraus, Ventile in verborgene Wasserleitungen einbauen zu lassen, die spontan geöffnet werden konnten, um Gartenbesucher zu beregnen. Auf diese Weise war aber auch die Voraussetzung dafür geschaffen, Wasser in verschiedene Regionen des Gartens zu versprengen.

Für viele Gewächse war dies lebensnotwendig, gerade im zeitweise trockenen und heißen Mittelmeerklima. An den Brunnen und Kaskaden herrscht höhere Luftfeuchtigkeit als anderswo, weil dort Wasser staubfein versprüht wird. Das lokale Klima des Gartens ist daher feuchter als das der Außenwelt; für die Pflanzen im Garten und auch für dessen Besucher ist daher die Atmosphäre vieler Italienischer Gärten beinahe tropisch zu nennen.

Noch heute sind die Brunnen Roms berühmt, nicht nur die, die in den Gärten stehen. Oft sind sie aus Tuffstein gebaut, und in ihnen rinnt das Wasser von Schale zu Schale. Conrad Ferdinand Meyer schrieb über einen dieser Brunnen ein berühmtes Gedicht:

> Aufsteigt der Strahl, und fallend gießt
> Er voll der Marmorschale Rund,
> Die, sich verschleiernd, überfließt
> In einer zweiten Schale Grund;
> Die zweite gibt, sie wird zu reich,
> Der dritten wallend ihre Flut,
> Und jede nimmt und gibt zugleich
> Und strömt und ruht.

Ein besonders markanter Brunnen oder auch ein Pavillon steht in der Mitte des Parterres vieler Gärten. Das Parterre, eigentlich der traditionelle Teil des Italienischen Gartens, hat Haupt- und Nebenachsen von Wegen, die mindestens vier gleich große Beete voneinander teilen. Ursprünglich standen auf den Beeten beispielsweise Obstbäume, später kam es den Gartengestaltern mehr darauf an, mit dem Parterre eine gute optische Wirkung zu erzielen; in vielen Fällen soll von einer Loggia im Dach der Villa aus, die an den Garten grenzt, der Blick auf das Parterre gelenkt werden. In besonders kunstvoll gestalteten Parterres säumen die sauber geschnittenen Buchsbaumhecken keine Beete, sondern Wasserbecken, oder man legte dort entweder aus Stein oder Buchsbaumhecken ein Labyrinth an. Man kann hier auch Zitronen- und Orangenbäumchen in Kübeln aufstellen, die im Winter unter den hängenden Gärten vor der Kälte geschützt werden müssen, vor der man selbst in Italien vielerorts nicht sicher ist.

Eine besondere Zierde des Italienischen Gartens ist die Pergola, ein Rankgerüst für Schlingpflanzen und Rosen, für das es altägyptische Vorbilder gibt. Erbaut wurde die Pergola entweder aus Holz oder dauerhafter aus Stein, wobei auch Säulen errichtet wurden, über die man Holzbalken legte.

Ursprünglich ließ man vor allem Wein an der Pergola ranken; wer darunter entlanggeht, kann von den herabhängenden Trauben naschen. Aber auch Geißblatt oder Glyzinien zieht man in einer Pergola.

Der Schmuck der Italienischen Gärten besteht außerdem aus Skulpturen. Ursprünglich stellte man antike Statuen in den Gärten auf, die man in Rom

ITALIENISCHE GÄRTEN

allenthalben finden konnte. Genauso wie skulpturierte Steine, Grabmäler und andere Bauteile, die man als Spolien in neue Gebäude einbaute, fanden also auch antike Standbilder eine sekundäre Verwendung, als man an die glorreiche Vergangenheit Roms anknüpfte und der Stadt eine neue glanzvolle Rolle gab. Manche Gärten wurden zu ansehnlichen Antikensammlungen. Bald ging man dazu über, Skulpturen nach alten Vorbildern zu formen, weil in den Überresten der untergegangenen Metropole nicht mehr genügend Antiken zu finden waren.

In und bei Rom entstanden im 16. Jahrhundert mehrere Villen mit den klangvollen Namen derer, die sie bewohnten. Sie waren von prächtigen Gärten umgeben. Der wohl berühmteste Garten Italiens wurde der an der Villa d'Este in Tivoli. Die Planung dieser Anlage war ungeheuer aufwendig, wie in Marieluise Gotheins Standardwerk »Geschichte der Gartenkunst« nachzulesen ist:

Welch mächtige Vorteile natürlicher Wasserreichtum einem Künstler in die Hand gibt, das zeigt zuerst die Villa d'Este in Tivoli. [...] Den Kardinal Ippolito D'Este, der im Jahre 1549 als Statthalter in Tivoli einzog, reizte die herrliche Aussicht, die sich von der Höhe des Stadthügels auf die Sabiner Berge und das hochgelegene Städtchen Montorsoli nach Norden hin öffnete. Dort auf der Höhe wollte er sich sein Haus bauen, und davor sollte sich der Terrassengarten in strenger Symmetrie in der Hauptachse des Gebäudes herabziehen. Unbekümmert darüber, daß das Gerippe des Berges nordwestlich verläuft, ließ er den Garten nach Norden anlegen, wodurch eine kolossale Untermauerung fast einer Hälfte des Gartens nach Westen zu notwendig wurde. Ippolito aber war nicht der Mann, der vor Schwierigkeiten oder Extravaganzen zurückschreckte. Der Garten zerfällt deutlich in zwei Teile, den ebenen unteren Garten und den in fünf steilen Terrassen zum Hause aufsteigenden Berggarten. Diagonale Wege und gerade Seitentreppen stellen die Verbindung untereinander her. Die Hauptlängsachse, vom Mittelportal des Hauses ausgehend, wird durch eine Wiederholung dieses Portalmotivs in immer einfacheren Formen in den Futtermauern der Terrassen bezeichnet; sie dienen hier als Eingänge in die Grotten. Eine besondere Betonung erhält diese Hauptachse durch die große, von mächtigen Rampentreppen flankierte Drachenfontäne auf der fünften Terrasse, kleinere Brunnen sind auf den höheren Terrassen in der Mitte angelegt. [...] Ein unerschöpflicher Reichtum herabbrausenden Wassers stand dem Baumeister zur Verfügung. Ein Teil des Anio, der den ganzen Stadthügel mit seinen Wasserarmen umklammert, wurde von Osten her in den Gärten hineingeleitet und von dem Künstler benutzt, um in äußerst wirksamer Weise die Querachse zu bezeichnen. Die untere trennt den ebenen von dem terrassierten Garten durch vier breite Bassins. Östlich endet sie aufsteigend in der imposanten Wasserorgel, von der ein mächtiger Wasserfall in den darunterliegenden Teich fiel, ein brausender Gegenklang gegen den stillen Spiegel der Teiche; westlich trug ein Vorsprung, der heute verschwunden ist, vielleicht nie ausgeführt wurde, eine Wasserkunst. Die zweite Querachse beginnt auf der dritten Terrasse mit dem östlichen Wassertheater: riesige Tuffsteinblöcke, von einem springenden Pegasus gekrönt, fassen den Sturz des Wassers; in kleinen unregelmäßigen Nischen sitzen Quellgottheiten, unter dem Fels ist ein halbrunder Säulengang um ein mächtiges elliptisches Wasserbassin gebaut; zwischen den Säulen schmücken Statuen eine Reihe von Nischen. Die drei übrigen Seiten des Theaters sind quadratisch ummauert, an der südlichen, in den Berg schneidenden Seite befindet sich noch eine Badegrottenanlage. Ein schmaler Durchgang führt aus diesem Theater auf die Prachtstraße des Gartens, die den Berg entlang von dreistufigen Wasserkanälen begleitet wird; unzählige Gebilde: Adler, Schiffchen, Fratzen usw. speien das Wasser aus einem Kanal in den andern, dazwischen sind Reliefs angebracht, die die Metamorphosen Ovids verherrlichen.

Das Wasser bekam hier eine überragende Bedeutung für die Gartenanlage. Die Wirkung der so verschiedenen Wasserkünste ist in einem Land besonders groß, in dem es während des Sommers lange Trockenperioden geben kann; im Garten versiegt das lebensspendende und lebenserhaltende Wasser dennoch nicht. In einem weiteren Ensemble aus Villa und Garten kommt dem Wasser ein noch stärker hervorgehobener Platz zu. Im Garten der Villa Lante bei Bagnaja (Abb. 2), 70 Kilometer nördlich von Rom gelegen, bildet die Anlage der verschiedenen Wasserkünste die Mittelachse.

Die Villa ist in zwei Teile geteilt: Zwei kleinere Häuser sind an den Rand des Grundstücks gerückt. Die Mittelachse der Anlage besteht aus einer ganzen Reihe von Brunnen, die nacheinander vom Wasser durchflossen werden. Ein besonders großer Brunnen bildet die Mitte des Parterres; ursprünglich stand an der Stelle des Brunnens eine Wasserpyramide, aus der das Wasser einmal höher, einmal niedriger aufstieg. In den vier Bassins des Brunnens, die das Zentrum des Parterres bilden, befinden sich vier Schiffchen. Michel de Montaigne hat den Garten im 16. Jahrhundert besucht und beschrieben. Zu seiner Zeit waren in den Schiffchen Musketiere, die mit Wasser schossen oder es unter Geräuschentwicklung durch eine Trompete bliesen; später wurden die Schiffchen mit Blumen bepflanzt. Es gibt noch weitere Brunnen in diesem Garten, so beispielsweise einen mit zwei großen Flussgottheiten; dort läuft Wasser aus den Scheren eines Krebses in ein steinernes Becken.

Abb. 2: Garten der Villa Lante (Foto: Sigmund Graf Adelmann)

Weitere Villen und prachtvolle Gärten wurden in anderen Gegenden Italiens errichtet, so in Neapel und Frascati, wo Garten und Villa Aldrobandini besonders besuchenswert sind, in Genua und selbstverständlich auch in Florenz und in seiner toskanischen Umgebung, wo man die Villa Gamberaia und die Villa Capponi besuchen sollte. Fast immer wurden die Häuser und Gärten an den Hängen der Gebirge errichtet, am Abhang des Apennin, in den Albaner Bergen. Berühmte Bauten entstanden am Rand des höchsten Gebirges, an das Italien grenzt, und zwar am Südrand der Alpen. Dort ist das Klima regenreicher als im Herzen Italiens, aber dennoch nicht kälter: Von Norden weht der warme Föhnwind, der Südwind treibt entweder mediterrane Wärme oder dicke Regenwolken an den Alpenrand, was zu sintflutartigen Wolkenbrüchen führen kann, die tagelang nicht enden wollen. Daraus resultiert ein fast schon tropisch zu nennendes Klima, in dem alles bestens grünt und blüht. Berühmte Italienische Gärten befinden sich auf der Isola Bella im Lago Maggiore und an der Villa Carlotta am Comer See. Zahlreiche architektonische Meisterwerke des Villenbaus, darunter berühmte Bauten des Andrea Palladio, liegen in der Umgebung von Venedig. Auch sie werden oder wurden von schönen Gärten umgeben, die aber architektonisch in der Regel wesentlich weniger aufwendig gestaltet wurden. Der Grund dafür liegt auf der Hand: Diese Landhäuser mit ihren Gärten wurden in der Ebene errichtet. Etwas Wesentliches, was den Italienischen Garten im engeren Sinne auszeichnet, konnte so in der Po-Ebene nicht ausgeführt werden, nämlich die Überwindung des Höhenunterschiedes bei einer Lage am Hang.

Mit allen seinen typischen Elementen ist der Italienische Garten ein Mikrokosmos, in dem der Privatmann, sein Besitzer, mit seinen Gästen umhergehen kann. Die Menschen sollen in diesem Garten sehr verschiedene Empfindungen haben können, wofür vielfältige Reize in die Anlage eingebaut sind. Der Mensch wandert nicht nur zwischen dem Dunkel der Grotte und dem Licht der Terrasse. Er blickt auf weißen Tuffstein und das Dunkel von Lebermoos, Zypressen und Eiben. Das Wasser plätschert und kühlt, man lässt sich am Rand der Wasserbecken nieder, zieht sich in die Grotten zurück, lustwandelt unter einer Pergola und geht auf der ebenen Terrasse entlang, wobei man stets den Gegensatz zu den steilen Hängen, die hier von Natur aus bestehen würden, vor Augen hat. Oder man schreitet durch das Parterre des Gartens, trifft sich am Brunnen in seiner Mitte und schlägt danach wieder getrennte Wege ein. Eine ganze Gesellschaft von Gartenbesuchern kann sich an der Brüstung der Terrasse treffen, um Wein zu trinken, den man schnell aus den Kellerräumen unter der Terrasse herbeiholt. Von der Terrasse aus genießt man dann die schöne Aussicht auf eine Gegend, die unmittelbar vom Garten aus nur mit den Augen zu erreichen ist. Der Zaun oder die Mauer, die den Garten umgibt, soll unübersteigbar sein. Man kann sich auf der Terrasse geistig mit seiner Umgebung auseinandersetzen, doch bleibt sie strikt von der privaten Sphäre des Gartens getrennt. Besonders reizvoll im wahrsten Sinne des Wortes ist es, die Treppen hinauf und hinab zu steigen, von jeder Stufe aus festzustellen, wie sich der Blick auf die Umgebung wandelt. Dabei verändert sich nicht nur die Sicht auf den Garten, sondern auch die Beziehung zu anderen Menschen, die sich auf der Treppe und im Garten bewegen. Gerade die Treppen regen die Gartenbesucher dazu an, sich selbst zu inszenieren, ein wenig Theater zu spielen wie auf einer Bühne. Die verschiedenartigen Empfindungen, die man beim ruhigen Gehen in einem Italienischen Garten hat, sollen Freude hervorrufen; jeder Mensch will einem eintönigen Alltagsleben entfliehen und Vielfältigkeit in seiner Umgebung wahrnehmen. Der Italienische Garten kann ihm diesen Abwechslungsreichtum bieten. Diese Lebensfreude, die dabei entsteht, inspiriert die Menschen; offenbar ist dies nicht nur den Managern moderner Industriebetriebe bekannt, sondern auch schon die Gartenarchitekten der Renaissance in Italien hatten eine Ahnung davon.

Die Gegensätzlichkeit der Reize eines Italienischen Gartens überhöhen die Kontraste, die für eine Gebirgslandschaft am Mittelmeer ohnehin charakteristisch sind. Landschaften mitteleuropäischen Charakters und die Mediterraneis grenzen dort unmittelbar aneinander. Der Schweizer Botaniker und

Reisende Martin Rikli hat dies zu Anfang des 20. Jahrhunderts folgendermaßen beschrieben:

> Wo wir uns auch immer von Mitteleuropa nach Süden wenden mögen, überall erwartet uns dasselbe Schauspiel: beim Austritt einer Klamm öffnet sich wie durch Zauberschlag die ganze Fülle des Südens dem entzückten Auge. Ich brauche nur an Namen wie die Schlucht von Iselle im Val di Vedro (Simplon), an das Felsenriff der Porta im Bergell, an das fruchtbare Becken von Brusio im Puschlav zu erinnern, oder weiter im Osten an Meran und nach Überschreitung des Karstes an Abbazia bei Fiume. Der Übergang zu einer anderen Vegetation ist ein plötzlicher, es ist ein förmlicher Szenenwechsel, der beim Austritt aus den südlichen Alpentälern in das Gebiet der mediterranen Florenwelt sich vor uns vollzieht.

Es ist ganz selbstverständlich, dass sich selbst der Wissenschaftler der Theatersprache bedient, wenn er die Gegensätzlichkeit der Landschaft am Mittelmeer beschreibt. Er fasst in Worte, was im 18. und 19. Jahrhundert viele Reisende aus dem Norden in Italien gesucht haben, nämlich den abrupten Übergang von der vertrauten, in ihren Augen viel eintönigeren Welt Mitteleuropas, zur ganz anderen, reizvolleren am Mittelmeer. Natürlich besuchten die Reisenden besonders gerne die Gärten, um sich dem Schauspiel der Gegensätze auszusetzen, und berichteten davon in Wort und Bild. Dunkle Bäume bilden den Rahmen zu vielen Bildern, auf denen der Blick auf die sonnendurchflutete Landschaft Italiens dargestellt ist. Johann Joachim Winckelmann schrieb am 5. Mai 1756 in Rom:

> Meine Freunde! es ist nicht zu beschreiben, wie schön die Natur in diesem Lande ist. Man gehet in schattichten Lorbeerwäldern und in Alleen von hohen Cypressen, an eine Viertelmeile weit in etlichen Villen, sonderlich in der Villa Borghese. Je mehr man Rom kennenlernet, je besser gefällt es. Ich wünschte, beständig hier bleiben zu können.

Carl Blechen malte die düsteren Zypressen im Park der Villa d'Este bei Tivoli und das helle Sonnenlicht, das zwischen den säulenförmigen Bäumen durchbricht; auf dem von den Zypressen gesäumten Weg setzen sich Gartenbesucher förmlich in Szene, gehen mal im Schatten, mal im grellen Licht entlang. Die Villa selbst liegt im Halbdunkel des Hintergrundes.

Natürlich waren die Gärten Italiens in den Jahrhunderten seit ihrer Schöpfung mancherlei Wandlungen unterworfen. Zunächst pflanzte man nur typisch mittelmeerische Gewächse in ihnen an, beispielsweise Platane,

Steineiche, Zypresse und Pinie, dazu Rosmarin, Myrte, Lorbeer und Mäusedorn. Später kamen, wie schon erwähnt, Pflanzen aus dem Orient hinzu, unter ihnen die Zitrusbäume, Flieder und Jasmin. Im 18. und 19. Jahrhundert brachten die Engländer zahlreiche Gewächse nach Europa, und auch in Italien fand man Gefallen an diesen Exoten. Heute wachsen nordamerikanische Magnolien, Azaleen und Rhododendren aus dem Himalaya, Hortensien, Bougainvilleen und Glycinien in vielen Italienischen Gärten. Wo es möglich war, pflanzte man sogar Palmen an.

Hirschfeld beklagte schon im 18. Jahrhundert, dass viele Parks Italiens verfielen, und diese Klage wird auch heute immer wieder laut. Die Architekten Günter Mader und Laila Neubert-Mader regen in ihrem sehr instruktiven Buch über Italienische Gärten die Gründung einer Organisation an, die dem englischen National Trust ähnelt: Sie sollte sich den Erhalt der Gärten Italiens aufs Panier schreiben! Aber wie bewahrt man das Bild eines Gartens, dessen Pflanzen wachsen und absterben, in dem morsche Bäume gefällt und durch neue ersetzt werden müssen, die nicht sofort die Größe der alten Gehölze aufweisen?

Italien behielt seine Vorrangstellung in der Gartenkunst bis zum Beginn des 17. Jahrhunderts. Palladio und Bernini wandten sich mehr der »reinen« Architektur zu und schufen glanzvolle Bauwerke, aber keine neuen Gartenkonzepte. Anderswo in Europa griff man die in Italien entwickelten Leitlinien der Gartenarchitektur auf. In Frankreich, Deutschland, Belgien und anderen Ländern legte man Italienische Gärten mit hohen Hecken, dem Parterre, einer Grotte und einer Terrasse an. Nicht alle Pflanzen des Mittelmeergebietes konnten darin wachsen; man musste sie im Winter in der Orangerie vor dem Frost schützen. Im 17. Jahrhundert gingen die wichtigsten Impulse der Gartenkunst dann von Frankreich aus. Bei der Gestaltung eines Französischen Gartens diente der Italienische Garten als Vorbild, besonders bei der Anlage des Parterres mit seinen Beeteinteilungen und Rabatten mit Buchsbaumhecken. Der Französische Garten war aber nie der in sich abgeschlossene Besitz eines Privatmannes, sondern der Park des absolutistischen Herrschers. Die Achsen des Französischen Parks enden nicht an einem Zaun, sondern führen im Idealfall ohne Ende in das gesamte Land hinein.

Andere Elemente des Italienischen Gartens griffen die Engländer auf, die im 18. Jahrhundert in der Gartengestaltung führend wurden. Sie übernahmen vor allem Züge der Villenarchitektur. Manche Englische Gärten waren oder sind auch heute noch private Gärten, in ihnen soll man aber von Architektur auf den ersten Blick nichts sehen; sie wirken daher völlig anders als die Italienischen Gärten.

Bis heute blieb für den Italienischen Garten seine private Abgeschlossenheit charakteristisch. Im Unterschied zu den später entworfenen Parks ist der

Italienische Garten von einem Zaun, einer Mauer oder einer Hecke umgeben, also abgetrennt von seiner Umgebung. Der Italienische Garten ist damit ein Garten im wahrsten Sinne des Wortes, bei dem es ja nicht auf seine Anlage an sich ankam, sondern auf das Abgegrenzt-Sein. Alle späteren Parks gaben dieses Prinzip auf. Sie öffneten sich gegenüber ihrer Umgebung ebenso wie die Städte, die über ihre mittelalterlichen und frühneuzeitlichen Befestigungsringe hinauswuchsen. Im Umfeld der Städte entstanden aber vielerorts Villensiedlungen mit kleinen Privatgärten. Wenn man diese gestaltete, griff man immer wieder auf Elemente des Italienischen Gartens zurück.

Klage der in der Flut ertrunkenen Fische

Ob man ein Ungewitter vorhersagen könne:
Johann Jakob Scheuchzer, der Mann, der Fragen stellte

Es gibt Gelehrte, die berühmt sind, weil sie geirrt haben. Dazu gehört Johann Jakob Scheuchzer, Arzt und Naturforscher aus Zürich, der von 1672 bis 1733 gelebt hat. Scheuchzer hielt die Versteinerungen von Meerestieren, die er hoch droben in den Schweizer Bergen fand, für Belege der Sintflut. Man schmunzelt über einen Klagegesang der Fische, der aus Scheuchzers Feder stammt: Ausgerechnet die Fische lamentieren darüber, dass sie in der großen Flut ertrunken sind. Und einen versteinerten Riesensalamander aus den Plattenkalken von Öhningen am Bodensee bezeichnete der Zürcher Arzt als »verfluchter Sünder, so in der Sintflut ertrunken«. Er erhielt den lateinischen Namen »Homo diluvii tristis testis«.

Im ausgehenden Jahr 1999 sollte man des Zürcher Gelehrten allerdings in anderer Weise gedenken. Denn genau vor 300 Jahren veröffentlichte der noch junge Johann Jakob Scheuchzer ein kaum bekanntes, aber wahrhaft Epoche machendes Werk, das in vielfacher Weise bis auf den heutigen Tag nachwirkt. Er nannte es »Einladungsbrief zu Erforschung natürlicher Wunderen, so sich im Schweizerland befinden«.

Scheuchzer hatte bemerkt, dass kaum ein Eidgenosse landauf, landab etwas wusste über seine Heimat, die Schweiz. Er formulierte 189 Fragen, die zum Teil auch aus heutiger Sicht durchaus »vernünftig« klingen, zum anderen Teil eher kurios zu sein scheinen. Scheuchzer wollte Details über die geographische Lage, das Klima, Wasser und Bodenschätze, die Bewohner des Landes und ihre wirtschaftlichen Grundlagen wissen. Immer wieder klingt durch, dass man 1699 zahlreiche Naturphänomene erst unvollkommen erklären konnte. Scheuchzer fühlte sich wie viele seiner Landsleute den mannigfaltigen Gefahren des Gebirgslandes ausgesetzt, in dem immer wieder einmal Lawinen abgingen, rasch ein Wettersturz eintreten konnte und das Wasser in vielen Schluchten unberechenbar war. Es war ja wichtig zu wissen, »wie und wie lang diejenigen leben oder leben können, so von den Löuwenen (Lawinen) eingewickelt werden«. Scheuchzer zerbrach sich darüber den Kopf, »ob es nicht auch Güggel- oder Hahneneier gebe, und wie sie gestaltet« und »ob es See oder Weiher gebe, deren Fisch eine gewüsse Sympathie haben mit ihren Besitzeren, gleich dann von dem Weiher des Klosters St. Moritz im Walliser Land dies bezeugt haben, […] dass, so einer aus denselben Fischen tot gefunden werde, bald darauf auch einer aus den Konventualen dahinsterbe?« Es mag wohl sein, dass Scheuchzer diesem Aberglauben verfallen war. Dadurch aber, dass er die Fragen formulierte, klingt eine gewisse Skepsis an. Kam es ihm vielmehr darauf an, den Aberglauben zu widerlegen? Er fragte auch nach den Käsesorten, die im Lande bereitet wurden, und vergaß den Schabzieger nicht, einen eigentümlichen Käse, der mit Schabziegerklee gewürzt wird.

Durch die Tatsache, dass Scheuchzer Fragen stellte – und auch durch die Weise, wie er dies tat –, wirkte er ungeheuer anregend auf seine Zeitgenossen und Nachfahren. Zu Beginn des 18. Jahrhunderts verfasste er selbst mehrere landeskundliche Werke, in denen viele der gestellten Fragen beantwortet wurden. Seine Nachfahren griffen andere auf. Eine der berühmtesten Landeskunden der Schweiz wurde vor allem als poetisches Werk bekannt, als das es keineswegs allein gedacht war: das schon im 18. Jahrhundert immer wieder nachgedruckte große Alpengedicht von Albrecht von Haller, der ebenfalls Arzt war. Viele lieben dieses Gedicht, beachten aber nur selten, dass Haller es mit wissenschaftlichem Anspruch verfasst hat: Es ist mit zahlreichen Anmerkungen versehen, in denen beispielsweise auf lateinische Pflanzennamen und Zitate verwiesen wird.

In der Folgezeit wurden nicht nur über die Schweiz, sondern auch über andere Gebiete Landeskunden geschrieben. Den Autoren dürfte der Fragenkatalog Scheuchzers nicht in jedem Fall bekannt gewesen sein, berühmt aber wurden die landeskundlichen Werke, die nach den 1699 formulierten Fragen geschrieben worden waren. Insofern ist nicht zu übersehen, dass Scheuchzer ungeheuren Einfluss auf die noch junge landeskundliche Forschung nahm, aus der sich später Geografie und Geologie, Biologie und Ökologie als eigenständige Fächer entwickeln sollten. Immer wieder eiferte man den von Scheuchzer und Haller gesteckten Idealen nach und dichtete Verse auf seine Heimat: Unmittelbares Vorbild war meist das Alpengedicht, in dem viele Antworten auf Scheuchzers Fragen gegeben werden.

Mit den landeskundlichen Büchern in der Hand, die man im 18. Jahrhundert unter anderem als Reiseführer verwendete, reiste man in die Schweiz, bestaunte die Erhabenheit der Berge und versuchte dadurch, dass man Aufklärung über sie in den Büchern fand, sich diese gefährliche Welt untertan zu machen. Goethe verwies in seinen Aufzeichnungen über seine Reisen in die Schweiz immer wieder darauf, dass er »den trefflichen Käse« angetroffen habe, den Schweizerkäse, der wohl von Scheuchzer berühmt gemacht worden war. Am Ende des 18. Jahrhunderts wusste man weit und breit sehr viel über die Schweiz; sogar ein Dichter, der dort niemals gewesen war, konnte die Kulissen für ein berühmtes Theaterstück richtig beschreiben: Schillers »Wilhelm

Tell« spielt genau dort, wo die Forschungen Scheuchzers ein Jahrhundert vor der Niederschrift des Dramas begonnen hatten.

Johann Jakob Scheuchzer war nicht nur der abergläubische Eidgenosse, der Fossilien und ihre Entstehung missdeutete. Er war einer der Ersten, der Fragen an und über seine Umwelt stellte. Damit trug er entscheidend zu ihrer Aufklärung bei, und er lenkte das Interesse der gelehrten Welt auf die Schweiz. Faszinierend war dieses Land allein schon wegen seiner Freiheit vom Königtum. Bald stellte sich heraus, dass man dort die Welt im Kleinen studieren konnte. Johann Jakob Scheuchzer publizierte vorzügliche Abbildungen von Fossilien, Albrecht von Haller beschrieb als erster die Höhenstufen der Vegetation im Gebirge. Alexander von Humboldt griff diese Gedanken später auf und wurde für seine Beschreibung der Höhenstufen am südamerikanischen Chimborazo berühmt; er hat das erste Meisterwerk zur Gliederung von Landschaft verfasst. Die gegliederte Landschaft verlor ihren Schrecken und war zumindest für die Eingeweihten fortan nicht mehr nur erhaben, sondern erklärbar.

Johann Jakob Scheuchzer hat ein kleines Denkmal dafür verdient, dass er 189 Fragen stellte, und nicht nur das, welches Carl von Linné für ihn setzte, als er für die Blumenbinse den wissenschaftlichen Namen Scheuchzeria auswählte. An der Wende zu einem neuen Jahrhundert gab Scheuchzer vielfältige Impulse, die noch heute, an der Jahrtausendwende, nachwirken. Eine seiner Fragen galt einem immer noch aktuellen Problem: »Ob man ein vorstehendes Ungewitter könne vorhersagen aus etwelchem Getös oder Brummten in den unterirdischen Klüften, aus der Helle, Farb und Gestalt der Wolken etc.?«

Das ist bis heute schwierig geblieben, was im Sommer 1999, 300 Jahre später, wieder einmal deutlich wurde: beim tragischen Canyoning-Unglück in der Schlucht des Schweizer Saxetenbaches. Auch 300 Jahre nach der aufklärerischen Tat des Johann Jakob Scheuchzer ist noch einiges von der unergründlichen Erhabenheit der Berge erhalten geblieben.

Justus Möser als Betrachter der Landschaft

Die übernutzte Landschaft

Im Lauf des Mittelalters wuchs die Bevölkerung an, und die Landnutzung wurde immer weiter intensiviert. In den Wäldern wurde an den gleichen Stellen Holz gemacht, an denen auch Tiere weideten; sie fraßen nicht nur Gras und Kräuter, sondern auch die Triebe der nachwachsenden Gehölzpflanzen, so dass die Wälder durch sich gegenseitig störende Nutzungen immer lichter wurden. Weder die Gehölzflächen noch die Weidegebiete wurden gepflegt. Straßen und Wege, die die Siedlungen verbanden, hatten keinen befestigten Straßenkörper: War eine Fahrspur vom Regen durchweicht, legte der Fuhrmann des nächsten Gespannes eine neue Spur neben die nicht mehr befahrbare, auch wenn er deswegen über den Rand angrenzender Äcker fahren musste. Wo nur ein einziger Wagen während eines Jahres gefahren war, kam kein Getreide mehr in die Höhe. Nicht nur der Bedarf an mehr Lebensmitteln, sondern auch der Zustand der ungeregelten Landnutzung führte zu einer übermäßigen Ausbeutung des Landes. Reformen der Landnutzung könnten einen Ausweg aus der Krise darstellen, das wurde immer mehr Menschen klar. Aber wie sollten sie geplant werden? Die Reformen fanden tatsächlich statt, sie führten zu einem Ausweg aus der Krise und leiteten eine völlige Umgestaltung des Landes ein. Doch womit begann die Umformung des Landes? Zu den Visionären der reformierenden Umgestaltung des Landes gehörte Justus Möser.

Landschaft wird geordnet

Ansätze, das Land zu ordnen, mögen von herrschaftlichen Gärten und Parks ausgegangen sein, etwa vom Großen Garten in Hannover-Herrenhausen, dessen Gestaltung in der zweiten Hälfte des 17. Jahrhunderts begann, unmittelbar nach dem Ende des Dreißigjährigen Krieges. Wege und Beete wurden durch Hecken und Alleen eingefasst und dadurch klar voneinander abgegrenzt. Der Park wurde von einer mit Wasser gefüllten Graft umgeben; viel wichtiger war aber wohl noch, dass mit der Erde aus dem Graben ein Deich aufgeschüttet wurde, der den geordneten Park vor Flussüberflutungen der Leine schützte, so dass die Ordnung des Gartens von der Wildnis der Natur fortan abgesetzt war.

Etwa gleichzeitig mit dem Ende des Siebenjährigen Krieges (1756-1763) änderte sich das Ideal der Parkgestalter auf dem europäischen Kontinent. Man entdeckte die in den Jahrzehnten zuvor entstandenen englischen Landschaftsgärten, die nicht nach strengen geometrischen Mustern gestaltet worden waren wie die Parks im französischen Stil, sondern »natürlicher« wirken sollten. Trotz dieser Anmutung waren allerdings auch diese Parks strikt geordnet: Wegeführungen, Baumgruppen, Hecken usw. wurden so angelegt, dass sie genaue Vorstellungen von Landschaftskompositionen mit Blickachsen und Blickführungen vermittelten.

Die englische Landschaft war aber vor allem von großräumigen sogenannten »Enclosures« geprägt. Reiche Landbesitzer, die in England eine größere Macht und Freiheit besaßen als auf dem Kontinent, hatten kleine Agrarflächen und Allmenden zu großen Landstücken zusammengefügt und sie von Wällen und Hecken umgeben. Beides, Parks und Enclosures, faszinierte die Besucher, die nach dem Ende des Siebenjährigen Krieges vom Kontinent nach England kamen.

Zu ihnen zählten unter anderem Leopold III. Friedrich Franz von Anhalt-Dessau (»Fürst Franz«),[1] Jobst Anton von Hinüber aus Hannover[2] und Justus Möser, dessen überhaupt einzige Auslandsreise nach London führte.[3] Für alle wurden ihre Englandreisen prägend für ihr weiteres Leben und Handeln. In Anhalt-Dessau entstand das Gartenreich Dessau-Wörlitz nach englischen Vorbildern, am Stadtrand von Hannover der Hinübersche Garten als einer der ältesten Landschaftsparks des Landes Hannover. Justus Möser kam zu der Überzeugung, den Französischen Garten für ein Symbol des Absolutismus anzusehen, den es zu überwinden galt. Er sah den Englischen

---

[1] Küster, Hansjörg/Hoppe, Ansgar, Das Gartenreich Dessau-Wörlitz, München 2010, S. 115f.

[2] Köhler, Marcus, Gärten, Äcker und Fabriken – Englandreisen hannoverscher Adliger im ausgehenden 18. Jahrhundert, in: Fischer, Hubertus/Thielking, Sigrid/Wolschke-Bulmahn, Joachim (Hrsg.), Reisen in Parks und Gärten. Umrisse einer Rezeptions- und Imaginationsgeschichte (CGL Studies; 11), München 2012, S. 393-405; Küster, Hansjörg, Land reform during the period of the Personal Union, in: Köhler, Marcus/Wolschke-Bulmahn, Joachim (Hrsg.), Hanover and England – a garden and personal union? (CGL-Studies; v.25), München 2018, S. 59-69.

[3] Maurer, Michael, Justus Möser in London (1763/64). Stadien seiner produktiven Anverwandlung des Fremden, in: Wiedemann, Conrad (Hrsg.), Rom – Paris – London. Erfahrung und Selbsterfahrung deutscher Schriftsteller und Künstler in den fremden Metropolen: Ein Symposion (Germanistische Symposien-Berichtsbände; 8), Stuttgart 1988, S. 571-583.

Landschaftspark fortan als ein Ideal, ein Modell für den freiheitlichen, modernen Staat.[4]

Ansätze von Gemeinheitsteilungen im Wald

Justus Möser war aber offenbar ebenfalls beeindruckt von den großen Wirtschaftsflächen in England, die durch Zusammenlegung von ehemals kleinen Flächen und die Aufteilung gemeiner Marken entstanden waren. In Deutschland ließ sich eine solche Neugestaltung der Fluren nicht so ohne Weiteres vornehmen, weil der Landbesitz unter sehr vielen Nutzern zersplittert war: Jeder Bauer eines Dorfes brauchte mindestens eine Parzelle in jedem Feld der Dreifelderwirtschaft. Er hatte auf diese Weise Anteil an einer Fläche, die mit Wintergetreide bestellt war, einer weiteren mit Sommergetreide und einer dritten, die brach lag. Im 18. Jahrhundert kam es dagegen auch auf dem Kontinent zu verschiedenen Ansätzen, die Nutzung von Allmenden oder Gemeinen Marken neu zu regeln. Man überließ die Holznutzung einzelnen Berechtigten, aber es blieb bei einer gemeinschaftlichen Weidenutzung. Daher konnte es kaum gelingen, in den Marken Bäume zu pflanzen und Wald zu etablieren.

Justus Möser nahm sich der Aufteilung von Waldbesitz an. Einerseits vollendete er schon vor seiner Zeit begonnene Markenteilungen, schaffte es aber andererseits, die Anteile des Staates zu einem großen Waldstück zusammenzufassen. Diese Wälder wurden ab 1765 (also ein Jahr nach der Rückkehr Mösers aus England) unter eine zentrale Verwaltung gestellt. Die Waldweide wurde abgeschafft, auch die kleinen Waldbesitzer erhielten kostenlosen Fichten- und Kiefernsamen, um ihre Flächen aufzuforsten.[5] 1766 wurde der erste Oberförster im Osnabrücker Land angestellt, so dass es seit dieser Zeit in dieser Gegend eine zentrale staatliche Forstverwaltung gibt. Grenzsteine aus den folgenden Jahren zeigen die neu gezogenen Besitzgrenzen des staatlichen Forstes an.[6]

---

4 Welker, Karl H.L., Rechtsgeschichte als Rechtspolitik. Justus Möser als Jurist und Staatsmann, Osnabrück 1996, S. 288 ff.
5 Mölder, Andreas/Tiemeyer, Volker, Der Wandel der Strukturen im Wald und in der Forstwirtschaft seit dem 18. Jahrhundert. Eine kritische Analyse im Osnabrücker Land, in: Heimatjahrbuch Osnabrücker Land 2018, S. 82-95.
6 Mölder, Andreas/Aegerter, Uwe/Städing, Rainer, 250 Jahre zentrale Forstverwaltung im Osnabrücker Land, in: Heimatjahrbuch Osnabrücker Land 2016, S. 250-255.

Kartographische Landesaufnahme als Grundlage von Agrarreformen

Kurz nach dem Ende des Siebenjährigen Krieges erkannte man in Mitteleuropa auch die Notwendigkeit von Agrarreformen. König Georg III., der sich selbst nie in seinem Stammland Hannover aufgehalten hatte, gründete 1764 die »Königlich Großbrittanisch Churfürstliche Braunschweig-Lüneburgische Landwirtschaftsgesellschaft« in Celle und erließ 1768 eine Verordnung zur Gemeinheitsteilung in Hannover.[7] Jobst Anton von Hinüber regte Albrecht Daniel Thaer, den Leibarzt Georgs III., dazu an, sich mit englischer Landwirtschaft zu befassen.[8]

Es gab zahlreiche Widerstände gegenüber einer Neuordnung des Landes, wobei vor allem – wie in den Wäldern – gegen eine Abschaffung der Möglichkeit opponiert wurde, Vieh in den Gemeinheiten weiden zu lassen.[9]

Justus Möser drang in dieser Situation darauf, das Land genau vermessen zu lassen. Er war vor allem daran interessiert, auf diese Weise eine genaue Grundlage für die Besteuerung der Höfe im Lande zu ermitteln. Die Karten, die er daraufhin zeichnen ließ, wurden aber auch zu einer ausgezeichneten Grundlage für die Teilungen der Gemeinen Marken und die Verkoppelungen der folgenden Jahrzehnte. Die beiden hannoverschen Offiziere Franz Christian von Benoit und Georg Wilhelm von dem Bussche führten 1766/67 ein erstes Kartierungsunternehmen im Fürstbistum durch, auf dessen Grundlage 1774 eine Gesamtkarte des Osnabrücker Landes gezeichnet wurde.[10]

Offenbar war diese Karte aber nicht genau genug, so dass Justus Möser 1784 eine erheblich exaktere kartographische Erfassung des Fürstbistums Osnabrück in Auftrag gab, wobei es ihm ausdrücklich nicht nur um eine Vermessung der schatzbaren Gründe ging, also des Landes, das einzelnen Gehöften zugeordnet war, sondern auch um die offenen Marken, die nicht

---

7 Schneider, Karl Heinz/Seedorf, Hans Heinrich, Bauernbefreiung und Agrarreformen in Niedersachsen (Schriften zur Heimatpflege; 4), Hildesheim 1989, S. 40.
8 Könenkamp, Wolf, Zur Situation der Landwirtschaft um 1800, in: Panne, Katrin (Hrsg.), Albrecht Daniel Thaer – Der Mann gehört der Welt, Celle 2002, S. 35.
9 Laufer, Johannes, Hannoversche Domänenpächter und rationelle Landwirtschaft. Zur Bedeutung einer frühen Unternehmerelite im Agrarstrukturwandel des 18. und 19. Jahrhunderts (Niedersächsisches Jahrbuch für Landesgeschichte; 86), Göttingen 2014, S. 277-324; Düselder, Heike, »Die cultivirte Welt bedarf des Waldes, wie sie des Weines bedarf ...« Ressourcenmanagement im Fürstbistum in der Frühen Neuzeit (Osnabrücker Mitteilungen; 16), Osnabrück 2011, S. 103-123.
10 Rutz, Andreas, Die Beschreibung des Raums. Territoriale Grenzziehungen im Heiligen Römischen Reich (Norm und Struktur; 47), Köln, Weimar 2018, S. 411-412.

schatzbar waren, die also keinem individuellen Landbesitzer zuzuordnen waren. Möser wünschte sich auch genaue Kenntnis über die Ausdehnung von Wäldern, Heiden und Mooren, also demjenigen Land, das bei künftigen Gemeinheitsteilungen individuellen Besitzern vergeben werden konnte. Mit der Vermessung beauftragt wurde Johann Wilhelm Du Plat, ein aus einer hugenottischen Familie stammender hannoverscher Hauptmann.[11] Die Karten sind mit hoher Präzision angefertigt worden; sie weichen von heutigen Karten allenfalls um ein Prozent ab; bis in die zweite Hälfte des 19. Jahrhunderts hinein dienten die Karten von Du Plat als eine wichtige Arbeitsgrundlage bei der Beurteilung und Neuaufteilung von Landschaft. Erst in preußischer Zeit (ab etwa 1870) wurde das Land erneut vermessen.[12] Bis dahin aber war das Kartenwerk Du Plats eine exzellente Basis für alle Verkoppelungen und Gemeinheitsteilungen, durch die im 19. Jahrhundert eine völlig neue Agrarlandschaft entstand; sie mag Justus Möser bereits vorgeschwebt haben.

Das Kartenwerk Du Plats ist eines der ältesten seiner Art, das in Mitteleuropa geschaffen wurde, und zwar in einer Zeit vor der Hannoverschen Landesaufnahme durch Carl Friedrich Gauß. Heute ist es eine exzellente heimatkundliche Quelle, was von den Herausgebern des Kartenwerkes, Günter Wrede und später Werner Delbanco, auch stets betont wurde. Delbanco verwies darauf, dass sämtliche damals bekannten Flurnamen in das Kartenwerk aufgenommen wurden.[13] Das Kartenwerk Du Plats ist seit langer Zeit eine Grundlage für moderne landeskundliche Arbeiten, in denen es um einen Vergleich zwischen einem früheren und dem heutigen Zustand geht.[14]

Das Projekt einer Bodenkarte

Justus Möser interessierte sich nicht nur für die reine Kartographie des Landes. Er wünschte sich offenbar thematische Karten, aus denen der Zusammenhang zwischen den Gesteinen, den Böden und der Vegetation hervorging. Eine

11 Wrede, Günter, Du Plat. Die Landesvermessung des Fürstbistums Osnabrück 1784-1790. Reproduktion der Reinkarte im Maßstab 1:10 000 mit Erläuterungstext. Erste Lieferung: Die Kirchspiele Badbergen und Gehrde (22 Blätter), Osnabrück 1955, S. 5.
12 Ebd., S. 7.
13 Delbanco, Werner, Die Landesvermessung des Fürstbistums Osnabrück 1784-1790 durch J. W. Du Plat. Kirchspiel Berge, Osnabrück 2012, S. 10.
14 Herzog, Friedrich, Das Osnabrücker Land im 18. und 19. Jahrhundert. Eine kulturgeographische Untersuchung (Wirtschaftswissenschaftliche Gesellschaft zum Studium Niedersachsens e. V. Reihe A, 40), Oldenburg i. O. 1938.

solche Karte könnte eine noch gerechtere Grundlage für die Besteuerung von Land sein, denn die Steuerzahlungen müssten eigentlich eher von den Höhen der Erträge als von der Ausdehnung des Landes beeinflusst werden. In den »Patriotischen Phantasien« Mösers findet sich dazu ein kurzer Beitrag, dem er die Überschrift »Ein Projekt, das nicht ausgeführet werden wird« gab:

> Da wir bald eine neue Charte von hiesigem Hochstift erhalten werden: so wäre zu wünschen, daß auch eine dergleichen, worauf nach gehöriger Vergrößerung überall die Beschaffenheit des Bodens angezeigt wäre, verfertiget würde; es könnte solches bloß durch Farben geschehen und zugleich in den Farben wiederum der Unterschied angebracht werden, daß z.E. der beste Weidegrund durch Dunkelgrün, der mittlere durch etwas hellers und der schlechteste durch noch hellers angezeigt würde. In der Einfassung, wodurch jede Art dieses Grünen von den andern abzusondern, würde durch eine Schattierung von Rot, Gelb, Blau oder Schwarz angezeigt, ob Mergel-, Sand- oder Moorgrund darunter anzutreffen wäre; und die Vermischung, Verhöhung oder Vertiefung dieser Schattierung würde auch zu gebrauchen sein, die Art des Mergels, Sandes- oder Moorgrundes anzuzeigen. Auf gleiche Art verführe man mit den Heiden, die etwan mit einer hell- oder dunkelbraunen Farbe angezeigt und durch die Schattierung nach ihrer Erdart unterschieden würden [...] Man könnte auch auf jedem Fleck durch Nummern die Tiefe einer jeden Lage oder deren Abstand von einer gewissen angenommenen Linie, wie auf den Seekarten, bemerken [...] Außer dieser Charte müßten wir noch eine andre haben, worauf die ganze Fläche, so wie sie sich 6, 7 oder 8 Schuh tief unter der Erden befände, verzeichnet würde; so daß, wann man die erste Charte auf die andre legte, man sogleich sehen könnte, wie es in vorgedachter Tiefe beschaffen wäre. Man würde solches durch Erdbohrer bald untersuchen und geometrisch auftragen können. Aus der Vergleichung dieser beiden Charten würden sich vermutlich gute Schlüsse ziehen lassen, besonders wenn die Veränderungen auf der Oberfläche mit sichern Veränderungen auf der Unterfläche übereinkämen. Diese Schlüsse würden uns in der Urbarmachung leiten und manches, was wir in der Ferne suchen, in der Nähe finden lassen. Man könnte auch solche Charten verschicken und das Urteil der Forst- und Bergwerksverständigen darüber einholen, besonders wann noch eine Beschreibung der wilden Gewächse dabeigefüget würde.[15]

---

15 Zieger, Wilfried (Hrsg.), Justus Möser, Patriotische Phantasien. Ausgewählte Schriften, Leipzig 1986, S. 97.

Diese Gedanken nahmen auf die Gestaltung des Kartenwerkes dennoch Einfluss, denn es wurde farbig angelegt und mit verschiedenen Schummerungen versehen. Das wurde viel später immer noch bewundernd hervorgehoben:

Die Gärten sind schwarz gestrichelt, die Äcker weiß gelassen (mit Andeutung der Furchenrichtung), die Wiesen dagegen flächig blassgrün koloriert, während die Heiden mit leichten grünen Pinselstrichen und die Moore braun in verschiedener Stärke (mehr oder minder mit Blau durchsetzt) getönt sind. Die Wallhecken sind grau unterlegt, die Wege braun und die Gewässer mit blauem Rand markiert. Höhenunterschiede (Berge) sind durch graue Schummerung dargestellt, deren Plastik oft Bewunderung erweckt.[16]

Und nach der Fertigstellung des Kartenwerkes 1790 wurde Parzelle für Parzelle die Bodengüte gesondert eingeschätzt.[17]

Möser dachte an geologische Karten und Bodenkarten, wie man sie zu seiner Zeit noch nicht, aber wenig später herstellen konnte. Pionierarbeit hierfür wurde in England geleistet, wovon Möser vielleicht wusste: William Smith zeichnete am Ende des 18. Jahrhunderts erste kleinere geologische Karten und veröffentlichte schließlich 1815 eine erste geologische Übersichtskarte von England, Wales und einem Teil Schottlands.[18]

In der Folgezeit erschienen viele weitere geologische und andere thematische Karten, unter anderem im Atlas von Heinrich Berghaus zu Alexander von Humboldts Kosmos,[19] aber auch für das Osnabrücker Land, unter anderem von Christian Dütting.[20] Damals war allerdings auch eine Geologische Übersichtskarte verfügbar.[21] Aber die Initiativen Mösers werden als

---

16 Prinz, Josef, Die ältesten Landkarten, Kataster- und Landesaufnahmen des Fürstentums Osnabrück (Osnabrücker Mitteilungen; 64), Osnabrück 1950, S. 110-145, S. 140.
17 Delbanco, Landesvermessung (wie Anm. 13), S. 8.
18 Smith, William, A delineation of the strata of England and Wales with part of Scotland: exhibiting the collieries and mines, the marshes and fen lands originally overflowed by the sea and the variety of soil according to the variations in the substrata. 1815. Verfügbar online: http://upload.wikimedia.org/wikipedia/commons/9/98/Geological_map_Britain_William_Smith_1815.jpg; abgerufen am 28.4.2019.
19 Berghaus, Heinrich, Physikalischer Atlas oder Sammlung von Karten, auf denen die hauptsächlichsten Erscheinungen der anorganischen und organischen Natur nach ihrer geographischen Verbreitung und Vertheilung bildlich dargestellt sind, Gotha 1860.
20 Dütting, Christian, Geologische Aufschlüsse an der Eisenbahnlinie Osnabrück – Brackwede, in: Jahrbuch der Königlich Preussischen geologischen Landesanstalt und Bergakademie zu Berlin für das Jahr 1888, Berlin 1889, S. 3-39.
21 von Dechen, Heinrich, Geologische Karte der Rheinprovinz und der Provinz Westfalen in 34 Blättern, Berlin 1855-1865.

Initiale der Beschäftigung mit Geologie im Osnabrücker Raum angesehen; im historischen Abriss am Beginn des modernen Übersichtswerkes zur Geologie des Osnabrücker Berglandes heißt es:

> Der weitblickende Justus Möser schlug um das Jahr 1750 vor, ›agronomisch-geologische Karten‹ anzufertigen. Kaum einer seiner Zeitgenossen nahm das ernst. Goethe, ein Leser von Möser's ›Patriotischen Phantasien‹, machte da eine Ausnahme.[22]

Justus Möser als Visionär für ein neues Landnutzungssystem

Man kann darüber mutmaßen, was Möser mit seiner Überschrift »Ein Projekt, das nicht ausgeführet werden wird« meinte. Nahm er dabei Bezug auf das unmittelbar geplante Projekt der Karten von Du Plat oder anderer Kartenwerke? Oder hielt er es überhaupt für ausgeschlossen, dass solche Karten jemals gezeichnet werden würden? Auf jeden Fall publizierte Möser in seinem Text über das nicht ausgeführte Projekt eine geniale Idee, die später sehr wohl zur Ausführung kam, nämlich in jeder geologischen und in jeder Bodenkarte.

Darüber hinaus wies Möser auf den Zusammenhang zwischen Gestein, Boden und Vegetation hin, der viel später für die Fachrichtung der Geobotanik zur entscheidenden Idee wurde. Aus dem Boden beziehen Pflanzen Mineralstoffe, die sie zum Wachstum benötigen. Tiere und Menschen erhalten diese lebensnotwendigen Mineralien über pflanzliche Nahrung. Die Pflanzen können allerdings die Mineralstoffe aus dem Boden natürlich nur dann aufnehmen, wenn sie verfügbar sind, und dies ist nicht in jedem Boden der Fall. Im Austausch gegen Mineralstoffe scheiden sie Wasserstoffionen aus, wodurch der Boden saurer wird. Gestein wird von der Säure aufgelöst, so dass kontinuierlich Mineralstoffe freigegeben und pflanzenverfügbar werden. Aber nur bei einem bestimmten Säuregrad des Bodens ist dies dann auch tatsächlich der Fall. Landwirtschaftliche Kulturen müssen mit Mineralstoffen gedüngt werden, wenn diese nicht verfügbar sind, vor allem mit Substanzen, die Kalium und Phosphor enthalten, auch mit Stickstoffverbindungen, die bei bestimmten Säuregehalten des Bodens von Mikroorganismen aus Luftstickstoff hergestellt und freigesetzt werden. Auch Magnesium kann dem Boden fehlen, so dass man mit diesem Mineral düngen muss. Mit Kalkgaben kann

---

22 Hiltermann, Heinrich, Aus der Geschichte der Osnabrücker Geologie, in: Klassen, Horst (Hrsg.), Geologie des Osnabrücker Berglandes, Osnabrück 1984, S. 1-5, S. 1.

man den Säuregrad des Bodens so einstellen, dass Mineralstoffe in optimaler Weise aufgenommen werden können.

Alle diese Zusammenhänge waren in der Wissenschaft des späten 18. Jahrhunderts noch nicht bekannt. Und man wusste auch noch nicht, warum bestimmte »wilde Gewächse« nur auf Kalk, andere nur auf kalkarmen, einige auf trockenen, andere auf feuchten Böden wuchsen. Die Ursachen sind allesamt in der unterschiedlichen Verfügbarkeit von Mineralstoffen oder auch von Sauerstoff im Wurzelraum zu suchen.

Justus Möser hatte also eine wissenschaftliche Vision, die erst viele Jahrzehnte später aufgegriffen wurde. Aber er hatte noch mehr Ideen: Möglicherweise schwebte ihm klar vor Augen, wie die Landnutzung insgesamt neu geordnet werden könnte und wie es möglich werden könnte, die Landnutzungskrise des Mittelalters und der frühen Neuzeit zu überwinden: durch Zusammenlegung und Vergrößerung der Nutzflächen der Land- und Forstwirtschaft, durch Düngung und nachfolgende Ertragssteigerungen. Realisieren ließ sich dies alles zu Mösers Lebzeiten nicht, sondern erst, als Bauern befreit waren und über finanzielle Mittel verfügten, die zum großen Teil über Kredite bereitgestellt wurden, als die Transportbedingungen durch den Bau von Chausseen und Alleen, vor allem aber den Bau von Eisenbahnen erheblich verbessert worden waren, als Kohle und Düngemittel in ausreichender Menge zur Verfügung standen. All dieses ist nicht nur im Zusammenhang mit der Industrialisierung des 19. Jahrhunderts zu sehen, sondern musste von Visionären in der davor liegenden Zeit vorgedacht werden. Ohne solche Visionen wäre ein Weg in die Zukunft möglicherweise versperrt geblieben.

Ideen aber waren notwendig, um etwas zu ermöglichen, was bisher vielleicht nur ein einziges Mal gelang: Aus den Zwängen eines überkommenen Landnutzungssystems heraus wurde ein völlig neues System erdacht und realisiert, in dem die landwirtschaftlichen Erträge stiegen, Holz stets zur Verfügung stand, in dem ein völlig neues Landschaftsbild entstand und sich – nicht zuletzt – das Leben der Menschen von Grund auf veränderte. Zu den Visionären, die dies möglich machten, zählte Justus Möser.

Das Gartenreich Dessau-Wörlitz
Eine von Natur, Gestaltung und Ideen geprägte Landschaft

Was ist eine Landschaft?

In jeder Landschaft wirkt Natur. Sie führt ständig zu Veränderungen. Eine Landschaft kann von Menschen für die Nutzung umgestaltet worden sein und zwar vor allem mit der Absicht, unter größtmöglicher Berücksichtigung der natürlichen Verhältnisse landwirtschaftliche Nutzung zu betreiben. Landschaft wird stets interpretiert, sie kann ein Bild, ein Ideal oder ein Topos sein und entsteht im Kopf ihres Betrachters. Sie hat sich immer gewandelt und wird sich auch weiter wandeln. In dem Moment, in dem man sie betrachtet, hält man sie für unveränderlich. Das ist eine von vielen Vorstellungen, die wir mit Landschaft verbinden. Die Realität sieht anders aus: In jeder Landschaft wirkt stets die dynamische Natur. Weitere Vorstellungen, die man sich von Landschaften macht, können beispielsweise etwas mit einem Paradies, dem sonnigen Süden, der Freiheit Englands oder Amerikas, auch mit einer ästhetisch bestimmten Natur zu tun haben.[1]

Das Gartenreich als Beispiel für eine Landschaft

Das Zusammenwirken von Natur, Nutzung und Metapher oder Idee lässt sich am Beispiel des Gartenreichs Dessau-Wörlitz besonders gut demonstrieren. Das Gartenreich wurde im 18. Jahrhundert im Fürstentum Anhalt-Dessau geschaffen; dieser kleine Staat lag an der Elbe, etwa 100 Kilometer südwestlich von Berlin. Am Beispiel des Gartenreichs kann auch deutlich gemacht werden, wie man im 18. Jahrhundert begann, Landschaft zu verschönern und sie zugleich noch besser nutzbar zu machen.[2]

---

1 Küster, Hansjörg, Schöne Aussichten: Kleine Geschichte der Landschaft, München 2009.
2 Küster, Hansjörg/Hoppe, Ansgar, Das Gartenreich Dessau-Wörlitz. Landschaft und Geschichte, München 2010. Für weitere Nachweise in den folgenden Abschnitten sei auf dieses Werk verwiesen. Zu näheren Informationen zur Gestaltung der einzelnen Gartenanlagen siehe beispielsweise: Eisold, Norbert, Das Dessau-Wörlitzer Gartenreich. Der Traum von der Vernunft, Köln 1993; Hirsch, Erhard/Scholtka, Annette, Dessau und das Dessau-Wörlitzer Gartenreich (Steko-Kunstführer; 33), Dößel 2008;

Die Natur

Im Gebiet von Dessau und Wörlitz besteht der Untergrund außerhalb von Flusstälern fast ausschließlich aus Ablagerungen des Eiszeitalters. Damals lagerten Gletscher, die aus Skandinavien nach Süden vorgestoßen waren, in Mitteleuropa große Mengen an lockeren Sedimenten ab, ein Gemisch aus feinen tonigen Bestandteilen, Sand und einzelnen kleineren oder größeren Steinen, die von den Gletschern rund geschliffen worden waren. In den kurzen Sommern des Eiszeitalters schmolzen große Wassermengen ab. Sie schufen breite Täler, die Urstromtäler, die zu Zeiten der Schnee- und Eisschmelze vollständig mit Wasser angefüllt waren. Wenn die Strömung nachließ, blieb in den Urstromtälern vor allem grobes Sediment liegen, und zwar in Form von länglichen Kies- und Sandinseln, die immer wieder verlagert wurden.

Vor allem im langen und kalten Winter fielen weite Teile der Urstromtäler trocken. Dann wurden feine Ablagerungen ausgeblasen: Sand wurde gleich neben den Flüssen in Form von Dünen wieder abgelagert. Schluffige und tonige Bestandteile wurden weitertransportiert und als Löss erst vor dem Rand der Mittelgebirge wieder abgesetzt.

In einem dieser Urstromtäler verläuft heute die Elbe bei Dessau. Sie ist viel schmaler als der eiszeitliche Urstrom und nutzt nur einen kleinen Teil des Tales. Ursprünglich befand sich der Elblauf in der Talmitte. Der Fluss lagerte vor allem seitlich seines Stromstrichs Sediment ab. Beiderseits des Flusslaufs bildeten sich flache Wälle, und die Elbe wurde zum so genannten Dammfluss, dessen Niveau sich mit der Zeit erhöhte. Von den Talrändern aus, deren Höhenlage gleichblieb, konnte nun kein Wasser mehr zur Talmitte abfließen, so dass sich im Elbtal wie in vielen anderen ehemaligen Urstromtälern ausgedehnte Randsümpfe entwickelten.

Bei Dessau mündet die Mulde in die Elbe. An ihrer Mündung verlangsamten sich ihr Lauf und damit ihre Transportkraft. Sand blieb in der Flussmündung liegen, der schließlich der Elbe den Weg in der Talmitte versperrte. An der Mündung der Mulde wurde die Elbe in den Norden des Urstromtals gedrückt, in die frühere nördliche Randsenke des Tals hinein. Die Abflusssituation aus der südlichen Randsenke verschlechterte sich dadurch, denn nun

Savelsberg, Wolfgang/Quilitzsch, Uwe, Unendlich schön. Das Gartenreich Dessau-Wörlitz, hrsg. v.d. Kulturstiftung Dessau-Wörlitz, Berlin 2005; Trauzettel, Ludwig, Die Wörlitzer Anlagen im Dessau-Wörlitzer Gartenreich: Unesco-Welterbe, Berlin 2001, 2010 (6. Aufl.); Weiss, Thomas (Hg.), Das Gartenreich Dessau-Wörlitz. Kulturlandschaft an Elbe und Mulde, Hamburg 1996, 2011 (6. Aufl.). Jeweils mit weiterführenden Literaturhinweisen.

Abb. 1: Hartholzauenwald bei Dessau (Foto: Hansjörg Küster)

war der Weg von dort zur Elbe erheblich länger geworden. An den Flüssen entwickelte sich die Vegetation vor allem in Abhängigkeit von der Überflutungsdauer. Wo das Land nur kurzzeitig unter Wasser steht, stößt man auf Hartholzauen mit Eichen, Ulmen, Linden und Eschen (Abb. 1).

Häufigere Überflutungen, vor allem bei winterlicher Eisbedeckung, können nur Weiden ertragen. Wo das Wasser sehr lange stehen bleibt und Eis immer wieder Gehölze zerstört, liegen so genannte Stromtalwiesen mit Gewächsen, die sich erst spät im Jahr, nach einer lange dauernden Flut im Frühjahr, entwickeln. Eichenwälder bedeckten ursprünglich auch fast alle trockenen Regionen der eiszeitlichen Ablagerungen. Vielleicht hielten sich auf den besonders trockenen Dünen lange Zeit auch einzelne Kiefern.

Nutzung

Die Talniederungen mit ihren zahlreichen Lichtungen waren ein gutes Revier für Jäger der Alt- und Mittelsteinzeit. Seit der Jungsteinzeit entstanden ländliche Siedlungen am Rand des Muldetals: Von dort aus ließen sich sowohl die trockenen Flächen der eiszeitlichen Ablagerungen für den Ackerbau als auch die feuchteren Regionen am Talrand gut nutzen. Die Siedlungen nahmen eine so genannte Ökotopengrenzlage zwischen trockenen und feuchten Gebieten ein.

Auch in der weiten Talniederung der Elbe hielt man Vieh. Es mangelte aber an Flächen für den Getreidebau, denn er war nur an wenigen trockenen Stellen möglich. Siedlungen und wohl auch kleine Felder entstanden mit der Zeit auf den ehemaligen länglichen Inseln und Uferwällen in der Mitte des Urstromtals, also südlich der Elbe, die ja in der nördlichen Talsenke verlief.

Bis zum Mittelalter wurden die Siedlungen immer wieder verlagert, seit dieser Zeit waren sie stabil. Damals erfolgte auch die Gründung von Städten, und zwar dichter am Wasser, weil von der Strömung angetriebene Mühlen in die Stadtanlagen einbezogen wurden. Sie waren Initialen von Gewerbe und Dienstleistung; die Müller wurden bald wohlhabend und errichteten besonders repräsentative Bauten neben den Mühlen. Mühlen mit ihren Stauanlagen entstanden in Wittenberg, Coswig, Roßlau und Dessau an den Nebenflüssen und -bächen der Elbe, aber nicht an der Elbe selbst; sie wurde als durchgehender Schifffahrtsweg erhalten.

Seit dem 14. Jahrhundert brachte das Haus Anhalt das Anwesen neben der Mühle von Dessau in seinen Besitz und erbaute dort im 15. Jahrhundert ein Schloss. Eine entsprechende Entwicklung zeichnete sich auch in anderen Residenzen ab: Ein Haus neben der Mühle wurde von den Landesherren übernommen. Anschließend wurde das Schloss als repräsentativer Sitz der Residenz neu gebaut.[3]

Während des Mittelalters wurden die ersten Deiche in der Umgebung von Dessau errichtet, was in einigen Bereichen der Elbniederung Ackerbau möglich machte. Aber die meisten Flächen nutzte man weiterhin vor allem für die Viehhaltung. Allmählich intensivierte sich nicht nur in Anhalt-Dessau, sondern in ganz Mitteleuropa die gesamte Landnutzung. Zeichen von Übernutzung und Mangel machten sich bemerkbar, vor allem in Zeiten kriegerischer Auseinandersetzungen, in denen die Infrastruktur gestört oder völlig zusammengebrochen war. Ökologische Probleme wurden immer deutlicher erkennbar.

---

3 Johanek, Peter, Residenzen und Grablegen, in: Schaumburger Landschaft (Hg.), Neue Beiträge zu Adriaen de Vries (Kulturlandschaft Schaumburg; 14), Bielefeld 2008, S. 9-25.

Beginnende Neugestaltung des Landes nach Idealen im 17. und 18. Jahrhundert

Unmittelbar nach dem Dreißigjährigen Krieg (1618-1648) begann man in Anhalt-Dessau mit einer Neugestaltung des Landes nach ästhetischen Gesichtspunkten. Dabei wurden ideale Vorstellungen von einer »domestizierten Natur« zur Realität gemacht. Bezeichnend für diese Zeit war die Anlage formaler Gärten, beispielsweise des Französischen Gartens.

Im Fürstentum Anhalt-Dessau lässt sich sehr gut zeigen, wie in der zweiten Hälfte des 17. Jahrhunderts Ideale zu landschaftlicher Realität wurden. Die Neugestaltung des Landes begann ganz im Südosten des Landes, im Bereich des kleinen Dorfes Nichtwitz oder Nischwitz. Der Landesfürst Johann Georg II. von Anhalt-Dessau (1627-1693) hatte sich mit einer Prinzessin aus dem Haus Nassau-Oranien, Henriette Katharina (1637-1708), verbunden; er hatte ihr das kleine Dorf geschenkt. Dort baute man nun ein Schloss für die Fürstin und legte ihr einen Garten an. Für beides wählte man niederländische Vorbilder. Das Schloss bekam das Aussehen eines niederländischen Landhauses, das – was damals in Deutschland als sehr ungewöhnlich empfunden wurde – nicht verteidigt werden konnte. Der dazu angelegte Niederländische Garten ähnelt einem Französischen Garten; ihm fehlen aber die in die Ferne weisenden Achsen, und die Querachsen des Gartens waren ursprünglich wichtiger als dessen Längsachsen. Siedlung, Schloss und Garten bekamen zur Ehrung der Besitzerin den neuen Namen Oranienbaum. Nun brauchte der Ort – seinem Namen entsprechend – Orangenbäume und eine Orangerie. Ein Jahrhundert später wurde ein Chinesischer Garten angelegt, unter anderem mit einer Pagode. Auf diese Weise wurde dann nicht nur auf die Heimat der Prinzessin, sondern auch noch auf die Heimat der Orange verwiesen.

Ausgehend von Oranienbaum wurde in den folgenden Jahrzehnten vor allem die Infrastruktur des Landes Anhalt-Dessau verbessert: Konsequent legte man Deiche und Kanäle an, es entstanden neue Siedlungen, Domänen und Manufakturen.

In der Mitte des 18. Jahrhunderts wurden Schloss und Park Mosigkau im äußersten Südwesten des Fürstentums geschaffen. Das kleine Barockschloss umgab ein formaler Garten nach französischer Art. Die gesamte Anlage wurde zu Beginn des Siebenjährigen Krieges (1756-1763) fertiggestellt.

Wörlitz

Direkt nach dem Krieg begann der damals neue Landesherr, Fürst Leopold III. Friedrich Franz (1740-1817), oft nur Fürst Franz genannt, mit der Gestaltung der Wörlitzer Anlagen nach anderen Idealen: Er wünschte sich eine landschaftliche Gestaltung der Parkanlagen nach englischen Vorbildern. Es entstand die erste derartige Anlage in Deutschland. Deutlich wird dabei ein Wandel der Vorstellung von Natur, aber auch vom Regieren und der Rolle eines Fürsten. Er saß nicht mehr wie der Sonnenkönig in der Mitte eines auf sein Schloss bezogenen Strahlenkranzes aus exakt geraden Weg- oder Blickachsen, sondern hatte die Absicht, sich in die Landschaft der Umgebung einzupassen.

Die Natur und die Strukturen früherer Nutzung wurden in die Anlagen des weitläufigen Parks einbezogen (Abb. 2). Es kam aber auch gewissermaßen darauf an, Ideen der damaligen Zeit zu Landschaft zu machen, malerische Gegenden, die der Fürst auf seinen Reisen vor allem in Italien und England gesehen hatte, zueinander in Beziehung zu setzen und sie mit Orten zu verknüpfen, die man nicht in natura gesehen hatte, sondern von denen man lediglich eine ideale Vorstellung hatte.

Bei der Gestaltung der Wörlitzer Anlagen wurde ein Altarm der Elbe zum Wörlitzer See. Im Osten des Gewässers entstand eine Nachbildung der Bucht von Neapel. Dort wurde der »Stein« als künstlicher Vulkan nach dem Vorbild des Vesuvs errichtet. Zwei von vielen Blickachsen, die quer über den Wörlitzer See verlaufen, ermöglichen den gleichzeitigen Blick vom Deich zur Wörlitzer Kirche und der Synagoge (Abb. 3). Dieser so genannte Tugendblick ist besonders berühmt. Weitere Gewässer in den Parkanlagen sind das Große und das Kleine Wallloch. Sie entstanden bei einer Naturkatastrophe: Genau zu der Zeit, als das Wörlitzer Schloss (Abb. 4) im Stil einer neopalladianischen Villa gebaut wurde und die Gestaltung der Anlagen begann, kam es zu einem verheerenden Hochwasser der Elbe. An zwei Stellen brach der Deich: Die tiefen Walllöcher konnten nicht wieder überdämmt werden. Sie wurden in die landschaftliche Komposition der Anlagen einbezogen, und die Deiche wurden um sie herum neu errichtet. Das wurde später positiv gesehen, denn die neuen Deiche nehmen seitdem einen geschwungenen, »natürlicheren« Verlauf als die gerade geführten alten.

Zwischen dem See und den Walllöchern wurden Gräben gezogen. Das schlossartige Gotische Haus bekam dadurch eine Insellage. Fürst Franz mag das an sein geliebtes England erinnert haben, ebenso wie manche Architekturdetails des schlossähnlichen Gebäudes, in dem Fürst Franz besonders gern lebte. Auch viele andere Teile des Parks bekamen eine symbolische Bedeu-

EINE VON NATUR, GESTALTUNG UND IDEEN GEPRÄGTE LANDSCHAFT

Abb. 2: Blick in die Wörlitzer Anlagen mit Wörlitzer See, Schloss und Kirche (Foto: Hansjörg Küster)

tung, und ihre Lage wurde mit Bedacht gewählt. Das Skaldengrab entstand ganz im Norden der Anlage, der Südseepavillon im Süden, in der Nähe zur Rousseau-Insel. An diesem vielgerühmten Ort kommt man als Erstes vorbei, wenn man Wörlitz von Dessau aus erreicht. Der Geist von Jean-Jacques Rousseau sollte über der ganzen Anlage stehen. Eine besonders enge geistige Verbindung und im Park auch räumliche Nähe bestand zwischen Rousseau und dem Südseepavillon. Dort waren Teile der Sammlung von Georg Forster untergebracht, die dieser von Tahiti mitgebracht hatte, von den »edlen Wilden« im Sinne Rousseaus.

In die Parkanlagen sind landwirtschaftlich genutzte Flächen integriert (Abb. 5). Das Schöne sollte mit dem Nützlichen verbunden sein; dies war die erklärte Absicht des Fürsten Franz.

Weitere Parkanlagen und das Gartenreich

Weitere Parkanlagen wurden nach ähnlichen Idealen gestaltet, der Park am Schloss Luisium, der Georgengarten in der Umgebung des Schlosses Georgium und der Kühnauer Park am Schloss von Großkühnau. Darüber hinaus wurde das ganze kleine Fürstentum umgestaltet und verschönert.

DAS GARTENREICH DESSAU-WÖRLITZ

Abb. 3: Der so genannte Tugendblick in den Wörlitzer Anlagen: Kirche und Synagoge sind zur gleichen Zeit zu erkennen.
Abb. 4: Wörlitzer Schloss (Fotos: Hansjörg Küster)

EINE VON NATUR, GESTALTUNG UND IDEEN GEPRÄGTE LANDSCHAFT

Abb. 5: Agrarflächen sind in die Wörlitzer Anlagen integriert (Foto: Hansjörg Küster).

Es entstanden mehrere kleinere Parkanlagen, vor allem am Sieglitzer Berg, am Berting und am Drehberg zwischen Vockerode und Wörlitz. Die Deichanlagen wurden umgestaltet. Auf die Deiche setzte man Büsche und Bäume, am Berting befindet sich sogar ein Weinberg auf der Deichböschung, ein weiterer Weinberg wurde östlich von Großkühnau an einer Düne angelegt. Bäume wurden an die äußeren Deichfüße gepflanzt. Sie sollten bei winterlichem Hochwasser treibende Eisschollen von den Deichen fernhalten. Vor allem am Elbdeich wurden mehrere Wallwachhäuser errichtet, in denen man Werkzeug aufbewahrte, das man zum Schutz der Deiche brauchte. Bei Hochwasser und vor allem bei Eisgang kontrollierten Wallschützer den Deich von den Wachhäusern aus. An den Waldrändern wurden dekorative Obstbäume gepflanzt, es entstanden Alleen, und an der Straße von Wörlitz nach Oranienbaum wurde der Prinzenstein gesetzt, und zwar an dem normalerweise trockenen Ort, an dem der kleine Sohn des Fürsten Franz bei Elbhochwasser im Wasser gestanden hatte. Weithin sichtbar sind die Kirchen, etwa von Mosigkau, Riesigk, Vockerode und Wörlitz, zu denen zahlreiche Blickachsen hinführen. In einigen Orten wurden Schulhäuser gebaut als sichtbare Zeichen dafür, dass Fürst Franz mit Vehemenz für die Bildung seiner Untertanen eintrat.

Die Idee, aus einem ganzen Land einen Garten, ein Gartenreich, zu machen, wirkte nach dem Tod von Franz weiter. Sein Enkel Leopold IV. Friedrich

(1794-1871) pflanzte zahlreiche Eichen in dekorativen Dreiergruppen. Zur Zeit seiner Regierung wurde das Schweizer Haus errichtet, ein Symbol der Freiheit – bezeichnenderweise vor dem Deich auf einer Düne. Dort war das Haus zwar vor Hochwasser sicher, aber es lag nicht innerhalb des Deichringes, des gewissermaßen »zivilisierten« Bereiches. Um 1830 entstanden mehrere Schweizer Häuser in Deutschland, möglicherweise als Symbole des Widerstands gegen die Habsburger, von deren Joch sich die Schweizer schon im Mittelalter befreit hatten. Zur gleichen Zeit strebte man in Deutschland Zollbündnisse an, die Österreich nicht einschlossen; Abkommen der Zollvereine waren Schritte auf dem Weg zu einer »kleindeutschen« Lösung der nationalen Frage in Deutschland unter der Führung Preußens.

Unter Leopold IV. Friedrich wurde Dessau zur modernen Industriestadt, die günstig an einem Elbhafen und an mehreren Eisenbahnlinien lag. Die starke industrielle Entwicklung Dessaus im 19. und auch im frühen 20. Jahrhundert zog ein besonderes Schicksal nach sich: Im Zweiten Weltkrieg wurde die Stadt erheblich zerstört.

Danach lagen Dessau und das Gartenreich in der DDR. Die Wörlitzer Anlagen und die anderen Parks wurden über diese Jahrzehnte recht gut bewahrt, viele Teile des Gartenreichs aber nicht. Dies hing aber sicher nicht nur mit einer Vernachlässigung in den Jahren nach dem Zweiten Weltkrieg zusammen, sondern auch mit Zerstörungen durch Industrie, Verkehrsanlagen und den Bau von Wohngebieten in den Jahrzehnten zuvor.

Heute zählt das Gartenreich – und auch das Bauhaus in Dessau – zum Welterbe der Menschheit bei der UNESCO: Damit verbunden ist der Auftrag, die Anlagen als Ganzes zu bewahren. In den Jahren seit 1990 wurden zahlreiche Bereiche der Anlagen restauriert; umfangreiche Rekonstruktionsarbeiten in den Anlagen und an den Deichen machte das verheerende Hochwasser von Elbe und Mulde im Jahr 2002 notwendig. Weil auch andere Landschaften in den letzten beiden Jahrhunderten verschönert wurden (allerdings so gut wie ohne die in Anhalt-Dessau überall erkennbaren künstlerischen Impulse), hebt sich das Gartenreich nicht mehr derart stark von seiner Umgebung ab, wie dies im späten 18. und frühen 19. Jahrhundert der Fall gewesen sein muss.

Darauf bezog sich der Berliner Theologe Andreas Riem in seinen »Reisen durch Deutschland, Frankreich, England und Holland« von 1796:

So wie man aus den preussischen Staaten tritt, die auf dem Wege über Beelitz, Postdorf etc. das Bild der elendsten Sandwüsten, mit einigen Unterbrechungen, darbieten, so kommt man in gesegnete Gegenden, vorzüglich wo das Dessauische anfängt. Die Fürsten dieses Hauses haben unbeschreibliche Verdienste um ihren Staat. Das ganze Land ist ein Garten Gottes, und die Gegenden um Dessau ein wahres Paradies. Die Chausseen dieses Landes sind die einzigen ihrer Art. Ununterbrochen werden sie geebnet, Kinder verdienen sich dabey ihren Unterhalt, und es ist eine Freude zu sehen, wie sie sich angreifen, wenn der Gute Fürst die Arbeiten revidirt. Er ist freundlich und gut, und der Abgott seiner Unterthanen – so allgemein einstimmig habe ich noch nie das Lob eines Fürsten gehört, als dieses – des Fürsten von Dessau. Aber man darf nur einen Blick auf das Land werfen, und schon die frohe Natur lobt ihn. Kein Fleckchen des Landes liegt unbenutzt. Sogar die Seiten der Chausseen, das Land zwischen den schönen Baumreihen, hat er armen Unterthanen gegeben, und es blüht eine Fruchtbarkeit, die voll den Wünschen des wohlthätigen Fürsten entsprach.[4]

---

4 Zitiert nach: Eger, Christian (Hrsg.), Fort, fort, der Südost fliegt gerade über Wörlitz! Der Garten und seine Dichter um 1800, Halle an der Saale 2001, S. 11.

Landschaft mit Kühen?

Abb. 1: Gemälde »Landschaft mit Kühen« von Wilhelm von Kobell

Hinter den Titel des Bildes von Wilhelm von Kobell muss ein Fragezeichen gesetzt werden. Nur vielleicht sind liegende Kühe zu sehen. Im Mittelpunkt aber steht ein Stier oder Bulle. Er ist sauber wie alles auf diesem Bild, wie die anderen Rinder, die Ziege, die Hirtin und der Hund. Kein Busch, keine Distel verunstaltet das Grünland, denn die Ziege hat alles abgefressen, was die Rinder verschmähten. Es ist eine wissenschaftliche Erkenntnis der damaligen Zeit, dass man verschiedene Tiere auf die gleiche Weide schicken muss, um das Gras gleichmäßig kurz zu halten. Sogar die Kleidung der Hirtin ist sauber, jede einzelne Falte ihres Rockes ist exakt gebügelt. Mit einem Strohhut schützt sie sich vor der Sonne. Aber hütet sie wirklich das Vieh? Sie wirkt wie eine junge Frau, die sich an der Landschaft erfreut, an dem See, vielleicht dem Ammersee, an einem Kirchlein oder Kloster am Rand eines frisch aufgeforsteten Waldes (alle Bäume stehen in sauberen Reihen), an der Alpenkette im Hintergrund. Die Weite des Alpenvorlandes ist atemberaubend, wer in dieses

Land hineinruft, würde lange warten müssen, bis der Widerhall von den Bergen zurückkäme. Mensch und Tiere blicken in unterschiedliche Richtungen. Es gibt keinen Grund zur Aufregung. Nur ein Stöckchen im Vordergrund wurde nicht aufgeräumt.

Aber gerade das war das Aufregende im Jahr 1819: Friede, Ordnung, Wohlbefinden. Der Status Bayerns als Königreich war auf dem Wiener Kongress 1815 bestätigt worden. Man hatte begonnen, Wald und Weideland voneinander zu trennen. Einige Jahre zuvor hätte man die Rinder und Ziegen noch in den Wald getrieben. Sie hätten dort weniger Futter vorgefunden, und die meisten Bäume wären von den Tieren angeknabbert worden. Nun war das Land reformiert: Die Bäume konnten ungehindert wachsen, und die Tiere fanden mehr Futter. Wie notwendig dies war, hatte man in den vorangegangenen Jahren leidvoll erfahren müssen. Denn 1816 hatte es den ganzen Sommer über geregnet. Man sprach von dem »Jahr ohne Sommer«. Im Alpenvorland regnete es wochenlang, in Bayern, Württemberg und in der Schweiz. Und in den folgenden Jahren war das Wetter nicht viel besser. Was für eine Belastung für ein junges Königreich!

Mary Shelley saß derweil in einem Haus am Genfer See. Man konnte nicht vor die Türe treten wegen des unaufhörlichen Regens. Sie schrieb in Düsternis und Regen ihren Schauerroman »Frankenstein«.

1819 war der Witterungsverlauf wieder etwas günstiger, und die Hirtin brauchte sogar einen Strohhut mit breiter Krempe, um sich vor der Sonne zu schützen. Die Sonne schien, wenn auch von einem etwas gelblich dunstigen Himmel. Und auch die Tiere ließen sich wärmen. Alles strahlte Behaglichkeit aus.

Was aber war in diesen Jahren Unerhörtes geschehen? Die größte Katastrophe des Jahres 1815 war nicht die Schlacht von Waterloo, sondern die Explosion des Vulkans Tambora in Indonesien. Dabei handelte es sich um den verheerendsten Ausbruch eines Vulkans in der Geschichte der Menschheit, bei dem Tausende von Menschen zu Tode kamen. Die Asche des Vulkans verteilte sich in der gesamten Erdatmosphäre und ließ das Wetter verrückt spielen. Nochmals Tausende von Menschen und Tieren verhungerten im folgenden Sommer in anderen Weltteilen.

Erst in unseren Tagen hat man die Zusammenhänge zwischen Vulkanausbruch und Hungersnot erschlossen. Und erst heute weiß man, dass Wilhelm von Kobells Bild von einer endlich wiederhergestellten Normalität erzählt: von der Ruhe in einem reformierten Land am Nordrand der Alpen, wo – dem Ideal der damaligen Zeit entsprechend – das Schöne mit dem Nützlichen verbunden war.

Landschaftsträume von 1829

Im Jahr 1829 erwarb Sophie Charlotte Gräfin von Schwicheldt (1763-1837) das Gut Walshausen bei Hildesheim. Sofort drängte sie darauf, das Wohnhaus des Gutes neu errichten zu lassen; sie beauftragte den Hannoverschen Architekten Georg Ludwig Friedrich Laves, Pläne für eine Villa zu entwerfen. Auch sollte der Garten neugestaltet werden. Leider sind in den Archiven so gut wie keine Quellen erhalten geblieben, aus denen die Absichten der Gräfin hervorgehen, warum sie das Gut erwarb und wie sie darin leben wollte.[1] Aus der Topographie des Ortes lassen sich aber wichtige Details erkennen, mit denen vielleicht ein wenig Licht in die Geschichte Walshausens gebracht werden kann.

Gräfin Schwicheldt und Laves wurden an einem Ort tätig, der damals von Natur ebenso geprägt war wie von lange dauernder agrarischer Nutzung. Die Bauherrin und ihr Architekt hatten außerdem eine Idee, wie sie Walshausen umgestalten wollten. Sie setzten sich also mit allen drei wichtigen Komponenten von Landschaft auseinander: ihrer Natur, ihrer vorangegangenen agrarischen Nutzung und einer Metapher oder einer Idee, die die Neugestaltung ebenso maßgeblich wie alles andere beeinflusste, was sie im Gelände vorfanden.[2]

Die Natur von Walshausen ist von seiner Lage am Abhang des Vorholzes bestimmt, eines Hügelzuges am Nordrand der Mittelgebirge. Dort wurde während der Eiszeit eine große Menge an Löss deponiert, und zwar von Winden, die von den Gletschern in südliche Richtung wehten. Feinen Staub, den sie mit sich trugen, luden sie vor allem am Rand der Mittelgebirge, im Gebiet der heutigen Börde, und in den Senken zwischen den Hügelzügen als Löss ab; auf Löss entwickelten sich fruchtbare Ackerböden. Löss blieb zunächst auch auf den Hügeln liegen, wurde aber später vom Regenwasser in die Täler gespült. Von der Mächtigkeit der Lössablagerungen hängt die Art und Weise der Landnutzung ab: Tiefgründige Böden werden beackert, die steinigeren Böden der Hügel und Berge dagegen sind von Wäldern bestanden.

In den Lössgebieten leben schon seit Jahrtausenden Bauern. Sie suchten die Lössgebiete wohl nicht nur wegen ihrer Fruchtbarkeit auf, sondern vor allem deswegen, weil sich die steinfreien Böden gut mit damals üblichen Werkzeug aus Stein, Knochen und Holz bearbeiten ließen. Jahrtausendelang wurden

---

1 Struck, Peter, Die Villa Walshausen bei Hildesheim. Ein spätklassizistischer Landsitz von Georg Ludwig Friedrich Laves, Hildesheim 2002, bes. S. 20.
2 Küster, Hansjörg, Schöne Aussichten. Kleine Geschichte der Landschaft, München 2009.

die Siedlungen immer wieder verlagert, neu gegründet und wieder aufgegeben. Ortsfeste Siedlungen bestehen erst seit dem Mittelalter. Zu ihnen zählt Walshausen, das 1146 erstmals urkundlich erwähnt wurde. Zum Ort gehörte damals schon eine Mühle. Peter Struck vermutet, dass sie an der Innerste lag.[3] Doch diese Vermutung ist nicht zwingend; aus der Topographie des Gutshofes lässt sich etwas anderes ableiten. Der Gutshof liegt nämlich unmittelbar an einem kleinen Bach, dichter als andere ähnliche Anlagen. Unterhalb der heutigen Villa wird der Bach an zwei Stellen gestaut; dort bildeten sich Teiche. Sie sind auf Landkarten des 18. Jahrhunderts eingezeichnet.[4] Daher wird klar, dass die Teiche nicht ursprünglich zur Gartenanlage des 19. Jahrhunderts gehörten, sondern bereits vorher entstanden waren. Sie wurden vielleicht für die Haltung von Fischen angelegt. Viel wahrscheinlicher ist es aber, dass das Wasser unterhalb des Gutshofes zum Betrieb einer Mühle gestaut wurde. Wenn man die Wasserkraft in Walshausen nicht genutzt hätte, wäre der Gutshof nicht so dicht am Wasser gebaut worden. So aber zeigt sich, dass es offensichtlich eine enge Verbindung zwischen Gutshof und Mühle gegeben hat. Mit dem Stau erzeugte man bereits im Mittelalter ein erhebliches Gefälle, und wenn man das Wasser in den Teichen für trockene Perioden sammelte, ließ sich auch praktisch jederzeit ein Mühlrad antreiben. Die Vermutung, die sich aus dem topographischen Befund ergibt, sollte aber noch durch archäologische Untersuchungen verifiziert werden. Mangels weiterer Quellen kann man nur an Spuren im Boden erkennen, ob die urkundlich erwähnte Walshauser Mühle im Mittelalter tatsächlich an den Teichen unterhalb des Gutes gelegen hatte. Eine Mühlenanlage bestand bei Walshausen zu der Zeit, als Gräfin Schwicheldt das Gut kaufte, aber nicht mehr.

Zum ursprünglichen Gutshof gehörte viel Ackerland; in den feuchten Talniederungen am Walshauser Bach weidete das Vieh. Dort lag ein im 18. Jahrhundert als »Trift« bezeichneter beweideter Wald, ein Hude- oder Hutwald, mit weit ausladenden, einzeln stehenden Bäumen. Das Vieh verhinderte durch Verbiss, dass junge Bäume in die Höhe kamen. Auf trockenerem Grund westlich oberhalb des Bachtales befanden sich Nutz- und Obstgärten; diese Flächen werden zum Teil heute noch zum Anbau von Obst genutzt. Als Ackerland dürfte aber ursprünglich auch das Gelände der heutigen Schafweide oberhalb der Innerste genutzt worden sein. Denn das dortige Gelände ist terrassiert; Terrassen wurden in der Regel nur für eine ackerbauliche Nutzung angelegt.

3 Struck, Villa (wie Anm. 1), S. 23.
4 Ebd., S. 24.

Diese topographische Situation, die sich aus natürlichen Gegebenheiten und durch lange dauernde Nutzung ergeben hatte, fanden Gräfin Schwicheldt und ihr Architekt 1829 vor. Sie veränderten die Topographie der Gutsanlage. Das ehemalige Gutshaus wurde abgerissen. Ein neues Gebäude entstand ein Stück weit südlich davon; der Park wurde im Stil eines englischen Landschaftsgartens neu angelegt und erweitert. Damit waren Umdeutungen der landschaftlichen Situation verbunden.

Die Gräfin und ihr Architekt erkannten, dass man den Neubau der Villa auch anders in die umgebende Landschaft einpassen konnte, nämlich wie ein römisches Landhaus: Die Lage des Gutes wurde nun nicht mehr wie ursprünglich auf den kleinen Walshauser Bach bezogen. Die Villa sollte eine Position am sonnigen Südhang des Vorholzes einnehmen, oberhalb des Flusses Innerste. Man vertuschte so gewissermaßen, dass der Gutshof ursprünglich neben einer Mühle und nahe des Bachlaufes entstanden war, und man tat so, als sei er in einer so genannten Ökotopengrenzlage am Talrand der Innerste errichtet worden: zwischen einem ausgedehnten feuchten Gebiet unterhalb, das man vor allem als Viehweide nutzen konnte, und dem oberhalb gelegenen Ackerland. In einer solchen Situation waren Villen bereits in der Antike errichtet worden.[5] Man »erfand« also für den Ort Walshausen eine scheinbar andere landschaftliche Einbindung und Geschichte. Aus einem Gutshof mit Mühle am Walshauser Bach wurde eine Villa in klassisch antiker Lage an der Innerste.

Nun konnte auch die Schilderung der Lage einer Villa durch Giovanni Boccaccio auf Walshausen zutreffen: Im Roman »Decamerone« kehrt eine Gruppe junger Florentiner der Stadt den Rücken:

Sie verließen die Stadt, waren aber noch nicht mehr als zwei kurze Meilen weit von ihr entfernt, als sie schon an dem Orte anlangten, den sie fürs erste verabredet hatten. Dieser Landsitz lag auf einem Hügel, nach allen Richtungen ein wenig von unseren Landstraßen entfernt, und war mit mancherlei Bäumen und Sträuchern bewachsen, alle grünbelaubt und lieblich anzusehen.[6]

Vielleicht mag man zur Erbauungszeit der Villa sogar die empfundene Entfernung zwischen Hildesheim und Walshausen mit »zwei kurzen Meilen« angegeben haben ...

5 Haversath, Johann-Bernhard, Die Agrarlandschaft im römischen Deutschland der Kaiserzeit (1.-4. Jh. n. Chr.), Passau 1984, bes. S. 33 ff.
6 Küster, Aussichten (wie Anm. 2), bes. S. 11.

Zur Villa der italienischen Renaissance gehörte oft ein Belvedere, von dem aus sich das Land weit überblicken ließ. In hügeligen oder bergigen Regionen Italiens boten sich von einem solchen Ort aus wundervolle Aussichten. Weil man die Lage der Villa von Walshausen neu deutete, bekam man auch hier ein Belvedere: von der Terrasse der Villa aus oder von der Bastion am Südwestende des Parks. Weit schweift der Blick von dort über das Innerstetal zu den Hügelzügen südlich davon, zum Hildesheimer Wald und zum Hainberg. Tal und Hügelkette nahm man als zu Walshausen gehörende Landschaft wahr.

Man schuf also Bezüge zur Antike und zu Italien, als man die Villa errichtete. Das wird aber nicht nur an der Architektur des Gebäudes deutlich,[7] sondern auch an der topographischen Situation, in der man die Villa errichtete. Aber es sollten wohl auch englische Vorbilder zitiert werden. In England waren im 18. Jahrhundert zahlreiche Villen im Stile Andrea Palladios errichtet worden; dort entwickelte sich der Baustil des Palladianismus. Damit war ein Programm für Leben und Wirtschaften verbunden, das ebenso wie der Baustil als Vorbild nachgeahmt wurde: In Großbritannien hatten die zahlreichen Landadeligen innerhalb der Monarchie ein größeres Mitspracherecht bei politischen Entscheidungen als anderswo. Von ihren im 18. Jahrhundert neu erbauten Landhäusern konnten sie »ihre« Landschaft überblicken. Das war ein Ideal, das man auch in Mitteleuropa anstrebte.

Die Verbindung von Antike, italienischem Baustil und dessen englischer Umdeutung war unter anderem von Fürst Leopold III. Friedrich Franz von Anhalt-Dessau nach Mitteleuropa gebracht worden. Er fuhr unmittelbar nach dem Ende des Siebenjährigen Krieges 1763 nach England; dort bewunderte er die Villenbauten und deren Gärten. Anschließend reiste er auch ausgiebig nach Italien. Wenige Jahre nach dem Krieg begann der Anhalter Fürst mit der Gestaltung der Wörlitzer Anlagen, des ersten großen Landschaftsparks in englischem Stil in Deutschland. Nicht mehr der Absolutismus mit dem gottähnlichen Herrscherhaus in der Mitte sollte zur Schau gestellt werden, sondern die Einbindung in die »natürlich« wirkende Landschaft. Villa und Garten bildeten das Ideal einer »Ornamented Farm«.[8]

Im Gebiet des heutigen Landes Niedersachsen begann man zur gleichen Zeit mit der Anlage von Landschaftsgärten im englischen Stil. Absichten dazu hatten vielleicht schon ein wenig vorher bestanden, so in Harbke bei

---

7 Struck, Villa (wie Anm. 1), S. 79ff.
8 Zu Wörlitz: Küster, Hansjörg/Hoppe, Ansgar, Das Gartenreich Dessau-Wörlitz, München 2010.

Braunschweig.⁹ Alle weiteren frühen Anlagen entstanden ebenso wie Wörlitz erst unmittelbar nach dem Siebenjährigen Krieg: nach 1764 Schwöbber bei Hameln, 1766 der Prinzengarten in Celle, ab 1766/67 der Hinübersche Garten in Marienwerder bei Hannover, 1769 ein »Wäldchen nach englischem Geschmack« in Göttingen, ab 1769 auch die Keimzelle zum späteren Georgengarten in Hannover und ab 1774 der Berggarten in Hannover.¹⁰ Die Gestaltung der Parks stand vielerorts mit Verbesserungen der Landwirtschaft in Verbindung. 1764, also zur gleichen Zeit, wurde die Königliche Landwirtschaftsgesellschaft in Celle gegründet, in der etliche Gartengestalter und Gartenbesitzer Mitglied waren, übrigens auch der damalige Besitzer des Gutes Walshausen, Franz Cölestin Freiherr von Beroldingen.¹¹ Unter Beroldingen wurden zwar wohl die Agrarflächen des Gutes umgestaltet; es ist anzunehmen, dass es unter ihm zu Verkoppelungen kam. Aber der Garten von Walshausen wurde unter Beroldingen noch nicht verändert.

Die Gartenanlagen von Walshausen wurden erst unter Gräfin Schwicheldt im Stil eines englischen Landschaftsparks neugestaltet. In ihn wurden bereits zuvor bestehende Gartenflächen einbezogen, und zwar der Obstgarten und die Trift entlang des Baches, der ehemals beweidete Wald mit seinen weit ausladenden Bäumen. Einige von ihnen stehen noch heute. Ein beweideter Wald wurde zu Beginn des 19. Jahrhunde nicht mehr gebraucht. Man hielt das Vieh nun auf verkoppelten Weideflächen. Die Verkoppelung oder das Koppelmachen war seit dem späten 18. Jahrhundert gängige Praxis, um eine ertragreichere Landwirtschaft zu etablieren. Kleine Ackerstücke wurden zu größeren aneinandergekoppelt. Dabei entstanden sowohl Vieh- als auch Ackerkoppeln, und dieser Koppelungsprozess ist der Grund dafür, warum man von einer Koppel spricht. Das Vieh gedieh auf Koppeln besser, auf Ackerkoppeln konnten höhere Erträge erwirtschaftet werden, und in den nicht mehr beweideten Wäldern wuchs mehr Holz heran als zuvor.

Ehemals beweidete Wälder wurden aber auch zu Parkanlagen umgestaltet: Dies lässt sich für Teile der Wörlitzer Anlagen genauso zeigen wie für den Georgengarten in Hannover und den Englischen Garten in München. Ein Teil des Georgengartens in Hannover war ursprünglich der Brühl gewesen,

---

9 Boeck, Urs, Gartenkunst in Niedersachsen vom Mittelalter bis zum Ende des 18. Jahrhunderts, in: Heimatbund Niedersachsen e.V. und Niedersächsische Gesellschaft zur Erhaltung Historischer Gärten e.V. (Hrsg.), Historische Gärten in Niedersachsen, Hannover 2000, S. 15-29, bes. S. 25 f.
10 Ebd.
11 Wille, Gudrun, »... so will ich mich bei künstlichen Erfahrungen nicht aufhalten«. Franz Cölestin Freiherr von Beroldingen 1740-1798 (Schriftenreihe des Stadtarchivs und der Stadtbibliothek Hildesheim; 30), Hildesheim 2003, S. 160 ff.

die städtische Viehweide. Der Georgengarten wurde seit 1828 erheblich erweitert, unter anderem um die Flächen des Brühls, und neugestaltet, also in genau der gleichen Zeit, in der die Anlagen von Walshausen in der heutigen Form entstanden.

Die Einbeziehung des ehemals beweideten Waldes und des Nutzgartens führte zu einer ungewöhnlichen Form des Parks. Der Nutzgarten im Westen wurde nach Süden, bis zur Bastion, erweitert. Der Ostteil des Parks liegt durchweg am Walshauser Bach und ist ehemaliges Weideland. Zwischen den beiden Parkteilen liegt die Schafweide, die dazu aber wohl erst in dem Moment wurde, als man begann, die Lage von Walshausen als die einer »antiken« Villa am Innerstehang aufzufassen. Nun sollte es wie klassischen Vorbildern unterhalb der Villa keine Äcker mehr geben. Unterhalb von ihr sollte nun eine Schafweide bestehen. Sie gehört daher als ein bukolisches Element zum Park dazu, man sollte sie also als einen wichtigen Teil der im 19. Jahrhundert neu geplanten Anlage auffassen.

Mit der Anlage der »Ornamented Farm« ließ sich ein Ideal von Individualität, Unabhängigkeit und effizienter Landnutzung, aber auch von Schönheit präsentieren. Das Schöne sollte – wie es bei Horaz hieß – mit dem Nützlichen kombiniert werden. Dieses Motto wurde von Fürst Franz von Anhalt-Dessau immer wieder aufgegriffen. Auch andere Gartengestalter, die in der Folgezeit ähnliche Anlagen errichteten, hatten diese Verbindung zum Ziel.

Walshausen, der ursprüngliche Gutshof am Walshauser Bach, wurde 1829 zu einem Traumbild von Italien. Dies geschah zu einer Zeit, in der man sich nicht nur in Deutschland eine nationale Erneuerung wünschte, sondern auch in Italien. Bis 1829 hatten viele Europäer den Unabhängigkeitskampf der Griechen unterstützt, nun interessierte man sich auch in Deutschland für die Unabhängigkeit und Einheit Italiens. Inwieweit sich aber Gräfin Schwicheldt mit all diesem auseinandersetzte, muss dahingestellt bleiben.

Das Kulturgut Landschaft im Spiegel
von Landschaftsmalerei und Naturschutz

Natur, Kultur, Idee

In jeder Landschaft erkennt man Natur und Kultur, außerdem eine Idee, die mit ihr verbunden wird, und zwar ganz gleich, ob wir ein Gemälde oder eine Landkarte ansehen, eine Landschaft wissenschaftlich erfassen oder sie literarisch darstellen. Dabei muss Klarheit hergestellt sein, was in einer Landschaft Natur, Kultur und Idee ist – und das ist im Einzelfall nicht immer einfach zu klären, weil alle drei Charakteristika von Landschaft vielfältig ineinander verwoben sind.

Den Zusammenhang von Natur, Kultur und Idee klärte Knut Krzywinski[1] an einem Bild von Johan Christian Dahl auf, das in seiner Heimatstadt Bergen in Norwegen ausgestellt ist (Abb. 1).

Der Himmel, die Berge, das Meer, die auf dem Bild mit dem Namen »Lysekloster« zu sehen sind, gehören selbstverständlich zur Natur. Auch die Tiere und Pflanzen auf dem Bild wachsen nach einem Prinzip von Natur. Leben heißt wachsen und sterben. Die Natur der Pflanzen und Tiere bleibt also nicht stabil bestehen, sondern verändert sich. Stirbt eine Pflanze ab, kann ein Gewächs der gleichen oder einer anderen Art in die Höhe kommen. Auch das prägt die Natur, die der Maler eingefangen hat.

Kultur ist auf vielfältige Weise mit dieser Natur verbunden. Denn die Vegetation, die auf dem Bild zu sehen ist, wurde weitgehend vom Menschen und seinem Weidevieh geprägt. Wald wurde gerodet, so dass sich anstelle der Bäume Büsche und Grasland ausbreiten konnten. Ein Hirte beaufsichtigt Tiere, die das Gras zwischen den Büschen kurzhalten und frische Triebe von Büschen abbeißen, so dass sie nicht weit in die Höhe kommen können. Junge Triebe der Bäume wurden im Frühjahr geschnitten und zum Trocknen aufgehängt, so dass man sie als Laubheu im Winter verfüttern kann, wenn die Tiere in den Stall gebracht und mit Futter versorgt werden müssen. Einige Baumarten, vor allem Ulmen, Linden oder Eschen, schlagen wieder

---

[1] Krzywinski, Knut, Ihre einzige Gemeinsamkeit ist ihre Vielfalt: Die Bedeutung europäischer Kulturlandschaften, in: Ders./O'Connell, Michael/Küster, Hansjörg (Hrsg.), Europäische Kulturlandschaften. Wo Demeter ihre Felder hat und Pan zuhause ist, Bremen 2009, S. 9-21.

Abb. 1: Johan Christian Dahl, Lysekloster, Bergen Art Museum (mit freundlicher Genehmigung von Dag Fosse)

aus, nachdem man sie geschnitten hatte, aber sie bilden andere Kronen aus als zuvor: Es bilden sich beispielsweise Kopfformen von Gehölzen. Und selbstverständlich sind auch Felder und die Siedlung von Kultur geprägt. Das Bild wurde aber nicht deswegen gemalt, weil es lediglich das Miteinander von Natur und Kultur zeigen sollte. Und die Landschaft wurde vom Maler nicht so wiedergegeben, wie sie vor ihm lag, sondern wie er sie interpretierte. Denn Landschaft ist eigentlich nicht das, was der Maler vor sich sieht, sondern das, was er auf seiner Staffelei malt. Dahl hatte zu dem Bild vor Ort Skizzen angefertigt und nach ihnen in seiner Wahlheimat Dresden das Ölbild entstehen lassen. Dabei sind zahlreiche Ideen in die Darstellung eingeflossen, vor allem diejenige, dass er eine typische norwegische Landschaft zeigen wollte, die die Identität des Landes wiedergab und genauso prägte. Der Maler hätte wohl zugestimmt, wenn man den Inhalt seines Bildes als »norwegische Natur« oder »Natur der Fjordlandschaft« bezeichnet hätte, denn auch wenn Kultur diese Natur verändert hatte, so widerspricht sie dem Prägenden auf dem Bild nicht. Dabei ist aber wichtig zu beachten, dass die Natur des Wissenschaftlers etwas anderes ist als die Natur als Idee. Die Natur des Wissenschaftlers ist das Dynamische, das Wachstum, das Absterben, auch die Veränderung ziehender

Wolken. Die Idee von Natur aber ist das Stabile, das, was es zu bewahren gilt. Und das soll dem Betrachter des Bildes vermittelt werden.

Und noch etwas könnte der Maler als Idee mit dem Bild verbunden haben. Darauf verweist der Name der kleinen bäuerlichen Ansiedlung Lysekloster, die auf dem Platz einer mittelalterlichen Anlage der Zisterzienser entstand. Das 1146 gegründete Kloster wurde in den vergangenen Jahrhunderten großenteils abgetragen; nur Reste des Kreuzganges, der auf dem Bild nicht sichtbar ist, erhielten sich. Zu Dahls Lebzeiten aber fanden Ausgrabungen auf dem Gelände des Klosters statt; Dahl nahm immer wieder Ausgrabungen mit lebhaftem Interesse wahr, möglicherweise könnte er die Ausgrabungen und Baurekonstruktionen in Lysekloster sogar angeregt haben. Über die Zisterzienser zeigt sich das hohe Alter des menschlichen Einflusses auf die dargestellte Landschaft, und mit ihnen ist eine gesamteuropäische Bewegung verbunden, deren Spuren auch an vielen anderen Orten zu finden sind. Lysekloster hat daher auch eine Bedeutung im europäischen Kontext. Es stand nicht isoliert, sondern man konnte ein gemeinsames Europa an seinem Namen zumindest erkennen, aber auch an seinen Bauresten.

Johan Christian Dahl war mit Caspar David Friedrich befreundet, der immer wieder die Ruine von Eldena bei Greifswald darstellte, ebenfalls ein Überbleibsel zisterziensischer Kultur. Bilder der Klosterruine malte Friedrich bereits 1803 und 1809, translozierte das Bauwerk aber zum Teil an völlig andere Orte. Doch das Bauwerk ist jeweils unverkennbar die Ruine des Zisterzienserklosters von Eldena.

Dynamische Natur

Der dynamische Charakter von belebter Natur geht auf grundlegende Stoffwechselprozesse zurück. Bei der Photosynthese werden aus einfachen Grundbausteinen, Kohlenstoffdioxid und Wasser, organische Stoffe aufgebaut, zunächst Glukose. Sie wird zum großen Teil in einem weiteren grundlegenden Stoffwechselprozess, der Zellatmung, in Kohlenstoffdioxid und Wasser zerlegt. Diese beiden Stoffe können erneut in der Fotosynthese umgesetzt werden. Im Verlauf von Auf- und Abbau von Glukose wird Energie umgewandelt. Sie trifft in Form von Lichtenergie auf die Zelle, und letztlich wird sie in Wärmeenergie verwandelt. Dieser Vorgang ist irreversibel, unumkehrbar.

Ein gewisser Teil der entstandenen Glukose wird aber nicht sofort wieder abgebaut, sondern zum Aufbau anderer Formen von Zucker verwendet. In der Pflanze entsteht daraus entweder Saccharose oder Zellulose. Während Glukose und Saccharose wasserlöslich sind und an jeden Ort der Zelle

Abb. 2: Jeder See verlandet durch natürliche Einflüsse (Foto: Hansjörg Küster).

transportiert werden können, sind die Ketten der Zellulose so lang, dass sie sich nicht mehr in Wasser lösen können. Sie bilden die sogenannte Zellwand der Pflanze, die sich zwischen den von Membranen abgegrenzten Zellen ausbildet. Die Zellwand ist eigentlich keine Wand, denn sie ist durchlässig für Luft und Wasser. An den langen Fasern der Zellulose wird Wasser transportiert, so dass es jede Zelle erreicht.

Pflanzen und Tiere haben keine Enzyme, die Zellulose zerlegen können. Deswegen kann der Aufbau von Zellulose aus Glukose auch als irreversibler Prozess aufgefasst werden. Nur Mikroorganismen sind zum Abbau von Zellulose in der Lage. Zellulose kann aber, wenn sie unter Luftabschluss gerät, lange konserviert werden, und zwar in Kohlenstoffspeichern. Insbesondere bildet sich in Seen (Abb. 2) unter Wasser ein Sediment, in dem mineralische und organische Bestandteile enthalten sind. Die organischen Bestandteile bestehen großenteils aus Zellulose, die unter Wasser nicht abgebaut werden kann. Wenn an und in einem See reichlich Zellulose aufgebaut wird, bildet sich besonders viel Sediment, und der See verlandet. Dabei verändert sich sein Charakter, er wird flacher und kleiner, und schließlich verlandet er vollständig. Dabei bleibt eine gewisse Form von Biodiversität nicht erhalten; alle Wasserorganismen verlieren ihr Biotop, und Pflanzen der Niedermoore breiten sich an ihrer Stelle aus. Daran ist klar zu erkennen, dass Natur sich

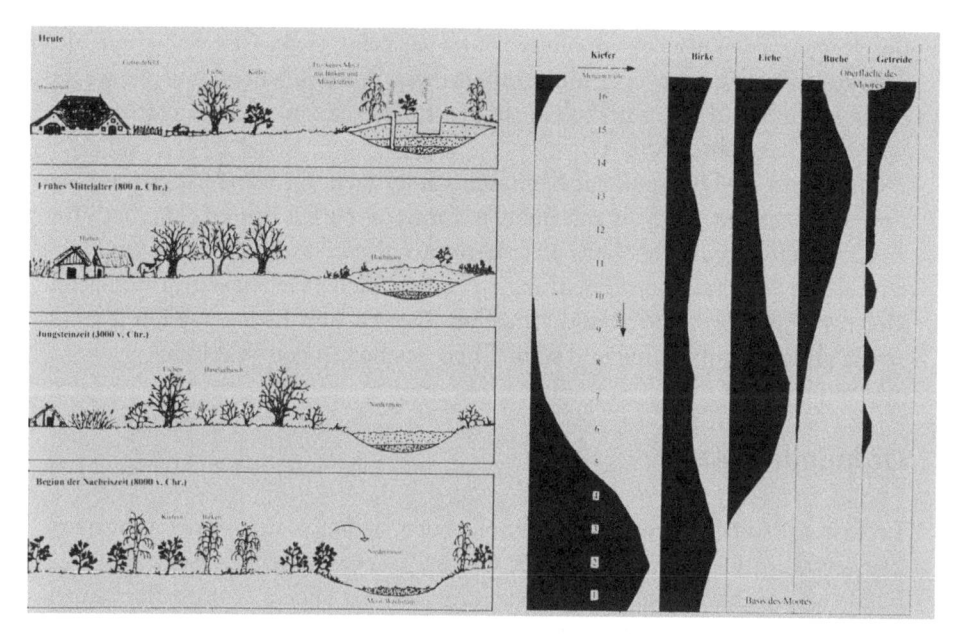

KULTURGUT LANDSCHAFT IM SPIEGEL VON LANDSCHAFTSMALEREI UND NATURSCHUTZ

Abb. 3: In einem Pollendiagramm ist die Vegetationsentwicklung der letzten Jahrtausende dokumentiert. Links idealisierende Rekonstruktionszeichnungen der Vegetation, rechts Anteile bestimmter Pollentypen im Pollendiagramm (Entwurf: Hansjörg Küster, Zeichnung: Iris Litzke)

dynamisch und irreversibel verändert, denn an Stelle eines Niedermoores kann sich nicht wieder ein See bilden. Natur allein ist also nicht nachhaltig, weil sich ihre Biodiversität »von allein« nicht erhält.

An der Stelle eines Sees kann sich zuerst in einem Niedermoor, dann in einem Hochmoor Torf absetzen. Er besteht aus organischer Substanz, die durch Photosynthese und Bildung von Zellulose entstanden ist; Pflanzenreste können auch im dauernd nassen Torf nicht abgebaut werden, weil die Mikroorganismen, die Zellulose zerstören, im dauernd feuchten Milieu nicht leben können. In dem sich bildenden Torf werden Pollenkörner aus der Umgebung des Moores abgelagert, die vom Wind herangetragen werden. Sie bleiben unter Sauerstoffabschluss ebenfalls erhalten. Weil sie in einem wachsenden Moorkörper genau stratifiziert deponiert werden und sich die Pollenkörner morphologisch unter einem Mikroskop unterscheiden lassen, kann man aus einem Pollendiagramm erschließen, wie die Entwicklung der Vegetation der Moorumgebung in mehr oder weniger langen Zeiträumen abgelaufen ist. Es gibt Torfkörper, die sich in der gesamten Nacheiszeit bildeten, in den letzten 10.000 oder mehr Jahren. Aus ihnen ist die gesamte Vegetationsentwicklung der letzten Jahrtausende abzulesen, und es zeigt sich: Alle Schichten des Moores unterscheiden sich hinsichtlich ihres Pollengehaltes, und deswegen ist zu schließen, dass immerzu eine irreversible Dynamik der Vegetationsentwicklung herrschte (Abb. 3).

Man kann die Dynamik auf Klimaschwankungen, Einwanderungsprozesse von Pflanzen oder den menschlichen Einfluss zurückführen. Das ist aber zunächst einmal unerheblich; es besteht aus allen diesen Gründen eine Dynamik der Vegetationsentwicklung. In der frühen Nacheiszeit dominierten vielerorts in Norddeutschland zunächst Kiefern und Birken, später Eichen sowie andere Laubbäume und schließlich Buchen in den Wäldern.

Ordnende Kultur

Im fast vollständig bewaldeten Mitteleuropa siedelten sich in der Jungsteinzeit (etwa im 6.-3. Jahrtausend vor Christi Geburt) erstmals Ackerbau treibende Menschen an. Sie bauten Getreidearten und andere Kulturpflanzen an, die überwiegend im Nahen Osten aus Wildpflanzen entstanden waren. Die Menschen hinterließen archäologisch erschließbare Spuren, man kann Bodenfunde ausgraben und Megalithgräber erkennen, aber auch Pollenkörner von Getreide, die sich in den Pollendiagrammen nachweisen lassen. Von den Ausgrabungen der Archäologen wissen wir, dass die Menschen jahrtausendelang immer wieder neue Plätze besiedelten. Sie rodeten Wälder, um Holz zum Bauen und Heizen zu gewinnen. Dadurch schufen sie Platz für Ackerflächen, auf denen sie Kulturpflanzen anbauten. Sie gaben in prähistorischer Zeit aus unbekannten Gründen ihre Siedel- und Wirtschaftsflächen nach einigen Jahrzehnten wieder auf und gründeten andernorts eine neue Siedlung. Daher bildeten sich an Stelle der aufgegebenen Siedlungen wieder Wälder, in denen immer weniger Eichen, aber mehr Buchen wuchsen. Im Mittelalter entstanden dauerhaft besiedelte Orte, die nicht wieder aufgegeben wurden und die heute ihre 1000- oder 1200-jährigen Jubiläen feiern. Sie wurden damals urkundlich genannt, das heißt, schriftliche Quellen erwähnten sie, und viele von ihnen hatten eine Kirche als Mittelpunkt des Ortes.

Schon im Neolithikum und noch im Mittelalter entstanden dörfliche Siedlungen vor allem regelhaft an der Acker-Grünland-Grenze oder in Ökotopengrenzlage zwischen feuchten Flächen unterhalb und trockenen Flächen oberhalb des Dorfes (Abb. 4).[2] Auf den trockenen Flächen oberhalb der

2 Küster, Hansjörg, Die Entdeckung der Landschaft. Einführung in eine neue Wissenschaft, München 2012.

Abb. 4: Ein Hof an der Acker-Grünland-Grenze im Landkreis Schaumburg, Niedersachsen (Foto: Hansjörg Küster).

Siedlungen waren feinkörniger Löss oder Decklehm abgelagert worden, so dass der steinige Untergrund überdeckt wurde. Von den feuchten Böden war Löss aber in der Nacheiszeit abgeschwemmt worden, wodurch steinigere Sedimente im Untergrund an die Bodenoberfläche kamen. Man konnte solche Bereiche nicht oder nur schwer pflügen, legte die Äcker also auf den höher gelegenen Flächen an und schuf Weideflächen unterhalb der Siedlung.

Auf Abb. 4 wirken viele Bereiche »naturnah« oder »natürlich«, wenn man sie mit dem Bewusstsein einer Idee von Natur betrachtet. Doch all diese »Natur« trägt die Handschrift des Menschen. Er schuf die Wirtschaftsflächen, die sich heute anstelle von Wald ausbreiten, die Grenze zwischen Ackerland und Grünland, und er legte den Bauernhof oder die Siedlung an die Acker-Grünland-Grenze, von wo aus sowohl das Ackerland als auch das Grünland unmittelbar erreichbar ist. Die Rinder weiden die mit Gras bestandenen Flächen ab. Auf kulturellen Einfluss gehen alle Zäune und Gräben zurück, es wurden Obstbäume möglichst gut geschützt in der Nähe der Häuser, aber nicht in Niederungen gepflanzt, wo es immer wieder zu Spät- oder Frühfrost kommen kann, die die empfindlichen Bäume zerstören oder schädigen können. In der Umgebung der Viehweide wurden Eschen gepflanzt, deren Grün man für die Laubheugewinnung gewinnen konnte. Außerdem breiteten sich am Zaun Brombeeren aus, deren bewehrte Zweige vom Vieh nicht gefressen werden. Am Graben stehen

Kopfweiden, die regelmäßig geschnitten werden müssen, damit ihre nach dem Schnitt kopfartig wieder austreibenden Kronen nicht auseinanderbrechen. Die Zweige wurden für die Gewinnung von Korbflechtmaterial ebenso genutzt wie für die Füllung von Gefachen beim Fachwerkbau. Die in Kopfweiden entstehenden Höhlungen sind übrigens sehr wichtige Habitate für viele Insekten, Vögel oder Fledermäuse, die große Bedeutung im Naturschutz haben, obwohl diese Strukturen durch menschlichen Einfluss entstanden sind.

Die Nutzungsintensität des Landes nahm immer weiter zu. Das ist aus den Pollendiagrammen zu erkennen; es gibt aber auch schriftliche und ikonographische Quellen, die das eindrucksvoll belegen. Eine erstaunliche Darstellung aus der Burg Trient zeigt das Maß der Abholzung, das von einer Stadt ausging (Abb. 5).[3] Viele Städte wurden – im Unterschied zu ländlichen Siedlungen – direkt am Wasser gegründet, damit eine Mühle in unmittelbarer Nähe der Stadt betrieben werden und es gelingen konnte, auf dem Wasserweg zusätzliches Holz herbeizuschaffen. Flößerei und Trift, besonders von Nadelholz, spielten im Mittelalter und bis weit in die Neuzeit hinein für die Versorgung der Städte eine große Rolle. Immer mehr Wälder wurden abgeholzt, Heideflächen breiteten sich aus, auf denen eine intensive Beweidung verhinderte, dass sich erneut Bäume ausbreiten konnten.

Abb. 5: Monatsbild Dezember aus dem Zyklus der Monate (um 1400), Burg von Trient[4]

---

3 Küster, Hansjörg, Geschichte des Waldes. Von der Urzeit bis zur Gegenwart, München 1998, 2013 (4. Aufl.).

4 http://www.http://de.wikipedia.org/wiki/Zyklus_der_Monate, abgerufen am 27.11.2022.

Eine Neuordnung des Landes

Eine Neuordnung des Landes ging zuerst von den Parkanlagen aus, in deren formalen Strukturen Ordnung demonstriert werden konnte (Abb. 6). Um diese Ordnung aufrecht zu erhalten, waren zahlreiche Arbeiter notwendig, die Alleebäume und Hecken schnitten, Beete und Rabatten anlegten. Dann konnte ein Park in jedem Jahr gleich aussehen, und dies wirkte auf die Menschen besonders stark.

Nach dem Siebenjährigen Krieg (1756-1763) ging man dazu über, eher Landschaftsgärten englischen Stils anzulegen. Diese Parks sollten »natürlicher« aussehen als formale Parks. Die hier geschaffene »Natur« entspricht aber nur der Idee von Natur. Denn selbstverständlich waren auch hier alle Pflanzen genau nach einer Ordnung gepflanzt. In den Wörlitzer Anlagen als bekanntestem Teil des Gartenreichs Dessau-Wörlitz ist dies klar zu erkennen (Abb. 7).[5] Das Schloss wird durch Bäume halb verdeckt, denn man soll es nur zum Teil sehen, solange man sich ihm nicht unmittelbar genähert hat. Man geht am Wörlitzer See entlang, der in Wahrheit ein ehemaliger Elbarm ist. Der Weg nutzt einen Deich, der aufgeworfen wurde, um die Stadt Wörlitz vor Elbüberschwemmungen zu schützen; der Turm der Kirche des Ortes ist im Hintergrund zu erkennen.

Man könnte das, was im Park zu erkennen ist, als nachhaltige Strukturen von Landschaft bezeichnen, denn zahlreiche Gärtner sorgten und sorgen dafür, dass sich die Parks im Lauf der Zeit nicht verändern, was bei alleinigem Einwirken natürlicher Einflüsse sofort passieren würde.

Nachhaltig gewirtschaftet wurde aber vor allem im Wald, nachdem Hans Carl von Carlowitz und andere den Nachhaltigkeitsbegriff für den Wald populär gemacht hatten.[6] Nun wurde massiv aufgeforstet, vor allem mit Nadelbäumen. Die Förster setzten durch, dass keine Tiere mehr, wie zuvor jahrtausendelang, in die Wälder zur Waldweide getrieben wurden. Es entstand eine klare Begrenzung zwischen Wald und Offenland, das beweidet werden durfte. In früherer Zeit bestand die wesentliche Bewirtschaftungsgrenze zwischen Ackerland und Allmende, wo sowohl das Vieh weiden durfte als auch Holz gemacht wurde. Nun wurde die Grenze zwischen Wald und Offenland mit Feldern, Wiesen und Weiden, die es zuvor nie in gleicher Klarheit gegeben hatte, zur markanten Grenze in der Landschaft, die man in Landkarten

---

5   Küster, Hansjörg/Hoppe, Ansgar, Das Gartenreich Dessau-Wörlitz. Landschaft und Geschichte, München 2010.
6   Küster, Geschichte (wie Anm. 3).

Abb. 6 (oben): Großer Garten von Hannover-Herrenhausen
Abb. 7 (unten): Wörlitzer Anlagen im Gartenreich Dessau-Wörlitz (Fotos: Hansjörg Küster)

einzeichnen konnte. Erst aus dem 18./19. Jahrhundert können klare Aussagen stammen, welche Anteile einer Landschaft bewaldet waren.

In früherer Zeit hatten schmale Ackerstreifen bestanden, die nun zu großen Koppeln zusammengeschlossen wurden. Der Begriff »Koppel« nimmt darauf Bezug, dass kleine Ackerstücke aneinandergekoppelt wurden. Auf diese Weise schuf man sowohl Ackerkoppeln als auch Weidekoppeln. Die Koppeln konnte man mit Hecken oder Wallhecken (Knicks) umgeben, und man konnte entlang der Wege oder Straßen Alleen pflanzen und Gräben ziehen, um diese klar zu begrenzen. Viele Straßen wurden chaussiert, also befestigt, um deren Zustand zu verbessern. In früherer Zeit wären Alleen oder Gräben, Hecken oder Wallhecken am Rand eines Weges hinderlich gewesen, weil sie den Zugang zu den kleinen Ackerstücken versperrt hätten. Nun bestanden aber nur wenige Zufahrten oder Zugänge zu den Koppeln, so dass man zahlreiche Alleen pflanzen konnte, in denen man nur kleine Lücken offen ließ, um vom Weg zur Koppel zu kommen. Man umgrenzte die Koppeln im Allgemeinen nicht mit Zäunen, weil man dazu Holz aus den Wäldern gebraucht hätte, das man sparen wollte, um die Wälder nicht zu schädigen. Die Landbevölkerung konnte nun, weil es ihr verboten wurde, im Wald Holz zu sammeln oder Holz zu schlagen, die Hecken und Wallhecken zur Gewinnung von Brennholz nutzen. Wallhecken legte man anstelle von einfachen Hecken an, damit die auf Weidekoppeln stehenden Tiere die Zweige der Bäume und Büsche nicht erreichen konnten, die nach dem Schlagen erneut austrieben. Sie sollten ja nicht abgeknabbert werden.

Die Idee von Landschaft

Wenn Landschaften mit besonderen Sehnsuchtsbildern verbunden waren, wünschte man sich, sie von einem Ort zum anderen zu übertragen. Vielleicht war Vergil der erste, der den Namen einer Landschaft von einem ursprünglichen an einen anderen Ort verlegte: »Arkadien«, eigentlich eine geographische Landschaftsbezeichnung eines Teils der Peloponnes, wurde von ihm nach Süditalien übertragen.[7] In beiden Landschaften lebten Hirten in idealer Harmonie. Für Mitteleuropäer galt Jahrhunderte später dann Süditalien als Arkadien, etwa in Texten von Johann Gottfried Herder, Friedrich von Schiller, Johann Wolfgang von Goethe und Ernst Theodor Amadeus Hoffmann. Die Bezeichnung Arkadien wurde sogar nach Mitteleuropa übertragen, etwa

---

7 Küster, Hansjörg, Die Entdeckung der Landschaft, München 2012.

von Johann Philipp Harsdörffer (1607-1658), dessen Arkadien eine Wiese vor den Toren Nürnbergs war.[8]

Später erging es dem Begriff »Schweiz« ganz ähnlich. Dem Land der Eidgenossen galt im 18. Jahrhundert (und später) aus vielen Gründen besondere Sehnsucht.[9] Das Land war von Johann Jakob Scheuchzer und anderen beschrieben worden, von Albrecht von Haller in seinem Alpengedicht sogar in poetischer Form.[10] Unter anderem Haller war aufgefallen, dass man in den Alpen Höhenstufen der Vegetation erkennen konnte. Und es waren Hirten, die in seinem Alpengedicht dargestellt wurden. Aus ihren Reihen stammte der legendäre Wilhelm Tell, der der Schweiz bereits im Mittelalter die Befreiung von der Herrschaft der Habsburger schenkte, die man sich anderenorts im 18., vor allem aber im 19. Jahrhundert wünschte. Die Schweiz wurde außerdem wegen der »erhabenen« Berge geschätzt, also wegen ihrer landschaftlichen Schönheiten – und man betrieb dort eine vorbildliche Landwirtschaft.

Unmittelbar nach dem Siebenjährigen Krieg wurden Schweizer Maler an die Dresdner Akademie berufen, unter anderem Adrian Zingg, der zahlreiche Landschaftsansichten des Elbtals oberhalb von Dresden malte und zu denjenigen gehörte, die diese Gegend Sächsische Schweiz nannten.[11] Wilhelm Leberecht Götzinger schrieb 1804 ein Buch über diese Gegend. Er war sich im Klaren darüber, dass der Name der Landschaft geographisch falsch gewählt war, aber er führte an, dass die Namen »Westindien« oder »Isländisch Moos« ebenfalls geographisch falsch sind:

> So wie man nun durch diese ebenfalls geographisch unrichtigen Benennungen gewisse Aehnlichkeiten und das Charakteristische derselben ausdrücken will, so sagt man durch die Benennung ›Sächsische Schweiz‹ auch weiter nichts, als daß die so benannte Gegend mit den Gegenden der Schweiz viel Aehnlichkeit habe, und man wählt diesen Ausdruck um so lieber, weil man diese Aehnlichkeit durch keinen andern besser und kürzer ausdrücken kann. Freilich wird man die ungeheuern Alpengebirge, die fürchterlichen Gletscher, die tiefen Thäler und reissenden Waldströme hier nicht finden, die man in der Schweiz sieht. Aber wer die Schweiz und unsre Gegend gesehn hat, gesteht es dennoch, daß sie durch ihre auffal-

---

8 Garber, Klaus, Arkadien. Ein Wunschbild der europäischen Literatur, München 2009.

9 Küster, Hansjörg, Die Alpen. Geschichte einer Landschaft, München 2020.

10 Küster, Landschaft (wie Anm. 7).

11 Küster, Hansjörg, Das Schweizer Haus: landschaftsbezogen entwickelt, als Symbol verbreitet, in: Berr, Karsten/Hahn, Achim (Hrsg.), Interdisziplinäre Architektur-Wissenschaft. Eine Einführung, Wiesbaden 2020, S. 311-323.

lend großen Felsenkuppen und Gestalten, ihre Menge tiefer ineinander verschlungener Felsenthäler und beträchtliche Zahl sehr hoher Berge, die reichsten und sehr viel wahre Schweizer Ansichten gebe. Das haben selbst geborene Schweizer gestanden, und eben sie waren die ersten, welche schon vor beinahe 20 Jahren dieser Gebirgsgegend den Namen der Sächsischen Schweiz gaben.[12]

Damit bezog sich Götzinger auf Adrian Zingg und andere. Allerdings scheint er sich in einem Punkt geirrt zu haben: Die Maler verglichen wohl nicht die Schweizer Alpen mit den Landschaftsformen des Elbstandsteingebirges, sondern den Schweizer Jura[13] mit seinen tiefen Schluchten.

Caspar David Friedrich, aus Greifswald stammend, bildete sich zuerst in Kopenhagen aus, kam dann aber in das Kunstzentrum Dresden, wo er unter anderem Schüler von Adrian Zingg wurde. Seinen Durchbruch als Künstler schaffte er wohl unter anderem deshalb, weil er von Johann Wolfgang von Goethe und Heinrich von Kleist gelobt wurde. Caspar David Friedrich war für sie der Erneuerer der Landschaftsmalerei. Caspar David Friedrichs Landschaften entstanden im Atelier und wurden sorgfältig komponiert. Sie stellten keine Abbilder von Landschaftsszenen im Sinne von Fotografien dar, sondern in ihnen wurden verschiedene Elemente, die der Maler gesehen hatte, zu Kompositionen vereinigt, zu Landschaften eben, die vor den Augen des Malers noch nicht bestehen, sondern erst auf seiner Leinwand. Dabei konnten politische Aussagen in die Bilder aufgenommen werden.

Dies geschah unter anderem bei dem Bild »Der Chasseur im Walde« von 1814 (Abb. 8). Friedrich Ludwig Jahn, der Turnvater, hatte gefordert, man solle Wälder an der Grenze zu Frankreich pflanzen, damit die Franzosen sich darin verliefen.

Heinrich von Kleist hatte die »Hermannschlacht« geschrieben, hatte dabei an die legendären Kämpfe zwischen dem aus den Wäldern stammenden Germanen Hermann und den Römern erinnert, die sich angeblich in den dichten Wäldern nicht orientieren konnten. In der Zeit der Besetzung deutscher Länder durch die Truppen Napoleons setzte man die Franzosen mit den Römern gleich, und vermutete, sie würden sich in den Wäldern Deutschlands ebenfalls nicht zurechtfinden. Caspar David Friedrich griff diesen Gedanken unmittelbar nach der Völkerschlacht von Leipzig auf und malte den

---

12 Götzinger, Wilhelm Leberecht, Schandau und seine Umgebungen oder Beschreibung der sogenannten Sächsischen Schweiz, Bautzen 1804.
13 Liebe, Sieghard/Kempe, Lothar, Sächsische Schweiz und Ausflüge in die Böhmische Schweiz, Leipzig 1974.

Abb. 8: Caspar David Friedrich, Der Chasseur im Walde, 1814[16]

»Chausseur im Walde«:[14] Das Bild zeigt einen einsamen französischen Soldaten, wie er allein im Wald herumirrt. Der Wald ist kein normaler Wald, sondern ein aufgeforsteter Fichtenbestand mit lauter gleichalten Bäumen. Das Argument oder die Idee, dass die Aufforstung von Wäldern die Franzosen abwehren könne, war ein wichtiges Hilfsmittel bei der Neuschaffung von Wäldern. In Wahrheit hatte die Aufforstung der Wälder bereits vereinzelt in der französischen Besatzungszeit im Westen Deutschlands begonnen, aber nach 1815 kam es beispielsweise in der Eifel zu einer massiven Aufforstung.[15] Fichten waren zuvor natürlicherweise in der Eifel nicht vorgekommen.

Nach Dresden und damit zu seinem engen Freund Caspar David Friedrich kam auch Johan Christian Dahl. Sein eingangs dieses Artikels erwähntes Bild von Lysekloster entstand in Dresden – nach Skizzen, die er von einer seiner Reisen nach Norwegen mitgebracht hatte. Johan Christian Dahl kam es genauso wie Caspar David Friedrich trotz aller Ideen, die auf der Leinwand komponiert wurden, ganz entscheidend darauf an, die Authentizität der dargestellten Landschaft zu vermitteln.[17]

---

14 Aubert, Andreas, Caspar David Friedrich. Gott, Freiheit, Vaterland. Aus dem Nachlass des Verfassers, hrsg. im Auftrage des Deutschen Vereins für Kunstwissenschaft von Guido Joseph Kern, Übersetzung aus dem Norwegischen von Luise Wolf, Berlin 1915.

15 Wenzel, Irmund, Ödlandentstehung und Wiederaufforstung in der Zentraleifel, Bonn 1962.

16 http://www.http://de.wikipedia.org/wiki/Datei:Der_Chasseur_im_Walde_-_Caspar_David_Friedrich.jpg, abgerufen am 27.11.2022.

17 Monrad Møller, Marie-Louise, Dahls Norwegen. Die künstlerische Erfindung einer norwegischen Nationalkultur, Berlin 2020.

Interessanterweise malte Caspar David Friedrich mehrere Gebiete, die später zu Nationalparken wurden, die Kreidefelsen auf Rügen (Jasmund), die Boddenlandschaft, den Harz, die Sächsische Schweiz und die Berchtesgadener Alpen (Watzmann), ferner das Riesengebirge, das heute sowohl in Polen als auch in Tschechien Nationalpark ist. Der Maler tat dies natürlich nicht aus wissenschaftlichen Erwägungen heraus, sondern wegen der besonderen Bedeutung dieser Landschaften, die in besonderem Maße als Teile einer deutschen oder anderen Identität gelten können.

Konsequenzen für den Naturschutz

Es ist wichtig zu wissen, dass Landschaften nicht nur wegen ihrer Natur besonders schützenswert sind, sondern dass es genauso kulturelle Gründe für deren Bewahrung gibt. Kultur meint hier sowohl die Gestaltung eines Landstücks durch den Menschen als auch die Ideen, die mit Landschaften verbunden werden. Es hat viele Vorteile, auch aus Sicht der Natur das Kulturgut Landschaft insgesamt zu schützen. Denn damit lässt sich Biodiversität bewahren, die sich bei Nichtbeachtung der landschaftlichen Identität eines Gebietes ständig wandelt. In der Wildnis, in deren Entwicklung der Mensch nicht eingreift, herrschen allein die Gesetze der Natur: Der See verlandet, Offenland wird in Mitteleuropa zu Wald, und gerade die hohe Biodiversität der extensiv genutzten Flächen geht verloren. Die Bewahrung der Biodiversität eines Magerrasens lässt sich mit dem Ziel der Bewahrung einer Landschaft kombinieren, aber nicht mit jeglicher Veränderung, die sich in der Wildnis entwickelt.

Selbstverständlich ist man frei in der Wahl seines Konzeptes. Man kann Flächen sich selbst überlassen, und man kann in ihnen landschaftliche Identität und Biodiversität bewahren. Alle diese Ziele auf der gleichen Fläche zu verwirklichen ist aber nicht möglich. Die Identität einer Landschaft und deren Biodiversität zu bewahren ist miteinander vereinbar. Dies ist der komplizierte und teurere Weg des Schutzes für ein Gebiet. Es ist dagegen viel einfacher und billiger, Wildnis in Ruhe zu lassen. Denn dabei darf und muss man nichts tun. Aber dabei werden nicht nur viele schützenswerte Pflanzen- und Tierarten, sondern auch aus anderen Gründen zu schützende Landschaften verschwinden. Was eine schützenswerte Landschaft ist, entscheidet sich nicht nur über die Betrachtung der Biodiversität in der Biologie, sondern auch in der bildlichen Umsetzung des Malers.

Der Wandel des Umweltbewusstseins in der Zeit um 1900

Wandel der Landnutzung

Im 19. Jahrhundert kam es zu einem tiefgreifenden Wandel der Landnutzung und zwar sowohl in der Stadt als auch auf dem Land. Alle diese Veränderungen stießen lange Zeit nur auf wenig Widerstand in der Bevölkerung. Die Industrialisierung. der Bau von Chausseen und Eisenbahnen, die Neugestaltung der Agrarflächen und die Innovationen, die den Charakter ländlicher Siedlungen veränderten, wurden meistens begrüßt, denn die allermeisten Menschen profitierten davon.[1]

Johann Wolfgang von Goethe äußerte sich zu diesem Thema am 23. Oktober 1828 in den Gesprächen mit Johann Peter Eckermann:

> Wir sprachen sodann über die Einheit Deutschlands, und in welchem Sinne sie möglich und wünschenswert. ›Mir ist nicht bange,‹ sagte Goethe, ›dass Deutschland nicht eins werde; unsere guten Chausseen und künftigen Eisenbahnen werden schon das Ihrige tun.‹[2]

In diesem Zitat ist ein wichtiger Hinweis enthalten, warum die Veränderungen in Deutschland besonders begrüßt wurden: Sie wurden immer wieder mit der Erneuerung des Reiches in Verbindung gebracht, die man seit den Befreiungskriegen herbeisehnte und die 1871 realisiert wurde.

Eisenbahnen als Inbegriff der Erneuerung wurden von vielen Malern dargestellt, etwa von Edouard Manet, Claude Monet und Adolph von Menzel[3] oder auch vom schwäbischen Maler Hermann Pleuer,[4] interessanterweise einem Zeitgenossen Christian Wagners aus dem gleichen geografischen Umfeld. Dampfschiffe und Industrieanlagen wurden wie selbstverständlich in Landschaftsgemälde integriert. Carl Gustav Carus malte eines der ersten

---

1 Küster, Hansjörg, Die Geschichte der Landschaft in Mitteleuropa. Von der Eiszeit bis zur Gegenwart, München 2013, S. 331-341.
2 Eckermann, Johann Peter, Gespräche mit Goethe in den letzten Jahren seines Lebens, Wiesbaden 1955, S. 629.
3 Zahlreiche Beispiele in: Schadendorf, Wulf, Das Jahrhundert der Eisenbahn, München 1965.
4 Stadt Aalen (Hrsg.), Pleuer und die Eisenbahn, Stuttgart 1978.

Dampfschiffe auf der Elbe. Carl Blechen stellte 1834 das Eisenwalzwerk bei Eberswalde dar. Irmgard Wirth schrieb dazu:

> Das Walzwerk ist eingebettet in die sonst noch unberührte Landschaft. Im Vordergrund spielt sich in einem Kahn mit Fischern und einem Angler am Ufer eine Szene ab, wie sie ähnlich auf mancherlei anderen Landschaftsdarstellungen zu finden war.[5]

Johann Ludwig (gen. Louis) Bleuler (1792-1850) schuf um 1849 eine Ansicht von Mainz, auf der eine Lokomotive abgebildet ist. Die Eisenbahn fuhr dort aber erst 1853, also einige Jahre nach der Entstehung des Bildes und auch nach dem Tod des Künstlers; es war dem Maler offenbar wichtig, schon im Vorgriff auf den Bau der Eisenbahn hinzuweisen.[6] Die Eisenbahn gehörte zur Idee seines Bildes: Sie störte die Idylle nicht, sondern ergänzte die Rheinromantik. Damit wurde vielleicht sogar zum Ausdruck gebracht, dass die Eisenbahn es möglich machte, viel mehr Touristen als zuvor in die schöne Landschaft am Rhein zu bringen.

Anfänge des Naturschutzes

Erst im Verlauf des 19. Jahrhunderts wurde die Idee des Naturschutzes wichtig; dadurch wurde das Umweltbewusstsein stark geprägt. Als erste Landschaft, die 1836 unter eine Form von Naturschutz gestellt wurde, gilt der Drachenfels am Rhein bei Bonn.[7] Einige Jahrzehnte später beklagte Wilhelm Raabe die Zerstörung von Umwelt. 1869 veröffentlichte er seine Erzählung »Die Innerste«, in der er die Verseuchung des Flusses mit Schwermetallen als Folge des jahrhundertelangen Bergbaus im Harz anprangerte.[8] Später beklagte er in Pfisters Mühle die Gewässerverunreinigung durch Zuckerraffinerien.[9]

5 Wirth, Irmgard, Berlin und die Mark Brandenburg. Landschaften. Gemälde und Graphik aus drei Jahrhunderten, Hamburg 1982, S. 56.
6 Freundlicher Hinweis von Elmar Scheuren, Siebengebirgsmuseum Königswinter: Keune, Karsten (Hrsg.), Sehnsucht Rhein. Rheinlandschaften in der Malerei, Gemälde aus der Sammlung Siebengebirge, Bonn 2007, S. 244 f.
7 Frohn, Hans Werner/Rosebrock, Jürgen, Museum zur Geschichte des Naturschutzes in Deutschland in Königswinter, Berlin, München 2012, S. 7.
8 Raabe, Wilhelm, Die Innerste: Eine Erzählung, in: Westermann's Illustrirte Deutsche Monatshefte, 1876, 46, S. 336-357 und 1876, 47, S. 449-473.
9 Raabe, Wilhelm, Pfisters Mühle. Ein Sommerferienheft, Leipzig 1884.

1888 verwendete Ernst Rudorff erstmals den Begriff »Naturschutz« in einem Tagebucheintrag.[10] Rudorff gilt daher als der erste »Naturschützer«. Er war aber vor allem Musiker und Komponist und als solcher mit Joseph Joachim und Johannes Brahms befreundet. Sein Vater, ein Jurist, hatte in Berlin mit Friedrich Carl von Savigny zusammengearbeitet, der weitreichende Beziehungen zum Kreis romantischer Dichter und Gelehrter besessen hatte.

Wenn damals der Begriff Naturschutz verwendet wurde, war nicht immer klar, was mit ›Natur‹ gemeint war. Das ist bis heute so geblieben. Natur ist einerseits – strikt naturwissenschaftlich gesehen – ein dynamisches Prinzip: Berge entstehen und werden abgetragen, Täler eingeschnitten und aufgefüllt, Lebewesen kommen und gehen.[11] Und andererseits wird Natur gemeinhin für stabil gehalten: Man will eine Tier- oder Pflanzenart, eine Naturschönheit oder ein Gebiet in einem Zustand bewahren. Oft fasst man ein Landstück als »Natur« auf, das im Verlauf einer früheren Nutzung ein charakteristisches Bild angenommen hatte. Wenn ein solches Landstück nicht mehr oder noch immer in alter Weise genutzt wird, scheint es in seiner ursprünglichen Form erhalten geblieben zu sein und damit aus ästhetischer Sicht ›Natur‹ zu entsprechen.

Dabei geht es dann nicht um Natur im naturwissenschaftlichen Sinne, sondern um eine Landschaft, die ein Maler auf einer Leinwand darstellen würde. Auch ein Bauer oder ein Gärtner bewahrt den Zustand seines Landes. Dabei kann die Erhaltung der Bodenfruchtbarkeit im Vordergrund stehen, also die Bewahrung der Grundlage dafür, dass nicht nur in der Gegenwart, sondern auch in der Zukunft gute Erträge möglich sind. Man kann aber auch die Bewahrung der Schöpfung, also den Schutz für Tier- und Pflanzenarten, in den Vordergrund stellen. Dieser Gedanke war für Christian Wagner wichtig.

Das Maß des Erlaubten ist überschritten

Große Empörung erregte um die Wende vom 19. zum 20. Jahrhundert der Bau von Elektrizitätswerken am Hochrhein an der Grenze zwischen der Schweiz und Deutschland. Die Anlagen nützten vor allem der Industrie und der Energieversorgung in den Städten, kaum aber den Menschen, die am Hochrhein lebten, etwa in Laufenburg und Rheinfelden. Sie zerstörten aber deren vertraute Landschaft. Ernst Rudorff schrieb dazu 1897:

10 Klose, Hans, Ernst Rudorffs Heimatland unter Landschaftsschutz, in: Naturschutz 20, 1939, S. 121.
11 Siehe dazu als neu aufgelegten ›Klassiker‹: Muir, John, Die Berge Kaliforniens, übersetzt, kommentiert und mit einem Essay von Jürgen Brôcan, Berlin 2013.

> Ein [...] noch ungeheuerlicherer Plan spukt jetzt in den Köpfen einiger süddeutscher Techniker und Unternehmer. Man will nichts geringeres, als die gewaltigen Stromschnellen bei Laufenberg, einige Meilen unterhalb Schaffhausen, der Elektrizitätsentwicklung dienstbar machen. Wer Laufenburg gesehen hat, der weiß, daß es wenige Städtebilder auf deutschem Boden gibt von ähnlichem wildphantastischem Zauber: ein unmittelbar am Ufer des reißenden Stromes auf Felsengrund sich hoch aufbauendes Städtchen durchaus mittelalterlichen Charakters, überragt von Warttürmen, Schloßtrümmern und einer gotischen Kirche, und ihm zu Füßen der smaragdgrüne, jugendliche Rhein in rasendem Toben, Brausen und Schäumen über die zerrissenen Klippen sich in die Tiefe stürzend![12]

Für Rudorff war mit dem Bau des Kraftwerkes das Maß des »Erlaubten« überschritten. Dieser Gedanke ist für die Zeit um 1900 entscheidend:

> Wie es niemandem einfallen kann, von einer vernünftigen, höhere Rücksichten achtenden Nutzung der Bodenerzeugnisse und Naturkräfte abhalten zu wollen, so könnte auch nur ein Narr fordern, die Menschheit oder ein einzelner Staat solle auf Eisenbahnen, auf Elektrizität und Fabriken verzichten. Aber zwischen Gebrauchen und Gebrauchen ist ein Unterschied. Es kommt alles auf das Maß an, das man walten lässt. Den Wald ausroden, bedeutet, wie Riehl einmal ausführt, bis zu einer gewissen Grenze Fortschritt und Kultur; über diese Grenze hinaus bedeutet es Barbarei, und zur Kultur wird umgekehrt das Schonen und Ansäen. Mit dem vermeintlich absoluten Fortschreiten, das die sogenannten Errungenschaften der Neuzeit darstellen sollen, steht es geradeso zweischneidig. Wer die Gesamtlage überblickt, dem erscheint der Wendepunkt längst überschritten, der Überschuss an negativen Ergebnissen, wie er in unserer sozialen Entwicklung hervortritt, riesengroß. Nur wessen Augen stumpf geworden sind, weil er zu unverwandt in die eine große Blendlaterne hineingesehen hat, kann das Gegenteil behaupten. Und wie könnte es anders sein nach Jahrzehnten maß- und widerstandsloser Einseitigkeit, mit der man dem Drängen einer übermächtigen Bewegung nachgegeben hat?[13]

Auf das Laufenburger Kraftwerksprojekt und den Widerstand dagegen ist in mehreren Abhandlungen eingegangen worden, weil im Verlauf der Ausein-

---

12 Rudorff, Ernst, Heimatschutz (1897), zitiert nach: Deutscher Heimatbund Bonn (Hrsg.), Heimatschutz. Von Ernst Rudorff, St. Goar 1994, S. 44f.
13 Ebd., S. 46f.

andersetzung darum der Naturschutz zu einer Massenbewegung wurde.[14] Im Zusammenhang damit kam es zur Gründung des Bundes Heimatschutz in Deutschland,[15] und der Schweizerischen Vereinigung für Heimatschutz/Ligue pour la conservation de la Suisse pittoresque.[16] Interessant ist dabei vor allem die Übersetzung des Vereinstitels ins Französische; da ging es nicht um Heimat und ebenso wie in Deutschland nicht um den Schutz der Natur, sondern um die Bewahrung der pittoresken Schweiz, also einer Landschaft, und das wurde in der französischen Sprache klarer ausgedrückt als im Deutschen. Erfolgreich war die Gründung der beiden Vereinigungen insofern, als es damit gelang, sehr viele Menschen für Gedanken von Heimat- und Naturschutz zu mobilisieren. In der Schweiz wurde 1909 der Bund für Naturschutz gegründet, der sich für die Gründung eines Nationalparks einsetzte; dieses Ziel wurde bereits 1914 erreicht.[17]

Auch weitere Entwicklungen des Naturschutzes nahmen vom deutschen Südwesten ihren Ausgang. 1904 entstand die Kosmos Gesellschaft für Naturkunde, ihre Gründer waren Euchar Nehmann und Walther Keller, die Verleger der Franckh'schen Verlagsbuchhandlung in Stuttgart. Seitdem erschien die sehr populäre Zeitschrift »Kosmos« in diesem Verlag. 1909 wurde der Verein Naturschutzpark zwar in München gegründet, er war aber in Stuttgart, bei der Kosmos Gesellschaft für Naturkunde, ansässig. Sein erster Vorsitzender war Erwin Bubeck, Gutsbesitzer aus Eschenau bei Heilbronn. Konrad Guenther aus Freiburg schrieb 1910 das erste Buch über Naturschutz; es musste in den folgenden Jahren mehrfach nachgedruckt

---

14 Sieferle, Rolf Peter, Die Laufenburger Stromschnelle. Eine Flußenge erregt die Gemüter, in: Bild der Wissenschaft 1986, 7, S. 94-101; Linse, Ulrich, »Der Raub des Rheingoldes«: Das Wasserkraftwerk Laufenburg, in: Ders./ Falter, Reinhardt/Rucht, Dieter/Kretschmer, Winfried (Hrsg.), Von der Bittschrift zur Platzbesetzung. Konflikte um technische Großprojekte, Berlin, Bonn 1988, S. 11-62, S. 257-263; Knauth, Andreas, Zurück zur Natur! Die Wurzeln der Ökologiebewegung, Greven 1993, S. 421-426; Schmoll, Friedemann, Erinnerung an die Natur. Die Geschichte des Naturschutzes im deutschen Kaiserreich, Frankfurt a.M., New York 2004, S. 415-419; Spanier, Heinrich, Romantik und Naturschutz. Mutmaßungen zur Modernitätsverweigerung, in: Förderverein Museum zur Geschichte des Naturschutzes in Deutschland e.V. (Hrsg.), Naturschutzgeschichte(n) und Thomas Neiss, Rundbrief Stiftung Naturschutzgeschichte 9, Königswinter 2009, S. 69-76, bes. S. 70-72. Hinweise auf diese Literatur verdanke ich Hans-Werner Frohn und Jürgen Rosebrock.
15 Linse, Raub (wie Anm. 14), S. 22.
16 Ebd., S. 30.
17 Kupper, Patrick, Wildnis schaffen. Eine transnationale Geschichte des Schweizerischen Nationalparks (Nationalparkforschung in der Schweiz; 97), Bern, Stuttgart, Wien 2012.

werden.[18] Das Buch hatte große Wirkung. Ludwig Klages zitierte daraus in seinem bekannten Grußwort Mensch und Erde,[19] das er 1913 an den ersten Freideutschen Jugendtag auf dem Hohen Meißner richtete.

Tierschutz und Vogelschutz

Ein anderes Anliegen, das Christian Wagner näher lag, entwickelte sich ebenfalls vor allem in Südwestdeutschland, und zwar der Tierschutz und besonders der Vogelschutz. Dabei handelte es sich um ein Anliegen, das namentlich von der Kirche vorangetrieben wurde. Erste Ansätze dazu stammten aus dem 18. Jahrhundert.[20] Im 19. Jahrhundert bemühte man sich immer wieder um den Schutz der Tiere als Mitgeschöpfe.[21] Dabei waren die Ansichten noch klarer als beim Anliegen Naturschutz, und konkreter Schutz war leicht möglich, etwa dadurch, dass man auf die Verwendung von Vogelfedern als Modeaccessoires verzichtete, die Vogeljagd ächtete und Nisthilfen schuf. Auch das Halten von Vögeln im Vogelbauer wurde als ein Schutz für die Kreaturen verstanden.[22]

Immer wieder setzten sich Theologen für den Tierschutz ein. Zu ihnen gehörte Pfarrer Adam Damm und später dann dessen Freund Albert Knapp (1798-1864). Knapp gründete 1837 unter dem Eindruck des Todes von Adam Damm in Stuttgart den ersten Tierschutzverein in Deutschland. Knapp gehörte einer bekannten schwäbischen Pfarrersfamilie an. Er berief sich bei der Gründung des Vereins auf eine Bibelstelle, und zwar auf Römer 8, Vers 18 bis 23, wo es heißt:

> Denn ich bin überzeugt, dass dieser Zeit Leiden nicht ins Gewicht fallen gegenüber der Herrlichkeit, die an uns offenbart werden soll. Denn das ängstliche Harren der Kreatur wartet darauf, dass die Kinder Gottes offenbar werden. Die Schöpfung ist ja unterworfen der Vergänglichkeit – ohne ihren Willen, sondern durch den, der sie unterworfen hat –, doch auf Hoff-

---

18 Guenther, Konrad, Der Naturschutz. Freiburg/Breisgau 1910. Spätere Auflagen: 2. Aufl. 1910, 3. Aufl. 1912, 4. Aufl. 1919.
19 Klages, Ludwig, Mensch und Erde. Fünf Abhandlungen, München 1920.
20 Weigen, Adam Gottlieb, De Jure Hominis in Creaturas Oder Schrifftmässige Erörterung Deß Rechts des Menschen Über die Creaturen. Stuttgart 1711, Reprint Hildesheim 2008. Freundlicher Hinweis von Kristin Koch-Konz, Leonberg.
21 Schmoll, Erinnerung (wie Anm. 14), S. 237-383.
22 Beutelspacher, Friedrich, Die letzten Bewohner meines Vogelhauses. Ein Bild aus dem Thierleben, Stuttgart 1877.

nung; denn auch die Schöpfung wird frei werden von der Knechtschaft der Vergänglichkeit zu der herrlichen Freiheit der Kinder Gottes. Denn wir wissen, dass die ganze Schöpfung bis zu diesem Augenblick mit uns seufzt und sich ängstet. Nicht allein aber sie, sondern auch wir selbst, die wir den Geist als Erstlingsgabe haben, seufzen in uns selbst und sehnen uns nach der Kindschaft, der Erlösung unseres Leibes.

Interessant an der Verwendung dieser Bibelstelle ist unter anderem, dass sie sich nicht ausdrücklich auf den Schutz von Tieren oder den Schutz von Vögeln bezieht, sondern auf die gesamte Schöpfung. Sie soll »frei werden von der Knechtschaft der Vergänglichkeit«; es ist dabei vor allem ein theologisches Problem, ob eine solche Befreiung überhaupt auf Erden möglich ist oder erst in einem Paradies, in das man als Christ aufgenommen werden möchte. Evangelische Pfarrer wurden in Württemberg zentral in speziellen Seminarschulen und im Tübinger Stift ausgebildet. Sehr viele württembergische Theologen kannten sich dadurch untereinander gut. Es liegt nahe zu vermuten, dass sich die Pfarrer auch über das Anliegen Tierschutz austauschten. Katholische Geistliche taten sich allerdings ebenfalls beim Vogelschutz hervor, so Johann Evangelist Schöttle (1819-1884), der Aufzeichnungen zu Vogelbeobachtungen am Federsee hinterließ.[23] Sicher war der Tierschutz, wenn er die Pfarrer bewegte, ein Thema von sonntäglichen Predigten, etwa auch vom Warmbronner Pfarrer Karl Rau. Christian Wagner ist vielleicht auf diese Weise zu seiner Haltung Tieren gegenüber gekommen oder darin bestärkt worden.

Für Christian Wagner war der Schutz aller Kreaturen und ganz besonders der Vögel ein leitender Gedanke. Das tritt an vielen Stellen zutage, etwa in jüngst unter dem Titel Schonung alles Lebendigen zusammengestellten Texten[24] oder auch in seinem Testament vom 4. Februar 1909: »Mein kleines Besitzthum, Haus u. Scheuerantheil am Haus N.61 [...] soll [...] im Besitz der Familie bleiben. [...] Es sollte ein Ort sein, wo bei Schneefall in strengem Winter Vögel gefüttert werden.«[25] Richard Weltrich nahm in seine

23 Schüz, Ernst, Störche am Federsee in alter Zeit. Aus einer Niederschrift: Naturgeschichtliche Notizen und Beobachtungen über die Storchen- und Dohlenfamilien um den Federsee herum, von Pfarrer J.E.Schöttle in Seekirch 1874 (Veröffentlichungen der Landesstelle für Naturschutz und Landschaftspflege Baden-Württemberg und der württembergischen Bezirksstellen in Stuttgart und Tübingen; 24), o. O. 1956, S. 257-264.
24 Kuhn, Axel (Hrsg.), Christian Wagner. Schonung alles Lebendigen. Schriften aus dem Alltag 1901-1915, Leonberg-Warmbronn 2014.
25 Hepfer, Harald/Pfäfflin, Friedrich, Der Dichter Christian Wagner (Marbacher Magazin; 28), Marbach am Neckar 1983, S. 1.

Wagner-Biographie von 1898 ein über 300 Seiten umfassendes Kapitel auf, dessen Titel lautet: »Die Idee der Tierschonung. Von Humanität und Sinnesmilderung der Menschheit. Der ethische Gehalt der Dichtung Christian Wagners und ihre sozialen Forderungen: Wagner als Apostel der Tier- und Pflanzenschonung, als Verkünder des Rechtes alles Lebendigen auf Daseinsgenuß, als Prediger des Mitleids und der Menschenliebe. Seine dichterische Befähigung, seine Sendung«.[26]

Weltrich klagte über zahlreiche Praktiken der Vogeljagd, wobei nicht durchgehend klar wird, welche Ansichten Christian Wagner und welche sein Biograph vertrat. Weltrich erwähnte, dass ein »deutscher Bund gegen den Vogelmassenmord für Modezwecke« gegründet worden sei[27] und verweist auf weitere ähnliche Vereinigungen in anderen europäischen Ländern. Worum es sich bei dem »deutschen Bund gegen den Vogelmassenmord für Modezwecke« handelte, ließ sich vorerst leider nicht ermitteln.

Erst kurz nachdem sich Christian Wagner und dann auch sein Biograph Richard Weltrich zu Fragen des Vogelschutzes intensiv geäußert hatten, wurde in Stuttgart der Bund für Vogelschutz gegründet, und zwar am 1. Februar 1899 in der Stuttgarter Liederhalle. Gründerin des Bundes für Vogelschutz war die Stuttgarter Industriellengattin Lina Hähnle (1851-1941). Diese Vereinsgründung stieß in den Jahren um 1900 auf großes Interesse. Noch im Gründungsjahr traten 3.500 Mitglieder in diesen Verein ein, zu Beginn des Ersten Weltkrieges hatte der Bund für Vogelschutz bereits über 40.000 Mitglieder.[28] Heute gehören dem Naturschutzbund Deutschland (NABU), der 1990 aus dem Bund für Vogelschutz hervorging und eine der wichtigsten Naturschutzvereinigungen in Deutschland ist, über eine halbe Million Mitglieder an.

Aus der Chronologie der Ereignisse kann geschlossen werden, dass Lina Hähnle möglicherweise einen entscheidenden Impuls zur Gründung ihres Vereins durch die Schriften Christian Wagners und Richard Weltrichs empfangen haben könnte. Weltrichs Buch erschien nur wenige Monate vor der Gründung des Bundes für Vogelschutz, und darin waren umfassend zahlreiche Gedanken aufgeführt, die für Lina Hähnle eine Rolle spielten.

Lina Hähnle beschritt neue Wege des Naturschutzes. Sie kaufte Schutzgebiete, zunächst 1908 die Nachtigalleninsel an der Lauffeuer Neckarschlinge und dann im Frühjahr 1911 Teile des Federseerieds. Gemeinsam mit dem Förster Walther Staudacher ließ sie dort einen Steg anlegen, auf dem die

---

26 Weltrich, Richard, Christian Wagner, der Bauer und Dichter zu Warmbronn. Eine ästhetisch-kritische und sozialethische Studie, Stuttgart 1898, S. 180-493.
27 Ebd., S. 314.
28 Schmoll, Erinnerung (wie Anm. 14), S. 267.

Bevölkerung den bis dahin unzugänglichen See erreichen konnte. Mit dem Schutz für den Federsee wurde also auch das Naturerlebnis für jedermann verbunden. Naturschutz bedeutete für Lina Hähnle auch ein soziales Engagement. Der Federseesteg ist bis heute eine weit bekannte Attraktion geblieben.

Christian Wagner wurde bald schon in Lina Hähnles Bund für Vogelschutz aufgenommen, und es gab einen brieflichen Kontakt zwischen Wagner und Hähnle.[29] Die Gründerin des Bundes für Vogelschutz gewährte schließlich im Frühjahr 1911, zur gleichen Zeit in der sie auch ein Schutzgebiet am Federsee erwarb, dem Dichter Christian Wagner ein Stipendium für eine Reise nach Italien. Im Deutschen Literaturarchiv Marbach befindet sich der Entwurf des Dankschreibens von Christian Wagner an Lina Hähnle:

Concept meines Briefs an Frau Commerzienrath Lina Hähnle, Jägerstr. 34, Stuttgart.
Warmbronn 30. April 1911.

Hochverehrte Frau!

Nach langer Nachtfahrt, ab Mailand 9 Uhr Vormittag, Ankunft in Stuttgart 1 1/2 Nachts wohlbehalten hier angekommen, drängt es mich zuerst vor allem andern Ihnen hochverehrte Frau für die Reisemittel, die Sie für mich aufgewendet haben, es waren nach Herrn Professor Millers' Angabe M. 180, meinen herzlichsten Dank auszusprechen. Sie hatten allerdings nicht völlig gereicht, ich mußte noch M. 60 draufzahlen. Abgesehen vom Reisebetrag meiner Tochter, der ja ganz auf meine Rechnung ging. Aber es reut mich nicht sie mitgenommen zu haben, denn sie war mir bei ihrer praktischen Umsicht u. großen Intelligenz sehr von Nutzen. Ebensowenig reut es mich überhaupt die Reise gemacht zu haben, denn ich habe unbeschreiblich viel Schönes, Großes u. Herrliches auf ihr geschaut. Werde den Rest meines Lebens überreichlich daran zu zehren haben, d.h. das Geschaute je eins nach dem andern, dahein in meiner Stube, je nach Stimmung, – so der Geist über mich kommt, – aus der Dunkelkammer des Erinnerns hervorlangen u. zum Bild, das ist für das Gedicht entwickeln. Dieß erfordert allerdings Zeit, sogar viel Zeit.
Doch auch in körperlicher Leistung war ich auf der Höhe. Ich erstieg die Hundert der Stufen zur Kanzel der Peterskirche in Rom, ebenso die

---

29 Wagners Mitgliedschaft im Bund für Vogelschutz datiert vom 20. Oktober 1899, galt zunächst für fünf Jahre und war von Lina Hähnle unterschrieben.

Plattform des schiefen Thurms in Pisa, trotz meiner nahezu 76 Jahre zu allgemeinem Erstaunen der Andern, müheloser (leichter) als mancher Junger. Denn die Reise so schön sie auch war, so ausnahmsweise auch von schönem Wetter bevorzugt, gestaltete sich zeitweilig zu furchtbarer Hetze. Nachttouren, wie die von Stuttgart nach Mailand 16 Stunden, Neapel – Rom – Florenz 12 Stunden, wobei natürlich der Schlaf ausfiel, kamen ab u. zu vor. Auch das viele Ungewohnte, das furchtbare Gedränge in den Kunstgalerien, zu den Droschken, zu den Bahnhöfen, Zügen, zu dem allen die fremde Sprache, erzeugte mehr u. mehr nervöse Erregung, fiebernde Unruhe. Von der ursprünglichen Absicht in Cumae zu bleiben, d.h. einige Wochen im dortigen Erholungsheim zuzubringen, war ich abgekommen, da ich mir die Unmöglichkeit klar machte über das Geschaute hinaus noch mehr des zu Schauenden in mich aufzunehmen. Und so kehrte ich mit der Karawane über Florenz, Bologna, Venedig, Mailand nach Stuttgart zurück. Die Verpflegung bei derselben in den Gasthöfen, so wie auch während der Fahrt war auskömmlich u. reichlich. Der Wein meist vortrefflich.[30]

Als Frucht der Reise brachte Wagner im folgenden Jahr seinen Gedichtband »Italien in Gesängen«[31] heraus. Die Stiftung Naturschutzgeschichte in Königswinter am Rhein erwarb jüngst einen großen Teil des Nachlasses von Lina Hähnle. Darin sind bisher keine Hinweise auf Christian Wagner aufgetaucht. Aber es muss danach gesucht werden, und das ist deswegen besonders wichtig, weil es sehr nahe liegt, dass die Gründung des Bundes für Vogelschutz im Jahr 1899 ganz entscheidend auf Impulse von Christian Wagner oder auch seines Biographen Richard Weltrich zurückgehen könnte.

---

30 Deutsches Literaturarchiv Marbach am Neckar. Bestand, Zugangsnummer A. Wagner 55.1209. Für freundliche Unterstützung bei der Beschaffung danke ich Hildegard Dieke.
31 Selbstverlag 1912, Stuttgart 1914.

Der Staat als Herr über die Natur und ihre Erforscher

Der landschaftsgeschichtliche Hintergrund

Deutschland entwickelte sich im 20. Jahrhundert zu einem Industriestaat mit moderner Infrastruktur. Die Landwirtschaft und die Gewinnung von Rohstoffen wurden intensiviert; es wurden moderne Verkehrswege gebaut. Sie waren mit einem enormen Flächenbedarf verbunden. Als Gegenbewegung dazu entwickelten sich Natur- und Heimatschutz.[1] Der Autobahnbau und die Einrichtung schneller Eisenbahnverbindungen, der Bau von Flugplätzen, der Abbau von Steinkohle, Braunkohle, Torf und Kalisalz sowie der Aufbau von Industrie auch in strukturschwachen Gebieten sind keineswegs Unternehmungen, die nur in der Zeit des »Dritten Reiches« stattfanden. Die Nationalsozialisten griffen beispielsweise beim Bau der Autobahnen ältere Ideen auf. Die meisten Flugplätze entstanden erst nach dem Zweiten Weltkrieg, zahlreiche von ihnen wurden in der zweiten Hälfte des 20. Jahrhunderts verlagert und erheblich erweitert. Die Trockenlegung der Moore im Emsland wurde bereits früher begonnen und im Wesentlichen erst nach dem Zweiten Weltkrieg abgeschlossen. Eine exorbitante Umweltzerstörung durch neue Verkehrs- und Fabrikbauten sowie durch neue Abbauorte von Rohstoffen lässt sich für die doch recht kurze Zeitspanne zwischen 1933 und 1945 nicht ermitteln. Im 20. Jahrhundert wurden vielmehr ständig erhebliche Mengen an Flächen für Industrie- und Verkehrsanlagen verbraucht.

Das Augenmerk soll vor allem auf ein anderes grundsätzliches Problem gerichtet werden. Die Nationalsozialisten entwickelten einen neuen Umgang mit der Natur und mit dem Flächenverbrauch durch Industrieanlagen. Sie behaupteten, Eingriffe in die Umwelt verstecken oder kompensieren zu können. Diese Absicht ist auch heute keineswegs unpopulär. Dabei wissen die heutigen Verfechter einer solchen Idee freilich nicht, dass sie damit in Wirklichkeit Gedanken unterstützen, die in einem totalitären Staat entwickelt wurden.

---

1 z.B. Conwentz, Hugo, Die Gefährdung der Naturdenkmäler und Vorschläge zu ihrer Erhaltung, Berlin 1904; Guenther, Konrad, Der Naturschutz, Freiburg i.Br. 1910; Klose, Hans, Das westfälische Industriegebiet und die Erhaltung der Natur, Berlin 1919.

Das Verstecken von Industriebauten diente zunächst einmal militärischen Zielen. Die Verlagerung von Industrie in strukturschwache Regionen wurde, vor allem kurz vor dem Beginn des Zweiten Weltkrieges und während des Krieges mit einer Tarnung der Industrieanlagen verbunden. Industrieanlagen entstanden typischerweise mitten im Wald. Etliche von ihnen wurden nach dem Zweiten Weltkrieg in neue Siedlungen umgewandelt, so in Geretsried bei Wolfratshausen und Sennestadt bei Bielefeld. Andere blieben bis heute Industriebetriebe, wie beispielsweise das 1937 gegründete Werk im Hildesheimer Wald.[2] Bisher nicht industriell genutzte Waldflächen wurden bebaut, weil vor allem kriegswichtige Industrie vor der feindlichen Luftaufklärung getarnt werden sollte. Die Waldränder blieben stehen.[3]

Getarnt werden sollten auch Straßen. Angaben dazu, wie diese Tarnung erfolgen sollte, sind der Landschaftsfibel von Heinrich Friedrich Wiepking-Jürgensmann zu entnehmen.[4] Straßen und Ausweichstraßen sollten unter hohen Bäumen angelegt werden, so dass sowohl von den Seiten als auch aus der Luft die genaue Straßenführung nicht erkennbar wurde. Es ist kaum zu vermuten, dass eine solche vor Feinden getarnte Straße tatsächlich gebaut wurde: Kein Baum wächst in der Zeit von zwölf Jahren so weit in die Höhe, dass er zur militärischen Deckung einer Straße nach allen Seiten hin beitragen könnte.

Die »feste Grundlage für den Naturschutz«

Die Tarnung von Industrieanlagen vor einer feindlichen Aufklärung ist eine Maßnahme, die mit Sicherheit in jedem Staat durchgeführt wird, der mit dem Ausbruch eines Krieges rechnet oder sich sogar auf einen Krieg vorbereitet.

Grundsätzlich problematisch zu bewerten ist der Naturbegriff der Nationalsozialisten und ihr Umgang mit der Natur. Deutlich werden ihre Ideen aus der Einleitung zum Reichsnaturschutzgesetz von 1935. Man wollte sich von Misserfolgen im Umgang mit Natur vor dem 30. Januar 1933 absetzen, die darauf zurückgeführt wurden, dass es keine gesetzlich festgelegten Bestimmungen zum Schutz der Natur gab:

2 Küster, Götz, 75 Jahre Bosch. 1886-1961. Ein geschichtlicher Überblick, Stuttgart 1961, S. 77.
3 Küster, Hansjörg, Geschichte der Landschaft in Mitteleuropa. Von der Eiszeit bis zur Gegenwart, München, 1995, 1999 (3. Aufl.), S. 345.
4 Wiepking-Jürgensmann, Heinrich Friedrich, Die Landschaftsfibel, Berlin 1942, S. 303 ff.

Bei solchen Lücken in der Gesetzgebung verändert sich eine Landschaft nach der anderen, verschwinden in ihr mehr und mehr die unersetzlichen Zeugen erdgeschichtlicher Entwicklungen, und so bleibt die Gesamtlage bis 1932 unbefriedigend. Man ist sich zwar grundsätzlich darin einig, daß ein weiterer Ausbau der Gesetzgebung unerläßlich und dringend sei, in der liberalistisch-parlamentarischen Zeit ist aber nicht weiter voranzukommen. Die Anschauung, daß die deutsche Natur gewissermaßen Volks- und Gemeingut sei, bleibt den maßgebenden Kreisen ebenso fremd wie die Auffassung, daß der Boden keine Ware sei, mit der zu handeln jedermann freistände. Naturschutz und Bodenreform haben in solcher Zeit allenfalls Anspruch auf theoretisches Wohlwollen, nicht aber Aussicht auf praktische Durchführung. Somit kommt die Gesetzgebung über einen gewissen toten Punkt nicht hinaus, und diesen kann erst der Umbruch des 30. Januar 1933 überwinden. Nur ein Staatswesen, das die inneren Zusammenhänge von Blut und Boden, Volkstum und Heimat erkennt, das wirklich Gemeinnutz über Eigennutz stellt, vermag auch dem Natur- und Heimatschutze sein Recht zu geben und ihm seine Stellung im Staate einzuräumen.[5]

Die Nationalsozialisten stützten die Vorstellung, sie hätten nach ihrer Machtergreifung vor allem den Bau von Industrie- und Verkehrsanlagen forciert und dabei besonders viele Landflächen zerstört. So heißt es im Vorwort zum Reichsnaturschutzgesetz von 1935:

Zwischen jenem 30. Januar und dem 26. Juni 1935 liegen mehr als zwei Jahre, in denen die Naturzerstörung noch erhebliche Fortschritte macht. Auch der Naturschützer muß anerkennen, daß dies nach Lage der Verhältnisse oft unvermeidlich ist. Der Nationalsozialismus findet bei der Machtübernahme ein Trümmerfeld: zusammenbrechende Landwirtschaft, erliegende Industrie und über 6 Millionen Arbeitslose! So tritt hinter der eisernen Notwendigkeit, in schnellstem Zeitmaße Arbeitsgelegenheiten zu schaffen, alles andere zunächst zurück. Kulturwerke größten Ausmaßes werden begonnen und durchgeführt: Fruchtlandgewinnung aus Heide, Moor und Gewässer, Aufforstung ungenutzter Kahlflächen, Siedlung, Schaffung neuer Verkehrswege unter planmäßigem Einsatz der Arbeitslosen und des Arbeitsdienstes. Kann man bei diesem Massenaufgebot der Arbeit noch an die Erhaltung natürlicher Pflanzen und Tiergemeinschaften, Naturdenkmale, an das Landschaftsbild denken? Nur zu begreiflich ist es,

---

5 Klose, Hans/Vollbach, Adolf, Das Reichsnaturschutzgesetz vom 26. Juni 1935, Neudamm 1935, S. 12f.

daß unendlich viel an Heimatgut und Vätererde von Grund auf verändert wird oder der Allgemeinheit gänzlich verlorengeht.[6]

Während die Naturzerstörung vor 1933 grundsätzlich gebrandmarkt wurde, stand deren Fortsetzung nach 1933 mit der Verwirklichung eines »großen Zieles« in Verbindung und wurde positiv bewertet. Mit dem Naturschutzgesetz habe nun, 1935, »das dritte Reich eine feste Grundlage für den Naturschutz geschaffen.«[7] Wer diese Zeilen liest, sollte davon überzeugt sein, dass von 1935 an das Recht der Natur beachtet würde. Sie war ein Teil des »totalen Staates«.

Wer ein Naturschutzgesetz formuliert, gibt vor, dass er weiß, wie die zu schützende Natur aussieht; oder er greift auf die Meinung von Experten zurück, die den Staat und seine Legislative darin beraten, was denn die »richtige« Natur sei. Gerade in den Jahren um 1933 entwickelte sich in der Biologie ein Konzept zur Erkennung und Beschreibung von natürlicher Vegetation. Abgeleitet war es aus dem Klimaxkonzept, das unter anderem von Frederic E. Clements bereits 1916 verwendet worden war;[8] nach ihm gibt es eine typische Vegetation, die sich unter bestimmten Klima- und Bodenbedingungen an jedem Standort einstellt und dann stabil ist. Reinhold Tüxen und Herbert Diemont setzten sich mit diesem Konzept in einigen Artikeln auseinander.[9] Kurt Hueck veröffentlichte 1936 eine vegetationskundliche Übersichtskarte von Deutschland, auf der die »natürliche Vegetation« abgebildet ist.[10] Diese war auf jeden Fall nicht diejenige, die sich unter dem Einfluss des Menschen entwickelt hatte; später wurde sie als »Potentielle natürliche Vegetation« bezeichnet und als eine Vegetation definiert, die sich unmittelbar nach dem Ende des menschlichen Einflusses an einem bestimmten Standort einstellen

6 Ebd., S. 13.
7 Ebd., S. 14.
8 Clements, Frederic E., Plant succession. An analysis of the development of vegetation, Washington 1916. Ders., Nature and structure of the climax, in: Journal for Ecology 24, 1936, S. 252-284.
9 Tüxen, Reinhold, Über Waldgesellschaften und Bodenprofile. Klimaxprobleme des NW-europäischen Festlandes, in: Nederlandsch Kruidkundig Archief 43, 1933, S. 293-309. Tüxen, Reinhold/Diemont, W. Herbert, Weitere Beiträge zum Klimaxproblem des westeuropäischen Festlandes, in: Veröffentlichungen des Naturwissenschaftlichen Vereins zu Osnabrück 23, 1936, S. 131-184, Tafel V-X. Dies., Klimaxgruppe und Klimaxschwarm. Ein Beitrag zur Klimaxtheorie, in: Jahresbericht der Naturhistorischen Gesellschaft zu Hannover 88/89, 1937, S. 73-87, Tafel 1.
10 Hueck, Kurt, Pflanzengeographie Deutschlands, dargestellt nach eigenen Beobachtungen unter Berücksichtigung der Karten und des Schrifttums, Berlin-Lichterfelde 1936, Karte X (gegenüber S. 144).

würde.[11] Die Wissenschaftler dachten dabei an eine Rekonstruktion oder, besser, eine Projektion eines Naturbildes, auf jeden Fall an eine Spekulation. Sie wurde von den Anwendern als Realität aufgefasst.

So kam es, dass die von Reinhold Tüxen und anderen weiterentwickelte und in Deutschland etablierte Pflanzensoziologie als eine Methode galt, die zur Erkennung der »richtigen Natur« führen sollte. Aufgegriffen wurde dieser Gedanke von dem Forstpolitiker Arnold Freiherr von Vietinghoff-Riesch in seiner Tharandter Habilitationsschrift von 1936, die den Titel »Naturschutz. Eine nationalpolitische Kulturaufgabe« trägt. Nach der Anführung eines Mottos aus der Bibel (»Ich will einen Bund machen mit den Tieren auf dem Felde, mit den Vögeln unter dem Himmel und mit dem Gewürm auf Erden und will sie sicher wohnen lassen; Hosea 2,20«) schrieb er:

> Es ist unsere tiefste Überzeugung, daß die Pflanzensoziologie als Wegbereiterin einer neuen Naturvollkommenheit, eines umfassend und neugeschauten Naturschutzes eine hohe Bestimmung zu lösen hat. Diese Wissenschaft weist uns ja den Weg, den jede Pflanzengesellschaft entwicklungsmäßig bis zu ihrem Vollendungsstadium (Klimax) nimmt; sie gibt damit auch die Diagnose für den Natürlichkeitswert eines jeden Waldbildes. [...] Die Pflanzensoziologie ist daher die natürliche Verbündete des Naturschutzes und somit der Forstpolitik, sie besitzt den Schlüssel für die Beurteilung menschlicher Eingriffe in das vegetative Waldleben.[12]

Die Pflanzensoziologie wurde von politischer Seite falsch eingeschätzt; sie ist eine Methode, mit der im Gelände erfasste Pflanzenbestände charakterisiert werden können, aber sie ist nicht dazu geeignet, den Grad der Natürlichkeit einer bestimmten Vegetation festzulegen. Dafür hielt man sie aber, und dazu brauchte man sie. Man trieb Ökologie aus ökonomischen Gründen und hatte Interesse daran, das »Natürliche« zu ermitteln. Alwin Seifert schrieb dazu 1938:

> Was in einer Landschaft ureinheimisch ist, ist dank jahrtausendelanger Auslese dieser Landschaft am besten angepaßt. Mag eine fremde Art oder

---

11 Tüxen, Reinhold, Die heutige potentielle natürliche Vegetation als Gegenstand der Vegetationskartierung, in: Angewandte Pflanzensoziologie 13, 1956, S. 5-42. Wilmanns, Otti, Ökologische Pflanzensoziologie, Heidelberg, Wiesbaden, 1973, 1993 (5. Aufl.), S. 55.

12 Vietinghoff-Riesch, Arnold Freiherr von, Naturschutz. Eine nationalpolitische Kulturaufgabe, Neudamm 1936, S. 118f. Vgl. Küster, Hansjörg, Geschichte des Waldes. Von der Urzeit bis zur Gegenwart, München 1998, S. 213ff.

Rasse zunächst durch rascheres Gedeihen blenden, auf die Dauer wird sie von der bodenständigen doch überholt.[13]

Insgesamt zeigt sich, dass die Auffassung von Natur durch die Nationalsozialisten statisch war. Man ging davon aus, dass es eine stabile Vegetation gäbe, die aus den am besten angepassten Organismen besteht und sich nach der Aufgabe der Nutzung einstellt. Sie soll sich dann im Gleichgewicht mit den ökologischen Parametern Klima und Boden befinden. Ihre Anpassung an den Standort wird als das Ergebnis eines langen und – das ist ein wesentliches Missverständnis von Natur – abgeschlossenen Prozesses dargestellt.

Alwin Seifert war der sogenannte Reichslandschaftsanwalt und als Landschaftsarchitekt mit der landschaftlichen Gestaltung von Autobahnen befasst. Er ließ die Autobahnen bepflanzen, und zwar nach der Durchführung pflanzensoziologischer Kartierungen, aus denen die »Potentielle natürliche Vegetation« ermittelt wurde. Seifert schrieb dazu 1934:

Der Erhaltung und Wiederherstellung echter Natur dient auch die Bepflanzung der neuen Straßen. Eine Straße aber muß Bäume haben, wenn anders sie eine deutsche Straße sein soll. Denn zu allem, was deutschem Wesen nahesteht, gehören Baum und Busch. [...] Wiederherstellung des ursprünglichen Reichtums und der einstigen Mannigfaltigkeit ist das biologische Ziel.[14]

Dazu malte Fritz Bayerlein ein Bild »So soll die Autobahn München-Salzburg an der Ausfahrt von München in 75 Jahren aussehen«.[15] Im gleichen Jahr 1934 erteilte Seifert den Auftrag an Reinhold Tüxen, das Gelände der Reichsautobahnen pflanzensoziologisch zu kartieren.[16] Die Autobahnen sollten nach diesen Angaben mit den Gewächsen der »Potentiellen natürlichen Vegetation« bepflanzt werden; ähnlich verfahren wurde mit Kanälen, Städten

---

13 Seifert, Alwin, Reichsautobahn im Wald (1938), zitiert nach dem Abdruck in: Seifert, Alwin, Im Zeitalter des lebendigen. Natur – Heimat – Technik, Dresden und Planegg vor München 1941, S. 197.
14 Seifert, Alwin, Natur und Technik im deutschen Straßenbau (1934). Zitiert nach dem Abdruck in: Seifert, Zeitalter (wie Anm. 13), S. 20ff.
15 Ebd., S. 22.
16 Tüxen, Reinhold, Aus der Arbeitsstelle für theoretische und angewandte Pflanzensoziologie der Tierärztlichen Hochschule Hannover. Ein Tätigkeitsbericht, in: Jahresbericht der Naturhistorischen Gesellschaft zu Hannover 92/93, 1942, S. 65-85, bes. S. 75.

oder Stadtteilen, auch mit dem Reichsparteitagsgelände in Nürnberg. Tüxen verweist in einem Arbeitsbericht von 1942 noch auf einen weiteren Auftrag:

> In der Nähe von Auschwitz (Ost-Oberschlesien) wurde von einem größeren Gebiet eine Vegetationskarte als Grundlage für die Neuordnung aller Wirtschaftsverhältnisse hergestellt.[17]

Ob Tüxen und seine Mitarbeiterin Margita von Rochow, die diesen Auftrag durchführte, wussten, warum diese Kartierung als Basis für eine »Neuordnung« stattfand, geht aus der Quelle nicht hervor und ist auch nicht bekannt. Deutlich wird aus dem in vieler Hinsicht aufschlussreichen Arbeitsbericht auf jeden Fall, dass es einerseits Auftraggeber für die pflanzensoziologischen Kartierungen gab, andererseits diejenigen, von denen die Kartierungen durchgeführt wurden.

Die Pflanzensoziologie nahm wegen der von Seifert und anderen daraus abgeleiteten praktischen Bedeutung in Deutschland einen enormen Aufschwung. Die zuvor besonders von Josias Braun-Blanquet[18] in der Schweiz und in Frankreich entwickelte Methode bekam in Deutschland besondere Bedeutung. Reinhold Tüxen wurde zu einem international bekannten Spezialisten dieser biologischen Disziplin. Dank umfangreicher Unterstützung seiner Forschungstätigkeit gelang es in wenigen Jahren, eine genaue Übersicht der Pflanzengesellschaften Deutschlands zu erstellen; erarbeitet wurden auch zahlreiche detaillierte Vegetationskarten. An der Bearbeitung waren zahlreiche Mitarbeiter Tüxens beteiligt. Aus rein wissenschaftlicher Sicht ist dies ein enormer Erfolg. Deutschland wurde zu einem weltweit führenden Land in der Vegetationskunde. Ein vermeintlicher Anwendungsbezug verhalf dieser Disziplin zu einer sehr raschen Entwicklung. Die Vegetationskundler sahen nicht in erster Linie die Erfolge für die Anwendung ihrer Ergebnisse, sondern den Fortschritt der Grundlagenforschung. Ganz ähnliche Entwicklungen gab es in der Genetik und Pflanzenzüchtung.[19]

---

17 Ebd., S. 78f.
18 Braun-Blanquet, Josias, Pflanzensoziologie, Berlin 1928.
19 Gausemeier, Bernd, Mit Netzwerk und goldenem Boden. Die botanische Forschung am Kaiser Wilhelm-Institut für Biologie und die nationalsozialistische Wissenschaftspolitik, in: Heim, Susanne (Hrsg.), Autarkie und Ostexpansion. Pflanzenzucht und Agrarforschung im Nationalsozialismus (Geschichte der Kaiser-Wilhelm-Gesellschaft im Nationalsozialismus; 2), Göttingen 2002, S. 180-205.

Die Tarnung von Technik

Zahlreiche Autobahnabschnitte, Kanäle und Industrieanlagen wurden tatsächlich mit der »Potentiellen natürlichen Vegetation« bepflanzt, die auf der Grundlage pflanzensoziologischer Kartierungen ermittelt worden war. Doch die Vorstellungen, die zu dem Bild von Fritz Bayerlein geführt hatten, werden 75 Jahre nach 1934 nicht eintreten. Die meisten originalen Autobahnbepflanzungen aus den 1930er Jahren und auch aus späterer Zeit sind längst beseitigt, weil die Autobahnen verbreitert werden mussten. Finden kann man alte Bepflanzungen noch auf manchen Autobahnraststätten. An Rastplätzen in den Mittelgebirgen stehen heute noch Buchen und zahlreiche weitere Laubhölzer, in den Lössbörden stößt man auf Bepflanzungen mit Eichen und Hainbuche. Eichen und Birken findet man an Parkplätzen der Heide- und Geestgebiete Nordwestdeutschlands. Dies sind genau die Pflanzen, die bereits auf der Vegetationskarte von Hueck als die für die betreffenden Landschaften »natürlichen« angesehen wurden und die auch bei den pflanzensoziologischen Kartierungen als solche beschrieben wurden.

Wenn nun die »natürlichen« Bäume in die unmittelbare Nachbarschaft von Straßen und Industrieanlagen gepflanzt wurden, kann dies zwar eine gewisse Orientierung für die Nutzer von Straßen und Fabriken ermöglichen. Aber vor allem wird dadurch Technik versteckt. Autobahnen und Industriebetriebe sollten sich nicht nur in die Landschaft einfügen, sondern möglichst unsichtbar bleiben. Für die Nationalsozialisten bedeutete dies einen großen Zuwachs an Popularität und an Sympathie unter der Bevölkerung. Denn viele Menschen waren schon in früherer Zeit industriefeindlich eingestellt; ihnen war es recht, wenn ein Staat, der zu wissen vorgab, wie Natur aussah, die Technik hinter Natur versteckte.

Es ist aber sehr seltsam, dass von naturwissenschaftlicher Seite nur selten auf die Widersprüche dieses Handelns hingewiesen wurde.[20] Eine »Potentielle natürliche Vegetation« könnte sich, wenn es sie denn überhaupt gäbe, nur dort entwickeln, wo Klima und Böden die Herausbildung genau dieser Vegetation hervorrufen oder ermöglichen. An einer Autobahn herrscht aber weder genau das Klima wie in einem geschlossenen Wald, noch kommt die Entwicklung der dortigen Böden derjenigen auf natürlichen Standorten gleich. Eine Autobahn erwärmt sich in der Sonne stärker als ihre Umgebung;

---

20 Einer der wenigen Hinweise auf die Dynamik der Natur aus der Zeit des »Dritten Reichs« stammt von der Genetikerin und Kulturpflanzenforscherin Elisabeth Schiemann. Vgl. Scheich, Elvira, Elisabeth Schiemann (1881-1972). Patriotin im Zwiespalt, in: Heim, Autarkie (wie Anm. 19), S. 250-279, bes. S. 263.

in einer Böschungsbepflanzung oder zwischen einzelnen Bäumen auf einem Parkplatz an der Autobahn entwickelt sich kein typisches Waldbinnenklima, das unter anderem durch relativ niedrige Temperaturen bei Sonneneinstrahlung und relativ hohe Temperaturen während der Nacht ausgezeichnet ist. Völlig unterschiedlich sind die Bodenbedingungen in Wäldern und auf einem Autobahnparkplatz. An einigen Stellen am Rand von Straßen herrschen Rohböden vor, an anderen werden sehr große Mengen an Mineralstoffen eingetragen, z.B. durch Abfälle, die den Boden stark düngen. Auch kommt es an Straßen zu einem erheblichen Eintrag an Salz durch die winterliche Salzstreuung; dieses Problem allerdings war in den 1930er Jahren vielleicht noch nicht absehbar. Es hätte ganz einfach klar gemacht werden können, dass sich eine »Potentielle natürliche Vegetation« gerade an Autobahnen und Industrieanlagen nicht einstellen kann. Dies aber unterblieb, vielleicht deswegen, weil man die Auftraggeber nicht verärgern wollte und den positiven Effekt für die Grundlagenforschung sah.[21]

Statische und dynamische Naturbegriffe

Nach dem Zweiten Weltkrieg wurde das oben skizzierte Verfahren bei der Bepflanzung von Industrieanlagen oft beibehalten: Grundlagen der Pflanzpläne einer »Potentiellen natürlichen Vegetation« waren die Angaben der Pflanzensoziologen. Allmählich wurde allerdings die Vegetationskunde bzw. die Pflanzensoziologie immer seltener und mit weniger Forschungsmitteln unterstützt, weil man der Meinung war (und bis heute ist), dass die Vegetation nun einmal erfasst und eine weitere Stützung dieser Arbeitsrichtung nicht mehr notwendig sei. Landespfleger und Landschaftsarchitekten besorgten sich, wenn ihnen die Pflanzung einer natürlichen Vegetation wichtig war, die dazu notwendigen Angaben aus älteren pflanzensoziologischen Arbeiten und aus neueren Zusammenfassungen. Zum Teil geschieht dies heute noch; daher ist man sich selten bewusst, dass hier auf Gedanken aus der Zeit des Nationalsozialismus zurückgegriffen wird. Auch nach dem Zweiten Weltkrieg sind Vorstellungen populär gewesen und bis heute populär, man müsse Technik tarnen oder man müsse durch Bepflanzung oder »Ausgleichsmaßnahmen« einen Kompromiss zwischen Ökologie und Ökonomie herbeiführen. Diese Ansichten bestanden nach dem Krieg übrigens genauso im Westen wie im Osten Deutschlands und in zahlreichen anderen Ländern der Erde. Die Vorstellung, dass es eine »Potentielle natürliche Vegetation« gibt, die

---

21 Genauso wie in der Genetik: Gausemeier, Netzwerk (wie Anm. 19).

sich dann einstellt, wenn Vegetation, Boden und Klima ein »natürliches Gleichgewicht« erreicht haben, geht von einem statischen Naturbegriff aus. Die klimatischen Bedingungen an jedem Fleck der Erde sind aber nicht stabil, sondern sie ändern sich; die Böden entwickeln sich ebenfalls. Und auch die Pflanzen und Tiere, die an den einzelnen Standorten vorkommen, sind keine Konstanten, sondern entwickeln sich unaufhörlich weiter. Als Folgen dieser vielfältigen Veränderungen laufen Sukzessionen ab. Die Vegetation, die Tierwelt und die Landschaft veränderten sich von Jahrtausend zu Jahrtausend, ja sogar von Jahrhundert zu Jahrhundert und auch innerhalb von noch kürzeren Zeiträumen. Natur muss immer als dynamisch aufgefasst werden; in ihr wurden ständig neue Erscheinungen hervorgebracht: Pflanzen- und Tierarten, Sukzessionsstadien, Landschaften.

Die Entwicklung von Grundlagen der Ökologie, die im Kern auf die Dynamik von Natur zurückgeht, wird immer noch stark durch das Vorherrschen einer statischen Vorstellung von Natur behindert. Immer noch ist in den meisten Lehrbüchern der Vegetationskunde vom Erreichen einer »Potentiellen natürlichen Vegetation« die Rede.[22] Immer noch wird vom ökologischen Gleichgewicht gesprochen, nicht aber davon, dass die an diesem vermeintlichen Gleichgewicht beteiligten Parameter und Arten einer ständigen Veränderung unterworfen sind und folglich das dauerhafte »Gleichgewicht der Natur« nicht bestehen kann.

Nur ein totalitärer Staat kann wissen, welche statische Natur er schützen und einrichten will. Aus pluralistischer Sicht müsste Natur dagegen immer wieder neu betrachtet werden, um ihre Dynamik zu belegen. Sie besteht nicht nur dann, wenn der Mensch eingreift und Industriebetriebe oder Autobahnen baut, sondern auch dann, wenn Seen verlanden, Wälder sich vergrößern oder andere Sukzessionen ablaufen, wenn sich Tiere und Pflanzen ausbreiten oder seltener werden, wenn sich Arten von Lebewesen durch Veränderung ihrer genetischen Konstitution weiterentwickeln.

Auf jeden Fall sollte klar sein: Es gibt nicht nur eine einzige »Potentielle natürliche Vegetation«, die man an eine Autobahn pflanzen kann, sondern eine Vielfalt von Möglichkeiten auch künstlerischer Gestaltungen von Bepflanzungen, die »möglich«, »erlaubt« und in vielen Fällen sehr viel besser für eine Begrünung von Industrieanlagen geeignet sind als die »Potentielle natürliche Vegetation«. Autobahnen und Industrie lassen sich nicht tarnen, sondern sie sind Teile unserer heutigen Welt. Ihre Anlagen führen zu immer neuen Formen von Landschaft und Vegetation, mit denen wir uns auseinander setzen müssen. Die Ökologie unter Einschluss der Pflanzensoziologie

22 Vgl. u.a. die in Anm. 11 zitierte Literatur.

braucht als wissenschaftliche Disziplin Unterstützung, damit sie nicht die statische Natur darstellt, sondern demonstrieren kann, wie die Dynamik von Natur abläuft. Darüber wissen wir insgesamt noch viel zu wenig.

Das Wissen über unsere Umwelt wurde vor allem als »Nebenprodukt« einer angewandten Forschung erworben, die zunächst in Diensten eines totalitären Staates stand und anschließend fortgesetzt wurde, weil man nicht erkannte, in welchem Maße der Naturbegriff sich verfestigt hatte.

Es ist sehr zu hoffen, dass aus diesen Erfahrungen und Erkenntnissen heraus nun der Ökologie, vor allem der Vegetationsökologie, eine freiere Entwicklung ermöglicht wird. Es darf nicht mehr ausschließlich von Fragen der Anwendung ausgegangen werden, sondern wir brauchen ökologische Grundlagenforschung. Nur dadurch besteht die Chance, aus den Sackgassen herauszufinden, in die eine Kooperation der Wissenschaft mit ihren Anwendern unter der Annahme einer statischen Natur geführt hat. Das daraus abgeleitete Wissen brauchen wir beispielsweise dazu, um kompetente Diskussionen über den »Global Change« zu führen. Zahlreiche Komponenten dieses Phänomens gehen nämlich mutmaßlich nicht auf anthropogene Umweltveränderungen zurück, sondern sind möglicherweise natürliche Prozesse der Dynamik, die wir lediglich noch nicht als solche erkannt haben, weil unser Naturbegriff in zu starkem Maße statisch geprägt ist.

Stadt, Land, Fluss

Das muntere Bächlein wird manchmal ein Sturzbach

Bäche und Flüsse sind Teilstrecken des ewigen Wasserkreislaufs. Wasser verdunstet über den Meeren und kondensiert zu Wolken. Wolken werden über das Land getrieben. Aus ihnen fällt Niederschlag auf die Erde, vor allem dort, wo die Wolken zusammengeballt werden, beispielsweise am Rand der Gebirge. Das Niederschlagswasser sammelt sich; in Bächen und Flüssen fließt es zurück in die Meere.

Wie viele andere Sachverhalte in den Naturwissenschaften lässt sich der Kreislauf des Wassers einfach beschreiben, doch er ist unendlich viel komplizierter. Der größte Teil des Regenwassers gelangt nicht sofort in die Gewässer, sondern wird am Ort des Regens festgehalten: in den Poren des Bodens, im Grundwasser. Die Wurzeln der Pflanzen ziehen das Wasser mit den darin gelösten Mineralstoffen aus dem Boden heraus und verbrauchen einen Teil davon zur Photosynthese. Ein beträchtliches Quantum Wasser verdunstet von den Oberflächen der Blätter: Wolken bilden sich nicht nur über dem Meer, sondern auch über dem Wald, was man gut beobachten kann, wenn nach einem kräftigen Regen Wolken- und Nebelfetzen aufsteigen und nach Meinung des Volksmundes »die Hasen kochen«. Besonders wichtige Wasserspeicher befinden sich nicht nur im Boden; zwischen den kleinen Moospflanzen, die im Schatten der Waldbäume am Boden wachsen, wird die Feuchtigkeit lange festgehalten. Erst wenn es eine ganze Weile ergiebig geregnet hat, sind alle Wasserspeicher gefüllt, die Bodenporen genauso wie die Räume zwischen den Moosblättchen. Dann beginnt das Wasser zu fließen, im Boden, auf dem Boden. Es bilden sich Rinnsale; überschüssiges Grundwasser tritt in Quellen aus dem Boden hervor.

Normalerweise wird das Wasser sehr langsam an die Fließgewässer »abgegeben«; deshalb versiegen viele Quellen auch nach einer langen Trockenperiode nicht, und viele Bäche führen auch dann Wasser, wenn es schon lange nicht mehr geregnet hat. Dauert heftiger Regen lange an oder taut viel Schnee ab, stürzt aus den Quellen besonders viel Wasser hervor, und es bilden sich weitere Rinnsale, die den üblicherweise bestehenden Bächen zueilen. Dann beginnt das Wasser Kräfte zu entwickeln und die Landschaft zu gestalten. Dies lässt sich vor allem im Gebirge beobachten, denn dort regnet es mehr als im Tiefland, und auch die Schneedecke, die im Frühjahr taut, ist dort mächtiger als im Umland. Das Wasser rinnt mit starker Strömung bergab und formt dabei Täler. Felsen, die schon zuvor durch das winterliche Eis oder durch eindringende Wurzeln gespalten worden waren, werden vom Wasser vollends abgerissen. Herabgestürzte Felsen und Bäume werden zu Stauwehren, die von den Bächen wieder durchbrochen werden. Zuerst die kleineren, bei starker Strömung auch die größeren Steine werden vom Wasser in Bewegung gesetzt. Ihre Kanten werden durch die Kraft des Wassers abgerundet, sie werden zu Flusskieseln. Die vom Wasser angetriebenen Steine entwickeln eine enorme Kraft, zertrümmern weitere Felsen und andere Hindernisse, die sich dem Sturzbach in den Weg stellen. Tiefe Schluchten oder Klingen werden auf diese Weise ins Gebirge gelegt, auch wenn sein Gestein noch so alt oder noch so hart ist. Im nächsten Winter bildet sich erneut Eis in den Klüften des Gesteins und verbreitet die Spalten; dadurch wird die Sprengung eines weiteren Felsenstückes vorbereitet. Beim nächsten Hochwasser wird es abgerissen, so dass die Talklinge verbreitert oder noch tiefer eingeschnitten wird.

Jede Schlucht im Gebirge ist nicht in ferner geologischer Vorzeit entstanden, sondern bildet sich stets weiter. Immer dann, wenn viel Wasser abfließt, gräbt es sich ein Stück weit tiefer in den Untergrund ein und verbreitet das Tal. Stets werden Steine und Sand vom Wasser davongetragen: So baut das Wasser das Gebirge ab, in der Vergangenheit genauso wie heute. Wer in einem engen Tal lebt, sollte sich der Gefahren bewusst sein, die von der Erosionskraft des Wassers ausgehen.

Doch im Allgemeinen ist der Gebirgsbach etwas Beschauliches, ein »munteres Bächlein« mit Forellen im Wasser, mit Ulmen, Eschen, Ahornen, Erlen an seinen Ufern, die dank des reichlichen Wasser- und Mineralstoffangebotes, das der Bach ihnen liefert, schnell in die Höhe wachsen – bis zur nächsten Flut: Dann werden viele dieser Bäume umgerissen. Wo die Transportkraft des Wassers ein wenig nachlässt, so dass keine großen Steine mehr transportiert werden können, bleibt der grobe Schotter liegen, und es bildet sich eine Schotterflur. Nur wenige Pflanzen kommen dort in die Höhe: Weiden, Sanddorn, Tamarisken. Auch sie werden immer wieder von den Fluten umgerissen, wenn sich diese einen neuen Weg durch den Schotter bahnen. Aber sie schlagen neu aus, und immer wieder bildet sich neues Grün in der kargen Wildnis.

Muntere Bächlein werden seit dem Mittelalter zum Betrieb von Mühlen genutzt. Ein kleines Stück oberhalb der Mühle legt man einen Abzweig für das Wasser an und lässt es fast ohne Gefälle einen Mühlkanal entlang rinnen. Der Mühlkanal endet oberhalb des Mühlrades: Das herabstürzende Wasser treibt das Mühlrad an. Die Mühlen lagen früher immer außerhalb der Dörfer, denn die Bauern siedelten sich nur dort an, wo man vor Hochwasser sicher war. Der Müller aber musste mit der ständigen Gefahr leben, fern des Dorfes und seiner Gemeinschaft im Tal. Wenn eine Hochwasserwelle seine Mühle zerstörte, war der Betrieb relativ leicht wieder herzustellen. Oft brauchte man nur den schweren Mühlstein wieder zurechtzurücken, oder das hölzerne Mühlrad musste ausgebessert werden. Dann war die Mühle wieder betriebsfertig.

Bäche vereinigen sich zu Flüsschen, und viele von ihnen bilden gemeinsam einen großen Fluss. Wo ein Bach in einen Fluss mündet, wird die Strömung beider Gewässer verlangsamt, weil sie sich gegenseitig aufstauen. Dort bildet sich dann ein Schwemmfächer aus Schotter und Sand, den das erlahmende Wasser nicht mehr weitertragen kann. Es können dabei sogar kleine Höhenrücken entstehen, die entlang eines Baches vom Talrand bis zum Fluss in dessen Mitte reichen. Diese Höhenzüge werden nur ganz selten überschwemmt und sind daher günstige Siedlungsareale. Auf ihnen befinden sich die Kerne vieler mittelalterlicher Städte. Sie liegen auf diese Weise sowohl an einem größeren Fluss als auch an einem kleineren Bach. Auf dem großen Fluss wurden Versorgungsgüter herantransportiert, zum Beispiel Holz. Weil seine Fließgeschwindigkeit durch den einmündenden Bach herabgesetzt wird, ließ sich bei der Stadt eine Furt einrichten oder sogar eine Brücke bauen. Eine wichtige Funktion für die Stadt hatte aber auch der kleinere Bach, denn sein Wasser trieb die Mühlen an, die direkt an der Stadtmauer oder sogar innerhalb der Stadt lagen. Das war wichtig, weil man auch bei einer Belagerung in der Stadt ständig Getreide zu Mehl mahlen musste, um die Bevölkerung zu ernähren. Zu Kriegs- und Friedenszeiten waren die Mühlen die gewerblichen Zentren der Städte: Die Stadtbewohner boten ihre Dienstleistungen für das Umland an, verarbeiteten Getreide, Holz oder Erz.

Wie gut die Gründer einer Stadt das Terrain beobachtet haben, bevor sie sich darauf ansiedelten, lässt sich vielerorts an den Wirkungen des extremen Hochwassers im Jahr 2002 erkennen. Die Stadtkerne blieben trocken, aber die alten Mühlenquartiere der Städte, die vielerorts schon vor Jahrhunderten zu Gartenanlagen und Parks umgestaltet wurden, versanken in den Fluten. Dresden ist dafür ein eindrucksvolles Beispiel. Der Kern der Altstadt liegt nicht nur hoch über der Elbe, sondern auch höher als das Terrain in seiner Umgebung. Zwischen der Altstadt und dem Gelände des heutigen Hauptbahnhofs lagen im Mittelalter Seen, in denen das Wasser zum Betrieb der Dresdner Mühle gesammelt wurde. Man hat diese Seen später zugeschüttet. Aber das bewahrte das Gebiet südlich der Dresdner Altstadt nicht vor dem Hochwasser, wie sich im August 2002 zeigte.

Der träge Strom sprengt manchmal seine Deiche

Aus jedem munteren Bächlein wird irgendwann ein träger Strom, der aber nicht weniger ungefährlich sein kann, wenn viel Wasser in ihm zum Meer rinnt. Wenn die Strömungsgeschwindigkeit des Flusses am Rand der Gebirge nachlässt, reicht seine Kraft zuerst nicht mehr aus, den groben Schotter noch weiter zu transportieren. Das abgetragene Gesteinsmaterial aus dem Gebirge, inzwischen gleichmäßig abgerundet, wird nun aufgeschottert. Am Rand des Stromes ist die Kraft des Wassers geringer: Es verliert dort den Sand oder sogar das feine, tonige Erdmaterial mit seinen vielfältigen Mineralstoffen. Weil der Schotter voluminöser ist als der feine Ton, der am Ende des Flusslaufes deponiert wird, kommt es zur Bildung eines Dammflusses. Sein Wasser liegt schließlich höher als die Erdoberfläche am Rand des Tales. Daraus resultiert eine gefährliche Situation, denn das Wasser kann die natürlichen »Dämme« aus Schotter an seinen Ufern durchbrechen, die Ränder des Tals überfluten und sich dort einen neuen Flusslauf suchen. Im Verlauf der Jahrtausende brachen die Flüsse des Tieflandes an immer mehr Stellen zu den Rändern ihrer Ablagerungen durch, und es bildeten sich Mäander. Die vielen Windungen verlängerten den Flusslauf und verringerten die Strömung. Immer mehr Zeit brauchte das Wasser, um von der Quelle bis ins Meer zu gelangen. Zu den Veränderungen der Flussläufe im Tiefland kam es vor allem dann, wenn die Ströme viel Wasser führten.

Das Hochwasser der großen Ströme ist ruhiger als das der Gebirgsbäche, beinahe lautlos, aber nicht weniger gefährlich. Wo Schotter und grober Sand abgelagert werden und das Wasser immer wieder seine zerstörerische Gewalt entfaltet, starke Strömungen auftreten oder im Winter das Eis zusammengeschoben wird, wachsen nur wenige Pflanzen, vor allem Weiden, die wieder austreiben, nachdem sie von Wasser, Geröll oder Eis zerstört wurden. In den Lücken zwischen den Weiden sowie vor allem dort, wo das Hochwasser lange stehen bleibt und das Land erst im Hochsommer freigibt, wachsen verschiedene Kräuter, unter anderem die so genannten Stromtalpflanzen, zu denen der Kantenlauch, der Wiesenalant und die Färberscharte gehören. Die fruchtbaren Böden am Rand des regelmäßig überfluteten Areals werden von Auwäldern aus Eichen, Ulmen, Linden und Eschen bewachsen, aber nur dann, wenn das Hochwasser nach einer bestimmten Frist wieder zurückgeht. Bei zu langer Überstauung gelangt zu wenig Luft an die Wurzeln der Auwaldbäume, sie sterben ab.

Viele Auwälder wurden abgeholzt, weil man die feinen Auenböden mit ihrer reichhaltigen Ausstattung an Mineralstoffen für die Landwirtschaft nutzen wollte. Ganz am Rand der Niederungen, wohin das Flusswasser in der

Regel nicht vordringt, bilden sich Talrandmoore, die oft von Erlenbruchwäldern bewachsen waren. Auch viele Erlenwälder hat man abgeholzt, denn an den Erlenwurzeln leben Bakterien, die Stickstoff aus der Luft fixieren. Diese Wälder sind gewissermaßen von Natur aus gedüngt; das Gras wächst dort, wo ehemals Erlenbrüche bestanden haben, besser als anderswo. Um die Auen und Bruchlandschaften auf Dauer landwirtschaftlich nutzen zu können, deichte man sie ein. Viele Dämme an den Seiten der Ströme stammen schon aus dem Mittelalter; Jahrhundert für Jahrhundert wurden neue Deiche gezogen. Dadurch versuchte man, den Fluss zu bändigen. Nun lagerte er den Sand, den er aus dem Gebirge ins Tiefland brachte, nur noch zwischen den Deichen ab, die Sohle des Flusses und sein Wasserspiegel stiegen dadurch immer weiter an. Das nicht mehr überflutete Land dagegen sackte in sich zusammen; es trocknete aus. Der Dammfluss-Charakter wurde dadurch verstärkt, und brach ein Deich, stürzte der Fluss mit großer Gewalt in das eingedeichte Land hinein, in den Polder. Bei der Konstruktion der Deiche dachte man oft nicht daran, worin die eigentliche Gefahr für sie bestand. Gerade bei trägen Flüssen müssen sie nicht nur das kurzfristige Anbranden seiner Wogen ertragen, sondern eine lange währende Belastung; während das Hochwasser an Gebirgsbächen schon Stunden nach dem Regenguss zurückgehen kann, bleibt es später im Tiefland viele Tage stehen, drückt auf die Deiche und weicht sie auf, so dass sie am Ende doch noch brechen, wenn kaum noch jemand an die Bedrohung des Hochwassers denkt. Träge Ströme ließen sich ebenso wie die Gebirgsbäche für den Betrieb von Mühlen nutzen, aber auf andere Weise: Man musste sie aufstauen. Doch bevor man damit begann, musste man sich entscheiden, welche Flüsse durchgehende Wasserstraßen für Schiffe und Flöße sein sollten und welche man zur Energiegewinnung nutzen wollte. In die Tieflandabschnitte der großen Ströme wurden deswegen keine Dämme gelegt, sondern in deren Nebenflüsse. Aus der trägen Havel machte man durch den mittelalterlichen Mühlenstau eine Seenkette, um die Mühlen von Brandenburg und Rathenow zu betreiben. Viele dieser Mühlenstaue wurden später wieder beseitigt, um ein rascheres Abfließen des Wassers zu ermöglichen: Man wollte in den Talniederungen landwirtschaftliche Nutzflächen anlegen, die Fruchtbarkeit des Bodens ausnutzen. Und immer mehr Flüsse sollten als Wasserstraßen dienen: Dafür schnitt man auch viele Mäander durch Kanäle ab, so dass das Wasser schneller dem Meer zufließt. Mit ganz geringem Gefälle wälzen sich im Unterlauf des Stromes immer größere Wassermassen den Meeren zu. Ganz allmählich wird die Strömung der Flüsse von der Tidenströmung überlagert. Dort verliert der Fluss das letzte Quantum seines mitgeführten Festmaterials aus dem Gebirge. Schottersteine sind dann schon längst nicht mehr dabei, nur Sand. Ganz feiner Ton wird vom Meerwasser aufgenommen und kann von den Gezeiten zu fruchtbarem Marschland aufgeschlickt werden, sowohl entlang des Flusses als auch in den mündungsnahen Bereichen des Meeres. So lässt sich die Geschichte jedes Flusses beschreiben. Aber in der Realität funktioniert jeder Bach, jeder Strom anders. Jeder Fluss ist ein Individuum, das man kennen muss, damit man das Gewässer schätzen, nutzen und seine Gefahren richtig beurteilen kann. In den Gebirgen, aus denen die Flüsse kommen, gibt es unterschiedliche klimatische Bedingungen. In dem einen Bergland regnet es mehr als in einem anderen. In einem Gebiet gibt es viel Schnee, der im Frühjahr schmilzt, in einem anderen nicht. In Kalkgebirgen kann Wasser im Untergrund versickern, in anderen nicht. Die Entfernungen zwischen den Quellen und den Mündungen der Flüsse unterscheiden sich, und die Strömung, die sich in ihnen entwickelt, ist sehr verschieden stark. Nicht nur die Simulation eines idealen Flusslaufes im Computer ist erforderlich, sondern auch die detaillierte und fortwährende Beobachtung der individuellen Landschaften an den Flüssen, um ihren Charakter richtig einschätzen zu können. Man muss ihre Ablagerungen untersuchen, feststellen, wann Sediment deponiert wurde. Denn so lässt sich erkennen, ob und wie oft auch in der Gegenwart und Zukunft mit Überflutungen zu rechnen ist und wie man sich davor schützen kann.

Die vier größten Flüsse Mitteleuropas und ihre Einzugsgebiete sollen in den folgenden Kapiteln kurz porträtiert werden. An allen diesen Flüssen ist es in den letzten Jahren zu verheerenden Überflutungen gekommen, die sich in jeweils anderer Weise auf ihre Umgebung auswirkten.

Die Donau

Die Donau, der (nach der Wolga) zweitgrößte europäische Strom, ist 2.860 Kilometer lang, ihr Einzugsgebiet umfasst 817.000 Quadratkilometer. Von ihrem ursprünglichen Oberlauf blieb ihr nur ein kleines Rinnsal, denn andere Flüsse, die das Meer schneller und mit größerem Gefälle erreichen, zapften Oberläufe der Donau an und lenkten sie zu sich um. Daher fließen Neckar, Aare, Alpenrhein und Moldau zunächst in östlicher Richtung, auf die Donau zu, und biegen dann zum Rhein oder zur Elbe um.

Die heutige Donau entsteht durch den Zusammenfluss der Quellflüsse Brigach und Breg in Donaueschingen. Beide Quellflüsse entspringen im Schwarzwald; nach Starkregen und zur Zeit der Schneeschmelze führen sie viel Wasser, das die Donau über die Ufer treten lässt, vor allem in der Ebene der Baar zwischen Donaueschingen und Tuttlingen. In trockenen Perioden versickert das Donauwasser so gut wie vollständig, sonst zu einem großen

Teil. Im Untergrund fließt es zum Aachtopf, einer großen Karstquelle, von der aus es im Flüsschen Aach zum Bodensee und damit zum Einzugsbereich des Rheins gelangt.

Die Donau hat sich vor allem in der Zeit, als sie noch wasserreicher war, in die Kalksteinhochfläche der Schwäbischen Alb eingeschnitten. In einem weiten Bogen fließt sie dann am nördlichen Rand des Alpenvorlandes entlang. Dabei vereinigt sie sich mit sehr wasserreichen Flüssen aus den Alpen, die vor allem im Frühsommer über die Ufer treten können, dann nämlich, wenn im Hochgebirge der Schnee schmilzt. Beinahe jedes Jahr kommt es zu dieser Jahreszeit auch zu einem Hochwasser der Donau. Die wichtigsten Alpenzuflüsse, die in die obere Donau münden, sind Iller, Lech, Isar, Inn (der längste von ihnen ist 510 Kilometer lang, Größe des Einzugsgebietes 26.200 Quadratkilometer) und Enns. Von links her münden Flüsse aus den Mittelgebirgen in den Strom, unter anderem Naab und Regen. Wie sich im August 2002 sehen ließ, führen diese ansonsten friedlichen Flüsschen nach starken Regenfällen erhebliche Wassermengen mit sich, die das Verhalten der Donau erheblich beeinflussen können.

Besonders gefährlich wird bei Hochwasser die Situation an den Flussmündungen, wo sich das Wasser mehrerer Gewässer gegenseitig aufstaut, in Regensburg, Deggendorf, Passau oder Linz. Sieht man sich diese Städte genau an, erkennt man, dass ihre Bebauung erst hoch über dem normalen Wasserniveau der Donau beginnt, so dass ein »normales« Hochwasser kaum Schäden hervorrufen kann. Bei katastrophalen Fluten versinken die tief gelegenen Bereiche dieser Städte im Wasser, allerdings nicht deren alte Siedlungskerne, denn die sind vor jeglichem Hochwasser sicher.

In ihrem weiteren Verlauf durchquert die Donau als Tieflandfluss die großen Beckenlandschaften und Tiefländer des Karpatenraumes und in engen Schluchten die Gebirge. Die Donaunebenflüsse aus den Karpaten führen das meiste Wasser im Frühjahr, so dass die Donau unterhalb des Pannonischen Beckens am ehesten im Frühjahr ausufert. Die Donaumündung ist ein Delta mit mehreren Flussarmen am Schwarzen Meer.

Der Rhein

Der Rhein in seiner heutigen Gestalt hat ein geringeres Alter als die Donau. Im Verlauf der jüngeren Erdgeschichte hat er der Donau immer wieder das Wasser abgegraben. Seine große Stärke geht auf sein erhebliches Gefälle zurück. Der Rhein ist viel kürzer als die Donau, und deshalb kann das Wasser über ihn schneller zum Meer hinabfließen als über die normalerweise träge

Donau. Der Rhein entsteht durch den Zusammenfluss von Vorder- und Hinterrhein in den Alpen. Die Entfernung von der Quelle des Vorderrheins bis zur Mündung in die Nordsee beträgt 1.320 Kilometer. Der Rhein ist also weniger als halb so lang wie die Donau. Die Fläche des Rhein-Einzugsgebietes ist mit 251.000 Quadratkilometern wesentlich kleiner als das der Donau. Der Oberlauf des Flusses erhält vor allem im Frühsommer sehr viel Wasser, dann nämlich, wenn in den Alpen der Schnee und die Gletscher tauen.

Die großen Wassermengen des Rheins füllen zunächst einmal den Bodensee an, ein großes natürliches Wasserreservoir, das die Gletscher der letzten Eiszeit schufen. Der Wasserstand des Bodensees ist im Sommer höher als im Winter; ganz allmählich, den ganzen Sommer über, wird Wasser aus dem »Schwäbischen Meer« an den Rhein abgegeben, so dass seine Wasserführung unterhalb des Bodensees vor allem im Sommer recht gleichmäßig hoch ist. Allerdings erreichen ihn dann, wenn er den Bodensee bereits verlassen hat, im engen Hochrhein-Tal zwischen dem Schwarzwald und dem Schweizer Jura, weitere wasserreiche Flüsse aus den Alpen, vor allem die Aare, die wie jeder andere Alpenfluss vor allem im Juni und Juli große Mengen Wassers heranträgt.

Bei Basel wendet sich der Rhein nach Norden, und zwar in keinem echten Tal: Die Oberrheinebene ist Teil eines tektonischen Grabens. In dieser Senke verhält sich der Rhein wie ein Tieflandfluss: Er bildete weite Mäander, von denen heute viele durch die Rheinkorrektur abgeschnitten sind. Am nordwestlichen Ende der Oberrheinebene biegt der Rhein erneut in ein enges Tal ein, das Mittelrheintal mit seinen beiden engen Flussabschnitten, den ersten von Bingen bis Koblenz, den »anderen« von Andernach bis Godesberg. Dazwischen liegt ein breiter Talkessel, das Neuwieder Becken, in dem der Rheinlauf nicht derart stark festgelegt ist wie im Tal. Von Basel an wirken sich mehr und mehr die Wassermengen der Nebenflüsse aus; sie werden vor allem vom Schmelzwasser im Frühjahr und vom Regenwasser gespeist. Zu Hochwasser kann es vor allem dann kommen, wenn heftiger Regen große Schneemengen zum Tauen bringt. Wegen des insgesamt großen Gefälles des Rheins eilen auch die Hochwasserwellen schnell zur Nordsee. Die Dämme an seinen Ufern müssen sehr viel weniger an Dauerbelastung aushalten als diejenigen an Elbe und Oder. Ein Rheinhochwasser kann in Städten wie Koblenz, Bonn und Köln katastrophale Ausmaße annehmen, doch fließt es nachher viel rascher wieder ab als ein Hochwasser der Elbe.

Die (vor allem im Sommer) gleichmäßig hohen Wasserstände sind von Natur aus günstig für die Schifffahrt und Flößerei auf dem Rhein. Der Rhein ist schon seit der Römerzeit eine überaus wichtige Handelsachse quer durch Europa.

Die früh einsetzende Schifffahrt (und Flößerei) war entscheidend wichtig für die Entwicklung der Kultur in Mitteleuropa. Sie ermöglichte das Aufblühen der Städte am Niederrhein, vor allem in den Niederlanden. Die Städte wurden mit Rohstoffen aus dem Rheingebiet versorgt, vor allem mit Holz, das aus den Mittelgebirgen an die Rheinmündung transportiert wurde.

Mehrere bedeutende Nebenflüsse des Rheins sind schiffbar, darunter der 367 Kilometer lange Neckar, der 524 Kilometer lange Main, die 545 Kilometer lange Mosel und die 925 Kilometer lange Maas. Neckar, Main und Mosel sowie zahlreiche andere Flüsse schnitten ich tief in den Untergrund der Gebirge ein, als sich der Rhein bildete. In die tief eingekerbten Täler dieser Flüsse münden kleine Bäche, die in Schluchten oder Klingen verlaufen; ihr Wasser wird vielerorts zum Antrieb von Mühlen genutzt. Nach einem Gewitterregen können in diesen Schluchten wahre Sturzbäche entstehen, die nicht nur Wasser, sondern auch fruchtbare Bodenkrume als Schlamm in die Flüsse hineintragen, so dass sich deren Wasser braun verfärbt. Der Wasserspiegel der Flüsse kann sehr rasch ansteigen; vor allem an der Mosel kommt es immer wieder zur Ausbildung verheerender Flutwellen, die mit recht großer Geschwindigkeit dem Rhein zueilen.

Im Bereich des Rhein-Maas-Deltas, wo der Rhein zum Dammfluss wird, liegt sein Wasserspiegel über dem Niveau des umliegenden Tieflandes, welches durch vier bis fünf Meter hohe Flussdeiche vor Überflutung geschützt werden muss. Gefährlich hohe Wasserstände können nicht nur bei Hochwasser des Rheins eintreten, sondern auch bei Springfluten der Nordsee; drückt dann zusätzlich der Nordweststurm Meerwasser in das Rheindelta, kann das Flusswasser nicht abfließen und ergießt sich nach Deichbrüchen in die unterhalb des Wasserspiegels gelegenen Polder der Niederlande. Dort weiß man seit jeher: Die Gefahr durch Überflutungen kommt meistens »von hinten«, d.h. aus den Flüssen.

Gebildet hatte sich der Rhein seit der geologischen Epoche des Tertiär, zunächst als kleinerer Fluss, der vom Rheinischen Schiefergebirge bis zur Nordsee reichte. Als der Oberrheingraben entstand, kam ein Oberlauf des Rheins zum Fluss hinzu, der im Bereich des Kaiserstuhls entsprang. Im Eiszeitalter zapfte der Rhein dann die verschiedenen alten Oberläufe der Donau an und nahm sein heutiges Bild an.

Die Elbe

Die Elbe ist 1.165 Kilometer lang und besitzt ein Einzugsgebiet von 146.500 Quadratkilometern. Ihre Länge unterscheidet sich nicht wesentlich von der des Rheins, aber ihr Einzugsgebiet ist erheblich kleiner. Auch liegen die Quellen des Rheins in größerer Höhenlage als die der Elbe; das Gefälle der

Elbe ist viel geringer als das des Rheins, auch die Menge des Wassers, die in diesem Fluss zu Tale läuft. In der Elbe fließen pro Sekunde 790 Kubikmeter Wasser ab, im Rhein 2.500! Im Oberlauf der Elbe sind die Höhenunterschiede noch recht groß, aber bereits in Mittelböhmen verläuft sie auf recht niedrigem Höhenniveau und besitzt den Charakter eines Flachlandflusses. Hochwasserwellen bewegen sich von dort aus sehr langsam nach Norden. In der Mitte der böhmischen Senke sammelt sich das Wasser aus allen Mittelgebirgen, die das tief gelegene Land umgeben. Nach heftigem Regen in diesem Gebiet und bei der Schneeschmelze läuft also alles Wasser im Bereich von Prag und Melnik zusammen, wo die Moldau in die Elbe mündet. Alles Wasser aus Böhmen fließt durch eine enge Schlucht im Elbsandsteingebirge, durch idyllische Flussschlingen. Bei Hochwasser wird aber deutlich, dass das enge Tal zwischen Tschechien und Sachsen ein wirklicher Flaschenhals ist; viele Meter hoch steigt der Wasserspiegel des Flusses an, wenn alles Wasser aus Böhmen auf einmal in Richtung Nordsee unterwegs ist. Mit besonderer Wucht brechen in diesem Bereich Wassermassen aus dem nördlichen Erzgebirge und dem Elbsandsteingebirge zur Elbe durch, wenn es viel geregnet hat oder Schneeschmelze herrscht. Diese Wassermassen nehmen nicht den Weg der Flüsse im Süden des Erzgebirges, nämlich zunächst in die Eger (Ohře) oder Biela (Bílina) und dann in die Elbe, sondern erreichen die Elbe oder ihren westlichen Nebenfluss Mulde auf direkten Wegen mit sehr großem Gefälle. Daher konnten sich in den engen Tälern von Müglitz und Weißeritz und der Oberläufe und Nebenflüsse der Mulde im August 2002 gewaltige Fluten entwickeln, die weithin die Infrastruktur des Landes vernichteten.

Eigentlich war das große Gefälle dieser Flüsse aber eine wichtige Quelle des Wohlstandes in Sachsen. Viele alte Städte liegen dort, wo die Flüsse aus dem Erzgebirge das Vorland erreichen. Dort trieben sie früher die Mühlen der Hammerwerke an, in denen das Erz des Gebirges verarbeitet wurde, später die Turbinen der Fabriken des sächsischen Industriegebietes: in Chemnitz und Flöha, Zschopau und Döbeln, Grimma und Freital, einer großen Stadtgemeinde, die im Jahr 1921 aus dem Zusammenschluss mehrerer kleinerer Industrieorte entstanden ist.

Das Gefälle der Elbe war nördlich der Mittelgebirgsschwelle ursprünglich größer, denn vor der Eiszeit verlief die Elbe von Sachsen aus genau nach Norden, in Richtung der heutigen Ostsee. Dieser kurze Weg zum Meer wurde dem Fluss später durch die Moränen versperrt, die eiszeitliche Gletscher im norddeutschen Tiefland zusammenschoben. Vor· den Endmoränen aus Gletscherschutt, die von Ost nach West verlaufen, bildeten sich Urstromtäler, in denen vor allem die großen Schmelzwassermengen abflossen, die entstanden, als die eiszeitlichen Gletscher abtauten.

Die im Vergleich zum Urstrom kleine Elbe mündete im Bereich von Torgau in das Urstromtal ein. Da sich dort ihre Strömung erheblich verlangsamte (sie wurde ja vom Schmelzwasser aufgestaut), bildete sich unterhalb von Riesa ein großer Schwemmfächer aus Sedimenten der Elbe aus, in dem alles Material liegen blieb, was die erlahmende Strömung der Elbe nicht mehr weitertragen konnte. Auf den Ablagerungen des Schwemmfächers bildete die Elbe ein großes Delta; sie mündete im Verlauf der Zeit an unterschiedlichen Stellen in den Urstrom. Auf ehemaligen Sedimenten der Elbe und des Urstromtales breitete sie sich während des Hochwassers im August 2002 weit in die Fläche aus; mehrere Deiche hielten der tagelangen Belastung nicht mehr Stand.

Im Urstromtal fließt die Elbe anschließend langsam und mit geringem Gefälle nach Westen. Bei Dessau wendet sie sich nach Nordwesten und Norden, mit etwas größerer Geschwindigkeit bricht sie durch den Endmoränenzug. Doch nördlich von Magdeburg wird ihr Lauf wieder verlangsamt; dort mündet die Elbe in ein weiteres Urstromtal ein. Auch dort bildete die Elbe ein Delta, dessen einzelne Arme sie noch im Mittelalter nutzte. Dann floss sie manchmal nicht nur von Magdeburg nach Norden, in Richtung Wittenberge, sondern auch in das Tal der unteren Havel bei Rathenow, oder sie machte einen noch weiteren Bogen nach Osten, ins havelländische Luch hinein. Glücklicherweise brachen die Deiche in diesem Gebiet im August 2002 nicht; doch wären die Verhältnisse möglicherweise anders gewesen, wenn auch die Saale noch mehr Wasser geführt hätte und die Deiche im Bereich von Torgau und Wittenberg nicht gebrochen wären.

Mit ganz geringem Gefälle fließt die Elbe von der Havelmündung aus im Urstromtal nach Nordwesten auf Hamburg zu. Der westliche Teil des Urstromtales ist auf einer Länge von über 100 Kilometern in der Nordsee versunken, als der Meeresspiegel in den letzten Jahrtausenden anstieg. Bis nach Geesthacht östlich von Hamburg läuft die Flut der Nordsee auf und kann das Wasser der Elbe zeitweise aufstauen, vor allem bei Springflut und Nordweststurm. Mit der anschließenden Ebbe strömen dann aber große Wassermengen auf direktem Weg in die Nordsee, so dass sich ein Flusshochwasser der Elbe im Hamburger Raum kaum noch bemerkbar macht.

Die Elbe ist zwar ab Pardubice in Böhmen schiffbar, aber sie hat nie eine annähernd gleich große Bedeutung als Schifffahrtsgewässer wie der Rhein gehabt. Ihre Wasserführung ist geringer, in trockenen Perioden des Jahres ist der Fluss sehr flach. Daher wurde der Fluss ausgebaggert, und er soll auch noch weiter vertieft werden, um einen regelmäßigen Schiffsverkehr zu ermöglichen. wird. Eine Elbvertiefung führt daher dazu, dass Wasser noch langsamer ablaufen kann und sich im Winter für längere Zeit eine Eisdecke ausbilden kann. Sie wird zu einer besonderen Gefahr für die Deiche, wenn sie im Frühjahr zu zerbrechen beginnt und ihre Schollen zu wahren Gebirgen zusammengeschoben werden. Bei einem solchen Eisversatz können Deiche zermalmt werden.

Die Oder

Die 854 Kilometer lange Oder, deren Einzugsgebiet 119.100 Quadratkilometer groß ist, ist abgesehen von einem kurzen Abschnitt in ihrem Quellgebiet ein Fluss des Tieflandes. Charakteristisch ist der Wechsel zwischen breiten Talabschnitten in ehemaligen Urstromtälern, die von Ost nach West verlaufen, mit engeren Durchbruchstälern in südnördlicher Richtung, in denen die Moränenwälle aus den verschiedenen Eiszeiten durchbrochen werden. Genauso wie die Elbe nimmt die Oder daher einen treppenartigen Verlauf: Die Abschnitte in den Urstromtälern sehen auf der Landkarte wie Stufen aus. Bezeichnend für die Oder ist ferner die Asymmetrie des Einzugsgebietes.

Die linken Nebenflüsse des Oberlaufs kommen ausschließlich aus dem Böhmischen Massiv im Süden, von denen die Lausitzer Neiße der bedeutendste ist. Im Tiefland gibt es praktisch keine linksseitigen Zuflüsse. Dagegen sind die rechten Nebenflüsse wichtige Ströme, vor allem die Warthe mit ihrem Zufluss Netze.

Die Oder hat genauso wie die Elbe ein sehr geringes Gefälle. Bei Hochwasser drücken die Wassermassen lange Zeit auf die Deiche. Durch sie soll ein Ausufern des Flusses in landwirtschaftliche Flächen verhindert werden, die seit dem 18. Jahrhundert in erheblicher Ausdehnung der Flussniederung abgewonnen wurden. Seitdem lagert die Oder ihre Sandfracht nur in ihrem Bett ab, und seitdem sacken die Polder entlang des Flusses in sich zusammen, weil sie immer weiter abtrocknen. Immer größer wird die Gefahr, dass bei einem Hochwasser oder bei Eisversatz ein Deich bricht, was zu einer weiträumigen Überflutung führen könnte. In Deutschland konnten Deichbrüche bei der großen Oderflut im Sommer 1997 vielerorts verhindert werden, nicht aber in Polen, wo viele Menschen ertranken. Bei Hochwasser tritt an der unteren Oder noch ein weiteres Problem auf, das an der Elbmündung keine Rolle spielt: Die Oder mündet in die Ostsee, die fast keinen Tidenhub hat.

Zwar kann die Flut das Oderwasser nicht aufstauen, aber der Ebbstrom führt das Wasser auch nicht aus der Odermündung ins Meer hinaus. Küstenparallele Strömungen in der Ostsee plombieren die Mündung der Oder durch einen breiten Sandstreifen., der sich als Teil der Ausgleichsküste bildet; er wird nur an wenigen Stellen des Oderdeltas durchbrochen. Die Strömung der unteren Oder und anderer Flüsse, die in die Oder münden, ist derart gering, dass selbst feines toniges Material vor den Mündungen zu Boden sinkt.

Nur bei stärkerer Wasserführung kann dieses tonige Material in die Ostsee gespült werden. Es enthält zahlreiche Schadstoffe, die wie eine Zeitbombe in den Sedimenten der unteren Oder, der unteren Weichsel und der unteren Memel begraben sind, bis ein Hochwasser sie ins Meer spült; der Abfluss der Oderflut im Jahr 1997 in die Ostsee führte zu einer weiträumig feststellbaren Verunreinigung des Meeres.

Konsequenzen für die Zukunft

Überflutungen drohen also in allen vier hier kurz vorgestellten großen mitteleuropäischen Strömen und entlang ihrer Nebenflüsse. Aber ihr Charakter ist verschieden: An einigen Flüssen treten sie kurz-, an anderen langfristig auf. An einigen Flüssen kommt es vor allem zur Zeit der Schneeschmelze (und dann recht regelmäßig) zu Überflutungen, an anderen nur sporadisch, nach besonderen Wetterlagen mit Starkregen, die zu verschiedenen Jahreszeiten auftreten können.

Wir müssen immer damit rechnen, dass es zu einer Überflutung kommen kann. Überflutungen können sich prinzipiell überall dort auswirken, wo in früheren Zeiten (auch vor einer Eindeichung) Flusssedimente abgelagert wurden. Und es muss klar sein, dass in den engen Schluchten am Rand der Gebirge der Wasserspiegel um mehrere Meter ansteigen kann; denn sonst wäre gar nicht zu verstehen, wie diese engen Schluchten entstanden sind.

Wenn durch Hochwasser gefährdete Flächen wieder besiedelt werden und während der Überflutung zerstörte Häuser wiederaufgebaut werden, muss dies unter großer Vorsicht erfolgen. Baudenkmäler wie der Dresdner Zwinger müssen besser gesichert werden. Es ist unvernünftig, Magazine von Gemäldegalerien und Bibliotheken in Häusern oder gar deren Kellern zu unterhalten, die von Hochwasser bedroht sind.

Es muss auch darüber nachgedacht werden, dass es vielleicht nicht sinnvoll ist, einen modernen Industriebetrieb in einem Gebäude wieder einzurichten, das im 19. Jahrhundert unmittelbar am Fluss gebaut werden musste, weil man damals die Wasserkraft für den Betrieb der Turbinen benötigte. Die Schäden, die ein Hochwasser in einem modernen Industriebetrieb mit computergestützter Produktion anrichtet, sind ungleich größer als diejenigen, die in einem mechanischen Betrieb des 19. Jahrhunderts entstanden. Für den heutigen Industriebetrieb ist eine Lage im Tal nicht erforderlich, und daher sollte man ihn an anderer Stelle wieder errichten.

Erst recht sollten auch keine neuen Wohnhäuser in Lagen gebaut werden, die von Hochwasser gefährdet sind. Krankenhäuser mit ihren aufwändigen technischen Anlagen sollten nicht dort liegen, wo Hochwasser droht. Zumindest langfristig sollte man bestrebt sein, sie aus den Tälern auf die Höhen zu verlagern. Und ist es vernünftig, Straßen und Eisenbahnlinien genau dort wieder aufzubauen, wo die Gewalt der Fluten sie zerstörte?

Polderflächen können zwar landwirtschaftlich genutzt werden, aber es muss von vornherein klar sein, dass dies auf eigene Gefahr zu geschehen hat. Man kann in den Niederungen zwar viele Jahre hindurch hohe Erträge an Gras und Getreide erzielen, aber muss dann in Kauf nehmen, dass es bei hohen Fluten oder lange Zeit stehendem Grundwasser zu Ernteeinbußen kommen kann.

Wir brauchen grundlegende Kartenwerke, aus denen die Gefährdungen einzelner Siedlungsbezirke, von Verkehrswegen und von landwirtschaftlichen Nutzflächen ablesbar sind. Auch sollte besser bekannt sein, wie schnell sich die Hochwasserwellen ausdehnen. Das Erstaunen vieler offizieller Stellen darüber, wie schnell sich die Hochwasserwelle von Dessau aus in Richtung Norden bewegte, ist nicht zu verstehen: Aus der Topographie und aus der Vegetation entlang der Elbe ergibt sich eindeutig, dass das Wasser in diesem Bereich nicht so lange stehen bleibt wie zwischen Torgau und Dessau oder unterhalb von Wittenberge. Kartenwerke der Gebiete mit Hochwasserrisiken müssen die Basis sein für ein besseres Katastrophenmanagement, das sich nicht nur auf die Berechnung von Ingenieuren verlassen kann, sondern sich auch auf detaillierte Geländekenntnisse stützen muss, die von Geographen, Geologen und Ökologen vermittelt werden.

Schließlich muss aber vor allem darüber nachgedacht werden, wie man verhindert, dass Wasser zu rasch in die Flüsse und von dort ins Meer fließt. Denn das ausreichende Vorhandensein von salzarmem Süßwasser ist eine grundlegende Voraussetzung für das Überleben aller Kreaturen auf der Welt. Immer mehr wird es darauf ankommen, das Wasser möglichst lange in einem salzarmen Zustand auf der Erdoberfläche zurückzuhalten, um es als Trinkwasser nutzen zu können.

Zum Erreichen dieses Zieles könnten natürlich mehr Talsperren gebaut werden. Aber, und auch das ist ein Problem bei jeder Hochwasserkatastrophe, Dämme können brechen, oder die Stauseen können überlaufen. Daher muss die Landnutzung so verändert werden, dass möglichst viel Wasser bereits dort zurückgehalten wird, wo es als Niederschlag zu Boden fällt. Gerade in einer Zeit, in der es nicht mehr darauf ankommt, jeden Flecken landwirtschaftlicher Nutzfläche für die Durchsetzung der Ziele einer »Erzeugungsschlacht« zu nutzen, muss mehr an die Speicherung von Wasser im Boden gedacht werden. Die Poren in den Böden dürfen nicht immer weiter durch den Einsatz noch schwererer landwirtschaftlicher Maschinen verdichtet werden, so dass sie immer weniger Wasser aufnehmen können. Gräben zur Drainage des Landes müssen zugeschüttet, Drainagerohre entfernt werden, wenn das Land nicht mehr intensiv genutzt wird.

Immer wieder wird die Forderung vorgebracht, dass die Landschaft nicht weiter versiegelt werden darf. Vor allem heißt dies aber: Asphaltierte und betonierte Bereiche sowie die riesigen Industrieflächen, die nicht mehr genutzt werden, müssen entsiegelt werden, auch wenn sie anschließend niemand nutzen möchte. Es kann dort viel Wasser gespeichert werden. Die Wälder müssen beschleunigt umgebaut werden. Die immer höher aufwachsenden Fichten aus künstlichen Anpflanzungen verdichten den Boden unter ihren hin und her schwankenden Wurzeltellern immer stärker, so dass er immer weniger Wasser aufnehmen kann, und unter den dicht gepflanzten Fichten ist es derart dunkel, dass nur wenig Moos dort wachsen kann, das ja ganz wesentlich zur Wasserspeicherung in Waldökosystemen beiträgt. Ein höherer Anteil an Laubholz sorgt für eine bessere Bodenstruktur, und das Moos kann sich im Unterwuchs der Bäume besser entwickeln.

Hier sollen bewusst nur die Maßnahmen genannt werden, die zu einem besseren Wasser- und Landschaftsmanagement insgesamt beitragen können. Auch wenn sie Tropfen auf den heißen Stein – oder besser: Tropfen in den gelockerten Boden – sind: Sie tragen zu einer Verhinderung künftiger Schäden bei, und daran muss uns entscheidend gelegen sein.

Wer hat Angst vor Rot, Grün und Gelb?
Kaiser Wilhelm, Herzogin Elsa und Josephine von Mecheln: Waren das Tage, als der Adel noch an den Obstbäumen hing

Wie in jedem Jahr reift das Obst auf den Bäumen. Rot und gelb leuchten die Äpfel aus den zunächst noch grünen, dann sich braun verfärbenden Blättern hervor. Die Obstbäume stehen an den Straßen, auf Obstwiesen, in den Dörfern und an ihrem Rand. »Ach schüttel mich, schüttel mich, wir Äpfel sind alle miteinander reif!«, scheinen Bäume und Früchte zu rufen; jeder kennt diese Aufforderung aus dem Märchen von Frau Holle, das zu den bekanntesten Kinder- und Hausmärchen der Brüder Grimm zählt. Unzählige Äpfel werden aber nicht geerntet, die allermeisten Obstbäume werden nicht geschüttelt. Oft hängen, wie jetzt vielerorts sichtbar, die Früchte noch an den Bäumen, wenn die Blätter längst am Boden liegen. Oder sie fallen zu Boden, verschimmeln, verfaulen und sind Nahrung für die Wespen. Der erste Frost lässt die letzten Früchte erfrieren; auch sie verfaulen schließlich. Dabei vermehren sich Bakterien und Pilze, die unverhältnismäßig viel Nahrung finden. Viele der knorrigen alten Apfelbäume stürzen in sich zusammen, werden gefällt und beseitigt, andere bleiben ungenutzt stehen; seit Jahren sind dann ihre Äste nicht geschnitten und wie Kraut und Rüben gewachsen, ihre Früchte werden seit langem nicht mehr beachtet. Glaubt man der Moral des Märchens, gebührt uns für unser Tun und Lassen die gerechte Strafe: Unter dem Tor, das aus Frau Holles Welt herausführt, sollen wir mit Teer übergossen werden. Wir aber werden nicht bestraft. Oder etwa doch?

Obwohl wir so viele Äpfel nicht ernten, können wir reichlich Äpfel kaufen. Aus aller Welt werden sie zusammengebracht und im Supermarkt angeboten. Da gibt es die Sorten Jamba und Boskoop von der Niederelbe, Elstar wurde in Nordbaden verpackt. Der weit verbreitete Golden Delicious kommt aus Südtirol, Royal Gala aus Spanien, Granny Smith gar aus Südafrika und Braeburn, auf dessen Wange häufig ein niedliches Herzchen geklebt ist, aus Neuseeland. Alle Früchte sehen gleich aus, sie haben die gleiche Färbung, die gleiche Größe, und sie schmecken auch gleich langweilig. Diejenigen Äpfel, die sich gut lagern lassen, sind das ganze Jahr über im Angebot, oder man bringt sie im global aktiven Jumbojet von einem Ende der Welt zum anderen – je nachdem, wo gerade Äpfel auf der Welt reif sind und wo man sie verkaufen kann. Für den Erzeuger, den Händler und den Verbraucher hat dies Vorteile. Die Pflege, Ernte und Lagerung sowie der Transport der

Äpfel sind völlig kalkulierbar. Der Kunde im Supermarkt kann sich darauf verlassen, dass die Früchte so schmecken, wie er es erwartet, und sich stets so gut halten wie gewohnt. Normen sind festgelegt, die eingehalten werden müssen, wenn man Äpfel verkaufen will.

Wünschen wir uns aber wirklich die Normfrucht und das kalkulierbare Erlebnis, wenn wir einen Apfel kaufen und essen? Ist man nicht vielmehr auf der Suche nach dem Apfel vom Baum der Erkenntnis, will man sich nicht doch eher auf das Abenteuer einlassen, eine Frucht zu essen, von deren gutem Geschmack man sich überraschen lassen möchte? In früherer Zeit warteten immer wieder neue Abenteuer auf den Obstbauern, der Äpfel anbaute. Apfelgärten gehören seit ein paar Jahrhunderten zum Erscheinungsbild vieler mitteleuropäischer Dörfer. Die Bäume werden unter Anwendung von Verfahren aus der Antike gezogen: Edelreiser werden auf eine Unterlage, einen Wildling, gesetzt, ein Vorgang, den man Pfropfen nennt. Oder man okuliert, das heißt, man setzt die Knospen eines Edelreisers in einen T-förmigen Schnitt in der Rinde eines Wildlings. Die Wildlinge sind wirkliche Individuen, die Edelreiser Klone. Durch Mutationen und Kreuzungen können immer wieder neue Varietäten von Äpfeln entstehen, so genannte Zufallssämlinge. Ihre Früchte können eine besondere Geschmacksnote haben, besondere Größe und Farbe, oder sie sind besonders lagerfest und resistent gegen Schädlinge. Würde man jetzt zulassen, was in der Natur üblich ist, eine normale Kreuzung, und die Samen der Äpfel aussäen, würde man Bäume aufziehen, die nicht genau die Eigenschaften des Zufallssämlings aufweisen. Den Zufallssämling kann man unter Bewahrung aller seiner Eigenschaften nur vegetativ vermehren. Das heißt, man nimmt Zweige von dem Sämling ab und pfropft sie erneut auf Unterlagen von Wildlingen. In den Obstbaumschulen werden also unablässig Bäume geklont.

Die auf diese Weise entstehenden »Sorten« von Äpfeln sind in Wirklichkeit keine Sorten, sondern die Früchte von einem einzigen Apfelbaum-Individuum, das möglicherweise unzählige Male geklont, also erbgleich vermehrt wurde, indem seine Zweige oder Knospen auf unendlich viele Wildlinge gesetzt wurden. Jeder geklonte Apfelbaum bringt die gleichen Früchte hervor wie derjenige, von dem Edelreiser abgenommen wurden. Die Bäume und ihre Früchte sind aber empfindlich gegenüber Schädlingen, die sich stark vermehren können, wenn sie immer wieder genau identische Nahrung vorfinden. Daher müssen immer wieder neue »Sorten« gezüchtet werden. Neue Sämlinge entstehen, und neue Edelreiser müssen zur Verfügung stehen.

Tatsächlich sind in vergangenen Jahrhunderten immer wieder neue Sorten von Äpfeln, die von immer wieder anderen Sämlingen abstammten, bekannt geworden und wieder aus der Mode gekommen. Das wird deutlich, wenn man die pomologischen Bücher der letzten Jahrhunderte miteinander vergleicht. Das älteste dieser Bücher mit wissenschaftlichem Anspruch war die »Pomologie« des Niederländers Johann Hermann Knoop, die 1758 publiziert wurde. Die Apfelsorten, die Knoop aufführte, nannte auch Johann Caspar Schiller, der Vater des Dichters, in seiner »Baumzucht im Grossen« von 1795. Völlig andere Sorten empfehlen die obstkundlichen Werke des 19. Jahrhunderts; die meisten Sorten des 18. sind heute unbekannt.

Stets wurden in früheren Jahrzehnten zahlreiche Sorten von Äpfeln nebeneinander gepflanzt und gezogen; Monokulturen heutigen Zuschnitts kannte man nicht. In einzelnen Dörfern kamen mehr als 30 verschiedene Apfelsorten, dazu noch einmal die gleiche Zahl an Birnensorten vor. Der eine schätzte die eine Sorte mehr als ein anderer, die eine ließ sich besser lagern, die andere besser frisch essen, eine taugte besonders für die Herstellung von Apfelbrei oder Kuchen, der Saft der einen wurde zu Most, der Saft einer anderen ließ sich gut zu Schnaps brennen. Alte Apfelbäume ließ man stehen und pflanzte neue dazu, deren Edelreiser von neuen Sorten stammten. Wer die Früchte aller dieser Bäume aß, konnte eine Vielfalt genießen, für ihn war es ein Abenteuer, in jeden Apfel zu beißen. Die Sortenvielfalt in vielen Dörfern war erheblich größer als die in einem modernen Supermarkt. Und ging man von Dorf zu Dorf, von Gegend zu Gegend, traf man auf immer wieder neue Äpfel und Birnen mit unzähligen Geschmacksnoten.

Wer diese Sorten fand oder in den Handel brachte, gab ihnen klangvolle Namen. Apfel hießen Gewürzluike, Berner Rosenapfel, Kaiser Wilhelm, Altländer Pfannkuchenapfel, Bischofshut oder Gelber Edelapfel. Als Birnen kannte man nicht nur die Gute Luise und Williams Christ, sondern auch Herzogin Elsa, Josephine von Mecheln, Sterckmanns Butterbirne und Esperens Bergamotte. Wer diese Sorten im Garten hatte, der vergaß ihren Geschmack ein Leben lang nicht. Vielen trauert man heute nach; viele Menschen sind auf der Suche nach den Äpfeln ihrer Kindheit. Groß war meine Freude, als ich auf einem Markt in Litauen Kläräpfel fand, genau von der Beschaffenheit, wie meine Großmutter sie in ihrem Garten hatte. Diese Äpfel kann man auch in anderen Regionen Mitteleuropas noch antreffen, aber sie lassen sich nicht unter das Massenpublikum bringen: Viele Früchte sind schief und krumm gewachsen und nicht lange haltbar, sie fallen zu schnell von den Bäumen und haben unansehnliche schwarze Flecken, und immer wieder hat auch ein Wurm die süßsäuerliche Köstlichkeit dieses Apfels entdeckt. Dennoch: In Litauen würde man wohl kaum die Äpfel auf den Bäumen hängen lassen. Und tatsächlich kann man sie verkaufen, es gibt sie sogar am Frühstücksbuffet von großen Hotels.

Auch Kläräpfel gehören keiner alten Sorte an; sie sind erst seit der Mitte des 19. Jahrhunderts bekannt. Ihr Alter ist kein Argument dafür, sie zu erhalten. Es kann nicht darum gehen, unbedingt den Sortenbestand wahren zu wollen, weil er ein Überbleibsel aus einer wie auch immer gearteten »guten alten Zeit« ist, in der es auf dem Lande so zuging, wie ein Städter von heute das wahrhaben möchte. Die Sortenvielfalt zu bewahren ist vielmehr wichtig für den Erhalt kultureller Identität und genetischer Vielfalt. Eine Sammlung von Apfelsorten dokumentiert die kulturelle Leistung von Generationen von Gärtnern, die neu entstandene Formen von Äpfeln erkannten und die Reiser der Bäume vermehrten. Der Erhalt genetischer Vielfalt ist wichtig, weil man auf diese Weise genetisches Material bewahrt, das man vielleicht einmal wieder in andere Sorten einkreuzen kann, um besondere Geschmacksmerkmale oder Resistenz gegen Schädlinge zu erreichen. Staatliche Stellen, das Bundessortenamt wie zahlreiche Museen, sammeln alte Obstsorten, und es gibt auch Privatleute, die eine staunenswerte Fülle alter Sorten zusammengetragen haben und in ihren Sammlungen »verwalten«.

Es gilt, die Vielfalt der Äpfel- und Birnensorten neu zu entdecken. Warum sollen denn immer nur die wenigen Sorten von Äpfeln und Birnen, die der Handel für uns üblicherweise bereithält, der Ernährung dienen? Neugierig macht das Angebot der Supermärkte nicht, aber die Äpfel auf so manchem Wochenmarkt – und eigentlich sollten auch die alten Bäume in den Dörfern unsere Neugier wecken. Es kann wohl sein, dass es sich aus finanziellen Gründen nicht lohnt, alte Bäume zu pflegen und ihr Obst zu ernten. Aber lässt sich das Ernten der Früchte, das Kaufen und Essen von Äpfeln immer in eine Kosten-Nutzen-Rechnung einbeziehen? Wer neugierig auf den Geschmack von seltenen Äpfeln ist, wird die Früchte auch dann pflücken, wenn es sich aus finanzieller Sicht nicht lohnt.

Normen wurden aufgestellt, die jedem nützen sollen, aber ihren Sinn nicht erfüllen. Viele Kunden empfinden das Angebot an Äpfeln als zu langweilig und bedienen sich bei Weintrauben und Südfrüchten, Judenkirschen und Litschis. Wäre immer mal eine andere Apfelsorte verfügbar, würden sie Äpfel kaufen. Sie würden es vor allem dann tun, wenn die Äpfel nicht alle gleich aussähen, nicht alle gleich schmeckten.

Vorerst wartet nur triste Langeweile, eben das »Normale«, auf den Kunden im Supermarkt. Jeder Apfel, jede Birne schmeckt gleich, jede Frucht ist Mittelmaß. Die alten Bäume in den Dörfern werden nicht beachtet. Ihre Früchte verkommen unversucht und bringen den Erzeugern keinen Ertrag. Der Verbraucher kommt um seinen Genuss. Das Mittelmäßige, das Genormte wird präsentiert, das Außergewöhnliche zurückgehalten. Ist das die Strafe der Frau Holle? Pech wird über das faule Mädchen und langweiliges Mittelmaß über uns gegossen, weil die reifen Äpfel am Baum hängen bleiben.

Der blonde Weizen der Ukraine

»Blond war der Weizen der Ukraine« lautet der Titel eines Erinnerungsbuchs von Marie Fürstin Gagarin. Vor dem Ersten Weltkrieg verbrachte sie ihre goldene Kindheit in einem Land, das als Kornkammer weltberühmt ist. Kaum anderswo auf der Welt wächst Getreide derart gut wie auf der ukrainischen Schwarzerde.

Am besten geeignet zum Anbau von Korn ist ein fruchtbarer Boden, der möglichst keine Steine enthalten soll, damit man ihn gut bearbeiten kann. Zur Zeit des Wachstums der Pflanzen muss es genügend Regen geben, später dann eine trockene Witterungsphase, in der das Korn reifen kann. Nur dann, wenn es völlig trocken ist, lässt sich Korn gut ernten, gut lagern, zu Mehl verarbeiten. Feuchtes Korn fängt an zu schimmeln. Korn baucht das ganze Jahr über den Menschen, der es aussät, der die Felder pflegt und sie vor anderen Menschen und Tieren schützt, der sie aber auch erntet. Nicht geschnittenes Korn bleibt auf den Halmen stehen und wächst aus, das heißt es keimt in der Ähre, und dadurch wird der Ernteertrag geringer. Auch im Winter müssen Menschen in der Nähe des Korns leben und die Vorräte schützen.

Jeder weiß, dass auch die Menschen das Korn brauchen. In einem von Jahreszeiten geprägten Klima ist Korn das wichtigste Lebensmittel, das sich das ganze Jahr über lagern und portionsweise verbrauchen lässt, auch unter einfachsten Bedingungen.

Früher hatte jeder Bauer oder jede Gemeinschaft von Bauern, die beispielsweise in einem Dorf zusammenlebten, eigenes Korn, später erzeugten sie Überschüsse und verkauften sie auf den Märkten einer Stadt. Heute haben wir einen weltumspannenden Getreidehandel, und darin spielt die Ukraine eine bedeutende Rolle. Denn die Bedingungen für den Weizenanbau sind dort optimal. Jetzt aber muss dringend ausgesät werden. Im Frühjahr herrscht »Rasputiza«. Der Boden ist vom Schmelzwasser aufgeweicht, es fließt im topfebenen Land nur sehr langsam ab. Aber die Körner erhalten genug Wasser und Mineralstoffe zur Keimung und zum Wachstum. Später trocknet der Boden und wird steinhart, dann müssen die Pflanzen schon ein Stück weit gewachsen sein und den Untergrund beschatten, damit er nicht noch stärker ausdorrt. Die Jahreszeit von »Rasputiza« ist bereits mehreren Armeen zum Verhängnis geworden, den Franzosen unter Napoleon, den Deutschen im Zweiten Weltkrieg und nun auch den Russen, deren Panzer im Schlamm feststecken, obwohl das Phänomen den Russen doch bekannt sein müsste! Aber für den Weizen ist »Rasputiza« ein Segen. Wenn der Schlamm aber erstarrt, ohne dass zuvor Körner in den Boden gebracht wurden, droht eine weltweite Hungersnot.

Dabei könnte man sich hierzulande beruhigt zurücklehnen, denn in Deutschland und anderen vergleichbaren Ländern ist es der Landwirtschaft insgesamt in den letzten 50 Jahren gelungen, die Weizenerträge auf den Flächen zu verdoppeln. Dank dieser staunenswerten Entwicklung wurde Deutschland in den letzten Jahren zu einem Weizenexporteur, wovon man zuvor nur träumen konnte. Aber man kümmert sich zu wenig darum, denkt eher darüber nach, wie man Überschüsse vermeidet oder wie man Korn zur Energiegewinnung nutzt. Nun muss man dringend umsteuern, wenn es dazu nicht überhaupt schon zu spät ist. Denn »im Märzen der Bauer die Rösslein anspannt, er setzt seine Felder und Wiesen in Stand«. Kann man jetzt noch mehr Felder in Stand setzen, also mit Korn bestellen? In der Ukraine wird die Feldbestellung in vielen Fällen vergeblich gefordert werden, weil die Bauern im Krieg sind oder Angst haben müssen, bei der Feldarbeit beschossen zu werden.

Jetzt schon steigen die Weizenpreise auf dem Weltmarkt. Wer das Korn in diesem Jahr reichlich anbieten kann, dem mag reichlicher Profit winken. Das sei den Bauern gegönnt. Und zum Glück wurden in Argentinien und Australien in den letzten Wochen reiche Ernten eingefahren. Aber das Problem liegt an anderer Stelle. Die besonderen Bedingungen des Klimas einer feuchten Witterungsphase, die den Weizen wachsen lässt, und einer nachfolgenden Trockenphase, in der das Korn reift, herrschen nicht überall auf der Welt. In den bevölkerungsreichen tropischen Ländern der Welt könnte das Korn zwar wachsen, aber wegen des täglichen tropischen Regens nicht trocknen und reifen – jedenfalls nicht in den Mengen, die für die Welternährung gebraucht werden. Was also wird geschehen? Viele Felder in der Ukraine und wohl auch in Russland bleiben unbestellt. Die Preise für Weizen auf dem Weltmarkt werden weiter steigen. Die wohlhabenden Länder auf der Erde, die wohlhabenden Menschen wird es nicht wesentlich stören, wenn für Brot der doppelte oder dreifache Preis bezahlt werden muss. Aber die Armen, die Hungernden werden sich Getreideprodukte nicht mehr leisten können. Mit jedem Cent, um den sich Korn verteuern wird, werden immer mehr Menschen die Kosten für das so überaus wichtige Grundnahrungsmittel Getreide nicht mehr aufbringen können. Und gerade diese Menschen werden nicht dazu in der Lage sein, mehr Getreide anzubauen, weil sie entweder in den immer feuchten Tropen oder in den Trockengebieten der Erde leben.

Die Länder der gemäßigten Zonen, vor allem im westlichen Eurasien und im östlichen Nordamerika gelegen, sind es, die optimale Bedingungen für den Anbau von Korn haben. Und sie müssen die Verantwortung dafür annehmen, die Menschen in Ländern mit ungünstigeren Klimabedingungen mit genügend Getreide zu versorgen. Der drohende Ausfall eines großen Getreideproduzenten könnte endlich dazu führen, dass sich die Länder auch auf ihre Bedeutung für den Ackerbau besinnen. Es genügt nicht, dass diese Länder ihre Industrieproduktion im Sinn haben, sondern sie sind über die Produktion von Lebensmitteln auch hochbedeutende Rohstofflieferanten auf dem Weltmarkt.

Die Entwicklung könnte dramatisch werden. Es droht nicht nur die Verknappung der Rohstoffe Erdöl und Erdgas, die sich möglicherweise auch aus anderen Quellen beschaffen lassen, sondern demnächst könnten Milliarden von Menschen an Hunger leiden. Dies würde dann eine weltweit wahrnehmbare Folge des desaströsen Krieges in der Ukraine werden. Man muss alle Möglichkeiten ergreifen, vielleicht doch noch zusätzlichen Weizen auszubringen, eventuell auch in Ländern, in denen die Feldbestellung nicht schon im März, sondern erst später im Jahr erfolgt: Man wird vor allem auf Skandinavien und Kanada blicken müssen, auch auf Hochlagen der Mittelgebirge hierzulande.

Jedem muss klar sein: Mit einem Mangel an Öl und Gas wird man umgehen müssen. Aber ein Mangel an Korn für einen großen Teil der Menschheit ist untragbar. Und ganz abgesehen davon: Die Sehnsucht wird groß, dass der Weizen der Ukraine wieder blond werden kann. Ob es in diesem Jahr noch klappt? Es wäre ein Wunder.

Rede des Präsidenten des Niedersächsischen Heimatbundes, Prof. Dr. Hansjörg Küster, auf dem 101. Niedersachsentag in Lüneburg am 21. Mai 2022

Sehr geehrter Herr Ministerpräsident, sehr geehrter Herr Landrat, sehr geehrte Frau Oberbürgermeisterin, sehr geehrte Abgeordnete der Parlamente, meine sehr verehrten Damen und Herren,

Die ROTE MAPPE 2022 ist die letzte, die ich als Präsident des Niedersächsischen Heimatbundes der Landesregierung überreichen werde. Nach 18 Jahren als ehrenamtlicher Präsident bin ich nicht mehr zur Wiederwahl angetreten. Dies ist der Grund dafür, warum ich diese Rede in einer etwas anderen Form halten möchte als in den zurückliegenden Jahren. Ich möchte nicht auf einzelne Beiträge der ROTEN MAPPE eingehen, denn sie sind alle überzeugend dargestellt, und es gibt keinen, der etwa besonders wichtig wäre, so dass man ihn besonders hervorheben müsste. Es kommt mir in meiner Rede auf einige allgemeine Aspekte aber ganz besonders an.

Lassen Sie mich mit einigen Bemerkungen zu den Menschen beginnen, die hinter der ROTEN MAPPE stehen. Sie sind Mitglieder der Heimat- und Bürgervereine, deren Dachverband der Niedersächsische Heimatbund ist. Sie kümmern sich vor Ort um ihr unmittelbares Lebensumfeld, ihre Heimat. Da geht es um eine enorme Bandbreite der Tätigkeitsfelder, die sich auch in dieser ROTEN MAPPE spiegeln: Natur- und Umweltschutz, Erkunden und Pflege der Kulturlandschaft, ihrer Geschichte von der Besiedelung einer Gegend, das Leben und die Ereignisse im Ort, die Archäologie, die Baukultur und Denkmalpflege, die Regional- und Minderheitensprachen, die Traditionen, Sitten und Bräuche (die teilweise als Immaterielles Kulturerbe gelten). Heimatkunde und Heimatpflege sind vielfältig, inter- und transdisziplinär – Heimatpflege ist Gemeinwesenarbeit.

Als Voraussetzung für diese Gemeinwesenarbeit braucht man fundierte Kenntnisse in vielen unterschiedlichen Wissensbereichen, die das Lebensumfeld der Menschen und damit ihre Aktivitäten in der Heimatpflege unmittelbar betreffen. Diese müssen sich die Menschen aneignen und miteinander ganzheitlich zusammenbringen; dazu bedarf es über schieres Wissen hinaus einer allgemeinen Bildung, die nahe liegende und auch scheinbar entlegene

Wissensgebiete zusammenführt. »Heimatkunde« bildet die Menschen, ihre Heimat als ihre eigene Lebenssphäre selbst und eigenständig verstehen und gestalten zu lernen. Wir brauchen nicht nur eine Wissensgesellschaft, sondern eine Bildungsgesellschaft. Es geht nicht allein darum, einfach Wissen zu erwerben und zu vermitteln, sondern es muss gelingen, die vielen Stränge des Wissens in einem ganzheitlichen Rahmen zu sehen.

Diesem Gedanken folgt der NHB nicht nur in der ROTEN MAPPE. Der NHB versteht sich als Schnittstelle zwischen den beruflichen Fachwissenschaften und den ehrenamtlichen (nicht laienhaften!) Bürgerwissenschaften. Das zeigt sich bei unseren Projekten zur Dokumentation von Kulturlandschaftselementen und Alleen mit Ehrenamtlern, im Naturschutz bei den Beteiligungsverfahren, aber auch bei der Unterstützung der Regional- und Lokalgeschichtsforschung sowie der Archäologie und Baudenkmalpflege.

Diese ROTE MAPPE entstand unter dramatischen Umständen. Die Corona-Pandemie war für den Niedersächsischen Heimatbund und alle seine Mitglieder eine besondere Herausforderung, weil alles ehrenamtliche Engagement nur unter sehr eingeschränkten Bedingungen möglich war. Für jeden einzelnen Verein kann es immer noch zur Schicksalsfrage werden, ob es gelingt, an Art und Umfang der bis März 2020 üblichen Aktivitäten anzuknüpfen. Viele Vereine haben es gelernt, mit Online-Formaten umzugehen. Aber gerade Heimat- und Bürgervereine haben auch viele ältere Mitglieder, denen dies schwerfällt. Um sie muss man sich besonders kümmern. Für sie ist die Mitgliedschaft in einem Heimat- und Bürgerverein einer der wichtigsten sozialen Kontakte. Wenn er nicht gepflegt wird, droht die soziale Isolation.

Der 24. Februar 2022 wurde zu einem Wendepunkt der Geschichte. Russland fiel in die Ukraine ein und löste unvorstellbares Elend aus. Zu diesem Zeitpunkt waren die Texte der diesjährigen ROTEN MAPPE schon geschrieben. Sie waren in den Gremien des Niedersächsischen Heimatbundes besprochen, vom Präsidium an die Landesregierung weitergeleitet worden. Nun besteht die Befürchtung, man könne die Eingaben aus der Bevölkerung, die Natur und Kultur des Landes betreffen, auf Grund der gewaltigen neuen Herausforderungen als nachrangig behandeln: Die Ukraine ist eines der wichtigsten Getreide-Exportländer der Welt. Nun sind die Häfen blockiert, und die Getreidelieferungen können die Ukraine nicht verlassen. Wer seine Äcker in der Ukraine bebaut, setzt sich ständiger Gefahren durch Bombardierungen der Russen aus. Nun muss die Ernährungslage nicht nur in Deutschland, sondern in weiten Teilen der Welt gesichert werden. Wir brauchen dringend Alternativen bei der Nutzung von Energie, was jedem klar sein muss. Flüchtlinge benötigen Unterkünfte, die Ukraine muss wiederaufgebaut werden. Und dies alles funktioniert nur, wenn die wirtschaftlichen

Rahmenbedingungen stimmen. Was also wird unter diesen Umständen aus den Vorschlägen und Forderungen der ROTEN MAPPE werden?

Immer wieder muss man sich auch unter diesen dramatischen Bedingungen klar machen, was die ROTE MAPPE ist und wer diejenigen sind, die ihre Beiträge geschrieben haben. Meldungen und Beiträge aus den Mitgliedsorganisationen werden zur Beratung in die Fachgremien gegeben und dort von den Fachleuten diskutiert, ausgearbeitet oder auch verworfen. Es sind allesamt ehrenamtliche Experten, die das Land genau kennen und die gegen mögliche Fehlentwicklungen ansteuern wollen. Es sind Experten, die man ernst nehmen muss. Aber die Aufgabe dieser Experten ist es nicht, politische Abwägungsprozesse durchzuführen. Das ist Aufgabe der Politiker, die sich für den einen oder anderen Weg entscheiden müssen. Auf die Entscheidungen der Politiker können mehrere Gruppen Einfluss nehmen, man findet immer mehr oder weniger Gehör bei der Politik. Was die im Niedersächsischen Heimatbund organisierten Experten auf jeden Fall brauchen, sind Wertschätzung und Anerkennung, denn sie sind ehrenamtlich tätig, arbeiten also, ohne dafür eine finanzielle Entschädigung zu bekommen. Das muss auch so sein, denn sie sollen nicht aus finanziellen Erwägungen, sondern aus inhaltlichen Notwendigkeiten heraus tätig sein. Aber man muss ihre Arbeit gerade deswegen besonders wertschätzen.

Was die Abwägungsprozesse durch die Politik betrifft, so muss jedem klar sein, dass sie in den letzten Monaten keineswegs einfacher geworden sind. Händeringend wird nach neuen Möglichkeiten gesucht, unseren Energiebedarf unter weitestmöglichem Verzicht auf Energieträger aus Russland zu sichern. Hamsterkäufe von Mehl und Backwaren oder auch von Speiseöl verweisen darauf, dass diese Produkte knapp werden könnten, obwohl diese Gefahr in der Europäischen Union kaum besteht, weil beispielsweise die Weizenerträge in den letzten 50 Jahren auf mehr als das Doppelte gestiegen sind. Aber auf dem Weltmarkt sieht es ganz anders aus: Es gibt viele Länder, in denen aus klimatischen Gründen nicht genügend Nahrungspflanzen angebaut werden können. In diesen Ländern, die auch zum Teil sehr bevölkerungsreich sind, regnet es für einen Ackerbau zu wenig. Und es gibt auch tropische Länder, in denen täglich Regen fällt, weswegen man Getreide niemals trocken ernten und zur Einlagerung bringen kann. Für diese Länder müssen wir zusätzliche Versorgungs-Verantwortung übernehmen, weil die Voraussetzungen der Klima- und Bodenbedingungen im Westen Eurasiens und im Osten Nordamerikas nun einmal optimal für den Getreidebau sind. Zu den wichtigsten Getreideanbaugebieten gehören Russland und die Ukraine, aber auch in Deutschland bestehen exzellente Voraussetzungen für den Getreidebau. Es gibt Flächen, auf denen man den Getreidebau vor

Jahrzehnten aufgegeben hat, weil dank großer Fortschritte bei Züchtung und Agrartechnik ein Überangebot an Korn bestand. Nun könnten auf diesen Flächen wieder Äcker entstehen, weil es jetzt auf dem Weltmarkt zu wenig Korn geben könnte. Die Regelung, die den Umbruch von Grünland untersagt, steht dem entgegen.

Viele Menschen haben Einwände gegen das Aufstellen von Windrädern und Solarpaneelen. Die Politik kann sich aber dazu gezwungen sehen, wenn Menschen hungern und frieren. Aber je stärker die Politik von den berechtigten Wünschen der Bevölkerung abweicht, desto gründlicher muss sie durch professionelle Experten prüfen, ob das nicht zu irreparablen Schäden bei allen Werten führen könnte, für die sich der Niedersächsische Heimatbund einsetzt. Aber, das gebe ich gerne zu, auch die Einsicht der Bevölkerung muss stärker werden, Sachzwänge zu akzeptieren. Diese Sachzwänge müssen allerdings geduldig erklärt werden – durch Politiker, durch vom Staat eingesetzte hauptamtliche Experten, beispielsweise an Landesämtern und Landesbehörden.

Dies ist angesichts der vielen anderen Herausforderungen, die derzeit zu meistern sind, gewiss eine weitere Bürde. Aber jeder Federstrich, mit dem eine Expertenmeinung der Mitglieder des Niedersächsischen Heimatbundes zur Seite gewischt wird, steigert die Politikverdrossenheit, die wir derzeit am allerwenigsten brauchen.

Vom eingesandten Text bis zu dessen Aufnahme in die ROTE MAPPE ist es ein weiter Weg – und keinesfalls wird alles gedruckt, was in der Geschäftsstelle ankommt. Vieles kann durch das geduldige Erklären in den Gremien des Niedersächsischen Heimatbundes bereits gelöst werden, bevor es Aufnahme in die ROTE MAPPE findet. Das zu betonen ist mir sehr wichtig, denn es werden in diesen Gesprächen bereits wichtige Klärungsversuche dafür gegeben, warum Politik so oder so abwägt, ja, abwägen muss: Was ist zwar sachlich berechtigt, aber nicht durchsetzbar?

Hinter den Beiträgen der ROTEN MAPPE steht der Niedersächsische Heimatbund voll und ganz, er sieht sich als eine Art Akademie von Experten, die gespannt darauf sind, inwieweit es gelingt, die politischen Abwägungsprozesse zu beeinflussen, wobei es immer um das Wohl des Landes, um die Heimat, also um Natur und Kultur von Niedersachsen und seinen Bewohnern geht.

Ich möchte nach diesen Anmerkungen gerne eine Vision entwickeln, darauf aber erst später zurückkommen. Zunächst einmal muss ich noch einige weitere Gedanken vorbringen, die mich zu dieser Vision gebracht haben. Lüneburg ist dafür ein ausgezeichneter Ort. Denn Lüneburg hat nicht nur eine sehr interessante mittelalterliche Vergangenheit als Hansestadt. Sie belieferte nicht nur den gesamten Hanseraum mit Salz, damit Hering, aber auch andere leicht verderbliche Lebensmittel über weite Strecken transportiert werden konnten. Lüneburg war vielmehr eine der ersten Städte, die die Reformation einführte. Dabei will ich nicht den besonderen Wert auf die Einführung des Protestantismus legen, sondern einen anderen Aspekt betonen, der im Zusammenhang mit der Reformation häufig übersehen wird. Das ist die Bedeutung der »Reform«, die keineswegs nur den Glauben betraf, sondern die auch zu mehr Nachhaltigkeit führen sollte, wie wir heute sagen würden. In allen Bergbauregionen Mitteleuropas sah man sich gezwungen, mit den Ressourcen vorsichtiger und sparsamer umzugehen. Inwieweit dies mit dem wichtigen Brennstoff Holz, den man zum Salzsieden verwendete, in Lüneburg bereits geschah, wissen wir nicht. Auf jeden Fall ist es sicher eine zu einfache Vorstellung, die Lüneburger Heide sei gerodet worden, weil die Lüneburger derart viel Holz zum Salzsieden benötigten. Die in Lüneburg geförderte Sole wies einen überaus hohen Salzgehalt auf. Sie musste nicht weiter gradiert oder konzentriert werden. Das Wasser musste lediglich verdampfen, damit das Salz trocken transportiert werden konnte. Wälder in der Lüneburger Heide wurden aus vielen Gründen zurückgedrängt, zum Beispiel, weil man in den wohlhabenden Hansestädten Holz zum Hausbau und zum Schiffbau benötigte, oder auch zum Bierbrauen. Es gab jahrhundertelang nur wenige Städte mit derart vielen Brauereien wie Hamburg. Bier hatte auf langen Schiffsreisen große Bedeutung als Getränk, das nicht verdarb. Man konnte es noch immer trinken, als in den Kesseln das Wasser faulte, wie es im bekannten Seemannslied heißt. Aber es gibt noch andere Ressourcen, mit denen man in Lüneburg gut haushalten konnte; da ist vor allem das Wasser zu nennen, von dem man bei der Salzgewinnung große Mengen benötigte. Und man setzte sich – gerade in der Zeit der Reformation – für viele soziale und caritative Projekte ein. Insgesamt gilt Lüneburg als berühmt für seine »gute Regierung« in der frühen Neuzeit, und deswegen gibt es Pläne, die Stadt in die Liste des Immateriellen Kulturerbes der Menschheit bei der UNESCO aufzunehmen. Diese »gute Regierung« bemühte sich um Glück und Wohlstand ihrer Bürger, man kann sagen, dass Nachhaltigkeit schon im 16. Jahrhundert ein Ziel der Lüneburger war. Die Universität Lüneburg hat in der Gegenwart dieses Ziel aufgegriffen, mehr als andernorts ist man hier bestrebt, Theorie und Praxis der Nachhaltigkeit zu erforschen. Zum nachhaltigen Handeln in allen Lebensbereichen muss immer wieder angeregt werden.

Doch was ist Nachhaltigkeit, und wie lässt sie sich in die Tat umsetzen? Der Niedersächsische Heimatbund hat dazu gestern ein Symposium veranstaltet. Die Bedeutung des Begriffs ist seit dem Beginn des Krieges in der Ukraine sehr stark gewachsen. Denn jedem muss klar sein, dass die Nutzung von fossilem Erdgas und fossilem Erdöl aus russischen Quellen nicht nachhaltig sein kann. Dabei gilt es zu allererst zu beachten, dass sowohl Erdgas als auch Erdöl zu den endlichen Rohstoffen gehören, die vor vielen Millionen Jahren entstanden sind und nicht kurzfristig nachgeliefert werden können. Und dann ist jegliche Zerstörung eines Landes, seiner Infrastruktur und seiner Kultur ein barbarischer Akt, der jeglichem Bemühen um Nachhaltigkeit entgegensteht. Deswegen muss die Nutzung von erneuerbarer Energie erheblich verstärkt werden. Sie hängt vor allem mit der Strahlung der Sonne zusammen, die auf die Erdoberfläche trifft. Besonders ideal ist die Nutzung von Holz; an dieser Form von Nutzung erneuerbarer Energie wurde das Konzept der nachhaltigen Bewirtschaftung ja auch entwickelt. Dank des Sonnenlichts kann Fotosynthese ablaufen, und dabei entsteht aus einfach aufgebauten Substanzen, aus Wasser und Kohlenstoffdioxid nämlich, erst Glukose und dann Zellulose, ein Stoff, der nur von wenigen Mikroorganismen wieder abgebaut werden kann, der also große Beständigkeit aufweist: Die Pflanzen selbst können diese Substanz nicht zerstören, und auch alle Tiere können dies nicht. In den langlebigen Bäumen werden Zellulose und andere Stoffe gespeichert, bis sie unter dem Einfluss von Mikroorganismen abgebaut werden oder bis sie zum Bauen und Heizen gebraucht werden. Holz hat deswegen eine besonders große Bedeutung als nachwachsender Rohstoff, weil bei seiner Gewinnung nicht nur Energie umgewandelt wird, sondern sie wird auch noch gespeichert. Der Baum wächst also, und er ist ein Speicher von Energie. Das ist bei allen anderen Formen der nachhaltigen Nutzung von Energieträgern nicht der Fall. Man muss bei ihrer Gewinnung nämlich immer zugleich für einen Speicher sorgen. Stellt man Biogas aus krautigen Pflanzen, zum Beispiel Mais, her, braucht man einen Gasspeicher. Ein wichtiger Nachteil des Pflanzenanbaus für die Gewinnung von Biogas ist zudem, dass man auf den gleichen Flächen auch Nahrungspflanzen für die Versorgung der Menschheit anbauen kann. Nahrung oder Tank – diese beiden Ziele konkurrieren miteinander, und es dürfte klar sein, welche der beiden Alternativen gewählt werden muss, wenn Nahrungsmittel knapp werden, wie es beispielsweise derzeit befürchtet wird, weil die Ukraine als wichtiger Getreideexporteur auszufallen droht.

Bei der Wasserkraft nutzt man ebenfalls wie beim Pflanzenanbau die Kraft der Sonne. Denn sie treibt den Kreislauf des Wassers an. Das Wasser läuft sehr ungleichmäßig die Flüsse herab, und Wasserkraft muss in besonderen Seen gespeichert werden: Man pumpt das Wasser in die Höhe, wenn in den Flüssen viel Wasser zur Verfügung steht und lässt es wieder ab, wenn man Energie in Form von elektrischem Strom braucht. Auch der Wind weht nicht jederzeit in gleicher Stärke; deswegen muss auch eine Speichermöglichkeit für Energie zur Verfügung stehen, die von Windkraftwerken bereitgestellt wird. Und Speicher für Energie müssen auch zur Verfügung stehen, wenn man die

Solarenergie direkt nutzt: Die Sonne scheint nicht jeden Tag mit gleicher Intensität, vor allem im Winter nicht, wenn am meisten Energie benötigt wird. Immer wieder bedeckt eine Schneedecke die Solarpaneele auf den Dächern.

Wir brauchen grundsätzlich alle diese Formen der Energiebereitstellung, bei allen Vor- und Nachteilen, weil ein Mangel an nutzbaren Rohstoffen besteht, vor allem an erneuerbaren Energienutzungsquellen. Nur wenn wir ausschließlich erneuerbare Energie nutzen, dämmen wir den Klimawandel ein. Aber die Nachhaltigkeit wird eher fassbar und errechenbar, wenn wir nicht in erster Linie den Klimawandel beachten, sondern die Nutzung von Energie, die kontinuierlich bereitgestellt wird. Das ist kein Widerspruch, vielmehr hängen beide Sachverhalte eng miteinander zusammen. Denn nur durch die Nutzung fossiler Rohstoffe bei der Energiegewinnung heizen wir den Klimawandel an – im wahrsten Sinne des Wortes. Und außerdem ist noch ein sehr wichtiger Aspekt zu beachten. Wir brauchen keineswegs eine Nachhaltigkeit nur aus ökonomischen Gründen, sondern als ein Kulturvolk haben wir außerdem soziale und kulturelle Pflichten zu beachten, und hier schließe ich gerne ökologische Aspekte mit ein. Denn unser Eintreten für die Bewahrung der Ökosysteme ist eigentlich auch eine Form des Eintretens für Kultur. Wir bewahren Denkmäler genauso wie Ökosysteme mit ihrer Biodiversität. Dabei ist die Konservierung aller organischen Stoffe ein Akt der Nachhaltigkeit – auch in energetischem Sinne. Jedes Stück Holz, das in einem Bauwerk erhalten bleibt, jedes Stück Papier, das in Büchern konserviert ist, ist nachhaltig bewahrt. Es hört sich wie ein Spaß an, den ich hier einflechte, aber es ist ernst: Nicht das Fällen eines Baumes belastet die Atmosphäre mit Kohlenstoffdioxid, sondern allein das Verbrennen von Holz und Papier. Freilich sind uns andere Dinge wichtiger, wenn wir Holzbauten und Bücher betrachten, aber es ist auch ein wichtiger Aspekt, weswegen man für deren Erhaltung Sorge tragen muss und immer wieder feststellen kann: Bücher verbrennt man nicht.

Allerdings benötigen alle Formen des Eintretens für Nachhaltigkeit, für die Biodiversität ebenso wie für die Kultur, eine zusätzliche Anstrengung, ein besonderes Handeln des Menschen, wie es in einem Kulturvolk selbstverständlich sein muss.

Und nun komme ich endlich zu meiner Vision, die vielleicht nicht bei jedem auf Zustimmung stößt. Aber man sollte darüber nachdenken.

Das Problem der zusätzlichen Bereitstellung oder Nutzung von Energie ist so drängend, derart immens, dass es weder von Politikern noch von Wissenschaftlern allein gelöst werden kann. Vielmehr muss sich jeder daran beteiligen. Eine Organisation, die sich dies auf die Fahnen schreiben kann, ja muss, ist durchaus der Niedersächsische Heimatbund. Wie also können wir zusätzliche Energie zur Nutzung bekommen? Und wie sparen wir zusätzlich Energie ein? Das Finden neuer Möglichkeiten der Energienutzung und des Energiesparens sind ebenso wichtig wie die Verhinderung der Auswüchse bei der Energienutzung, die es zu verhindern gilt. Selbstverständlich kann man dazu eine Menge sagen, und meine Rede würde in Einzelheiten zerfließen, wenn ich das jetzt tun würde. Aber ein paar Beispiele möchte ich dennoch nennen: Immer wieder mussten wir als Niedersächsischer Heimatbund das Montieren von Solarpaneelen auf Kirchendächern verhindern. Das ist eine naheliegende Idee, und warum das so ist, lässt sich gerade in Lüneburg exzellent erkunden: Hier verläuft der Fluss, die Ilmenau, genau von Süd nach Nord. Deswegen müssen die Brücken und die Straßen, die zu ihnen hinführen, von West nach Ost gebaut werden, und die Kirchen liegen genau parallel zu den Straßen: Denn der Altar steht in den allermeisten Kirchen im Osten, und die Gemeinde wendet beim Gottesdienst ihr Gesicht genauso nach Osten, in der Richtung der aufgehenden Sonne, in der Richtung von Jerusalem, der heiligen Stadt. Wenn eine Kirche nach Osten ausgerichtet ist, hat sie auch ein großes Süddach, das genau der Sonne zugewandt ist. Aber aus kulturellen Gründen verbietet es sich, die Solarmodule auf dem Kirchendach anzubringen. Jetzt aber muss festgelegt werden, wo man stattdessen die Solarmodule installiert: warum nicht auf den vielerorts errichteten Lärmschutzwänden, die noch viel längere lineare Strukturen im Raum sind als Kirchendächer?

Der Staat kann sich gezwungen sehen, Windräder auch im Wald aufzustellen oder das Verbot des Grünlandumbruchs zur Bereitstellung neuen Ackerlandes aufzuheben. Das könnte Empörung der Bürgergesellschaft auslösen. Aber seien wir doch ehrlich: Diese Regelungen sind juristisch bestimmt, und im Einzelfall ist nicht klar, ob diese Regelungen zu Recht bestehen. Handelt es sich denn wirklich um ein so einmaliges Waldstück, um so ein einzigartiges Grünlandstück, dass es unbedingt geschützt werden muss? Künftig, so meine ich, muss in jedem Einzelfall nachgewiesen werden, warum das Windrad nicht in einem speziellen Wald stehen sollte oder das spezielle Stück Grünland nicht zur Gewinnung neuen Ackerlandes umgebrochen werden darf. Das wird mehr Aufwand machen, aber in ökologischer Sicht Klarheit bringen und an anderen Stellen Nutzung ermöglichen. Nicht in jedem Fall leben in Wäldern seltene Fledermäuse, die es vor Windrädern zu schützen gilt, und der Rote Milan kommt dort schon gar nicht vor. Er lebt in der genutzten Landschaft, die abwechslungsreich mit einzelnen kleinen Gehölzen durchsetzt ist. Ich muss daran immer denken, wenn ich den Roten Milan über meinem Haus beim Jagen sehe; der faszinierende Vogel lebt selbst in bebautem Gelände, und es stört ihn nicht, wenn dort Häuser stehen. Vielleicht ist es überhaupt weniger schädlich, auch für die Beachtung ästhetischer Belange, wenn die

Windkraftanlagen sich über artenarmen Forsten drehen. Und vielleicht ist das Grünland, dessen Umbruch man mit einem Verbot verhindern will, von seiner Biodiversität her sogar weniger wertvoll als ein Acker, der eine sehr artenreiche Unkrautflur aufweist.

Ich hoffe, dass sich nicht nur Widerstand regt gegen diese Äußerungen, denn sie sind mit der Forderung verbunden, etwas Besseres zu finden, wenn man aus welchen Gründen auch immer einen Plan, etwas Neues zu bauen, ablehnt. Ich denke, gerade aus dem Bestreben heraus, Schaden für das Land, seine Natur und Kultur abzuwenden, muss auch versucht werden, neue Formen der Nutzung von Land zu entwickeln. Schließlich ist es doch auch in aller Interesse, wenn Ressourcen eingespart werden und der Klimawandel eingedämmt wird.

Aus dieser Vision, so meine ich, könnte eine weitere neue Aufgabe für den Niedersächsischen Heimatbund entwickelt werden, eine wirklich konstruktive Kritik, die es nur dann geben kann, wenn man Alternativen anbietet.

Von der Politik erbitten wir, dass sie uns gewogen bleibt. Gerade dann, wenn die Bürgergesellschaft nicht nur den Staat kritisiert, sondern sich darum bemüht, neue Lösungen zu finden, muss dies eigentlich alle Unterstützung finden. Kommen wir zu diesem notwendigen Miteinander im gemeinsamen Ziel der nachhaltigen Entwicklung? Ich hoffe das sehr.

Zu denken gibt mir ein Zitat, das Mykola Andrusyk, ein Bekannter von mir, kürzlich in einem Interview geäußert hat. Er stammt aus Lwiw in der Ukraine, lebt aber seit fünf Jahren in Deutschland, ist also nicht aktuell als Flüchtling hierher gekommen. Er sagte:

Drei Gründe haben mich bewogen, nach Deutschland zu ziehen: Die Demokratie, der Arbeitsmarkt und die Natur. Mich beeindruckt sehr, wie stark die Zivilgesellschaft hier ist. Man schließt sich zusammen, um gehört zu werden. Es gibt in Deutschland viele Vereine, Berufsverbände, NGOs und ein großes zivilgesellschaftliches Engagement. Sie alle unterstützen und stärken das gesellschaftliche Zusammenleben und die Demokratie. Das finde ich faszinierend hier zu erleben.

Es ist also das zivilgesellschaftliche Engagement, das als eine ganz besondere Stärke unserer Gesellschaft immer wieder herausgestellt werden muss. Und eine sehr wichtige zivilgesellschaftliche Institution ist der Niedersächsische Heimatbund.

Das möge er auch in Zukunft bleiben, und das füge ich hier an, weil ich die Zukunft des Heimatbundes nicht mehr in führender Rolle gestalten werde. Ich bin seit gestern nicht mehr der ehrenamtliche Präsident dieser

Nichtregierungsorganisation. Aber in den 18 Jahren, in denen ich dieses Amt ausübte, habe ich viel darüber gelernt, was es heißt, eine NGO zu sein. Ich danke an dieser Stelle den Landesregierungen und den Ministerpräsidenten, denen ich die ROTE MAPPE in früheren Jahren überreicht habe, ich danke den Mitarbeitern in der Geschäftsstelle, ich danke der gesamten Bürgergesellschaft, die mich zum Präsidenten des NHB gewählt hat und wiederholt wiedergewählt hat.

Und ich danke Ihnen, Herr Ministerpräsident, dass Sie auch in diesem Jahr zum Austausch der ROTEN mit der WEISSEN MAPPE zur Festversammlung auf den Niedersachsentag des Niedersächsischen Heimatbundes gekommen sind, und dass Sie meine Rede mit einer weiteren Rede beantworten werden.

Drucknachweise

Küster, Hansjörg, Heimat – Heimaten. August 1969 im Wendland, in: Der Heidewanderer (Heimatbeilage der Allgemeinen Zeitung, Uelzen) 95(36), 7.9.2019, S. 141-144.

Küster, Hansjörg, Kulturelle Perspektiven für die Landschaft. Landschaft ist stets kulturell bestimmt, in: Bayerische Akademie der Schönen Künste (Hrsg.), Jahrbuch 27 (2013), Wallstein Verlag, Göttingen 2014, S. 54-69.

Küster, Hansjörg, Tomaten auf dem langen Marsch zur nationalen Identität. Die unverwechselbare Eigenart der Landschaft: In Holland hat man zu ihrer Erhaltung neue Wege eingeschlagen, in: Frankfurter Allgemeine Zeitung vom 7.3.2000, S. 52.

Küster, Hansjörg, Niedersachsen. Natur und Landschaft eines vielgestaltigen Landes, in: 75 Jahre Niedersachsen, hrsg. von der Wissenschaftlichen Gesellschaft zum Studium Niedersachsens e.V. (Neues Archiv für Niedersachsen; 2021/2), Wachholtz Verlag, Kiel, Hamburg, 2021, S. 34-49.

Küster, Hansjörg, Die Landschaft um die Schaumburg. Mitteleuropa im Kleinen, in: Brüdermann, Stefan (Hrsg.), Schaumburg im Mittelalter (Schaumburger Studien; 70), Verlag für Regionalgeschichte, Bielefeld 2013, 2014 (2. Aufl.), S. 13-22.

Küster, Hansjörg, Die Heide. Von der verrufenen Wüste zum Inbegriff der Natur, Bürgerstiftung Celle, Celle 2011.

Küster, Hansjörg, »Zum Sehen geboren, zum Schauen bestellt«: Eine Darstellung der Niederelblandschaft als Vorlage für Goethes »Faust II«, in: von der Lühe, Irmela/Wolschke-Bulmahn, Joachim (Hrsg.), Landschaften – Gärten – Literaturen. Festschrift für Hubertus Fischer (CGL Studies; 19), Akademische Verlagsgemeinschaft München, München 2013, S. 251-261.

Küster, Hansjörg, Nachhaltigkeit: naturwissenschaftliche Illusion und kultureller Auftrag, in: Busch, Bernd (Hrsg.), Jetzt ist die Landschaft ein Katalog voller Wörter. Beiträge zur Sprache der Ökologie (Valerio; 5), Wallstein Verlag, Göttingen 2007, S. 90-97.

Küster, Hansjörg, Le Grand Jardin de la Leine. Der Herrenhäuser Barockpark von Hannover, in: Frankfurter Allgemeine Zeitung (Beilage »Bilder und Zeiten«) vom 25.3.2000, S. VI.

Küster, Hansjörg, Arkadien als halboffene Weidelandschaft, in: Merkur 2012, 758, S. 651-656.

Küster, Hansjörg, Die Kirche als ein Mittelpunkt von Heimat, in: Willinghöfer, Jürgen (Hrsg.), Ein neuer Typus Kirche. Hybride öffentliche Räume, Jovis Verlag, Berlin 2021, S. 168-169.

Küster, Hansjörg, Kloster Wöltingerode – Elemente und Bestandteile klösterlicher Kulturlandschaft, in: ders./Wolschke-Bulmahn, Joachim (Hrsg.), Zu den Qualitäten klösterlicher Kulturlandschaften. Geschichte, Kultur, Umwelt und Spiritualität (CGL-Studies; 20), Akademische Verlagsgemeinschaft München, München 2014, S. 107-118.

Küster, Hansjörg, Stadtansichten als Quellen zur Landschaftsgeschichte, in: Niehr, Klaus (Hrsg.), Historische Stadtansichten aus Niedersachsen und Bremen 1450-1850 (Veröffentlichungen der Historischen Kommission für Niedersachsen und Bremen; 268), Wallstein Verlag, Göttingen 2014, S. 39-49.

Küster, Hansjörg, Hamburg, Elbe und Ewer. Die Versorgung einer Großstadt auf Wasserwegen, in: Fischer, Norbert/Pelc, Ortwin (Hrsg.), Flüsse in Norddeutschland. Zu ihrer Geschichte bis in die Gegenwart (Schriftenreihe des Landschaftsverbandes der ehemaligen Herzogtümer Bremen und Verden; 41; zgl. Studien zur Wirtschafts- und Sozialgeschichte Schleswig-Holsteins; 50), Stade, Neumünster 2013, S. 261-269.

Küster, Hansjörg, Naturgeschichte des Ostseeraums: junges Meer, wichtiger Handelsraum, in: Hecker-Stampehl, Jan/Henningsen, Bernd (Hrsg.), Geschichte, Politik und Kultur im Ostseeraum (The Baltic Sea Region; 12), Berliner Wissenschafts-Verlag, Berlin 2012, S. 11-20.

Küster, Hansjörg, Italienische Gärten, in: Sarkowicz, Hans (Hrsg.), Die Geschichte der Gärten und Parks, Insel-Verlag Frankfurt 1998, S. 134-151, 2001 (2. Aufl.), S. 136-153.

Küster, Hansjörg, Klage der in der Flut ertrunkenen Fische. Ob man ein Ungewitter vorhersagen könne: Johann Jakob Scheuchzer, der Mann, der Fragen stellte, in: Frankfurter Allgemeine Zeitung vom 28.12.1999, S. 48.

Küster, Hansjörg, Justus Möser als Betrachter der Landschaft, in: Winzer, Ulrich/Tauss, Susanne (Hrsg.), »Es hat also jede Sache ihren Gesichtspunct ...«. Neue Blicke auf Justus Möser (1720-1794), Waxmann Verlag, Münster, New York 2020, S. 169-176.

Küster, Hansjörg, Das Gartenreich Dessau-Wörlitz: eine von Natur, Gestaltung und Ideen geprägte Landschaft, in: Noll, Thomas/Stobbe, Urte/Scholl, Christian (Hrsg.), Landschaft um 1800. Aspekte der Wahrnehmung in Kunst, Literatur, Musik und Naturwissenschaft, Wallstein Verlag, Göttingen 2012, S. 113-123.

Küster, Hansjörg, Wilhelm von Kobell, Landschaft mit Kühen, 1819, in: Schirmer, Lothar (Hrsg.), Gemalte Tiere. Ein Bilder- und Lesebuch mit 61 Meisterwerken aus sieben Jahrhunderten. Bild für Bild mit literarischen Texten von 52 zeitgenössischen Autoren von Giorgio Agamben bis Armin Zweite, Schirmer/Mosel Verlag, München 2021, S. 94-95.

Küster, Hansjörg, Landschaftsträume von 1829, in: Keck, Rudolf W./Köhler, Joachim/Richter, Manfreld/von Richthofen, Dieprand (Hrsg.) unter redaktioneller Mitwirkung von Köhler, Johannes, Kulturgeschichte im Dialog. Eine Freundesgabe für Josef Nolte. (Hildesheimer Beiträge zur Kulturgeschichte; 2), Gerstenberg Verlag, Hildesheim 2010, S. 94-97.

Küster, Hansjörg, Das Kulturgut Landschaft im Spiegel von Landschaftsmalerei und Naturschutz, in: Natur und Naturschutz in Mecklenburg-Vorpommern 49, 2021, S. 91-103.

Küster, Hansjörg, Der Wandel des Umweltbewusstseins in der Zeit um 1900, in: Dücker, Burckhard (Hrsg.), Christian Wagner. Beiträge zu Leben und Werk, Peter Lang Edition, Frankfurt a.M. 2017, S. 179-188.

Küster, Hansjörg, Der Staat als Herr über die Natur und ihre Erforscher, in: Radkau, Joachim/Uekötter, Frank (Hrsg.), Naturschutz und Nationalsozialismus, Campus Verlag, Frankfurt a.M., New York 2003, S. 55-64.

Küster, Hansjörg, Stadt, Land, Fluss, in: Kenntemich, Wolfgang (Hrsg.), Die Jahrhundertflut. Das offizielle ARD-Buch zur Flutkatastrophe, C. Bertelsmann Verlag, München 2002, S. 286-313.

Küster, Hansjörg, Wer hat Angst vor Rot, Grün und Gelb? Kaiser Wilhelm, Herzogin Elsa und Josephine von Mecheln: Waren das Tage, als der Adel noch an den Obstbäumen hing, in: Frankfurter Allgemeine Zeitung vom 8.11.1999, S. 52.

Küster, Hansjörg, Der blonde Weizen der Ukraine, in: Frankfurter Allgemeine Zeitung vom 15.3.2022, S. 11.

Küster, Hansjörg, Rede des Präsidenten des Niedersächsischen Heimatbundes, Prof. Dr. Hansjörg Küster, auf dem 101. Niedersachsentag in Lüneburg am 21. Mai 2022 [Vortragsmanuskript].